der

Brandenburgisch-Preußischen Monarchie,

MELCHIOR
Historischer Verlag

Das epochale Werk

Landes- und Wappenkunde
der
Brandenburgisch-Preußischen Monarchie

von Maximilian Gritzner

erscheint im Rahmen ausgewählter Literatur
als exklusive Reprint-Ausgabe in der
Historischen Bibliothek des Melchior Verlages.

Die Historische Bibliothek enthält wichtige
sowie interessante Bücher zur Geschichte
und lässt anhand dieser eindrucksvollen Zeitzeugen
bedeutende Ereignisse, Begebenheiten und Personen
aus längst vergangener Zeit wieder lebendig erscheinen.

Nachdruck der Originalausgabe von 1894
nach einem Exemplar aus Privatbesitz.

M
Reprint
© Melchior Verlag
Wolfenbüttel
2014
ISBN: 978-3-944289-83-0
www.melchior-verlag.de

Landes- und Wappenkunde

der

Brandenburgisch-Preußischen Monarchie,

Geschichte ihrer einzelnen Landestheile, deren Herrscher und Wappen

von

Maximilian Gritzner,

K. Preuß. Premierlieutenant a. D., Kanzleirath im K. Ministerium des Innern, Ehren-, wirkliches und correspondirendes Mitglied gelehrter Gesellschaften, Kommandeur und Ritter m. O.

Mit einer Wappentafel (nach einer Zeichnung von Prof. E. Döpler d. J.), 69 in den Text gedruckten, vom K. Hofwappenmaler H. Heling in Berlin gezeichneten Einzelwappen, sowie 15 Stammtafeln.

Vorwort.

Die Geschichte des Brandenburgisch-Preußischen Staatswappens deckt sich mit derjenigen unseres engeren Vaterlandes.

Ist doch das Wappen des Staates gleichsam eine Bilderhandschrift seiner einzelnen Landestheile, die durch Erbfall und Herrscherweisheit der glorreiche Stamm der Hohenzollern im Laufe der Jahrhunderte unter seinem Zepter vereint hat.

An Versuchen, eine Geschichte dieses Wappens zu schreiben, hat es nicht gefehlt; das interessante Thema hat manchen Autor zu fesseln gewußt, ohne daß bisher Einer die Aufgabe in ihrem vollen Umfange der Lösung zuzuführen im Stande, vielleicht auch nur Willens gewesen ist.

Freiherr von Ledebur, unser unermüdlicher Forscher, hat in seinem vortrefflichen Werkchen[1]) zwar eine Fülle geschichtlich-sphragistischen Materials veröffentlicht, geht aber, da er nur der älteren Siegel gedenkt und von den Helmkleinoden gar nicht spricht, wohl mit Absicht auf den Kernpunkt der Sache nicht ein.

Grote führt in seiner, der chronologischen Erwerbung der einzelnen Landestheile folgenden, „Geschichte des Preußischen Wappens" dieselbe in kritisch-diplomatischer Weise zwar klar vor Augen, berücksichtigt aber, bis auf eine gelegentliche Abschweifung, die Rangordnung der Wappen-Felder in den verschiedenen Jahrhunderten nicht.

Die Geschichte der Wappenherren und die Vererbung der Lande von Anbeginn bis zur Kurbrandenburgisch-Preußischen Besitzergreifung ist von Beiden ernstlich nicht in Angriff genommen, mit Ausnahme der Oranischen und Jülich-Clevischen Erbschaft; auch fehlen beiden Werken, da bereits 1842 bezw. 1861 vollendet, alle die wichtigen Landestheile, welche seitdem an die Preußische Monarchie gediehen sind.

Der dritte Autor auf diesem Gebiet, Graf Stillfried-Alcántara, wäre, sowohl in seiner Eigenschaft als Vorsitzender des Kgl. Preußischen

---

[1]) Streifzüge durch die Felder des Kgl. Preußischen Wappens, Berlin 1846, 8°.

Herolds-Amts, wie als „Historiograph des Preußischen Königshauses", jedenfalls der Berufenste gewesen, die wichtige Aufgabe nach ihrem Werthe zu lösen.

Allein seine im Jahre 1875 erschienene Schrift: „Titel und Wappen des Preußischen Königshauses" ist nichts weniger als erschöpfend; sie enthält auf 24 Quartseiten eigentlich nur die Zusammenstellung und Motivirung des durch Allerhöchste Kabinetsordre vom 16. August 1873 Allerhöchst genehmigten Kgl. Preußischen großen Titels und Staatswappens, dessen Entwurf er selbst verfertigt hatte. Die frühere Zeit ist vom Verfasser außerordentlich flüchtig (Kurbrandenburg auf nur 10, Preußen 1701—1873 auf 2 Seiten) abgehandelt worden.

Seine schematische Zusammenstellung der verschiedenen Titel und Wappen ist hinsichtlich der kurfürstlichen Zeit eine absolut, hinsichtlich der Königlichen eine relativ recht lückenhafte; eine Vorgeschichte der Landestheile giebt die Schrift ebensowenig, wie die der obengenannten Autoren und an sonstigen Fehlern leidet das Werk nicht unbedeutend.

Es ist dies um so bedauerlicher, als dem Grafen alle Quellen und Mittel zu Gebote standen, eine wahrhaft wissenschaftliche Geschichte des Brandenburgisch-Preußischen Wappens zu verfassen.

In sehr vielen Dingen genauer, wenn auch nicht durchweg fehlerlos, haben Pierson (das Preußische Wappen als Wandtafel Berlin 1882, 8⁰) und Prof. Dr. H. Schmidt (das große Kgl. Preußische Wappen, Breslau 1877, 4⁰) gearbeitet. Beide Arbeiten sind lediglich für den Schul- und Anschauungsunterricht berechnet, behandeln daher das Material nur kurz.

Der Gedanke, zunächst eine Geschichte der einzelnen Landestheile, ihrer Herrscher und ihrer Wappen zu schreiben, lag daher sehr nahe und ich wagte es, die Arbeit zu unternehmen, nachdem eigene, mehr als achtjährige Forschung, die Benutzung einschlägiger älterer Werke und das im Laufe der Zeit aus Archiven, Münzkabineten, Waffen- und Siegelsammlungen von mir zusammengebrachte reiche Material mich hierzu in den Stand setzte.

Der erste Theil dieser Arbeit liegt hiermit vor; der zweite Theil wird die Geschichte derjenigen Territorien enthalten, deren Wappen vordem im Brandenburgisch-Preußischen sich befunden haben und im Laufe der Zeit den Zeichen wichtigerer Landestheile weichen mußten. Der dritte Theil soll in ähnlicher Weise die Geschichte aller übrigen Herzogthümer, Fürstenthümer, Graf- und Herrschaften der Monarchie behandeln, deren Wappen in das Brandenburgisch-Preußische Aufnahme nicht gefunden haben.

An dieses Werk wird sich ein zweites anschließen, das die Entwickelung des Brandenburgisch-Preußischen Wappens seit dem Jahre 1415 bringt und durch zahlreiche Abbildungen erläutert, dergestalt, daß auch der Laie sofort ersehen kann, wie zu jeglicher Frist das Landeswappen der Monarchie beschaffen war; ein Unternehmen, das, wie zu hoffen, von vielen

Seiten freudig begrüßt werden dürfte, da es zahllose Interessensphären berührt, auch ein ähnliches Wappenwerk über Brandenburg-Preußen bisher nirgends existirt.

Dieses zweite Werk soll in drei Abtheilungen erscheinen, deren erste die Wappen der regierenden Herren und der nachgeborenen Markgrafen in Brandenburg, die zweite Abtheilung die Entwickelung der Markgräflichen Wappen in allen Nebenlinien, die dritte die Wappen des Preußischen Königshauses und die der Königlich Preußischen Prinzen enthalten wird.

So dürfte schließlich eine vollständige Wappengeschichte des Hauses Hohenzollern fränkischen Stammes[1]) vorliegen, die alsdann den Gesammttitel: „Heraldica Zollerana" führen wird.

Es erübrigt mir am Schlusse noch, mit vielem Danke die liebenswürdige Beihülfe von Behörden wie Privaten zu erwähnen, durch welche mein Werk gefördert worden ist.

Insbesondere erkenne ich mit größtem Danke an die gütige Unterstützung Sr. Excellenz des Kgl. Ober-Hof- und Haus-Marschalls Herrn Grafen zu Eulenburg, ferner der hochgeehrten Archivverwaltungen in Berlin, Breslau, München, Stettin, Stuttgart, Wolffenbüttel, Zerbst, des Kgl. Herolds-Amts, des Kgl. Münzkabinets und der Zeughausverwaltung, sowie der Direktionen des Hohenzollern- und Kunstgewerbemuseums zu Berlin und des Germanischen National-Museums zu Nürnberg.

Unmöglich ist es mir, alle die vielen privaten Gönner und Freunde des Werks einzeln hier namhaft zu machen; auch ihnen aber sei hierdurch mein allerherzlichster Dank ausgesprochen!

Möge sich meine mühevolle Arbeit, deren I. Abtheilung sich nicht zum wenigsten auch für den Unterricht in den höheren Schulklassen eignen dürfte, einer freundlichen und geeigneten Aufnahme erfreuen; möge durch sie der Sinn für vaterländische Geschichte, die Liebe für unser ruhmreiches Herrschergeschlecht zu allen Zeiten genährt und gepflegt werden! Das walte Gott!

Steglitz bei Berlin 1894.

Maximilian Gritzner.

---

[1]) Für den Schwäbischen Stamm liegt bereits eine ähnliche Arbeit, die des verdienstvollen Dr. Zingeler vor.

Verzeichniß der benutzten Quellen.

1. Insignia inclytae illustrissimae ac laudatissimae familiae Marchiorum Brandenburgensium Ducum Borussiae etc. etc., breviter explicati a M. Petro Haffitio a. d. MDXCV. D. Zollernwappen ist als: clypeus duplici colore et duabus arcis albis et totidem nigris distinctus beschrieben.
2. Exercitatio honoris de insignibus Prussiae, Michael Haynovius 1593. (Das Wappen d. D. Ordens.)
3. Intuitu symboli seren. et potentiss. principis electoris Brandenburgici. — Joh. Stanisl. Kalinski, 1694.
4. De Corona Regni Prussiae. Bernard Hippel, 1714.
5. Die vollständige Königl. Preußische Wappenzeichnung heraldisch und historisch beschrieben. Verlag bei Jacob Friedr. Neumann in Zittau (giebt das Wappen 3. St. K. Friedrichs II.).
6. Seifried, Kurze Beschreibung 2c. des Herkommens der Fürsten von Brandenburg, Wittenberg 1550 bezw. 1562. — 4º.
7. Reineccius, Chronik des Kurfürstl. Hauses Brandenburg, Wittenberg 1580. — 4º.
8. Cernitius, J., Decem e familia Burggrav. Norimberg. elect. Brandenb. icones. Berlin 1624. — Fol.
9. Renschel, Stammbaum des Deutsch. Kaiser-Hauses Brandenburg, Berlin 1668. — 4º.
10. Wildeisen, Hochf. Brandenb. Lustwald. Onolzbach 1680. — Fol.
11. Rentsch, Brandenb. Ceder-Hayn, Baireuth 1682. — 8º.
12. Janus, Bestätigung der Königl. Krone in Preußen 2c. 1701—1708. 5 Abhandlungen.
13. Königsbergische wöchentliche Nachrichten v. Jahre 1737. Nr. XVI.
14. Mauersberger, Chr. Gabr., insignia Domus Brandenburgicae ominosa. Stargard 1707. — Fol.
15. Hallische wöchentliche Nachrichten de 1742, Nr. VII.
16. Estor, Probe einer verbesserten Heraldik, Gießen 1728.
17. Erlanger wöchentliche Nachrichten de 1746. S. 4.
18. Schulze, Ritterorden. Berlin 1864 ff.
19. Hortzschansky, vollständige Königl. Preußische Wappenzeichnung, Zittau 1777 — 4º.
20. Wippel, die Ritterorden, 1817—19.
21. Joan. Schosseri, Elegiacum Carmen in insignia illustrissimae et inclytae familiae Marchiorum Brandenburgensium. Vitembergae 1557.
22. Paulus Lutkemannus, Insignia regalia, Ser. Principis Friderici I. Regis Prussiae etc. Stargardtae 1701.
23. M. Schmeizel, Einleitung zur Wappenlehre.

24. Joh. Estor, Probe einer verbesserten Heraldik ꝛc. Gießen 1728.
25. Küster, bibl. hist. Brandenburgica, Magdeburg 1728. S. 662.
26. Bernh. Ludw. Becmann, Erklärung des Königl. Preuß. und Brandenburgischen Wappens, Berlin 1751.
27. Leopold, Freiherr von Ledebur, Streifzüge durch die Felder des Königl. Preußischen Wappens, Berlin 1842.
28. Baron Stillfried, Friedrich Wilhelm III. und das Wappen seines Reiches, 1835.
29. H. F., Wappen und Titel des Preußischen Königshauses, Berlin 1858. H. Bieler & Co.
30. H. Grote, Geschichte des Königlich Preußischen Wappens, kritisch-historisch und kunst-historisch, Leipzig 1861.
31. Dr. R. Graf Stillfried: Titel und Wappen des Preußischen Königshauses, historisch erläutert, Berlin 1875.
32. H. Grote, Stammtafeln, Leipzig 1877.
33. Prof. Dr. H. Schmidt, das große Königlich Preußische Wappen, Breslau 1877.
34. Prof. Dr. Will. Pierson, das Preußische Wappen als Wandtafel, Berlin 1882.
35. W. Fix, die Territorialgeschichte des preußischen Staates, Berlin 1884.
36. Dr. L. Fikentscher, die richtige Deutung der Adlerschilde auf den Münzen der Markgrafen von Brandenburg altfränkischer Linie, Bayreuth 1871.
37. Trier, Wappenkunst 1744.
38. Conrad Grünenberg, Wappenbuch 1483.
39. Virgil Solis, Wappenbüchlein 1555.
40. Klempin, Stammtafeln der Herzöge von Pommern (herausgegeben durch v. Bülow) Stettin 1872.
41. Dr. H. Grotefend, Stammtafeln der Schlesischen Herzöge.
42. Pyl, die Entwickelung des Pommerschen Wappens, Greifswald 1894.
43. Seyler, Geschichte der Heraldik.
44. Hopf, historisch-genealogischer Atlas.
45. Dr. Zingeler, Geschichte des Fürstl. Hohenzollernschen Wappens.
46. Dr. C. Grünhagen, Geschichte Schlesiens, Gotha (Perthes) 1884—86. 8°. 2 Bde.
47. Ed. Jacobs, Geschichte der in der Preuß. Prov. Sachsen vereinigten Gebiete. ibid. 1884.
48. Lohmeyer, Geschichte von Ost- und Westpreußen, I. Abth. ibid. 1881.
49. Dr. O. v. Heinemann, Geschichte von Braunschweig und Hannover ibid. 1882—92. 3 Bde.

Königliche Titel und Wappen.[1]

Durch Allerhöchste Verordnung vom 9. Januar 1817 wegen des Königlichen Titels und Wappens (Gesetz-Samml. S. 17) ist festgesetzt, daß ein größerer, mittlerer und kürzerer Titel, und ein größeres, mittleres und kleineres Wappen nach Maßgabe der dieserhalb bestimmten Fälle geführt werden soll.

Durch Allerhöchsten Erlaß vom 16. August 1873, betreffend die Abänderung des großen und mittleren Königlichen Titels (Gesetz-Samml. S. 397), wie er durch die Verordnung vom 9. Januar 1817 festgestellt worden und die Abänderung des durch den Allerhöchsten Erlaß vom 17. Januar 1864 (Gesetz-Samml. S. 1) berichtigten großen und mittleren Königlichen Wappens, ist angeordnet, daß der große, mittlere und kürzere Königliche Titel in Zukunft also lauten sollen:

Großer Titel.

Wir Wilhelm, von Gottes Gnaden König von Preußen, Markgraf zu Brandenburg, Burggraf zu Nürnberg, Graf zu Hohenzollern, souverainer und oberster Herzog von Schlesien wie auch der Grafschaft Glatz, Großherzog von Niederrhein und Posen, Herzog zu Sachsen, Westfalen und Engern, zu Pommern, Lüneburg, Holstein und Schleswig, zu Magdeburg, Bremen, Geldern, Kleve, Jülich und Berg, sowie auch der Wenden und Kassuben, zu Krossen, Lauenburg, Mecklenburg, Landgraf zu Hessen und Thüringen, Markgraf der Ober- und Nieder-Lausitz, Prinz von Oranien, Fürst zu Rügen, zu Ostfriesland, zu Paderborn und Pyrmont, zu Halberstadt, Münster, Minden, Osnabrück, Hildesheim, zu Verden, Kammin, Fulda, Nassau und Mörs, gefürsteter Graf zu Henneberg, Graf der Mark und zu Ravensberg, zu Hohenstein, Tecklenburg und Lingen, zu Mansfeld, Sigmaringen und Veringen, Herr zu Frankfurt.

Mittlerer Titel.

Wir Wilhelm, von Gottes Gnaden König von Preußen, Markgraf zu Brandenburg, souverainer und oberster Herzog von Schlesien, Großherzog von Niederrhein und Posen, Herzog zu Sachsen, Westfalen und Pommern, zu Lüneburg und Bremen, zu Holstein, Schleswig und Lauenburg, Burggraf zu Nürnberg, Landgraf zu Hessen, Fürst zu Ostfriesland, Osnabrück und Hildesheim, zu Nassau und Fulda, Graf zu Hohenzollern, Herr zu Frankfurt.

Kürzerer Titel.

Wir Wilhelm, von Gottes Gnaden König von Preußen rc.

---

[1] Aus dem Handbuch über den Königlich Preußischen Hof und Staat, S. XXVI bis XXXI, mit höchster Genehmigung abgedruckt.

X Königliche Titel und Wappen.

Das große, mittlere und kleine Königliche Wappen sollen in nachstehender Form geführt werden:

Großes Wappen.

8. Westfalen.	6. Posen.	4. Schlesien.	5. Niederrhein.	7. Sachsen.	9. Engern.
14. Magdeburg.	12. Holstein.	10. Pommern.	11. Lüneburg.	13. Schleswig.	15. Bremen.
20. Wenden.	18. Jülich.	16. Geldern.	2. Brandenburg.	17. Kleve.	19. Berg.	21. Kassuben.
26. Thüringen.	24. Mecklenburg.	22. Krossen.	23. Lauenburg.	25. Hessen.	27. Ober-Lausitz.
32. Paderborn. Pyrmont.	30. Rügen.	28. Nieder-Lausitz.	1. Preußen.	29. Oranien.	31. Ost-Friesland.	33. Halberstadt.
38. Verden.	36. Osnabrück.	34. Münster.	35. Minden.	37. Hildesheim.	39. Kammin.
44. Glatz.	42. Mörs.	40. Fulda.	3. Nürnberg. Zollern.	41. Nassau.	43. Henneberg.	45. Mark. Ravensberg.
50. Veringen.	48. Mansfeld.	46. Hohenstein.	47. Tecklenburg. Lingen.	49. Sigmaringen.	51. Frankfurt.
			52. Regalien.		

a) Beschreibung des Königlich Preußischen großen Wappenschildes.

Der Wappenschild ist durch fünfmalige Längentheilung in sechs Pfäle und durch achtmalige Quertheilung in neun Reihen, deren letzte den ungetheilten Schildesfuß bildet, getheilt und besteht aus 3 Mittelschilden, den 48 Feldern und dem Schildesfuße des Hauptschildes.

I. Mittelschilde.

Der erste Mittelschild, mit der Königlichen Krone bedeckt, liegt auf der Herzstelle. Wegen des Königreichs Preußen im silbernen Felde ein schwarzer, goldbewehrter rothgezungter Adler, der mit der Königlichen Krone gekrönt ist, und in der rechten Klaue den goldenen Königszepter, in der linken einen blauen, goldbereiften und bekreuzten Reichsapfel hält. Die Flügel sind mit goldenen Kleestängeln besteckt. Auf der Brust des Adlers steht der Namenszug König Friedrichs I., die verschlungenen Buchstaben R.

Der zweite Mittelschild, mit dem Kurhute bedeckt, liegt auf der Ehrenstelle. Wegen des Markgrafthums Brandenburg im silbernen Felde ein rother, goldbewehrter, rothgezungter Adler, der mit dem Kurhute geschmückt ist. In der rechten Klaue hält er einen goldenen Zepter, in der linken ein goldbegrifftes Schwert. Die Flügel sind mit goldenen Kleestängeln besteckt. Auf der Brust liegt ein blaues Herzschildlein, worin ein aufrecht gestellter goldener Zepter erscheint.

Der dritte Mittelschild, mit einem Fürstenhute bedeckt, ist quer getheilt und liegt auf der Haupt- (Nabel-) Stelle. Wegen des Burggrafthums Nürnberg und der Graffschaft Hohenzollern a) oben im goldenen, mit einer von Silber und Roth zu zwölf gestückten Einfassung umgebenen Theile, ein schwarzer, aufgerichteter, rothbewehrter, rothgezungter und rothgekrönter Löwe mit gedoppeltem Schweife (Nürnberg), b) unten ein von Silber und Schwarz geviertetes Feld (Hohenzollern).

II. Hauptschild.

Derselbe wird durch fünfmalige, den Schildesfuß nur berührende Längen- und durch achtmalige Quertheilung in acht und vierzig Felder getheilt; jede Reihe zu sechs Feldern, welche nach Anleitung der ursprünglich beim Königlich Preußischen Wappen geltenden Regel aus der Mitte von der Rechten zur Linken, d. h. pfalweise springend, gezählt werden, so daß das dritte Feld in der obersten Reihe als das erste, das vierte Feld als das zweite, das zweite Feld als das dritte, das fünfte Feld als das vierte, das erste Feld als das fünfte, das sechste Feld als das sechste; in der zweiten Reihe das dritte Feld als das siebente, das vierte als das achte u. s. w. zählt. Die acht und vierzig Felder des Hauptschildes sind nach der Folgeordnung des Modells folgende:

4. Wegen des souverainen Herzogthums Schlesien. Im goldenen Felde ein schwarzer goldbewehrter, rothgezungter, mit einer Herzogskrone bedeckter Adler. Auf der Brust desselben liegt ein silberner Halbmond, zwischen dessen aufwärts gehenden Spitzen ein silbernes Kreuz hervorwächst.

5. Wegen des Großherzogthums Nieder-Rhein. Im silbernen Felde der Preußische Reichsadler, auf dessen Brust ein grünes, mit einem silbernen, wellenweis gezogenen Schrägrechtsbalken belegtes, mit einer Krone bedecktes Herzschildlein ruht.

6. Wegen des Großherzogthums Posen. Im silbernen Felde der Preußische Reichsadler, auf dessen Brust ein rothes, mit einem silbernen, goldbewehrten, rothgezungten, goldgekrönten Adler belegtes, mit einer Krone bedecktes Herzschildlein ruht.

7. Wegen des Herzogthums Sachsen. In einem von Gold und Schwarz zehnmal quergestreiften Felde ein schrägrechts liegender grüner Rautenkranz.

8. Wegen des Herzogthums Westfalen. Im rothen Felde ein springendes silbernes Roß.

9. Wegen des Herzogthums Engern. Im silbernen Felde drei, zu zwei und eins gestellte rothe Schröterhörner.

10. Wegen des Herzogthums Pommern. Im silbernen Felde ein rother, goldbewehrter, rothgezungter Greif.

11. Wegen des Herzogthums Lüneburg. Im goldenen, mit rothen Herzen bestreuten Felde ein blauer, rothgezungter Löwe.

12. Wegen des Herzogthums Holstein. Im rothen Felde ein von Silber und Roth quergetheiltes Schildlein, welches an den beiden oberen Ecken und am unteren Rande von je einem silbernen, mit der Spitze einwärts gekehrten Nagel, am oberen Rande aber und an beiden Seiten von je einem silbernen Nesselblatt begleitet ist.

13. Wegen des Herzogthums Schleswig. Im goldenen Felde zwei übereinander gehende, blaue, rothgezungte Löwen.

14. Wegen des Herzogthums Magdeburg. Von Roth und Silber quer getheilt.

15. Wegen des Herzogthums Bremen. Im rothen Felde zwei in Form eines Andreaskreuzes gelegte, silberne, mit den Bärten abwärts gekehrte Schlüssel, zwischen denen im oberen Winkel sich ein silbernes Stabkreuz erhebt.

16. Wegen des Herzogthums Geldern. Im blauen Felde ein goldener, rothgezungter, gekrönter Löwe.

17. Wegen des Herzogthums Kleve. Im rothen Felde ein silbernes Schildlein, aus welchem acht goldene Lilienstäbe in Form eines gemeinen und eines Andreaskreuzes hervorgehen.

18. **Wegen des Herzogthums Jülich.** Im goldenen Felde ein schwarzer, rothgezungter Löwe.

19. **Wegen des Herzogthums Berg.** Im silbernen Felde ein rother, blaubewehrter, blaugezungter und blaugekrönter Löwe.

20. **Wegen des Herzogthums Wenden.** Im silbernen Felde ein Greif, der sechsmal schräglinks von Roth und Grün gestreift ist.

21. **Wegen des Herzogthums Kassuben.** Im goldenen Felde ein schwarzer, rothgezungter Greif.

22. **Wegen des Herzogthums Krossen.** Im goldenen Felde ein schwarzer, goldbewehrter, rothgezungter Adler, auf dessen Brust ein silberner, mit den Spitzen aufwärts gekehrter Halbmond liegt.

23. **Wegen des Herzogthums Lauenburg.** Im rothen, mit einer von Silber und Schwarz zu zwölf gestückten Einfassung umgebenen Felde ein silberner Pferdekopf.

24. **Wegen des Herzogthums Mecklenburg.** Im goldenen Felde ein vorwärts gekehrter, abgerissener schwarzer Büffelkopf mit rother Zunge, silbernen Hörnern, silbernem Nasenringe und rother Krone.

25. **Wegen der Landgrafschaft Hessen.** Im blauen Felde ein von Silber und Roth achtmal quergestreifter, goldbewehrter und gekrönter Löwe.

26. **Wegen der Landgrafschaft Thüringen.** Im blauen Felde ein von Roth und Silber achtmal quergestreifter, goldbewehrter und gekrönter Löwe.

27. **Wegen des Markgrafthums Ober-Lausitz.** Im blauen Felde eine goldene Mauer mit drei Zinnen.

28. **Wegen des Markgrafthums Nieder-Lausitz.** Im silbernen Felde ein schreitender rother Stier.

29. **Wegen des Fürstenthums Oranien.** Im goldenen Felde ein linksgekehrtes, blaues Jagdhorn mit goldenen Beschlägen und rothem Bande.

30. **Wegen des Fürstenthums Rügen.** Quergetheilt: im oberen goldenen Theile ein aus dem unteren blauen, und zwar aus den darin befindlichen fünf rothen, doppelseitig aufsteigenden Stufen hervorgehender, schwarzer, rothbewehrter, rothgezungter und rothgekrönter Löwe mit doppeltem Schweife.

31. **Wegen des Fürstenthums Ostfriesland.** Im schwarzen Felde ein goldener, gekrönter Jungfrauen-Adler, der oberhalb und unterhalb von je zwei sechsstrahligen goldenen Sternen begleitet wird.

32. **Wegen des Fürstenthums Paderborn und der Grafschaft Pyrmont.** In die Länge getheilt: im ersten rothen Felde ein gemeines goldenes Kreuz (Paderborn), im zweiten silbernen Felde ein rothes Ankerkreuz (Pyrmont).

33. **Wegen des Fürstenthums Halberstadt.** Von Silber und Roth in die Länge getheilt.

34. **Wegen des Fürstenthums Münster.** Im blauen Felde ein goldener Querbalken.

35. **Wegen des Fürstenthums Minden.** Im rothen Felde zwei in Form eines Andreaskreuzes gelegte silberne, mit den Bärten abwärts gekehrte Schlüssel.

36. **Wegen des Fürstenthums Osnabrück.** Im silbernen Felde ein rothes Wagenrad mit acht Speichen.

37. **Wegen des Fürstenthums Hildesheim.** Von Roth und Gold in die Länge getheilt.

38. **Wegen des Fürstenthums Verden.** Im silbernen Felde ein schwarzes Nagelspitzkreuz (vergl. Allerh. Erl. v. 30. März 1874, Gesetz-Samml. S. 128).

39. **Wegen des Fürstenthums Kammin.** Im rothen Felde ein silbernes Ankerkreuz.

40. **Wegen des Fürstenthums Fulda.** Im silbernen Felde ein gemeines schwarzes Kreuz.

41. **Wegen des Fürstenthums Nassau.** Im blauen, mit rautenförmigen goldenen Schindeln bestreuten Felde ein goldener, rothgezungter, gekrönter Löwe.

42. **Wegen des Fürstenthums Mörs.** Im goldenen Felde ein schwarzer Querbalken.

43. **Wegen der gefürsteten Grafschaft Henneberg.** Im goldenen Felde auf grünem Hügel eine schwarze Henne mit rothem Kamme und Lappen und mit goldenen Klauen.

44. **Wegen der zum souverainen Herzogthum Schlesien gehörigen Grafschaft Glatz.** Im rothen Felde zwei goldene gebogene Schräglinksbalken.

45. **Wegen der Grafschaften Mark und Ravensberg.** In die Länge getheilt: im ersten goldenen Felde ein von Roth und Silber in drei Reihen geschachter Querbalken (Mark), im zweiten silbernen Felde drei rothe Sparren (Ravensberg).

46. **Wegen der Grafschaft Hohenstein.** Ein von Roth und Silber dreimal in vier Reihen geschachtes Feld.

47. **Wegen der Grafschaften Tecklenburg und Lingen.** In die Länge getheilt: im ersten silbernen Felde drei zu zwei und eins gestellte rothe Herzen (Tecklenburg), im zweiten blauen Felde ein goldener gesenkter Anker (Lingen).

48. **Wegen der Grafschaft Mansfeld.** Im silbernen Felde sechs in zwei Reihen aufgestellte, rothe Rauten.

49. **Wegen der Grafschaft Sigmaringen.** Im blauen Felde ein goldener, auf grünem Dreihügel schreitender Hirsch.

50. **Wegen der Grafschaft Veringen.** Im goldenen Felde drei blaue, übereinander querliegende vierzinkige Hirschhörner.

51. **Wegen der Herrschaft zu Frankfurt a. M.** Im rothen Felde ein silberner, goldbewehrter, rothgezungter Adler.

Im Schildesfuße. 52. **Wegen der Regalien.** Ein rothes Feld.

b) Beschreibung des Wappenzeltes und der übrigen Prachtstücke des großen Königlichen Wappens.

Mitten auf dem oberen Rande des Hauptschildes steht ein offener, rothgefütterter goldener Königshelm, der mit einem Adler und anderen künstlichen Zierrathen in getriebener Arbeit, sowie mit einer Kette und anhängendem Kleinod geschmückt ist. Auf dem Helme, von welchem zu beiden Seiten inwendig von Silber, auswendig von Schwarz tingirte Helmdecken herabgehen, ruht die Preußische Königskrone. Dieselbe besteht aus einem goldenen, mit siebenzehn facettirten Edelsteinen von abwechselnder Form geschmückten Stirnreife, welcher mit fünf, aus je drei größeren und einem kleineren Brillanten gebildeten Blättern und zwischen denselben mit vier Zinken, von denen jede einen großen Brillanten trägt, besetzt ist. Aus den fünf Blättern geht eine gleiche Anzahl halbkreisförmiger, nach dem Scheitelpunkt zu sich verjüngender und dort vereinigender, mit je neun Brillanten von abfallender Größe besetzter goldener Bügel hervor. Auf dem Scheitel ruht ein blauer, goldbereifter und bekreuzter, ebenfalls mit Edelsteinen geschmückter Reichsapfel.

Um den Schild hängen die Ketten des Schwarzen Adler-Ordens, des Rothen Adler-Ordens, des Königlichen Haus-Ordens von Hohenzollern, sowie das Band des Kronen-Ordens.

Schildhalter sind zwei mit Eichenlaub umgürtete und mit dem Gesicht gegeneinander gekehrte graubärtige wilde Männer, welche auf einer verzierten Konsole stehen und sich auf den Hauptrand des Schildes stützen. Mit dem rechten Arme hält der rechtsstehende Schildhalter die Preußische, mit dem linken Arme der linksstehende die Brandenburgische goldbeschaftete Standarte. In den durchbrochenen Spitzen der Lanzen zeigt sich in goldener Antiquaschrift der Namenszug **F**.

Die Fähnlein sind mit goldenen Franzen besetzt und das Preußische mit Schwarz und Silber, das Brandenburgische mit Roth und Silber durchwirkten fliegenden und bequasteten Schnüren geziert. Die Adler in den Fähnlein, deren Köpfe der Lanzenstange zugewendet sind, stimmen im Uebrigen mit dem ersten und zweiten Mittelschilde des Wappens überein.

Das Wappenzelt, welches sich über den beschriebenen Hauptstücken erhebt, besteht aus purpurfarbigem Sammet, ist abwechselnd mit Preußischen Adlern und Königskronen bestreut und mit Hermelin gefüttert und verbrämt. Der obere Rand des Zeltes wird von einem breiten blauen, goldumränderten Reif eingefaßt, unter welchem mit Gold und Edelsteinen, Borten und Quasten besetzte Kranzbehänge hervorgehen. Auf dem Reif steht mit Goldschrift der Wahlspruch König Friedrichs I.: „Gott mit uns".

Ueber dem Reif, auf welchem zwölf goldene Adler mit gesenkten Flügeln ruhen, wölbt sich der Gipfel des Zeltes, der gleich dem Helme mit einer jedoch größeren Königlichen Krone bedeckt ist. Ueber dieser Krone und über dem ganzen Wappenzelt ragt das Königliche Reichspanier hervor. Dasselbe besteht aus einer silbernen, mit dem Preußischen Reichsadler geschmückten Fahne, welche von unten aufgeschlitzt ist, und deren fliegende, goldbordirte Spitzen mit Quasten besetzt sind. Diese Fahne ist mittelst goldener Ringe an einem silbernen Querstabe befestigt, dessen Enden mit Königskronen schließen, und der mittelst goldener Schnur an einer von Silber und Schwarz schräg abgetheilten Stange hängt, auf deren gleichfalls gekrönter Spitze ein zum Fluge bereiter Preußischer Adler ruht.

Mittleres Wappen.

3. Schlesien.	2. Brandenburg.	4. Niederrhein.
5. Posen.	1. Preußen.	6. Sachsen.
8. Pommern.	7. Westfalen.	9. Lüneburg.
a. Holstein. 1 1. b. Schleswig. c. Lauenburg.	10. Nürnberg. Zollern.	a. Hessen. 1 2. b. Nassau. c. Frankfurt.

Beschreibung des Königlich Preußischen mittleren Wappens.

Der Wappenschild ist zweimal in die Länge und viermal quer in zwölf Felder und einen Schildesfuß getheilt. Es erscheinen:

1. Im mittelsten Felde der zweiten Reihe, welches anstatt eines aufgelegten Mittelschildes dient: wegen des Königreichs Preußen im silbernen Felde ein schwarzer, goldbewehrter, rothgezungter Adler, der mit der Königlichen Krone gekrönt ist, und in der rechten Klaue den goldenen Königszepter, in der linken einen blauen, goldbereiften und bekreuzten Reichsapfel hält. Die Flügel sind mit goldenen Kleestängeln besteckt. Auf der Brust des Adlers steht der Namenszug König Friedrichs I., die verschlungenen Buchstaben R.

2. In dem mittleren zweiten Felde der oberen Reihe: wegen des Markgrafthums Brandenburg im silbernen Felde ein rother, goldbewehrter, rothgezungter Adler, der mit dem Kurhute geschmückt ist. In der rechten Klaue hält er einen goldenen Zepter, in der linken ein goldbegrifftes Schwert. Die Flügel sind mit goldenen Kleestängeln besteckt. Auf der Brust liegt ein blaues Herzschildlein, worin ein aufrecht gestellter goldener Zepter erscheint.

3. In dem ersten Felde der oberen Reihe wegen des souverainen Herzogthums Schlesien im goldenen Felde ein schwarzer, goldbewehrter, rothgezungter, mit einer Herzogskrone bedeckter Adler. Auf der Brust desselben liegt ein silberner Halbmond, zwischen dessen aufwärts gehenden Spitzen ein silbernes Kreuz hervorwächst.

4. In dem dritten Felde der ersten Reihe wegen des Großherzogthums Nieder-Rhein im silbernen Felde der Preußische Reichsadler, auf dessen Brust ein grünes, mit einem silbernen, wellenweis gezogenen Schrägrechtsbalken belegtes, mit einer Krone bedecktes Herzschildlein ruht.

5. In dem ersten Felde der zweiten Reihe wegen des Großherzogthums Posen im silbernen Felde der Preußische Reichsadler, auf dessen Brust ein rothes, mit einem silbernen, goldbewehrten, rothgezungten, goldgekrönten Adler belegtes, mit einer Krone bedecktes Herzschildlein ruht.

6. In dem dritten Felde der zweiten Reihe wegen des Herzogthums Sachsen in einem von Gold und Schwarz zehnmal quergestreiften Felde ein schrägrechts liegender grüner Rautenkranz.

7. In dem mittelsten Felde der dritten Reihe wegen des Herzogthums Westfalen im rothen Felde ein springendes silbernes Roß.

8. In dem ersten Felde der dritten Reihe wegen des Herzogthums Pommern im silbernen Felde ein rother, goldbewehrter und rothgezungter Greif.

9. In dem dritten Felde der dritten Reihe wegen des Herzogthums Lüneburg im goldenen, mit rothen Herzen bestreuten Felde ein blauer, rothgezungter Löwe.

10. In dem mittelsten Felde der vierten oder unteren Reihe wegen des Burggrafthums Nürnberg und der Graffschaft Hohenzollern a) oben im goldenen, mit einer von Silber und Roth zu zwölf gestückten Einfassung umgebenen Theile, ein schwarzer, aufgerichteter, rothbewehrter, rothgezungter und rothgekrönter Löwe mit gedoppeltem Schweife (Nürnberg); b) unten ein von Silber und Schwarz geviertetes Feld (Hohenzollern).

11. In dem ersten Felde der vierten Reihe, welches durch eine aufsteigende Spitze in drei Plätze getheilt ist wegen der Herzogthümer Holstein, Schleswig und Lauenburg a) im rothen Platze ein von Silber und Roth quergetheiltes Schildlein, welches an den beiden oberen Ecken und am unteren Rande von je einem silbernen, mit der Spitze einwärts gekehrten Nagel, am oberen Rande aber und an beiden Seiten

von je einem silbernen Nesselblatt begleitet ist (Holstein); b) im goldenen Platze zwei übereinander gehende, blaue, rothgezungte Löwen (Schleswig); c) in der aufsteigenden Spitze im rothen, mit einer von Silber und Schwarz zu zwölf gestückten Einfassung umgebenen Platze ein silberner Pferdekopf (Lauenburg).

12. In dem dritten Felde der vierten Reihe, welches ebenfalls durch eine aufsteigende Spitze in drei Plätze getheilt ist wegen der Landgrafschaft Hessen, des Fürstenthums Nassau und der Herrschaft Frankfurt a. M. a) im blauen Felde ein von Silber und Roth achtmal quergestreifter, goldbewehrter und gekrönter Löwe (Hessen); b) im blauen, mit rautenförmigen goldenen Schindeln bestreuten Platze ein goldener, rothgezungter, gekrönter Löwe (Nassau); c) in der aufsteigenden Spitze im rothen Platze ein silberner, goldbewehrter, rothgezungter Adler (Frankfurt a. M.).

Im Schildesfuße wegen der Regalien ein rothes Feld.

Auf dem eben beschriebenen Schilde ruht die Preußische Königskrone. Dieselbe besteht aus einem goldenen, mit 17 facettirten Edelsteinen von abwechselnder Form geschmückten Stirnreif, welcher mit fünf aus je drei größeren und einem kleineren Brillanten gebildeten Blättern und zwischen denselben mit vier Zinken, von denen jede einen großen Brillanten trägt, besetzt ist. Aus den fünf Blättern geht eine gleiche Anzahl halbkreisförmiger, nach dem Scheitelpunkte zu sich verjüngender und dort vereinigender, mit je neun Brillanten von abfallender Größe besetzter, goldener Bügel hervor. Auf dem Scheitel ruht ein blauer, goldbereifter und bekreuzter, ebenfalls mit Edelsteinen geschmückter Reichsapfel. Um den Schild hängt die Kette des Schwarzen Adler-Ordens. Schildhalter sind zwei mit Eichenlaub umgürtete, mit dem Gesichte gegeneinander gekehrte graubärtige, wilde Männer, welche auf einer gezierten Konsole stehen und sich auf den Hauptrand des Schildes stützen. Mit dem rechten Arme hält der rechtsstehende und mit dem linken Arme der der linksstehende Schildhalter eine Keule, deren dickes Ende abwärts gekehrt ist.

Kleineres Wappen.

Beschreibung des Königlich Preußischen kleineren Wappens.

Im Schild im silbernen Felde der Königlich Preußische schwarze Adler mit der Königlichen Krone auf dem Haupte, goldenen Kleestängeln auf den Flügeln, dem goldenen Namenszuge R auf der Brust, goldenem Schnabel, goldenen Klauen, rother Zunge, in der rechten Klaue den goldenen Königszepter, in der linken einen blauen, goldbereiften und bekreuzten Reichsapfel. Auf dem Schilde ruht die Königliche Krone, um dasselbe schlingt sich die Kette des Schwarzen Adler-Ordens. Schildhalter sind, wie bei dem mittleren Königlichen Wappen, zwei mit Eichenlaub umgürtete, gegeneinander zugekehrte graubärtige, wilde Männer mit Keulen, deren dickes Ende abwärts gekehrt ist. Nach dem der Allerhöchsten Verordnung vom 9. Januar 1817 beigefügten Reglement über die Anwendung des größeren, mittleren und kürzeren Königlichen Titels und des größeren, mittleren und kleineren Königlichen Wappens, sowie nach dem Allerhöchsten Erlaß vom 16. August 1873, soll gebraucht werden:

I. Das Königliche Pavillonsiegel von fünf bis sechs und mehr Zollen im Durchmesser mit dem Königlich größeren vollständigen Wappen, mit dem Wappenzelt, den Schildhaltern und ihren zwei Fahnen, den Ordensketten und der Devise „**Gott mit uns**": bei den in feierlicher Form auszufertigenden Urkunden in Angelegenheiten des Königlichen Hauses, bei Ratifikations-Urkunden von Verträgen mit fremden Mächten, bei Standes-Erhöhungs-, Standes-Ertheilungs- und anderen Gnaden-Diplomen, bei eigenhändiger Allerhöchster Vollziehung, und Anwendung des größeren Königlichen Titels.

II. Eben dieser vollständig größere Königliche Wappenschild, aber im Durchmesser des Insiegels von drei bis vier Zollen, und ohne Wappenzelt, ohne Fahnen, ohne Devise, jedoch mit der Königlichen Krone über dem Schilde und der Kette des Schwarzen Adler-Ordens und den wilden Männern als Schildhalter, nicht mit Fahnen, sondern mit Herkuleskeulen: bei Gesetzen, Verordnungen, Edikten u. s. w.; ferner bei minder feierlichen von Sr. Kaiserlichen und Königlichen Majestät zu vollziehenden Urkunden, z. B. Patenten, bei denen nach Befinden der größere, mittlere oder kürzere Königliche Titel anzuwenden ist.

III. Eben dieses vollständige Königliche Wappen, jedoch wie es sub II. beschrieben ist, ohne Wappenzelt, ohne Fahnen, ohne Devise, aber mit der Krone, Schildhaltern und ihren Herkuleskeulen und mit der Ordenskette, wird auch gebraucht, bei Ausfertigungen der Ministerien, des Staatsraths, des Ober-Verwaltungsgerichts und nicht minder aus altem Herkommen bei solchen des Kammergerichts.

IV. Die Ober-Präsidenten, ferner die Regierungen, die Ober-Landesgerichte sollen ein Königliches Insiegel haben, das an Durchmesser und an äußerer Verzierung mit Krone, Schildhaltern, ihren Herkuleskeulen, Ordenskette, ganz wie unter II. und III. beschrieben ist. Der Wappenschild soll aber nur die Felder des mittleren Königlichen Wappens haben.

V. Die Insiegel I., II., III. und IV. haben die gewöhnlichen lateinischen Umschriften des Königlichen Titels zu enthalten, soweit der Raum zureicht.

VI. Die Ministerien und der Staatsrath haben zu minder feierlichen gewöhnlichen Ausfertigungen Insiegel von ein bis anderthalb Zollen im Durchmesser, worauf das Wappenzelt mit Schildhaltern und Fahnen oder Herkuleskeulen abgebildet ist, und im Schilde nur der Königlich Preußische Adler des kleinen Königlichen Wappens. Den Schild umgiebt die Ordenskette.

VII. Das Ober-Verwaltungsgericht, die Ober-Präsidenten, das Kammergericht, die Regierungen, die Ober-Landesgerichte und die Bezirksausschüsse haben kleinere Insiegel von einem starken Zoll im Durchmesser, für minder feierliche gewöhnliche Anfertigung das kleinere Königliche Wappen, nämlich den Schild, worin der Königlich Preußische schwarze Adler ist. Verzierungen dieser kleineren Siegel sind die Königliche Krone, die Schildhalter mit den Herkuleskeulen und die Ordenskette, aber nicht ein Wappenzelt, noch Devise, auch nicht Fahnen. Die Umschrift nennt den Namen der Behörde.

Ueber die von den Verwaltungsorganen der **Provinzial-** und **Landes-Kommunalverbände** zu führenden Dienstsiegel ist durch Allerhöchsten Erlaß vom 22. September 1880 nach Anhörung der betreffenden Verbände genehmigt, daß eine dreifache Siegelform eingeführt und angewendet werde:

a) ein reicheres und
b) ein einfacheres Siegel } für die Centralorgane,
c) ein einfaches Siegel für die unteren Organe.

Was die Gestaltung der einzelnen Siegel anbetrifft, so soll:

I. für das Siegel zu a. die Wappenform mit Schild, Helm und zwei Schildhaltern dienen; — rechts hält der schildhaltende wilde Mann die Königlich Preußische Standarte, links der geharnischte mit preußischer Feldbinde versehene Ritter eine Standarte mit dem Wappenbilde der betreffenden Provinz. In dem Schilde der einzelnen Provinzen ist im Allgemeinen dasjenige Feld aufgenommen worden, durch welches die betreffende Provinz im mittleren Königlichen Wappen vertreten ist. Ausnahmen hiervon machen:

1. Westpreußen, dessen Feld noch nicht in das Königliche Wappen eingefügt worden ist. Das dieser Provinz verliehene Wappen zeigt im silbernen Schilde einen schwarzen, goldbewehrten, rothgezungten Adler, dessen Hals mit einer goldenen Krone umgeben ist und zwischen dessen Halse und rechtem Flügel ein geharnischter Rechtarm hervorgeht, welcher ein goldbegrifftes Schwert über dem Haupte des Adlers schwingt. Aus dem gekrönten Helme wächst der eben beschriebene Adler hervor; s. die Abbildung bei Preußen.

2. Hannover, welches in diesen Siegeln nicht den in Feld 9 des mittleren Wappens befindlichen Lüneburgischen Schild führt, sondern: im rothen Schilde ein laufendes silbernes Roß; s. das Weitere bei Lüneburg.

3. Schleswig-Holstein, für dessen Feld nicht die im mittleren Königlichen Wappen gewählte Spitzen-Dreitheilung, sondern lediglich ein von Schleswig und Holstein gespaltener Schild (also ohne Lauenburg) bestimmt ist; s. das Weitere bei Schleswig.

II. das Siegel zu b. soll eine einfachere Form erhalten und zwar durch Fortfall des Helmschmucks, an dessen Stelle auf dem obern Rande des in Nr. I bezeichneten Wappenschildes je nach dem Range der Provinz eine Königliche, Kurfürstliche, Großherzogliche, Herzogliche, Fürstliche oder Gräfliche Krone ruht; den Wappenschild halten rechts der auf eine Keule sich stützende wilde Mann, links ein geharnischter Ritter mit geschlossenem Visir und Preußischer Feldbinde;

III. als Form für die Siegel zu c. ist bestimmt: ein freischwebender, schwarzer, goldbewehrter, rothgezungter, mit der Königskrone gekrönter, auf den Flügeln mit goldenen Kleestängeln besteckter Adler, welcher in der rechten Klaue den goldenen Reichszepter, in der linken einen blauen, goldbereiften und bekreuzten Reichsapfel hält, auf der Brust den vorher beschriebenen Wappenschild trägt und mit einer das betreffende Organ bezeichnenden Umschrift versehen ist.

Als Farben der Provinzen sind durch Allerhöchste Ordre's vom 22. Oktober 1882 (Staats-Anz. 1882 Nr. 264), vom 28. April 1884 (Staats-Anz. Nr. 110) und vom 3. Juni 1892 (Staats-Anz. Nr. 145) bestimmt: für Ostpreußen: Schwarz-Weiß; für Westpreußen: Schwarz-Weiß-Schwarz; für Brandenburg: Roth-Weiß; für Schlesien: Weiß-Gelb; für Pommern: Blau-Weiß; für Posen Roth-Weiß; für die Rheinlande: Grün-Weiß; für Westfalen: Weiß-Roth; für Hannover: Gelb-Weiß; für die Hohenzollernschen Lande: Weiß-Schwarz; für Sachsen: Schwarz-Gelb; für Hessen-Nassau: Roth-Weiß-Blau (für den Bezirksverband Kassel: Roth-Weiß, für den Bezirksverband Wiesbaden: Blau-Orange).

I. Abtheilung.

Die im Königlich Preußischen großen Staats-Wappen und Titel nach der Allerhöchsten Verordnung vom 16. August 1873 enthaltenen Landestheile.

Inhalts-Verzeichniß.

	Seite
Königreich Preußen	1
Markgrafthum Brandenburg	16
Burggrafthum Nürnberg. Grafschaft Hohenzollern	31
Souveraines Herzogthum Schlesien	41
Großherzogthum Niederrhein	50
Großherzogthum Posen	54
Herzogthum Sachsen	58
Herzogthum Westfalen	60
Herzogthum Engern	71
Herzogthum Pommern	73
Herzogthum Lüneburg	87
Herzogthum Holstein	94
Herzogthum Magdeburg	111
Herzogthum Bremen	116
Herzogthum Geldern	119
Herzogthum Cleve	120
Herzogthum Jülich	127
Herzogthum Berg	132
Herzogthum Wenden	138
Herzogthum Cassuben	143
Herzogthum Crossen	146
Herzogthum Lauenburg	149
Herzogthum Mecklenburg	152
Landgrafschaft Hessen	154
Landgrafschaft Thüringen	159
Markgrafthum Oberlausitz	161
Markgrafthum Niederlausitz	164
Fürstenthum Oranien	166
Fürstenthum Rügen	174
Fürstenthum Ostfriesland	180
Fürstenthum Paderborn. Grafschaft Pyrmont	184
Fürstenthum Halberstadt	188
Fürstenthum Münster	190
Fürstenthum Minden	193
Fürstenthum Osnabrück	195
Fürstenthum Hildesheim	197

		Seite
Fürstenthum Verden	. . . .	199
Fürstenthum Kammin	. . . .	200
Fürstenthum Fulda	. . . .	205
Fürstenthum Nassau	. . . .	208
Fürstenthum Mörs	. . . .	224
Gefürstete Grafschaft Henneberg	. . . .	228
Grafschaft Glatz	. . . .	231
Grafschaft Mark und Ravensberg	. . . . . .	234
Grafschaft Hohenstein	. . . .	239
Grafschaft Tecklenburg und Lingen	. . . . .	242
Grafschaft Mansfeld	. . . .	247
Grafschaft Sigmaringen	. . . .	249
Grafschaft Veringen	. . . .	253
Herrschaft zu Frankfurt am Main	. . . . . .	256
Die Regalien	. . . .	258
Nachträge und Zusätze	. . . .	261
Alphabetisches Namen-, Orts- und Sach-Register	. . . .	266

Stammtafeln:

Zu Brandenburg I	zu Seite	30
" " II	" "	30
" Hohenzollern	" "	31
" Nürnberg	" "	40
" Schlesien I	" "	46
" " II	" "	46
" Sachsen	" "	58
" Pommern	" "	73
" Lüneburg	" "	87
Zur Jülich-Cleve-Berg'schen Erbschaft, zu Mark-Cleve	" "	128
Zu Lauenburg	" "	149
" Hessen	" "	154
Zur Oranischen Erbschaft	" "	172
Zu den Fürsten von Rügen	" "	174
" Nassau	"	208

Königreich Preußen.

„Der erste Mittelschild, mit der Königlichen Krone bedeckt, liegt auf der Herzstelle. Wegen des Königreichs Preußen: im silbernen Felde ein schwarzer, goldbewehrter, rothgezungter Adler, der mit der Königlichen Krone[1]) gekrönt ist und in der rechten Klaue den goldenen Königszepter, in der linken einen blauen, goldbereisten und -bekreuzten Reichsapfel hält. Die Flügel sind mit goldenen Kleestengeln besteckt (rectius: „belegt". Anm. d. Verf.). Auf der Brust des Adlers steht der Namenszug König Friedrichs I.: die verschlungenen Buchstaben F. R."
Auf dem gekrönten Helme, mit schwarzsilbernen Decken, steht der Adler genau so, wie er im Schilde erscheint.

Das Königreich Preußen begreift in sich die Provinzen Ostpreußen (mit Litthauen) und Westpreußen.

A. Ostpreußen.

Unter Ostpreußen — 670 Quadratmeilen = 36 986,₇ Quadratkilometer — haben wir das ehedem sogenannte Niederpreußen (zum Unterschied des heutigen, ehemals Oberpreußen genannten Westpreußens — s. d. —) zu verstehen.

---

[1]) Zur Krönung des preußischen Adlers wird seit langer Zeit schon das Bild der wirklichen, im Krontresor vorhandenen Königskrone, die durchweg nur mit Brillanten geschmückt ist, angewandt, ausgenommen vier große Perlen auf den Zinken zwischen den Blätterzinken. Ueberall da, wo der Wappenadler im Hofdienste abgebildet wird,

Konrad I. von Masowien (1210—1247), jüngerer Sohn Kasimirs II. des Gerechten (der wiederum der jüngste Sohn des bei Schlesien [s. d.] erwähnten Boleslaw III., genannt „Schiefmaul", war), hatte 1206 das Herzogthum Preußen von seinem Bruder, König Lesko von Klein-Polen, abgetreten erhalten.

Diesen Umstand benutzten die damals noch heidnischen Preußen, um das ihnen längst verhaßte polnische Joch abzuschütteln.

Nachdem sie verheerend selbst in Masowien eingefallen, trotz eines vorhergegangenen christlichen Kreuzzuges, 1223 abermals die christlichen Grenzlande verwüstet und 1225 den Ritterorden von Dobrin vernichtet hatten, gelang es der Vermittelung Christians, der 1215 zum ersten Bischof von Preußen ernannt worden war, den Hochmeister des deutschen Ordens,[1])

---

hat die Krone eine volle Purpurmütze, sonst nicht. Auch Zepter und Reichsapfel sind die Abbilder der wirklichen Insignien, d. h. Ersterer golden mit weiß und blau kannelirtem Schaft, auf dem oben ein kleiner goldener Adler befestigt ist. Dieser hat die Königskrone auf dem Haupt, auf der Brust einen rothen Ovalstein und Schwert und **Zepter** in den Fängen.

Der Reichsapfel ist blau, mit goldenem Kreuz und Reifen, letztere abwechselnd mit weißen und rothen Steinen besetzt.

Die Krone der Königin, der Prinzen und Prinzessinnen von Preußen auf dem Kopf des Adlers, beziehungsweise dem Schilde ist die preußische Königskrone, doch anstatt mit Brillanten mit Perlen und anderen Edelsteinen geschmückt. Früher hatte diese „Prinzenkrone" nur vier Bügel, wie sich aus vielen Siegeln noch bis ca. 1840 nachweisen läßt.

[1]) Gestiftet am 19. November 1190 durch Herzog Friedrich von Schwaben, indem er den Verein der Brüder des St. Marienhospitals, das 1128 in Jerusalem zur Aufnahme kranker und hülfsbedürftiger Pilgerinnen zum heiligen Grabe durch einen frommen Deutschen gegründet worden war, zu einem geistlichen Ritterorden erhob, mit der Bestimmung, daß die Ritterbrüder von adeligem Geblüte sein und sich der Bekämpfung der Ungläubigen, wie der Krankenpflege widmen sollten. Von Papst Clemens III. am 6. Februar 1191 bestätigt, erhielt der Orden, welcher nacheinander verschiedene Namen trug, durch Papst Cölestin 1215 die Gleichberechtigung mit dem Templer- und Johanniterorden. Er verehrt als ersten Hochmeister Hermann von Salza (1210—1239). Nach dem Falle von Akkon 1291 wandte sich der Orden nach Venedig und 1309 nach Marienburg in Preußen. Durch die Schlacht von Tannenberg (15. Juli 1410), den Frieden von Thorn (19. Oktober 1466), durch den der Orden Ostpreußen verlor, und die Reformation, sowie die Umwandlung Preußens in ein erbliches Herzogthum verlor der Orden allen Einfluß. Den „Deutschmeister" (zum Unterschiede von dem Meister in den welschen Landen in Italien, welche Würde im 15. Jahrhundert erlosch) Walther von Cronberg erwählte der Orden zum Administrator des Hochmeisterthums in Preußen (bestätigt d. d. Burgos 6. Dezember 1527 durch Kaiser Karl V.) mit der Residenz zu Mergentheim in Franken. Seine Belehnung mit „Preußen" erfolgte d. d. Augsburg 26. Juli 1530. Er nannte sich, wie seine Nachfolger, „Hoch- und Deutschmeister", und der jedesmalige Hoch- und Deutschmeister wurde von den Kaisern in seiner Würde bestätigt und mit seinem Sitze als Reichslehen belehnt.

Hermann von Salza (1210—1239), unter Zusicherung bedeutender Vortheile für den Orden, für die Eroberung und Christianisirung Preußens zu gewinnen.

Erst nach mehr als fünfzigjährigem Kampfe, mit wechselseitigen Niederlagen, Bekehrungen und Wiederabfällen, gelang das Riesenwerk 1283.

Nachdem die durch zweihundert Jahre großartige Macht des Ordens im Kriege mit Polen durch die Schlacht bei Tannenberg (1410, 15. Juli) gebrochen und der Orden nur durch glückliche Umstände und den wackeren Komthur Heinrich Reuß von Plauen, der den ersten Thorner Frieden (1411, 1. Februar) zu Stande brachte, vor gänzlicher Vernichtung bewahrt geblieben war, folgten weitere Kriege mit Polen. Diese und die zunehmende Schwäche des Ordens führten endlich dazu, daß Letzterer, zufolge des zweiten Thorner Friedens zu Nessau (1466, 19. Oktober) die polnische Lehnsherrlichkeit annehmen mußte; als Besitz verblieb dem Orden nur das alte Stammland, nämlich: Barten, Galindien, Nadrauen, Natangen, Samland, Schalauen, Sudauen, sowie die Südhälfte von Pogesanien und Pomesanien. Dagegen riß Polen: Danzig mit dem Werder und alle links der Weichsel belegenen Landestheile, Ermeland, Kulmerland und Marienburger Land, mit dem Streifen längs des frischen Haffs, an sich.

Martin Truchseß von Wetzhausen, Hochmeister 1477—1489, war der Erste, der den Muth hatte, Polen die Lehenshuldigung zu verweigern, doch mußte sowohl er, wie sein Nachfolger Johann von Tiefen (1489—1497) sich schließlich unterwerfen.

In der Voraussicht, daß der Orden allein Polen gegenüber zu schwach sei, faßte die Mehrzahl der Ordensritter nunmehr den Plan, als Hochmeister ein Mitglied eines deutschen Fürstenhauses zu wählen. Dies geschah, doch entsprach dieser (Friedrich von Sachsen [1497—1510]) den gehegten Erwartungen nicht gänzlich, obwohl er den Huldigungseid nicht leistete. Zu seinem Nachfolger wurde nunmehr 1511 am 5. Januar Albrecht von Branden-

---

Nachdem die Balley Utrecht (s. Niederlande) protestantisch geworden und sich vom Orden gelöst, gingen durch den Frieden von Luneville (9. Februar 1801) und Amiens (25. März 1802) die linksrheinischen Besitzungen verloren, während die rechtsrheinischen an die Rheinbundsfürsten vertheilt wurden.

Durch den Frieden zu Preßburg (26. Dezember 1805) wurde die Großmeisterwürde prinzipiell mit dem Mannsstamme des Hauses Habsburg-Lothringen verbunden, worauf Kaiser Franz I. von Oesterreich am 17. Februar 1806 den Titel „Großmeister des deutschen Ritterordens in Oesterreich" annahm. Eine Reorganisation der alten Satzungen des Ordens fand durch denselben Monarchen am 8. März 1834 statt, und Kaiser Ferdinand I. bestätigte am 28. Juni 1840 die neuverfaßten Ordensstatuten, nach denen der Orden als selbstständiges geistliches ritterliches Institut (mit einem Erzherzog, der den Titel „Hoch- und Deutschmeister" führt und in Wien als Ordensoberhaupt residirt) besteht (cfr. Gritzner, Handbuch der Ritterorden ⁊c.).

burg, 3. Sohn des Markgrafen Friedrich von Ansbach, erwählt, von dem man annahm, daß König Sigmund von Polen, dessen Schwestersohn er war, ihm mehr Nachgiebigkeit bezeigen würde. König Sigmund bestand indeß darauf, daß der Huldigungseid geleistet werde, Albrecht verweigerte es, ja er leistete der Aufforderung des Königs, in Thorn zu erscheinen (1518), nicht einmal Folge.

Daraufhin erklärte Polen dem Orden den Krieg und verwüstete Preußen. Endlich, bedrängt von seinen eigenen Söldnern, nahm Albrecht 1521 am 7. April einen vierjährigen Waffenstillstand an und begab sich währenddessen, um für den Orden Hülfe zu suchen, nach Deutschland.

Hier gab ihm Luther und Melanchthon den Rath, den Orden aufzulösen, sich zu vermählen und ein weltliches Herzogthum Preußen zu errichten. Hierzu war zunächst der Friede mit Polen nöthig. Dieser kam 1525 am 8. April in Krakau zu Stande. Zwei Tage später, am 10. April, huldigte Albrecht dem Könige und erhielt, mit Zustimmung des Ordens und des Landes, von König Sigmund die Belehnung mit Preußen als weltlichem Herzogthum, unter gleichzeitiger Mitbelehnung seiner Brüder, der Markgrafen Georg, Casimir († 1527) und Johann († 1525). Am 9. Mai hielt Albrecht feierlichen Anzug in Königsberg; die Huldigung durch die Landstände erfolgte 1525 am 25. Mai.

In dem Vertrage zwischen Herzog Albrecht und Polen war bestimmt worden, daß erst nach Abgang aller Leibeslehnserben Preußen an die Krone Polen zurückfallen solle.

Dieser Fall würde bei dem Tode des Sohnes Albrechts: Albrecht Friedrich (der 1618 am 28. August ohne männliche Nachkommen starb) eingetreten sein, da die Linie Georgs schon 1603 erloschen war.

Nachdem Herzog Albrecht von Preußen (1568 am 20. März) gestorben, wurde dessen bereits mit 15 Jahren mündig erklärter Sohn Albrecht Friedrich 1569 am 19. Juli zu Lublin mit Preußen belehnt und diese Belehnung zugleich zum ersten Male symbolisch auch durch den Abgesandten des Kurfürsten Joachim II.: Levin von der Schulenburg, der die Lehnsfahne berührte, für Kurbrandenburg ausgesprochen, wie auch im Jahre 1571 bald nach dem Regierungsantritt des Kurfürsten Johann Georg erneuert. Durch diese Mitbelehnung wurde festgesetzt, daß nach dem Tode der herzoglichen Preußischen und der Linie des Markgrafen Georg in Preußen, Kurbrandenburg succediren solle.

Herzog Albrecht Friedrich verfiel bald nach seiner Vermählung mit der Herzogin Maria Eleonore von Jülich-Cleve in Schwermuth, so daß schon 1577 ihm in Person seines demnächst erbberechtigten Vetters Markgrafen Georg Friedrich ein Kurator bestellt werden mußte. Dieser letztere starb ohne Erben 1603.

Inzwischen hatte sich Markgraf Johann Sigismund, Sohn des damaligen Kurprinzen Joachim Friedrich, 1594 mit Anna, Herzog Albrecht Friedrichs ältesten Tochter, und 1603 der Kurfürst Joachim Friedrich, von seiner ersten Gemahlin Katharina, Tochter des Markgrafen Johann von Küstrin, verwittwet, in zweiter Ehe mit der Herzogin Eleonore (Schwester seiner Schwiegertochter) vermählt. Hierdurch war die Anwartschaft des Kurhauses auf Preußen nunmehr eine dreifache geworden.

Allein der König von Polen schien Preußen als einen willkommenen Länderzuwachs zu betrachten und häufte Schwierigkeiten auf Schwierigkeiten, sodaß Kurfürst Joachim Friedrich erst 1605 am 11. März die Bestallung als „Kurator, Administrator und Gubernator" des Königreichs Preußen erhielt, jedoch, da ihm der preußische Adel entgegenwirkte, noch nicht die förmliche Belehnung.

Erst seinem Sohne Johann Sigismund, seit 1609, 10. Februar „Administrator von Preußen", gelang es 1611 am 16. November, nachdem mit großem Widerstreben 1612 für ihn und seine drei Brüder die Huldigung erfolgt war, die völlige Vereinigung Preußens mit Brandenburg nach Albrecht Friedrichs Tode (28. August 1618) zu erlangen.

Auch Kurfürst Georg Wilhelm von Brandenburg erhielt die Belehnung mit Preußen erst nach langen Verhandlungen 1621 am 23. September.

Erst durch den Vertrag von Labiau vom 10./20. November 1656, nachdem Friedrich Wilhelm, der große Kurfürst,[1]) mit Schweden vereint die Polen bei Warschau geschlagen hatte, und von Wehlau vom 19. September 1657 wurde der Kurfürst wirklicher und souveräner Herzog von Preußen. Im Frieden von Oliva (1660, 3. Mai) verzichtete Polen endgültig auf alle Oberhoheit über das Herzogthum, das 1663 am 18. Oktober dem Kurfürsten huldigte.

Endlich führte des Kurfürsten Friedrich III. eifriges Bestreben, die Königswürde von Preußen seinem Hause zu erringen, nach langen Verhandlungen zu dem hohen Ziele.

Am 16. November 1700 wurde (cfr. Mörner, Staatsverträge S. 810 ff.) zu Wien der Vertrag unterzeichnet, durch den Kaiser Leopold dem Kurfürsten die Zustimmung gab, sich von dem Herzogthum Preußen, sobald es ihm beliebe, des Königstitels zu bedienen. Dies geschah durch Manifest Friedrichs III. d. d. 16. Dezember 1700. Am 15. Januar 1701 wurde die Annahme der Königswürde öffentlich bekannt gemacht, und die Krönung selbst erfolgte 1701 am 18. Januar zu Königsberg i/Pr., genau 170 Jahre

---

[1]) Dessen Belehnung mit dem Herzogthum Preußen war 1641 am 8. Oktober erfolgt.

vor dem denkwürdigen Tage in Versailles, wo unserem Heldenkönig Wilhelm, nach glorreichen Kämpfen und Siegen, des Deutschen Reiches Kaiserkrone als wohlerworbener Lohn zufiel.

B. Westpreußen.

Unter Westpreußen ist das vormalige Ober= oder Polnische Preußen zu verstehen, umfassend die Gebiete von Ermeland, Kulmerland, Marien=burg, Michelau und Pomerellen. Dies Gebiet, nebst der Stadt Elbing, wurde durch die erste Theilung Polens (1772, 5. August [nebst Großpolen — s. Posen]) Preußen zugesprochen und durch Manifest vom 1. September desselben Jahres in Besitz genommen; die feierliche Erbhuldigung nahm König Friedrich II. 1772 am 27. September entgegen, worauf der bisher geführte Titel: König in Preußen in: „König von Preußen" abgeändert wurde, da der König nunmehr thatsächlicher Herr von ganz Preußen war. Hierzu traten durch die zweite Theilung Polens (1793, 4. Januar) noch die Städte Danzig und Thorn mit ihrem Gebiet, was auch durch die dritte Theilung Polens (1797, 26. Januar) bestätigt wurde. Nachdem durch den Grenzvergleich zu Warschau (1776) die links der Netze belegenen Theile der Woiwodschaften Posen, Gnesen und Inowraclaw an Preußen gediehen und als „Netzedistrikt" mit Westpreußen vereinigt worden waren, geschah dies durch Verordnung vom 14. Oktober 1776 (Rabe, Samml., Bd. I Abth. 4 S. 335) auch mit den Herrschaften Lauenburg und Bütow (s. d.). Bereits die Regierungsinstruktion vom 21. September 1773 (Rabe, Samml. preuß. Gesetze Bd. 1 Abth. 5. S. 674) hatte, zufolge einer schon d. d. Berlin 4. Februar desselben Jahres ergangenen Allerhöchsten Ordre, den obigen Ländereien, einschließlich des früher zu Ostpreußen gehörigen Kreises Marienwerder, den Namen: Westpreußen beigelegt, wozu 1793 noch Thorn (s. d.) und Danzig (s. d.) gelegt wurden.

Durch den Frieden von Tilsit vom 9. Juli 1807 wurde ein Theil des Netzedistrikts und der vormaligen Woiwodschaften Culm und Marien=burg an das neuerrichtete Herzogthum Warschau abgetreten.

Nach Napoleons Sturz und der Auflösung dieses Herzogthums wurden, in Verfolg des Pariser Friedens vom 30. Mai 1814 und der Wiener Kongreßakte vom 31. Mai 1815, die Lande durch Patent vom 15. Mai 1815 (Gesetz=Samml. 1815 S. 45) mit der preußischen Monarchie wieder vereinigt.

Es wurden jedoch bei der Neubildung und Eintheilung Westpreußens vom 30. April 1815 (Gesetz=Samml. 1815 S. 93) die Kreise Crone und Camin in Westpreußen, die ehemals zum Netzedistrikt gehört hatten, nicht wieder ganz mit Westpreußen vereinigt, vielmehr die 1807 abgetretenen

Theile, laut Patent vom 15. Mai 1815 (Gesetz-Samml. 1815 S. 45), zur Provinz Posen geschlagen, ebenso ward Lauenburg und Bütow, nebst zwei pommerschen Enklaven der Provinz Pommern zuertheilt; auch wurde das Bisthum Ermeland zur Provinz (Ost-) Preußen geschlagen.

Das heutige Westpreußen hat einen Flächeninhalt von ca. 464 Quadratmeilen = 25 515 Quadratkilometer. Die neue Provinz Westpreußen ist durch Gesetz vom 19. März 1877 (Gesetz-Samml. 1877 S. 107) gebildet.

C. Litthauen

begreift in sich die sogenannten litthauischen Aemter Insterburg, Memel, Ragnit und Tilsit und gehört zur Provinz Ostpreußen. Es ist zu unterscheiden von dem polnischen Litthauen (mit Wilna, Troki, Brześć-Litewsk), die, mit Weißrußland und Samogitien zusammen, das Großfürstenthum Litthauen bildeten.

Wappen.

A. Ostpreußen.

Die Frage, ob wir, wie v. Ledebur, Koehne und Voßberg behaupten, in dem preußischen Königsadler das Bild des alten deutschen Reichsadlers zu erblicken haben, oder ob, wie Grote meint, dieser Adler (ähnlich wie der zuerst 1454 auf Münzen erscheinende aus dem polnischen Adler und litthauischen Reiter zusammengesetzte westpreußische) ein für die Belehnung Albrechts d. d. Krakau 10. April 1525 von König Sigismund von Polen neu erfundenes, die Lehnspflicht gegen dies Königreich ausdrückendes Wappenbild sei, wird bis auf Weiteres wohl unentschieden bleiben. Fest steht, daß bei dieser Belehnung der vom bisherigen Deutschordensmeister, nunmehrigen Herzog Albrecht geführte vierfeldrige, die Wappen von Brandenburg, Pommern, Nürnberg und Zollern enthaltende Schild derselbe blieb, das denselben quadrirende Deutschordenskreuz (schwarz mit weißem Bord, belegt mit 4 goldenen Lilienstäben und in der Mitte mit goldenem Schildchen, darin ein schwarzer Adler) in Wegfall kam und dem oben beschriebenen gevierten Rückschild ein Herzschild aufgelegt wurde. Dieser Herzschild zeigt in Silber einen schwarzen, goldbewehrten Adler, um den Hals mit goldener Blätterkrone[1]) gekrönt, in den Flügeln mit goldenen Kleestängeln, auf der Brust mit einem silbernen S(igismundus) belegt. Dieser Adler hat von dem des deutschen Ordens zwar die Farbe, von dem polnischen (vielleicht auch von dem brandenburgischen) die goldene Bewehrung und die goldenen Kleestängel in den Flügeln, steht aber, wie gesagt, im silbernen Felde, wohingegen die Farbe des Schildes, in dem der Reichsadler steht, stets golden war.

Als Zeichen der Lehnsabhängigkeit von Polen wurde, wie gesagt, die Brust des Adlers mit einem silbernen S (der Initiale König Sigismunds I.) verziert, über welchem sich eine goldene — zweifellos zum Namenszuge gehörige — Krone befand.

Nachdem König Sigismund I. von Polen (1548) verstorben, wurde Herzog Albrecht durch den König Sigismund August von Polen am 9. Dezember 1550 von Neuem belehnt. Obwohl jetzt die Lehnsfahne, anstatt des S, die verschlungenen Initialen des nunmehrigen Königs (SA) auf der Adlerbrust hätte zeigen sollen, wurde die alte Lehnsfahne benutzt, und auf den Siegeln und Münzen des Herzogs Albrecht erscheint ebenfalls, wie vordem, das alte S auf der Adlerbrust.

Erst bei Albrechts 1568 erfolgtem Tode und der am 19. Juli 1569 erfolgten Belehnung seines Sohnes Herzog Albrecht Friedrich wurde die neue Initiale in die Lehnsfahne angenommen, dennoch blieb auf Siegeln und Münzen das alte S auch noch ferner bestehen.

Wie oben erwähnt, wurde am 10. April 1525 zu Krakau nicht nur Albrecht mit dem Herzogthum Preußen belehnt, sondern, in Ermangelung von Erben, die Eventualbelehnung auch auf seine Brüder Casimir, Georg (der Fromme) und Johann ausgedehnt.

Auch hier indeß zeigen alle Siegel, z. B. das Georgs de 1541 und 1543, sowie seines Sohnes Georg Friedrich de 1556, das Reitersiegel des Letzteren von 1579 und ein Kupferstichwappen de 1587 auf der Adlerbrust das typisch gewordene S, nicht die Initialen der späteren Könige von Polen.

Auf kurbrandenburgischen Siegeln und Münzen erscheint der Adler des Herzogthums Preußen erst, nachdem der Kurfürst Johann Georg am 19. Juli 1569 die Mitbelehnung empfangen hatte, und zwar zuerst auf

---

[1]) Daß letztere nicht ebenfalls auf der Brust des Adlers angebracht, sondern ihm um den Hals gelegt wurde, zeugt von dem richtigen Geschmack des polnischen Herolds. Daß man eine oben offene Blätterkrone wählte, war natürlich, da man durch eine oben geschlossene Königliche (Bügel-)Krone natürlich den Adlerkopf nicht hätte stecken können Daß letztere dennoch später gewählt wurde, s. unten.

einem Thaler vom Jahre 1572. Auch hier indeß ist nicht die Initiale König Sigismund Augusts, sondern nur das S auf der Adlerbrust zu sehen.[1]

Nachdem durch den Grafen Adam Schwarzenberg, durch persönliche Vermittelung in Krakau anno 1633, der neue König Wladislaus (Vladislaw) seine Zustimmung ertheilt hatte, erscheint, in Folge Kurfürstlicher Verordnung an die Oberräthe in Preußen, d. d. Coelln a. d. Spree 10. März 1634, zuerst auf Thalern vom Jahre 1635 im mittleren Wappen, der preußische Adler ohne Halskrone, auf der Brust aber belegt mit den verschlungenen Initialen des Königs von Polen (V) und des Kurfürsten von Brandenburg (G). Auch ist das Haupt des Adlers hier zum ersten Male gekrönt mit einem „Hütlein, als wie immer Erzherzog Ferdinand auf seine Thalern auf hat" (d. h. ein einbügliger Herzogshut mit Hermelinstulp, rother Mütze und Reichsapfel).

Während die Existenz des Herzogshuts auf dem Adlerhaupte eine nur sehr kurze gewesen zu sein scheint, erhalten sich die Initialen des Königs und Kurfürsten auf der Adlerbrust bis zur Zeit, wo, zufolge des Labiauer Vertrags vom 20. November 1656 und Wehlauer Friedens vom 19. September 1657, Polen seiner Souveränetät über das Herzogthum Preußen zu Gunsten Kurbrandenburgs entsagt hatte, was der Friede von Oliva (3. Mai 1660) bestätigte.

Die Krone um den Adlerhals wurde indeß, wie bereits oben gesagt, beibehalten, und da den Malern und Stechern der Platz auf der Adlerbrust nun wohl zu kahl erschien, setzten sie den Namenszug des Kurfürsten dahin. Hauptsächlich auf kleineren Geprägen erscheint daher seit jener Zeit sowohl ein $\frac{F}{W}$, wie (seit 1688) ein F3 oder nur ein F, letzteres z. B. noch auf einem ostpreußischen Timpf von 1699. — Das offizielle Wappenbuch von 1574, sowie auch das des Großen Kurfürsten von 1687 (beide Berlin, Hausarchiv) zeigt indeß sowohl im Schilde, wie auf dem ungekrönten Helme den Adler hier (mit 5 Schwanzfedern) wachsend, mit Kleestängeln, Halskrone und dem verschlungenen SA auf der Brust.

Nach Annahme der preußischen Königswürde, und zwar laut Dekret d. d. Königsberg 27. Januar 1701, wird auf der Brust des (seit 11. Februar 1701 mit der Königskrone gekrönten) im Herzschilde des Wappens erscheinenden preußischen Adlers, um dessen Hals die alte Blätterkrone liegt, der verschlungene Namenszug F(riedericus) R(ex) angebracht.

---

[1] Eine gewisse Erklärung dieses merkwürdigen Umstandes möchte darin zu suchen sein, daß König Sigismund August († 1586) auch den Rufnamen Sigismund (seines Namens der Zweite) führte und sein Sohn Sigismund III. erst 1632 starb.

Bereits durch weitere Königliche Verordnung d. d. Königsberg 20. Februar 1701 wird die Halskrone entfernt und über dem Namenszuge auf der Adlerbrust die Königskrone (mit 5 Bügeln) so angebracht, daß sie auf dem Halse des Adlers ruht.

Hierbei blieb es, nur wurde, anstatt des FR, der Namenszug unter Friedrich Wilhelm I. und II. in FWR verändert, bis 1817, wo der Namenszug wieder auf FR festgesetzt ward. Seit dem Jahre 1864 ist auch die Krone über dem Namenszug in Wegfall gekommen.

Die bereits 1634 gestattete Krone auf dem Haupte des Adlers, die Kurbrandenburg verschmähte, wurde von der Nebenlinie Ansbach um das Jahr 1712, von der zu Culmbach gar erst ca. 1730 angenommen, immer aber nur als eine einfache offene Blätterkrone.

Ebensowenig bedienten sich bis zu ihrem Erlöschen diese beiden Linien, wie die zu Schwedt, des Zepters und des Reichsapfels, welche Würdezeichen erst seit König Friedrich Wilhelms I. Regierungsantritt in den Fängen des Adlers erscheinen.

Der Platz, den der preußische Adler im kurfürstlichen und den markgräflichen Wappen eingenommen hat, war ein sehr wechselnder. In ersterem erscheint er nicht früher als 1572 (Thaler des Kurfürsten Johann Georg), und zwar direkt unterhalb des Erzkämmererschildchens, in der Mittelreihe des zweimal gespaltenen Schildes.

Bei der Neuordnung des Kurfürstlichen Wappens seit der Jülich-Cleveschen Erbschaft finden wir ihn (Thaler des Kurfürsten Johann Sigismund vom Jahre 1608) in der obersten Reihe des vielfeldrigen Wappens, und zwar stets in der Rangordnung hinter dem brandenburgischen, und seit der Erwerbung von Magdeburg (laut Reskript d. d. Cölln 27. August 1660) sogar hinter dem Wappen dieses Herzogthums, bis er, zufolge der 1657 erlangten Souveränetät Preußens, laut Reskript d. d. Cölln 20. November 1663, die frühere Stelle direkt hinter Brandenburg wieder erhielt. Hier blieb er bis zum Erwerb der Königswürde, bei welcher Gelegenheit der Adler, und zwar durch Allerhöchste Kabinetsordre d. d. Königsberg 27. Januar 1701, dem Hauptschilde in einem besonderen (einzigen) Königlich-gekrönten Herzschilde einverleibt ward. Diesen Ehrenplatz hat er, trotz aller mit dem Wappen vorgegangenen Veränderungen, mit Recht bis zum heutigen Tage beibehalten.

In Wappen der fränkischen Linien tritt er nach der Mitbelehnung derselben mit dem Herzogthum Preußen (1525, 10. April), jedoch nicht vor dem Jahre 1536, auf, und zwar stets im Mittelfelde des neunfeldrigen, und nach Einführung eines zwölffeldrigen Wappens entweder direkt unter dem im Mittelfelde der oberen Reihe befindlichen brandenburgischen Adler, oder (z. B. nach einem Siegel Markgrafs Georg des Frommen vom Jahre 1541)

Wappen des Herzogs Albrecht Friedrich von Preußen.

Das nach einem Stammbuchblatte vom Jahre 1612 gezeichnete Wappen enthält in der Mitte (Feld I) den Adler des Herzogthums Preußen (schwarz, mit goldener Bewehrung, Halskrone und Kleestängeln, auf der Brust das silberne S(igismund) die Initiale des Lehnsherrn tragend. Feld II (darüber): Brandenburg, Feld III rechts: der Pommersche Greif, Feld IV links: derselbe, merkwürdiger Weise ohne goldene Bewehrung, aber mit goldenem Kleestängel im Flügel, was auch Siegel ganz deutlich zeigen (wahrscheinlich soll es der Greif von Stettin sein), Feld V und VI (beiderseits des Preußischen Adlers) zeigen die Greife von Wenden, bezw. Cassuben, beide dreimal quer, der erstere roth-grün, der letztere grün-roth quer gestreift (sonst ist der von Cassuben schwarz), Feld VII zeigt das Zollernwappen, darunter das Regalienfeld; rechts davon (Feld VIII) Nürnberg, links (Feld IX) Rügen (das Feld unten schwarz, weißgefugt). Von den 3 Helmen trägt der mittlere den Adler wachsend, der rechts das Altbrandenburgische, der linke das Pommern-Stettinsche Helmkleinod.

im Mittelfelde der drittoberen Reihe, unter dem pommerschen Greif, zwischen den Adlern von Crossen und Jägerndorf. Ebenso bei der herzoglichen Linie. Die Linie zu Schwedt führte ihn bis 1701 in der oberen Reihe, dann, wie die Könige von Preußen, im aufgelegten Herzschilde. Bei der jüngeren Linie Bayreuth und Culmbach hat er im 17. Jahrhundert die Stellung wie bei der älteren Ansbachschen Linie, später in der oberen Reihe hinter Magdeburg, und seitdem der brandenburgische Adler aus dieser Reihe heraus und in ein besonderes Herzschild genommen war, immer vor dem des genannten Herzogthums.

Das Helmkleinod.

Wachsend, mit der entsprechenden Initiale und Halskrone, finden wir den Adler, den die herzogliche Linie schon zur Zeit Herzog Albrecht Friedrichs (1568—1618) auf dem Mittelhelm, die Culmbachsche Linie seit ca. 1732, die Anspachsche schon 1672 in ganzer Figur auf dem Helm (in der Reihenfolge hinter dem von Brandenburg) führt, im kurbrandenburgischen Wappen anscheinend seit 1608; seit 1640 in ganzer Figur, theils direkt hinter dem Erzkämmererhelm, theils hinter dem von Magdeburg. Mit dem Jahre 1701 kamen alle Helme, mithin auch dieser, in Fortfall, und der Schild wurde mit der Königskrone bedeckt, anstatt derer, durch Erlaß vom Jahre 1702, der offene goldene, mit der Königskrone gekrönte, mit schwarzsilbernen Decken versehene Helm auf den Oberrand des Schildes gesetzt ward, wie er noch heutigen Tages im Königlichen großen Wappen erscheint.

Bei der Neubildung der Provinzialwappen brachte Graf Stillfried den nunmehrigen Königlichen Adler in ganzer Figur als Helmkleinod des Wappens, wie oben beschrieben, in Vorschlag, was Allerhöchst genehmigt wurde. Es ist dieser Vorschlag bedauerlich, weil, wie oben gezeigt, die älteste Form des Helmkleinods der wachsende Adler ist, der zugleich altheraldisch wie stylistisch ein besseres Bild bietet.

In weiser Erkenntniß dieser Thatsache führte weiland Seine Majestät Kaiser Friedrich in Allerhöchstseinem Privatsiegel den Adler auf dem Helme wachsend, zwischen zwei preußischen Königsstandarten (cfr. Warnecke, herald. Musterbuch, 6. Aufl.).

B. Westpreußen.

„Im silbernen Felde ein goldbewehrter schwarzer Adler, aus dessen goldener Halskrone ein schwertschwingender eisengeharnischter Arm hervorgeht."

Auf dem gekrönten Helme mit schwarzsilbernen Decken erscheint derselbe Adler, aber wachsend.

Dies Wappenbild wurde für das polnische Preußen von den Königen von Polen seit jeher auf Münzen und Siegeln geführt. Paprocki in seinem 1584 erschienenen Werke „Herby rycerztwa polskiego" S. 921

giebt den Adler ebenso wie oben, jedoch ohne die Halskrone. Es ist jedenfalls durchaus richtig gewesen, bei Feststellung der Provinzialwappen für Westpreußen dies alte Wappen neu zu wählen, was wir übrigens nicht zum Mindesten der Agitation des verstorbenen L. Clericus zu verdanken haben.

Wappen der Provinz Ostpreußen.[1])

A. Der Centralorgane

1. größeres Wappen.

Schild und Helm wie die des Königreichs Preußen — s. die Abbildung —.

Als Schildhalter aller „größeren" Provinzialwappen (mit Ausnahme von Schleswig-Holstein, wo grünes Rasenstück vorgeschrieben) stehend stets auf graubraunem Marmorpostament, rechts ein wilder, um Haupt und Hüfte laubbekränzter Mann, der sich mit dem inneren Arm auf den Schild lehnt; links ein Ritter in vollem goldverzierten stahlfarbenen Harnisch und Helm, mit geschlossenem Visir, goldenen Stachelsporen, mit natürlichem Leder-Anschnallriemen, goldbordirten Stahlhandschuhen, umgürtetem Schwert mit goldbeschlagener schwarzer Scheide, dessen Knopf und Parirstange golden, der Griff schwarz mit silbernen Verzierungen ist. Der wilde Mann hält bei allen Provinzialwappen mit der freien Faust eine goldbefranste Standarte mit abhängenden schwarzsilbernen Schnüren an goldener Lanze mit durchbrochener goldener Spitze, in der der goldene Namenszug F R verschlungen (lateinische Buchstaben) erscheint; in dem mit goldenen Nägeln angenagelten weißen Fahnentuche erscheint jedesmal der Königlich preußische heraldische Adler, den Kopf nach der inneren (Wappen-) Seite wendend.

Der linke Schildhalter (der Ritter) trägt bei allen Provinzen eine schwarzweiß abgetheilte Schärpe, mit dergleichen Fransen, über dem Harnisch

---

[1]) Laut Allerhöchster Kabinetsordre d. d. Berlin 22. September 1880 genehmigte Seine Majestät der Kaiser und König für alle Provinzen, oder vielmehr für die oberen Behörden der durch die Verwaltungsorganisation in Preußen entstandenen kommunalständischen Provinzialverwaltung, ein dreifaches Siegel, unter Bestätigung der von diesen selbst gewählten Wappen. Für Hessen-Nassau und Schleswig-Holstein (s. d.) geschah dies erst später.

Die Abbildung aller drei Wappenformen ist nur einmal (s. Westpreußen) erfolgt, da die Aeußerlichkeiten bei allen Provinzen mit kleinen Abweichungen, die bei den einzelnen Provinzen erwähnt werden, stets dieselben sind.

von der rechten Schulter zur linken Hüfte (wo eine Schleife) und hält — ausgenommen Schleswig-Holstein und Hessen-Nassau — den Schild am oberen Rande mit der rechten Hand.

Ueberall sind seine Helmfedern in den betreffenden, laut Allerhöchster Kabinetsordre ebenfalls festgesetzten, Provinzialfarben tingirt; das Banner hat dieselbe Lanze wie die des rechten Schildhalters, doch ist hier der Namenszug in der Spitze im Spiegelbilde sichtbar.

Das Fahnentuch selbst enthält stets das Wappen wie im Schilde; die abhängenden Quastenschnüre sind (mit Ausnahme von Schleswig-Holstein und Hessen-Nassau, wo sie golden erscheinen) stets in den beiden Wappenfarben tingirt.

2. mittleres Wappen.

Dasselbe hat nur den Schild wie oben, ist anstatt des Helmes mit dem Adler bei der Provinz Ostpreußen mit der preußischen Königskrone, bei den übrigen Provinzen (s. d.) dagegen mit der betreffenden Rangkrone gekrönt. Als Schildhalter erscheinen hier zwar ebenfalls der wilde Mann und der Ritter, wie oben, jedoch stützt sich der erstere mit dem freien Arm auf eine große braune Keule, der letztere, der hier wie der Wilde ebenfalls den inneren Ellenbogen auf die Ecke des Schildes auflehnt, mit der äußeren Hand auf den Knauf seines Schwertes, dessen Spitze hier das Postament berührt.

B. Das Wappen der unteren Organe (kleines Wappen) zeigt in allen Provinzen lediglich den Königlich preußischen, wie oben abgebildeten, aber freischwebenden heraldischen Adler, dessen Brust bei der Provinz Ostpreußen allein der goldene Königliche Namenszug ziert, wogegen bei allen übrigen Provinzen dort der (ungekrönte) Wappenschild mit dem Wappen der Provinz ruht.

Die Provinzialfarben der Provinz Ostpreußen (auch von oben nach unten gelesen als Provinzialflagge verwendbar) sind: schwarz, weiß (bestimmt für alle Provinzen, ausgenommen Sachsen, Schleswig-Holstein und Hessen-Nassau, laut Allerhöchster Kabinetsordre d. d. Baden-Baden 22. Oktober 1882).

Wappen der Provinz Westpreußen.

1. **Größeres Wappen:** Im silbernen Felde ein goldbewehrter schwarzer, rothbezungter Adler, um dessen Hals eine fünfblättrige goldene Krone gelegt ist. Aus derselben geht, zwischen Hals und rechtem Flügel, ein gebogener Arm in goldverziertem stahlfarbenen Harnisch hervor, der in der bloßen Faust über dem Kopfe des Adlers ein goldbegrifftes stahlfarbenes Schwert schwingt. Aus dem gekrönten Helme, mit schwarzsilbernen Decken, wächst der Adler des Schildes halb hervor.

Schildhalter 2c. vergl. oben Ostpreußen; die linke Fahne zeigt den schwertschwingenden Adler; auf dem Helme des Ritters mehr schwarze wie weiße Helmfedern.

2. Das mittlere Wappen hat auf dem Schilde einen „Herzogshut", d. h. eine goldene Krone mit 5 sichtbaren goldenen perlenbesetzten Bügeln,

blauem Reichsapfel mit goldenen Reifen und Kreuz und ganzer purpurner Mütze; statt des Stirnreifs ein Hermelinstulp.

3. Das kleine Wappen: Der Preußische heraldische Adler mit dem von Westpreußen als Brustschild.

Die Provinzialfarben der Provinz Westpreußen (s. oben Ostpreußen) sind: schwarz, weiß, schwarz.

Markgrafthum Brandenburg.

„Der zweite Mittelschild, mit dem Kurhute bedeckt, liegt auf der Ehrenstelle. Wegen des Markgrafthums Brandenburg im silbernen Felde ein rother, goldbewehrter, rothgezungter Adler, der mit dem Kurhute geschmückt ist. In der rechten Klaue[1]) hält er einen[2]) goldenen Zepter, in der linken ein goldbegrifftes Schwert. Die Flügel sind mit goldenen Kleestängeln besteckt.[3]) Auf der Brust liegt ein blaues Herzschildlein, worin ein aufrecht gestellter goldener[2]) Zepter erscheint."

Auf dem gekrönten Helme ein offener schwarzer, mit goldenen Kleestängeln und auf den Sagen mit (je 7) goldenen Herzen belegter Adlersflug. Decken: schwarzgolden (cfr. die Anm. weiter unten).

※

Das heutige Markgrafthum oder, wie es früher hieß: die „Markgrafschaft Brandenburg" besteht 1. aus der Kurmark und 2. der Neumark Brandenburg, deren jede eine eigene Geschichte hat.

I. Die Kurmark.

Die Kurmark Brandenburg, deren einzelne Theile weiter unten erwähnt werden, bestand ursprünglich aus der nordsächsischen Mark (Nord-

---

[1]) rectius: Fang.
[2]) rectius: Das Zepter; das im Herzschild s. unten; das im Fang: endend oben als halbe Lilie.
[3]) cfr. die Anmerkung beim Wappen des Königreichs Preußen.

mark, Gegend um die heutige Stadt Brandenburg) an der Elbe, die König Heinrich I., nachdem er 927 daselbst die Slaven besiegt, gebildet hatte. Zwei Jahrhunderte lang wechselte der Besitz der Nordmark in den dynastischen Grafenhäusern Haldensleben, Walbeck und Stade († 1130), bis durch König Lothar sie im Jahre 1133 an Albrecht den Bär, aus dem Hause Askanien, gegeben ward und dieser zu Halberstadt 1134 am 15. April die feierliche Belehnung erhielt.

Schon 1136 gelang es Albrecht, sich auch in der Priegnitz festzusetzen, und nachdem Fürst Pribislav (im selben Jahre getauft als: Heinrich) im Jahre 1143 gestorben, trat er, zufolge dessen testamentarischer Verfügung, dessen Besitz (: Zauche, Havelland und ein Landstrich des Barnim bis in die Bernauer Gegend) an. Im selben Jahre erhob König Konrad III. letztgenannte Lande zu einem Reichsfürstenthum, woraufhin Albrecht den entsprechenden (ihm 1147 auf dem Reichstage zu Frankfurt bestätigten) Titel annahm. Den Titel „Markgraf von Brandenburg" begann er erst c. 1157 zu führen, nachdem die Nordmark in: Altmark umbenannt worden war. Albrecht der Bär starb 1170 am 18. November. Sein Nachfolger als „Markgraf von Brandenburg und Erzkämmerer des heiligen römischen Reiches" (welche Würde, ehemals den Herzögen von Schwaben zuständig, wahrscheinlich bereits 1147 mit der Fürstenwürde bestätigt worden war) ward Otto I., Albrechts ältester Sohn, dem, als treuem Anhänger, Kaiser Barbarossa 1180 die Herzogsgewalt über die Altmark übertrug; auch erfolgte seine feierliche Anerkennung als Erzkämmerer durch denselben Kaiser.

Von Ottos I. Nachkommen erwarb Albrecht II.: Alt-Barnim an der Finow (zwischen Havel und Oder) und Turne, südlich des Müritzsees, Johann I. und Otto III.: die Oberlausitz (s. d.) 1240.

Die Uckermark, das Land Stargard 2c. behaupteten diese Fürsten siegreich, erwarben von Barnim, einem Nachkommen Jaczos, die Lande Teltow und Barnim, gegen Zahlung einer Abfindungssumme, 1250 von Herzog Boleslaus II. zu Liegnitz das Land Lebus (dessentwegen sie sich mit dem Erzbischof von Magdeburg, der, laut einer Schenkungsurkunde König Heinrichs V. vom Jahre 1110, Anrechte darauf zu haben vermeinte, 1252 bezw. 1284 verglichen) und endlich vor 1269 das Land Sternberg jenseits der Oder. Ferner fiel Driesen, Uscz, Arnswalde, Friedeberg, Küstrin, Königsberg, Bärwalde (s. d.) vor 1260 ihnen zu, auch Soldin durch Tausch, Zantoch (Sandhof) als Mitgift der Prinzessin Konstanze von Polen (Gemahlin des Markgrafen Konrad I.) und einige Zeit später Land Bernstein, Schildberg und Lippehne.

„Neumark" wurde von da ab die jenseits der Oder, nördlich von Warthe und Netze, beiderseits der Drage belegene Landschaft (1402 an den deutschen Orden verkauft), „Mittelmark" die bisherige Neumark an Spree und Havel, nebst Teltow und Barnim, benannt.

Am 20. August 1320 erlosch das Haus der Markgrafen von Brandenburg aus askanischem Stamm mit Markgraf Heinrich. Es trat hierauf ein Interregnum ein, in dem die Besitzungen des Hauses außerhalb der Mark Brandenburg größtentheils verloren gingen. Auf die Mark selbst erhob sowohl das Haus Sachsen-Wittenberg wie auch Anhalt, Erbansprüche.

Endlich, nach der für Kaiser Ludwig dem Bayer siegreichen Schlacht bei Mühldorf, verlieh dieser die Mark nicht an Herzog Rudolf von Sachsen-Wittenberg, weil dieser seinem Gegner Friedrich von Oesterreich angehangen hatte, vielmehr erhielt sie Kaiser Ludwigs ältester Sohn Ludwig, zugleich mit der Lausitz und der Lehenshoheit über Demmin, Stargard, Stettin, Wernigerode, und mit der Anwartschaft auf Anhalt und die Güter, die der (vorletzte) Markgraf Waldemar innegehabt hatte.

Trotz des darüber erzürnten Papstes wurde Ludwig 1324 am 24. Juni hiermit belehnt; mancherlei Widerwärtigkeiten bewogen ihn indeß, die Mark Brandenburg durch den Vertrag von Luckau (24. Dezember 1351) seinen Brüdern Ludwig (der Römer) und Otto (der Faule) abzutreten und sich nach Bayern zurückzuziehen. Durch die goldene Bulle Kaiser Karls IV. — 1365 — wurde hierauf die Erhebung Brandenburgs zu einem untheilbaren Kurfürstenthum (für Ludwig den Römer und seine Regierungsnachfolger) ausgesprochen.

Im Jahre 1363 hatten die Gebrüder (mit Ausschluß des Herzogs Stephan von Niederbayern, der sich beim Tode des Sohnes ihres Bruders Ludwig des Aelteren: Meinhard, widerrechtlich Oberbayerns bemächtigt hatte) einen Erbvertrag mit dem Hause Böhmen geschlossen, auf Grund dessen nach dem Tode Ludwigs des Römers bereits 1370 auf dem Reichstage zu Nürnberg Kaiser Karl IV. die Abtretung der Mark noch bei Lebzeiten Ottos des Faulen verlangte. Dieser versuchte zu widerstreben, der Kaiser zwang ihn indeß durch Waffengewalt zum Vertrag von Fürstenwalde 1373, 15. August, wodurch des Kaisers Söhne: Wenzel, Sigismund und Johann in den Besitz von Brandenburg gelangten, das auf dem Landtage zu Guben 1374 als „unveräußerlich und für ewige Zeiten der Krone Böhmen vereinigt" erklärt wurde.

Nachdem Wenzel 1376 König geworden, übernahm Sigismund die Marken, verpfändete dieselben indeß, mit seinem erheiratheten Königreich Ungarn zur Genüge beschäftigt, 1388, für 562 263 Gulden, an seinen Vetter (Vatersbrudersohn) Jobst von Mähren, der 1397 auch die Kurwürde erlangte. Schwere Zeiten kamen über die Mark; Theile davon wurden veräußert und verpfändet, bis endlich der Tod Jobsts von Mähren (1411, 17. Januar) dem Unwesen ein Ziel setzte.

Nachdem Kaiser Sigismund 1411 am 22. März die erneute Huldigung der Mark entgegengenommen hatte, setzte er „in Betracht der unbefleckten und bewährten Verdienste, welche der hochgeborene Fürst, Burggraf Friedrich VI. von Nürnberg, sein geliebter Vetter, Fürst und Rath, ihm vielfältig treu und eifrig erwiesen und noch erweise," diesen zu einem „obersten Hauptmann, Verweser und Statthalter der Mark Brandenburg" ein, derart, daß ihm und seinen Erben die Einkünfte, Gerechtsame und Befugnisse eines wirklichen Landesherrn, mit Ausnahme der auf der Mark haftenden Würde eines Erzkämmerers und Kurfürsten, die er (der Kaiser) sich selbst vorbehalte, zustehen sollten.

Dies geschah d. d. Ofen 8. Juli 1411, und unterm 11. Juli desselben Jahres erhielt Friedrich der Burggraf vom Kaiser die Zusicherung der Zahlung einer Summe von 100 000 ungarischen Goldgulden, theils zur Verbesserung der Schäden der Mark, theils als Entschädigung für sein Verweserthum, welche Summe aus den Einkünften der Kurmark entnommen werden sollte. Bis dies geschehen, solle dem Burggrafen die Mark Brandenburg als Pfand verhaftet bleiben.

Hierzu ertheilte König Wenzel von Böhmen, als Senior des Hauses Lützelburg, 1411 am 15. Dezember seine Zustimmung. Juni 1412 kam Friedrich in die Mark und brach alsbald mit Waffengewalt den Widerstand des Adels und der Städte.

In Folge weiterer wichtiger Dienste, die der Burggraf dem Kaiser bei der Krönung und dem Konzil erwiesen, erhöhte Letzterer ihm die oben bewilligte Pfandsumme auf 400 000 ungarische Goldgulden (1 125 865 Thaler Gold), deren Betrag er ihm gleichfalls auf die Mark anwies, indem er sich und seinen männlichen Erben die Wiedereinlösung und beim Erlöschen des Geschlechtes der Burggrafen von Nürnberg aus dem Hause Zollern die Anwartschaft vorbehielt.

Nachdem dies geschehen, sprach der Kaiser unterm 30. April 1415 die Verleihung der Kurmark Brandenburg, einschließlich der Würde eines Kurfürsten und Erzkämmerers, für Friedrich VI. (I.) und dessen männliche Erben aus. 1415 am 18. Oktober traf, nachdem er in das Kurfürstenkollegium aufgenommen, Friedrich in Brandenburg ein und nahm drei Tage später (1415, 21. Oktober) im „Hohen Hause" zu Berlin (heutiges Lagerhaus in der Klosterstraße) die Erbhuldigung entgegen.

Seine eigene feierliche Belehnung mit der neuen Würde und der „Kurmark" (Altmark, Mittelmark und Priegnitz, im Ganzen 381 Quadratmeilen) erfolgte 1417 am 18. April zu Costnitz, nachdem Kaiser Sigismund bereits vorher dem Recht einer Wiedereinlösung der Marken für sich und seine Erben und das Haus Anhalt gegen 60 000 Goldgulden entsagt hatte.

Die Kurmark bestand aus folgenden Landestheilen:

A. Die Altmark (gehört jetzt zur Provinz Sachsen). Sie mußte, mit Ausnahme der auf dem rechten Elbufer belegenen Dörfer Schönhausen und Fischbeck, durch den unglücklichen Frieden von Tilsit (1807, 9. Juli) an Frankreich abgetreten werden, wurde durch Dekret vom 15. November 1807 dem Königreich Westphalen einverleibt, aber durch den Pariser Frieden vom 30. Mai 1814 und die Wiener Kongreßakte vom 31. Mai 1815, nach Inhalt des Patents vom 21. Juni desselben Jahres (Gesetz=Samml. S. 193) mit Preußen aufs Neue vereinigt. Dasselbe Schicksal hatte das auf dem linken Elbufer belegene, früher zur Priegnitz gehörige Dorf Werder.

B. Die Priegnitz (s. oben).

C. Die Mittelmark; enthält außer den Landschaften Barnim, Zauche, Teltow, Glin und Havelland, die schon 1417 hierzu gehörten, jetzt die Herrschaften Beeskow und Storkow (erworben vom Markgrafen Johann von Cüstrin 1556) und Zossen (1490 von Georg von Stein für 16 000 rheinische Gulden erkauft). (Diese als böhmische Lehen erworbenen Besitzungen wurden durch den Breslauer und Dresdener Frieden (1742 und 1745) von der böhmischen Lehenshoheit frei.) Ferner: die 1524 als heimgefallenes Lehen eingezogene Grafschaft Ruppin (s. d.); das durch den Gubener Frieden vom 5. Juni 1462 (s. Cottbus unten) erworbene Land Teupitz; die 1449 erworbene Oberherrschaft über die jetzt zur Provinz Sachsen gehörende, 1807—1815 gleichfalls zum Königreich Westphalen geschlagene Grafschaft Wernigerode; sowie endlich die Herrschaft Wuster=hausen (erworben durch den Frieden zu Guben 1462 am 5. Juni zugleich mit Teupitz, s. oben).

D. Die Uckermark; enthielt 1417 die damals noch von Pommern behaupteten Orte: Angermünde, Pasewalk und Stolpe. Später wurden inkorporirt: die Herrschaften Vierraden (1479 erworben) und Schwedt (1609 nach dem Erlöschen der Grafen von Hohenstein=Schwedt dem Kurhause Brandenburg heimgefallen). Schwedt bildete später die Apanage eines jüngeren Zweiges.

II. Die Neumark.

Sie wurde durch den Schlußvertrag von Mewe (September 1455) durch das Kurhaus Brandenburg für 40 000 Gulden vom deutschen Orden, der sie 1402 käuflich erworben, nebst Schievelbein und Driesen zurückgekauft, mit der Berechtigung des Ordens, sie — dann aber für 100 000 Mark — zurückzuerwerben; auch dies Recht wurde 1517 durch Vertrag beseitigt. Später wurden der Neumark inkorporirt:

1. die Herrschaft Bernstein (1479) — s. d. —;
2. die Herrschaft Beerfelde (erworben durch den Frieden zu Guben vom 5. Juni 1462 zwischen Kurfürst Friedrich und Podiebrad, König von Böhmen, als böhmisches Lehen) zugleich mit der
3. Herrschaft (Weichbild) Cottbus — s. d. — und der
4. Herrschaft Peitz. Beide wurden durch den Frieden von 1742 bezw. 1745 von der böhmischen Lehnsherrlichkeit befreit, in Folge des Friedens von Tilsit vom 9. Juli 1807 an Sachsen abgetreten, doch durch das Besitzergreifungspatent vom 21. Juni 1815 (Gesetz-Samml. 1815 S. 193) in Verfolg des Pariser Friedens vom 30. Mai 1814, der Wiener Kongreßakte vom 31. Mai 1815 und des mit dem Königreich Sachsen abgeschlossenen Staatsvertrages vom 18. Mai 1815 (Gesetz-Samml. 1815 S. 59) wieder erworben;
5. die Landvoigtei Schievelbein (mit der Neumark 1455 erworben) — s. d. —;
6. die Länder Bobersberg, Züllichau, Sommerfeld — s. d. — und
7. das Herzogthum Crossen — s. d. —, endlich
8. die Länder Sternberg — s. d. — und
9. Lebus; s. d. — diese beiden letzteren schon 1269 zur Mark gehörig.

Nur kurze Zeit (1535—1571) war die Mark Brandenburg durch Abtrennung der Neumark und Crossens (zu Gunsten des Markgrafen Johann von Cüstrin, Bruder des Kurfürsten Joachim II.) getheilt, obwohl dies der berühmten dispositio Achillea vom 21. September 1473, die die Untheilbarkeit der Mark für alle Zeiten bestimmt hatte, zuwiderlief. Auf Grund dessen stellte 1598 Kurfürst Joachim Friedrich durch erneuten Hausvertrag abermals die ewige Untheilbarkeit der Lande fest.

Provinz Brandenburg.

Die jetzige Provinz Brandenburg besteht:
1. aus Theilen der Kurmark Brandenburg (ohne Altmark);
2. aus Theilen der Neumark;
3. aus dem Herzogthum Crossen ⎫ — s. d. —;
4. aus der Niederlausitz ⎭
5. aus der früher oberlausitzischen Herrschaft Baruth — s. d. —;
6. aus einem Theile des Fürstenthums Querfurt (Aemter Jüterbogk und Dahme) — s. d. —;
7. aus den früher zum Meißnischen Kreise gehörigen Aemtern Senftenberg und Finsterwalde;

8. aus dem früher zum Kurkreise gehörigen Amt Belzig;
9. aus einem Theile (Zinna) des ehemaligen Erzstifts Magdeburg;
10. aus dem früher zu Schlesien gehörigen Kreise Schwiebus — s. d. —.

Die Provinz ist eingetheilt in die Regierungsbezirke Potsdam und Frankfurt und hat einen Flächenraum von $724^1/_3$ Quadratmeilen (39 834,8 Quadratkilometer).

Wappen.

Der brandenburgische Adler[1]) ist zweifellos der des alten Deutschen Reiches, zu dessen Führung die Markgrafen von Brandenburg aus dem Hause Askanien in ihrer von den Billingern ererbten Würde als kaiserliche Markgrafen des Nordgaues (s. weiter unten) zweifellos berechtigt waren.

Dieser Adler, ursprünglich also ein Amtswappen, erscheint zuerst im Siegel des Markgrafen Otto II. von Brandenburg († 1205), Enkel Albrechts des Bären, wurde, nachdem genannter Markgraf Brandenburg vom Reiche zu Lehen erhalten hatte,[2]) in gleicher Eigenschaft auf das Markgrafthum übertragen und zugleich von seinen Nachkommen in der Mark das eigene Familienwappen (der Balkenschild von Ballenstädt) abgelegt.

Otto II. sowohl, wie auch sein Bruder und Nachfolger im Besitz des Markgrafthums: Albrecht II. († 1220), führen in ihren Siegeln diesen Adler, der sicher schon zur Zeit des Kaisers Karl IV. (1347—1378) roth im silbernen (weißen) Felde erscheint.

Die, heraldischen Regeln zufolge (als abstechend von den Farben des Wappenthieres und des Feldes) goldenen Waffen (Schnabel und Fänge), sowie die goldenen Kleestängel in den Flügeln, anstatt deren früher oft auch ein an den Spitzen in Kleeblätter ausgehender Brustmond erscheint, sind bereits durch Conrad Grünenbergs Wappenbuch (1483) nachweislich; diese Kleestängel, übrigens ein bedeutungsloses, wahrscheinlich aus einer zur

---

[1]) Ich folge hierbei gänzlich den Ausführungen in Seylers „Geschichte der Heraldik" S. 243 ff., von deren Stichhaltigkeit mich sowohl die klare Beweisführung, wie die eigene Prüfung überzeugt hat.
[2]) Er ist der Erste, von dem diese Belehnung mit Sicherheit nachweisbar ist.

größeren Befestigung des Schildes dienenden Metallspange entstandenes Beiwerk, sind deutlich auch schon auf ältesten Siegeln erkennbar.

Der rothe Adler erhielt sich durch alle Uebergänge in die verschiedenen Fürstenhäuser als das Wappen des Markgrafthums Brandenburg, sowohl unter den Wittelsbachern, wie unter den Lützelburgern und ging auch 1415 in das der neuen Herren der Mark, aus dem Hause Hohenzollern, über.

Der Kurhut auf dem Kopfe des Adlers, Zepter und Schwert in seinen Fängen wurden demselben erst durch Reskript des Ministers des Königlichen Hauses vom 2. April 1824 beigegeben[1]) und mittelst Schreibens vom 14. August desselben Jahres dies dem damaligen Finanzminister Grafen von Lottum mitgetheilt, der, laut Reskript vom 21. September desselben Jahres, die Königliche Münzdirektion anwies, die neu zu prägenden Münzen mit dieser Veränderung zu versehen. Diese neuen Thaler sind zuerst 1827 geprägt worden. Durch Allerhöchsten Erlaß vom 11. Januar 1864, laut welchem die Berichtigung des Königlich Preußischen, zuletzt im Jahre 1817 festgestellten Wappens verfügt wurde, erfolgte die Bestätigung darüber; zugleich wurde bestimmt, daß auf die Brust des Adlers, zur Erinnerung an die bis zur Auflösung des heiligen römischen Reiches deutscher Nation in Kraft gewesene Würde des „Erzkämmerers des heiligen römischen Reiches", das ehedem im kurfürstlichen und königlichen Wappen befindlich gewesene goldene Zepter im blauen Felde dem Adler als Brustschildchen aufgelegt werde.

Diese seit 1824 (s. oben) auch für die Darstellung im Schilde befohlene Bewaffnung, Krönung und Belegung des Adlers ist übrigens eine keineswegs neue. Denn schon in den Standarten, die laut Allerhöchster Kabinetsordre vom Jahre 1704 den schildhaltenden wilden Männern in die freien äußeren Hände gegeben wurden, finden wir den preußischen Adler (auf der rechten) und den brandenburgischen (auf der linken Seite des Wappens) im Fahnentuch derselben.

Leider hat sich bei der Neuverleihung des Zepters und Schwertes 1824, ja schon im Jahre 1804, ein Irrthum eingeschlichen, der sehr wohl hätte vermieden werden können. Sowohl auf dem großen Majestätssiegel König Friedrichs II., wie auf dem seiner Erhabenen Nachfolger ist — vermuthlich aus Gründen der Raumersparniß — das Fahnentuch der Kuppel des Wappenzeltes zugekehrt (nach innen flatternd) und demzufolge naturgemäß bei der linken Fahne der Schnabel des brandenburgischen Adlers der Fahnenstange zugekehrt. In weiterer Verfolgung dieses durchaus richtigen Grundsatzes,

---

[1]) Die amtliche Zeichnung von 1817/24 zeigt irrthümlich eine Königskrone wie die des preußischen Adlers; erst 1864 wurde diese in den bügellosen hermelingestulpten purpursammetnen Kurhut geändert, wie er vordem war.

nach welchem hier der Adler gewissermaßen als Spiegelbild erscheint, hält derselbe in dem der Fahnenstange zugekehrten Fange das Schwert, im anderen das Zepter. Selbstredend mußte, nachdem man im Jahre 1804 den Fahnentüchern wieder die Stellung abgewendet vom Wappenschilde gab, auch wiederum das Schwert des brandenburgischen Adlers in den der Fahnenstange zugekehrten, das Zepter in den anderen Fang gelegt werden. Dies hat man indeß bedauerlicher Weise übersehen, obwohl man dem Adler die richtige Kopfwendung (d. h. der Stange zu) gegeben hat. Und so erscheint in der Fahne seit 1804 (und in Folge dessen auch im Schilde seit 1824) der brandenburgische Adler, entgegen der früheren, doch allerdings entsprechend der ersten Darstellung vom Jahre 1704, verkehrt bewaffnet.[1]

Wir haben noch einer Wappenvermehrung Erwähnung zu thun, die wir auf Siegeln Ottos III. des Frommen vom Jahre 1223 und seines Sohnes Albrecht III. vom Jahre 1271 finden. Diese Siegel zeigen den Schild gespalten, vorn der Adler, hinten ein Löwe mit doppeltem, übereinander verschränktem Schweif. Dieser Löwe ist der jetzige böhmische, und seine Entstehung und Vererbung die folgende:

Heinrich der Lange, Sohn Heinrichs des Löwen, Herzogs von Sachsen und Bayern, aus dem Hause der Welfen, führte wie sein Vater den Titel „Herzog von Sachsen", welcher seit seines Vaters Sturz (1180) auf Albrechts des Bären Sohn: Bernhard III., übergegangen war, weil dessen Großmutter Eilike, Gemahlin Ottos des Reichen, Grafen von Ballenstädt, die jüngere Erbtochter des letzten Markgrafen Billing: Magnus, Herzogs von Sachsen, gewesen, wogegen Wulfhild, die ältere, die Großmutter Heinrichs des Löwen war. Als Markgrafen des Nordgaues führte die Nachkommenschaft Albrechts des Bären, wie oben gezeigt, den Reichsadler, dessen Farben in Roth auf Silber verändert worden waren. Zugleich aber bedient sich Heinrich der Lange, auf seinen Siegeln vom Jahre 1196—1197, und zwar in der Fahne, gleichermaßen eines Adlers, wohingegen seine Siegel vom Jahre 1199—1205 in derselben Fahne zuerst einen Löwen, in seinem Schilde die beiden Leoparden zeigen. Die Aenderung dieses Fahnenbildes hat insofern einen geschichtlichen Hintergrund, als Heinrich sich thatsächlich bestimmen ließ, den nur noch unrechtmäßig geführten Titel eines „Herzogs zu Sachsen" abzulegen, wofür die Herzöge von Sachsen und Thüringen seinen Bruder Otto (IV.) 1198 als römischen König anerkannten. Anstatt des Adlers, den er als „Markgraf" geführt, nahm er nun, da er, wenn er auch den Titel hatte fallen gelassen, doch wohl im Stillen noch immer auf sein

---

[1] Es ist dies um so merkwürdiger, als einestheils die Naturnothwendigkeit gebietet, das Schwert stets in die rechte Hand (Pranke, Klaue) zu nehmen, anderentheils der Adler auf den Helmen der preußischen Garde ganz richtig das Schwert im rechten, das Zepter im linken Fang hält!

Erbrecht pochte, den Löwen (vielleicht aus dem Wappen der von ihm beibehaltenen Herrscherfahne) an. Es ist daher sehr viel Wahrscheinlichkeit dafür vorhanden, daß er diesem die Farben seines Adlers, den er, in Umgekehrtheit wie der (echte) Markgrafenadler, nämlich silbern in Roth, geführt hatte, gegeben hat. Allein seitdem Otto IV. deutscher Kaiser geworden, entäußerte er sich auch der bisher noch geführten Fahne mit dem Löwen und führt seit der Zeit (Siegel 1213—1227) lediglich den Schild mit den beiden Leoparden.

Otto IV. hatte bekanntlich mit den Reichsvasallen einen schweren Stand, und zumal war Albrecht II. von Brandenburg einer seiner ärgsten Gegner. Doch wurde aus diesem Feinde später einer der zuverlässigsten Freunde, nachdem im Jahre 1212 ein Schutz- und Trutzbündniß zwischen beiden abgeschlossen worden war. Nun jenes Löwenbild in der Fahne vakant geworden, ist sehr viel Wahrscheinlichkeit dafür vorhanden, daß der Kaiser es seinem neuen Freunde als Gnadenzeichen verliehen habe.

Daß dieser Löwe schon vordem das böhmische Wappen gewesen und Markgraf Otto III. denselben wegen seiner Vermählung mit Beatrix von Böhmen (Tochter König Wenzels) angenommen habe, wie einige Autoren behaupten, ist deshalb sehr unwahrscheinlich, weil König Wenzel vor seiner Erhebung hierzu und nachher sich des schon 1160 von seinem Vorfahren gebrauchten Adlers (s. unten) als Wappen bedient.

Erst Wenzels Sohn: Przemisl Ottokar II. führt seit 1248 den doppelschweifigen Löwen, welchen, wie es höchst wahrscheinlich, Markgraf Otto III. von Brandenburg, vielleicht bei Gelegenheit seiner Vermählung mit dessen Schwester Beatrix, ihm zu führen gestattete, wohingegen das altböhmische Helmkleinod, wie wir sogleich sehen werden, von Böhmen als Gegenbeweis der Achtung, den Markgrafen von Brandenburg verliehen wurde.

Das Helmkleinod.

Auf den ältesten Siegeln der askanischen Markgrafen von Brandenburg finden wir zunächst ein Helmkleinod[1] nicht, vermögen daher nicht festzustellen, ob, wie anzunehmen, ein, dem Wappenadler gemäß, wahrscheinlich rothgefärbter Adlerflug die Helmzier gewesen ist.

Daß aber ein Flug bereits 1264 von den Markgrafen von Brandenburg als Kleinod geführt wird, ersehen wir aus einem Siegel des Markgrafen Johann III., dem Sohne des oben genannten Markgrafen Otto III., auf welchem der Helm mit einem solchen auf dem Adlerschilde ruht. Ebenso

---

[1] Die ältesten Helmkleinode kommen überhaupt erst Ende des 12. Jahrhunderts und damals noch sehr vereinzelt in Deutschland vor.

zeigt die Manessesche Liederhandschrift das Helmkleinod Ottos IV. (mit dem Pfeile [1266—1309]) als schwarzen Adlerflug, besäet auf den Sachsen mit zwei Reihen schrägrechts gestürzter goldener Lindenblätter.

Dieses Kleinod, das, entsprechend dem ältesten böhmischen Wappenthiere, dem mit goldenen Flammen bestreuten, goldbewehrten und mit goldenen Kleestängeln in den Flügeln versehenen schwarzen Adler im silbernen Felde, als ein ebenso bestreuter Flug dargestellt ist, verblieb auch nach der Verleihung an die Brandenburger gleichzeitig in dem böhmischen Löwenwappen, vermuthlich, um einen Anklang an das alte Wappenthier (den Adler) sich zu bewahren. In Wirklichkeit war der schwarze Flügel wohl nicht mit gemalten, sondern mit goldenen, bei jeder Bewegung des Trägers hell erklingenden Metallplättchen beheftet.

Wir können diese Verzierung aus unzähligen ähnlichen Fällen nachweisen. Sie kommt bald als kleine Flämmchen, bald als Herzen, bald als Lindenblättchen gestaltet vor und hat in diesen drei Formen auch im älteren Helmkleinode der Hohenzollern, dem Schirmbrett — s. unten — gewechselt.

Außerdem waren, vielleicht der größeren Haltbarkeit wegen, die Flügel noch durch eine gewundene, nach hinten abfliegende Stoffbinde zusammengebunden, wie wenigstens die Abbildung in Grünenbergs Wappenbuch vom Jahre 1483 sie uns zeigt.

Anstatt dieser Binde erscheinen jedoch bald darauf in den Flügeln die goldenen „Kleestängel", d. h. Metallspangen, die mit dem einen Ende am Helmkopf, mit dem anderen (kleeblattförmigen) an den Sachsen der Flügel (die in Wirklichkeit aus einer mit Leder oder Zeug überzogenen hölzernen halbmondförmigen Scheibe, hinten mit wirklichen Federn geschmückt, hergestellt waren) festgenietet, Ersteren eine größere Haltbarkeit gewährleisteten.

Beides, die Kleestängel in Form eines doppelten, an den drei Spitzen mit Kleeblättern verzierten schräglinks gestürzten Halbmonds, die Blätter als gebogene Olivenblätter je an Stäbchen mit einer Kugel befestigt, bereits im Wappenbuch des Hans Haggenberg vom Jahre 1488 (Stiftsbibliothek zu St. Gallen, Kodex 1084) (der Adler im Schilde hier nur mit goldenen Krallen an den Fängen und goldener Zunge mit Pfeilspitze) blieben fortan bei den Adlerflügeln des Markgrafthums Brandenburg während der Herrschaft der Askanier, Bayern und Lützelburger. Ebenso übernahmen dies Helmkleinod die Hohenzollern als brandenburgisches.

Während die markgräflichen Linien dieses Kleinod bis zu ihrem Erlöschen führten, zeigt sich im kurfürstlich brandenburgischen Wappen, zuerst auf einer Münze vom Jahre 1569, zwischen den Adlerflügeln das Kurzepter. Seit 1573 erscheint letzteres nicht mehr zwischen, sondern auf jedem der beiden Helmflügel. Zugleich wird die Farbe der letzteren, entsprechend dem Schilde für das Erzkämmereramt (goldenes Zepter in Blau), ebenfalls in Blau verändert, auch kommen Kleestängel und Metallplättchen, sowie der Zepter zwischen den Flügeln in Wegfall, endlich werden dementsprechend die bisher stets schwarz und goldenen Helmdecken in blaugoldene verändert. Die jüngeren Söhne des Kurhauses führten stets den schwarzen Flug, dagegen bedient sich (zuerst auf dem Siegel des Kurprinzen Joachim Friedrich vom Jahre 1592) der jedesmalige Kurprinz, der an der Ehrenstelle des kurfürstlichen Wappens den sogenannten „Wartschild", d. h. einen leeren blauen Schild, führt, als Helmkleinod zweier gleichfalls leeren blauen Adlerflügel und hierzu blaugoldener Helmdecken! —

Nach Erlangung der Königswürde 1701 fiel, neben allen übrigen, auch der Helm mit den Kurzeptern weg, und erst die Wappenverordnung vom Jahre 1704 setzte, anstatt der seit 1701 auf dem Schilde des königlichen großen Wappens ruhenden Königskrone, wieder einen offenen goldenen königlichen Helm, gekrönt aber mit der Königskrone und versehen mit schwarzsilbernen Helmdecken.

Die Stellung des brandenburgischen Adlers seit der Herrschaft der Hohenzollern im kurfürstlichen, markgräflichen und königlichen Wappen ist eine vielfach wechselnde, jedoch zu allen Zeiten eine der Stellung und Würde desselben entsprechende, gewesen. Seitdem der Schild geviert vorkommt, erscheint der Adler stets im ersten Felde des Wappenschildes, seit 1560 im Mittelfelde der oberen Reihe des dreigespaltenen Wappens.

Hier bleibt er im kurfürstlichen Wappen bis 1701, muß dann aber dem durch den preußischen Adler verdrängten Kurzepter Platz machen und wird, laut Ordre d. d. Königsberg 27. Januar 1701, in das dem Range zunächst liegende (heraldisch-) rechte Feld gestellt. Hier blieb er auch, nachdem man dem Kurzepter ein besonderes Herzschildchen gegeben, im Range vor Magdeburg, seit 1732 vor Geldern, stehen. Durch die Allerhöchste Kabinetsordre vom 15. Mai 1804 in ein mit dem Kurhute gekröntes, über den Schild Preußen, auf die Mittellinie des Hauptschildes, gestelltes Herzschild gesetzt, wird ihm durch die Verfügung vom 9. Januar 1817 der Platz unterhalb des preußischen Herzschildchens gegeben und der Kurhut vom Schildchen wieder entfernt. Die Allerhöchste Kabinetsordre vom 11. Januar 1864 stellte die Ordnung vom Jahre 1804 wieder her und auch die vom 16. August 1873 beließ den Adler an dieser Stelle.

Die ältere Ansbach'sche x. Linie führt den Adler theils in Feld I, theils im Herzschild des gevierten Wappens, später in dem mittleren Felde der Oberreihe wie die Kurfürsten; die herzoglich Preußische Linie zumeist ebenso, desgleichen die Schwedter und in älterer Zeit die jüngeren Ansbach-Culmbacher Linien, welche ihn später durchgängig in ein dem Hauptschilde auferlegtes Mittelschild setzen.

Der brandenburgische Adlerflug erscheint bei allen markgräflichen Linien (ausgenommen bei der herzoglichen, die ihn hinter dem preußischen rangirt) stets als mittleres (erstes) Helmkleinod, mit nur zwei Ausnahmen, die wir a. sp. O. zeigen werden.

Das Zepter als Zeichen der Erzkämmererwürde des heiligen römischen Reiches erscheint, obwohl der Titel „archicamerarius" bereits auf

Siegeln des Kurfürsten Friedrich I. geführt wird, zuerst auf einem Siegel des Kurfürsten Friedrich II. vom Jahre 1466.

Auch dieses Erzkämmererzepters Platz in den kurbrandenburgischen Wappen der verschiedenen Perioden hat naturgemäß gewechselt, doch hat es als Amts- und Würdezeichen bis zur Erlangung der Königswürde stets den hervorragendsten Platz eingenommen.

Zuerst findet es sich im großen Siegel des Kurfürsten Albrecht Achilles von 1473, und zwar im obersten der fünf ins Kreuz gestellten Schilde, und auf dem kleinen Siegel desselben Fürsten vom Jahre 1482 im Herzschild des quadrirten Wappens.

Allein erscheint es auf Münzen schon 1510.

Im Herzschilde verblieb das Zepter auch nach der Wappenvermehrung vom Jahre 1536, 1573 ꝛc. Das Erstere nimmt gewöhnlich, wenn auch nicht immer, die Breite des Mittelpfahls und oft die Höhe von mindestens drei der übrigen Felder ein. Letzteres verbot sich später, bei der außerordentlichen Vermehrung der Wappenfelder seit Kurfürst Johann Sigismund, von selbst, und seit dieser Zeit liegt das Zepter im Herzschild gewöhnlich an der sogenannten „Ehrenstelle", d. h. zwischen der „Haupt-" und der „Herzstelle".

Bei Erhebung Preußens zum Königreiche mußte das Zepter dem Königsadler Platz machen und kam nun (als mittelstes Feld) in die oberste Wappenreihe des Hauptschildes. Als 1708 das Wappen anderweit vermehrt wurde, setzte man diesem drei Mittelschilde in der Senkrechten auf, deren mittleres den preußischen Adler, das untere die Felder der oranischen Erbschaft, das obere, mit Kurhut gekrönte, das Zepter enthielt. An dieser Stelle blieb es auch bei der weiteren Auflegung eines vierten (des ostfriesischen) und fünften (des schlesischen) — 1804 —, wohingegen es 1817, wo Zollern und Nürnberg als Herzschilde auferlegt wurden, gänzlich wegfiel und erst 1864 seinen Platz (auf der Brust des brandenburgischen Adlers) zurückeroberte.

Zwei Zepter, schragenweis (gekreuzt) golden im rothen Felde und ein dergleichen senkrecht auf dem Helme, führen auch die Fürsten von Hohenzollern als Erbkämmerer des heiligen römischen Reiches.

Dieses Amt, seit Beginn des 15. Jahrhunderts im Besitz des freiherrlichen Geschlechts von Weinsberg (die es von den verstorbenen Herren von Falkenstein erhalten hatten) wurde, da die Weinsberger im Absterben begriffen waren, d. d. Emmerich 29. Juni 1505 dem Grafen Eitel Friedrich von Zollern verlehnt. Letzterer hatte sich in einem Vertrage mit Philipp von Weinsberg d. d. 17. Juni 1505 hierüber vorher geeinigt, was der Kaiser zugleich bestätigte und nach ihm auch Kurfürst Joachim von Brandenburg, der dem Grafen auch seinerseits schon d. d. 2. Juni 1504 die Belehnung ertheilt hatte.

Die Form des Zepters ist, selbst in gleichzeitigen Siegeln und Münzen, die denkbar verschiedenste; die am häufigsten vorkommende ist die eines Kolbenstabes mit Handgriff, gerieftem oder gewundenem Schaft und oben versehen mit einer lilienartigen Verzierung, die, in Wirklichkeit hergestellt, am richtigsten die Form einer Kreuzblume hat, wie sie auf gothischen Kirchthurmspitzen angebracht sind. Auch dasjenige Zepter, welches seit 1827 der brandenburgische Adler (unrichtiger Weise) im rechten Fange hält, soll von Rechtswegen die Form des Zepters wie im Brustschilde desselben haben, da es doch nichts anderes als das Kurzepter vorstellen soll. Dies Zepter im Fang erscheint auf den Königssiegeln übrigens stets in der Form des Marschallstabes, wie er in Polen gebräuchlich ist, d. h. als eine Art Kolbenstab, und könnte, nach Auflegung des Brustschildchens des Adlers, sehr wohl durch einen Reichsapfel ersetzt werden.

Wappen der Provinz Brandenburg.

Im Schilde der mit purpurbemütztem Kurhut gekrönte Adler, wie oben abgebildet. Der Helm, wie oben, trägt hier zwischen den Adlerflügeln das goldene Kurzepter, die (neun) Herzen auf den Flügeln sind über und beiderseits der Kleestängel vertheilt. Wegen der Schildhalter (der linke mit roth und weißen Helmfedern) vergleiche das oben bei Ostpreußen Gesagte (in der linken Fahne mit rothsilbernen Quastenschnüren der brandenburgische Adler). Beim mittleren Wappen ruht auf dem Schilde der Kurhut, wie er auf dem Kopfe des Adlers sitzt (cfr. Ostpreußen, auch wegen des kleinen Wappens, und die Abbildungen bei Westpreußen).

Die Farben der Provinz (cfr. wegen der Verleihung derselben Ostpreußen) sind: roth, weiß.

A. Markgrafen und Kurfürsten von

Albrecht I., der Bär, von Ballenstädt und Askanien (Aschersleben), Markg

Otto I., 11

Otto II. in der Kurmark 1184—1205, † 1205.   Albrecht II. in Arneburg 1184; i
Mithe

Johann I. in Stendal und der Kurmark 1220—1266, erwirbt 1240 die Uckermark, † 1266.

Johann II. in der Kurmark, 1266—1282, in Crossen 1274—1279.	Otto IV. mit dem Pfeil, Mitregent 1266, in der Kurmark 1282—1308, kauft Landsberg 1288, † 1308.	Erich, Erzbischof von Magdeburg 1283, † 1295.	Konrad in der Neumark 1266—1304, † 1304.	Hermann I., Bischof von Havelberg 1290, † 1291.	H im 12 zu f
		Johann V., 1304—1305, † 1305.	Waldemar, 1305—1319, in der Kurmark 1308—1319, † 1319.		He 1319—1 mark
		Johann VI., der Erlauchte, 1308—1317, † 1317.			Mathilde, † 1343, erbt Nie vermählt mit Hei Herzog von S

Brandenburg fäll

B. Aus Wittel

Kaiser Ludwig der

Ludwig I., der Aeltere, Kurfürst von Brandenburg 1322—1351, † 1361.   Ludwig II.,

C. Aus Lützelbu

Kaiser Karl IV., der Luxemburger, König von Böhmen, Regent von Brandenbur

König Wenzel, Markgraf von Brandenburg 1373—1378, † 1419.   Kaiser Sigismund, Kurfürst 1378—1395 und 1411— der Neumark (verkauft 1402) seit 1399, † 14

Brandenburg fällt an

Zu Brandenburg.

I.

...denburg aus Askanischem Stamme.

Ostmark 1124—1131, der Nordmark 1154—1170, erbt 1144 Brandenburg.

..4, † 1184.

| ...urmark 1205—1220, † ca. 1221, 1192. | Heinrich I., Graf von Gardelegen 1184—1188, Probst in Stendal, † 1192. |

Otto III., der Fromme, in Stendal 1220—1267, † 1267, uxor: Beatrix von Böhmen, erbt 1253 Oberlausitz.

| ..I., ..nd ..9, ..rg ..s. | Johann IV., Bischof von Havelberg 1291, † 1292. | Johann III., der Prager, 1267—1268, † 1268. | Otto V., der Lange, 1267—1299, † 1299. | Albrecht III. in Landsberg und Stargard 1267—1300, † 1300. | Otto VI., der Kleine (Ottiko), 1267—1291; Mönch in Lehnin 1291, † ca. 1307. |

| ..I., der Kur= 1320, | Hermann II., der Lange, 1299—1308, kauft 1303 Niederlausitz, † 1308. | Beatrix erbt Oberlausitz, vermählt mit Boleslaw, Herzog von Schweidnitz. | Otto, † jung. | Henning, † jung. | Beatrix, † 1314, vermählt mit Heinrich II., Herzog von Mecklenburg. |

Agnes, † 1334, erbt Altmark, vermählt mit Waldemar, Markgraf von Brandenburg.

..s Reich 1320—1322.

...cher Stamme.

...320—1322, † 1347.

| ...ner, Kurfürst 1351—1365, † 1365. | Otto der Finner, Kurfürst 1365—1373, † 1379. |

...schem Stamme.

...1378, † 1378. Johann Heinrich.

| Johann in der Neumark 1378—1396, † 1396. | Jobst von Mähren, Pfandherr 1388—1390 und 1396—1411, Kurfürst seit 1395, † 1411. |

...s Hohenzollern 1415.

D. Kurfürsten von Brandenbur[g]

Friedrich (VI.) I. von Hohenzollern, Burggraf von Nürnberg, Pfand[...]

Friedrich der Fette, in Tangermünde und der Priegnitz, 1440—1463, † 1463.	Friedrich II., Eisenzahn, Kurfürst 1440— kauft 1455 die Neumark zur[ück]
Johann I., Cicero, Kurfürst 1486—1499, † 1499.	Siegmund von Bayreuth, † 1495 (f. dies).
Joachim I., Nestor, Kurfürst 1499—1535, erhält 1524 Ruppin, † 1535.	Adalbert, Erzbischof von Magdeburg und Bischof von Halberstadt 1513, Erzbischof von Mainz 1514, Kardinal 1518, † 1545.
Joachim II., Hector, Kurfürst 1535—1571, † 1571.	Johann II. in der Altmark (zu Küstrin) 1535—157[1] erhält 1538 Crossen, † 1571.
Johann Georg, Kurfürst 1571—1598, † 1598.	Friedrich, Erzbischof von Magdeburg 155[...] stadt 1552, † 1552.

Joachim Friedrich, Erzbischof von Magdeburg 1566—1598, Kurfürst 1598—1608, erbt Jägerndorf 1603 und wird Administrator von Preußen 1603, † 1608.	Christian in Bayreuth, † 1655 (f. dies).	Joachim Ern[st] in Ansbach, † 1625 (f. die[s])
Johann Siegmund, Kurfürst 1608 — 1619, Administrator von Preußen 1608, Herzog von Preußen 1618, † 1619.	Ernst, Heermeister zu Sonnenburg 1611, † 1613.	
Georg Wilhelm, Kurfürst 1619—1640, † 1640.	Joachim Siegmund, Heermeister zu Sonnenburg 1624, † 1625.	
Friedrich Wilhelm, der große Kurfürst, 1640—1688, souverainer Herzog von Preußen seit 1657, † 16[88].		
Friedrich III., Kurfürst 1688—1713, König in Preußen als Friedrich I. 18. Januar 1701—1713, † 1713.	Karl Philipp in Naugard, Massow und Bütow 1688, Heermeister zu Sonnenburg 1693, † 1695.	Christian L[...] in Egeln † 173[...]
Friedrich Wilhelm I., König in Preußen, 1713—1740, † 1740. (Von ihm abstammend das Königlich Preußische Haus.)		Friedrich Wilhelm 1711—1[...] † 1771.
		Georg Wilhelm Friedrich, † [...]

¹) Ich gebe hier nur die Stammtafel der Kurfürsten nebst Nebenlinien, z. B. der Markg[rafen] verstorbenen Söhne sowie die Damen. Eine vollständige Stammtafel des Gesammthauses Hohen[zollern]

Zu Brandenburg.

II.

aus Hohenzollernschem Stamme.[1)]

Mark Brandenburg 1411, Kurfürst von Brandenburg 1415—1440.

1471,   Albrecht Achilles, Markgraf 1440—1471, Kurfürst 1471—1486,   Johann, der Alchymist
erhält 1482 Crossen als Böhmisches Pfand, † 1486.   † 1474.

rich von Ansbach,   Barbara, † 1515, vermählt mit Heinrich XI., Herzog von Glogau-
† 1515.   Crossen († 1476).

cht, D. O. M. 1511, Herzog in Preußen 1525—1568,   Brüder
† 1568.   siehe
Ansbach.

Albrecht Friedrich Herzog 1568—1618,
† 1618.

f von Halber-   Siegmund, Erzbischof von Magdeburg 1553, Bischof von Halberstadt 1552, † 1566.

Friedrich, Heermeister   Georg Albrecht, Heer-   Siegmund,   Johann,   Johann Georg,
zu Sonnenburg 1610,   meister zu Sonnen-   † 1640.   † 1628.   † 1637.
† 1611.   burg 1614, † 1615.

Johann Georg,   Christian Wilhelm,
on Straßburg 1592—1604, Heermeister zu Sonnenburg 1616,   Erzbischof von Magdeburg 1598,
Herzog von Jägerndorf 1607, † 1621.   † 1631.

Ernst, † 1642.

Philipp Wilhelm,   Albrecht Friedrich,
Markgraf von Schwedt 1689—1711,   Heermeister zu Sonnenburg 1696,
† 1711.   † 1731.

Heinrich Friedrich 1771—1788,   Karl Albrecht,   Friedrich,   Friedrich
† 1788.   Heermeister zu Sonnen-   † 1741.   Wilhelm,
burg 1731, † 1762.   † 1744.

n Brandenburg-Schwedt. Nicht aufgenommen sind hier z. B. im Allgemeinen die vor dem Vater
wird in einem späteren, mit diesem im Zusammenhange stehenden Werke gegeben werden.

Der Verfasser.

Burggrafthum Nürnberg.　　Grafschaft Hohenzollern.

„Der dritte Mittelschild, mit einem Fürstenhute bedeckt, ist quer getheilt und liegt auf der Haupt- (Nabel-) Stelle. Wegen des Burggrafthums Nürnberg und der Grafschaft Hohenzollern a. oben im goldenen, mit einer von Silber und Roth zu zwölf gestückten Einfassung umgebenen Theile, ein schwarzer, auf= gerichteter, rothbewehrter, rothgezungter und rothgekrönter Löwe mit gedoppeltem Schweife (Nürnberg), b. unten ein von Silber und Schwarz geviertes Feld (Hohenzollern)."

Auf dem ungekrönten Helme ein hermelingestülpter rother Turnierhut, aus dem, zwischen zwei, ab= wechselnd von Silber und Roth, bezw. umgekehrt, sechsfach schrägeinwärts bebundenen Büffelhörnern, der Löwe des Schildes hervorwächst. Decken: schwarzgolden. (Kleinod zu a.)

Auf dem gekrönten Helme ein rothgezungter goldener Brackenrumpf mit rothem Behang. Decken rothgolden. (Kleinod zu b.)

✦

Wie fast alle Dynastengeschlechter sich als Wappenthier den König der Vögel, den Adler, oder den der Vierfüßler, den Löwen, zu wählen pflegten, haben auch die Hohenzollern, deren Abstammung aus dem ruhmreichen Herzogsgeschlechte der Rhätischen Burkhardinger (Stammvater: Burkhard Graf des Scherragaues) Professor Schmid in seinem vortrefflichen Werke „Die

Urahnen der Hohenzollern" zur Evidenz nachgewiesen hat, wohl von Anbeginn der Wappenentstehung an, sich des Löwen als Wappenbild bedient, mit Ausnahme des jüngeren Astes: der 1486 erloschenen Linie Zollern-Hohenberg, die einen weiß-roth (oder umgekehrt) quergetheilten Schild führte.

Bekannt und erwiesen ist, daß Friedrich III., der 1171 zuerst als Graf von Zollern auftritt, sich mit Sophia, Tochter des Grafen Conrad von Ragze (Rätz), vermählte. Genannter Graf Conrad, der Letzte seines Stammes, war zugleich Burggraf von Nürnberg.

Es ist daher sehr wohl erklärlich, daß, nach dem Ausgange von dem Geschlecht des Letzteren, der Kaiser nunmehr das erledigte Burggrafenlehen von Nürnberg an dessen ebengenannten Schwiegersohn: Grafen Friedrich III. von Zollern übertrug. Und in der That kommt Letzterer im Jahre 1192 zuerst auch mit dem Titel „Burggraf von Nürnberg" vor. Er starb im Jahre 1201; seine Wittwe theilte die Güter unter ihre beiden Söhne: Friedrich (III.) und Conrad; sie erscheint noch im Jahre 1204 urkundlich.

Graf Friedrich III., Stammvater der schwäbischen Linie der Hohenzollern, führte, nach einem Siegel, von dem nachweisbar ist, daß es an einer Urkunde vom Jahre 1226 gehangen hat, einen Löwen. Derselbe hat hier noch keine Krone, ebensowenig auch den Schildbord, der Ersteren jetzt umgiebt. Dessen Entstehung ist mit größter Wahrscheinlichkeit nachzuweisen.[1]) Nachdem nämlich Graf Conrad, der Ahnherr der fränkischen Linie der Hohenzollern, also unseres Kaiserhauses, sich mit seinem Bruder, dem obengenannten Grafen Friedrich III. (I.), in die väterlichen Besitzungen getheilt, erhielt Conrad den alleinigen Besitz des Burggrafthums Nürnberg.

Das Gebiet von Nürnberg,[2]) als Grafschaft bezeichnet und jedenfalls ein Rest des alten Herzogthums Franken, hätte natürlich kein anderes Wappen als das seiner Herren, der kaiserlichen Hohenstaufen: einen schwarzen Löwen im goldenen Schilde, führen sollen.

Dennoch beschreibt uns der obengenannte älteste Wappensammler Conrad von Mure (Geistlicher am Chorherrenstift zu Zürich) in seinem „Clipearius" das Wappen dieses Gebiets von Nürnberg als einen „von Roth und Silber sechsfach schräg abgetheilten Schild".

Die Farben desselben nahm nun Graf Conrad in Gestalt eines Schildrandes an, um sein Wappen, den rothen Löwen in Silber, von dem habsburgischen Löwen zu unterscheiden; auch ist dieser Grund wohl maßgebend gewesen für die Krönung des bisher ungekrönt gewesenen Wappenthieres.

---

[1]) Einen großen Theil auch dieser Abhandlung habe ich der logischen Deduktion G. Seylers in seiner „Geschichte der Heraldik" entnommen.

[2]) Ueber die Burggrafschaft Nürnberg und deren Gebiet — die fränkischen Fürstenthümer — wird weiter unten bei Ansbach und Bayreuth alles Nähere gesagt werden.

Kurzum, es erscheint in Conrads Siegel vom Jahre 1235, sowie auf allen weiteren (1240, 1246, 1256) bereits der gekrönte schwarze Löwe im Schilde mit rothsilbern-gestückter Einfassung.

Wahrscheinlich in Folge einer Verabredung nahm auch Graf Friedrich dies Wappen seines Bruders an, wie sein Siegel von 1241, 1251 beweist. Doch war hier der Löwe in seinen alten Farben: roth in Silber, verblieben, die Stückung des Bordes schwarzgold. Friedrich ist der Stifter der schwäbischen Linie.

Burggraf Friedrich III. hatte mit seiner Gemahlin Elisabeth, Tochter des Herzogs Otto von Meran, zunächst nur Töchter, deren älteste: Maria, vermählt an Graf Ludwig von Oettingen, er, für den Fall des Mangels männlicher Nachkommenschaft seinerseits, 1267 mit dem Burggrafthum Nürnberg durch den Kaiser belehnen ließ.

Einige Jahre vorher schon (zuerst 1265), hatte der Burggraf begonnen, sich des burggräflichen Wappens zu entledigen. Statt dessen nahm er den Wappenschild an, dessen sein Vetter, Sohn obigen Friedrichs: Friedrich der Erlauchte, Graf von Zollern, von der schwäbischen Linie, sich bereits im Siegel vom Jahre 1248 bedient. Der Grund zum Wechsel dürfte, wie Dr. Zingeler a. a. O. S. 209 sehr glaublich nachweist, in der Gründung eines eigenen Hausstandes desselben (Herrschaft Mülheim) zu suchen sein.

Das neue Wappen war ein von Silber und Schwarz gevierter Schild. Als Helmschmuck führte er ein mit fallenden Lindenblättern bestreutes, an der runden Seite mit Pfauenfedern bestecktes Schirmbrett, in Form eines Kreisviertheils. Es war dies, die Hälfte des Oettingischen Helmkleinods, wahrscheinlich bei der Vermählung der Maria mit Graf Ludwig von Oettingen dem Ersteren abgetreten worden, weil er, damals I. Ehe ohne Söhne, Maria zur Erbin des Burggrafthums eingesetzt hatte. Dieser Anwartschaft ging sie durch Geburt zweier Söhne II. Ehe ihres Vaters verlustig. Um nun auch jeden ferneren Schein der Erbberechtigung der Oettinger deutlich zu machen, legte Burggraf Friedrich IV. deren Helmkleinod ab und ließ am 10. April 1317 sich für die damals recht ansehnliche Summe von 36 Mark Silber von dem Freien Leuthold V. von Regensberg im Bisthum Constanz den Mitbesitz von dessen Helmkleinod: einem Brackenhaupt, verleihen. Dies war zu jener Zeit und noch lange nachher nicht wie später: von weiß und schwarz quadrirt, sondern nachweislich: golden mit rothem Behang.

Der Burggraf blieb indeß nicht lange im ungestörten alleinigen Besitz dieses neuen Helmkleinods. Denn schon 1354 führten dies sowohl Graf Friedrich junior von Zollern, von der schwäbischen Linie, als auch die Grafen von Oettingen, die sich als Erben und Helmgenossen der Hohenzollern erachteten.

Erst ein schiedsrichterlicher Spruch vom Jahre 1381 erledigte den langen Streit zwischen Zollern und Oettingen, indem durch denselben letzterem Geschlechte zwar gestattet wurde, das Brackenhaupt gleich den Zollern zu führen, jedoch den Behang des Bracken zum Unterschiede mit einem weißen Schragen (Andreaskreuz) „in Breite eines Fingers" zu bezeichnen.

So führen die Oettingen das Helmkleinod noch heutigen Tages. Wann die Hohenzollern begonnen haben, das ihrige in den Farben ihres Wappens abzutheilen, ist schwer festzustellen.

Grünenbergs Wappenbuch vom Jahre 1483 und Hans Haggenbergs (handschr. Wappenbuch vom Jahre 1488 in der Stiftsbibliothek zu St. Gallen, Codex Nr. 1084) hat den Brackenkopf noch gelb mit rothem Behang; ein im Königlichen Hausarchiv zu Berlin befindliches offizielles Wappenbuch vom Jahre 1572 giebt ihn gelb, doch mit einem von Weiß und Schwarz gevierten Behang. Decken: schwarzgolden (sic!). Dahingegen erscheint er auf dem Siegel des Grafen Joachim von Zollern (von der schwäbischen Linie) vom Jahre 1518 schon ganz deutlich quadrirt, ebenso auch im offiziellen Wappenbuch des großen Kurfürsten vom Jahre 1686 von Schwarz und Silber geviert; der Behang ist für sich wiederum von Silber und Schwarz geviert. Die Decken auch hier: schwarz und **golden** (sic!).

Den, wie gezeigt, seit 1265 in Wegfall gekommenen burggräflichen Schild brachte erst Burggraf Friedrich V., der Vater des ersten Kurfürsten, wieder zu Ehren. Auf seinem Reitersiegel führt er diesen allein und dagegen auf dem Helme das Brackenhaupt. Sein ältester, 1420 gestorbener Sohn Johann führt auf seinem Siegel vom Jahre 1409 zwei Schilde nebeneinander, rechts Nürnberg, links Zollern; als Helmkleinod erscheint der Brackenkopf.

Das Reitersiegel Friedrichs I. von 1537 zeigt den Schild von Nürnberg und Zollern geviert, wohingegen kleinere Siegel von 1415, 1417 und 1418 bereits neben diesen beiden den Adler von Brandenburg aufweisen.

Das Brackenkleinod tritt jetzt vor dem brandenburgischen Flügel zurück.

Der Todtenschild des Kurfürsten Friedrich II. in der Ritterkapelle des Schwanenordens zu Ansbach zeigt zuerst das Kleinod von Nürnberg, den aus Turnierhut, zwischen gestreiften Büffelhörnern wachsenden Löwen, wohingegen der oben angezogene Codex Grünenberg de 1483 sowohl dies, wie auch das Brackenkleinod zeigt.

Erst unter Kurfürst Joachim II. ist das Nürnbergische Helmkleinod auch aus Siegeln nachweisbar und bleibt es bis 1701, wogegen das Brackenhaupt erst sehr viel später (ca. 1520) nur auf Goldgulden Albrecht Achilles' und der beiden Joachime bei der Kurlinie, sonst aber nur bei der neueren

Ansbach-Bayreuthschen Linie wieder in die Reihe der Helmkleinode aufgenommen erscheint.

Die Stellung des nürnbergischen Löwen im kurfürstlichen Wappen hat sehr gewechselt.

So lange der Schild vierfeldrig blieb, nimmt er stets das dritte Feld (hinter dem Stettiner Greifen) ein, mit einer Ausnahme bei Grünenberg (de 1483), wo im ersten: Brandenburg, im zweiten: Nürnberg, im dritten: Zollern, im vierten: Stettin, auf dem Mittelhelme: Nürnberg, auf dem linken: der Brackenkopf erscheint. Diese Darstellung ist aber durch kein Siegel bestätigt, mithin wahrscheinlich auf Grund einer irrigen Mittheilung oder Auffassung entstanden.

Seit Aufnahme der übrigen Felder des pommerschen Wappens und des von Crossen (unter Kurfürst Joachim II.) wird der Löwe dem genannten Greifen voran, d. h. in das obere Feld der rechten Reihe des zweigespaltenen Wappenschildes (direkt hinter den Adler von Brandenburg), gestellt, und ebenso auf den rechten der drei Helme, mit denen der Schild gekrönt war. Auf Münzen kommt das Helmkleinod Nürnbergs zuerst seit Kurfürst Johann Georg vor, wogegen die markgräflichen Linien es bereits im 15. Jahrhundert führen.

Ebendort bleibt er nach Aufnahme des Wappens von Preußen bis zur Neuordnung des Wappens nach der Jülich-Cleve-Bergschen Erbschaft. Zuerst auf Thalern des Kurfürsten Johann Sigismund vom Jahre 1608 finden wir ihn in der obersten Reihe, den äußersten rechten Platz (hinter Jülich, aber vor Cleve)[1]) einnehmend, und ebenso auf dem äußersten rechten Helme (hinter dem von Jülich, vor Cleve).

An beiden Stellen bleibt er auch, nachdem in die obere Wappenreihe noch der Adler von Preußen, der Löwe von Berg und der Stettiner Greif Aufnahme gefunden hatten; er rangirt hier, immer wieder zu äußerst rechts, hinter Berg, jedoch vor Stettin.[1])

Unter Kurfürst Georg Wilhelm änderte sich die Reihenfolge. Denn es findet sich auf Thalern dieses Monarchen, nämlich von 1626, 1629, 1631, 1632, 1634 und 1640, der nürnbergische Löwe im äußersten linken Platze der oberen Reihe, also hinter Cleve, und ebenso auf dem äußersten linken Helme.

Doch wurde unter dem großen Kurfürsten (zuerst Thaler de 1641) Nürnberg die alte Rangordnung hinter Berg (vor Cleve) wieder eingeräumt.

---

[1]) Es muß hier zur Erklärung gesagt werden, daß (mit einer einzigen Ausnahme, der Anordnung vom Jahre 1817) im kurbrandenburgischen, wie im königlich preußischen Wappen, auch in dem der Nebenlinien, die alte heraldische Regel streng festgehalten ist, wonach die Plätze und Helme nicht von rechts nach links, sondern von der Mitte aus abwechselnd nach rechts und links in der Rangordnung folgen!

Erst nach dem westfälischen Frieden (zuerst auf Gulden von 1650) nimmt er abermals die äußerste linke Stelle in der oberen, die Wappen von Brandenburg, Magdeburg, Preußen, Jülich, Cleve und Berg enthaltenden Reihe (hinter Berg) ein, wobei es auch nach Umstellung derselben verblieb.

Nach Erwerb der Königswürde blieb der nürnbergische Löwe ebendort, bis bei der Neuordnung des Wappens vom Jahre 1704, bei der er in die dritte Querreihe, und zwar in das erste (mittlere) Feld, theilweis verdeckt durch den preußischen Adlerschild, in der Rangordnung hinter Jägerndorf gesetzt wurde.

In dieser Reihenfolge blieb er auch nach der neuen Wappenveränderung, die bei Gelegenheit der Aufnahme des ostfriesischen und anderer Wappen etwa im Jahre 1745 erfolgte; nur mußte er ein Feld weiter rücken, da in der obersten Reihe der Geldernsche Löwe noch Platz fand, somit sich die Gesammtreihenfolge um einen verschob. Trotz der Veränderung des Wappens im Jahre 1804 blieb er an seinem Platze bis zum Jahre 1817.

Die Allerhöchste Kabinetsordre vom 9. Januar dieses Jahres gab dem alten Burggrafenwappen seine Ehrenstelle zurück; er wurde in das drittoberste dem Wappen auferlegte Herzschild gestellt, woselbst er verblieb, auch nachdem die Anzahl der Herzschilde im Jahre 1864 (bestätigt 1873) von vier auf drei vermindert und der nunmehr quergetheilte, oben Nürnberg, unten Zollern enthaltende, mit dem Kurhut gekrönte (dritte) Herzschild auf die „Nabelstelle" des Hauptschildes gerückt worden war.

Sehr verschieden ist die Darstellung des nürnbergischen Wappens in Schild und Helm.

Der Löwe erscheint bald gekrönt, bald ungekrönt, bald einschweifig, bald doppelschweifig, bald aufrecht, bald (wenn es vom Raum geboten erscheint) „schreitend". Der Bord ist bald weiß-roth, bald umgekehrt „gestückt", hat zumeist zwölf, aber auch weniger Plätze, die besonders in den Darstellungen des vorigen Jahrhunderts oft so ungleichmäßig gezeichnet sind, als ruhe der Löwenschild auf einem einfachen und Andreaskreuze. Auf dem Helme wächst der Löwe zumeist (zwischen zwei Büffelhörnern) aus einem hermelin- (nie weiß-) gestülpten rothen (niemals purpurfarbenen)[1] Turnierhute; oft sieht man von diesem nur den Stulp, wie z. B. in Jost Ammans Wappenbuch von 1589. Aber der Löwe kommt auch in ganzer Figur (Virgil Solis Wappenbuch, 1555) oder „gekrüpft" sitzend, d. h. die Vorderpranken erhebend (Casper Sturms Wappenbuch vom Jahre 1540), oder ein-

---

[1] Mit dieser modernen Wappenfarbe, die nur für Fürstenmäntel 2c. ihre Berechtigung hat, uns in den Wappen zu beglücken, haben erst die Zopfheraldiker sich die Freude gemacht. Dem alten Heraldiker genügte, auch für die Farbe des „Purpursammts", das heraldische (Scharlach-) Roth vollständig.

fach „sitzend", das heißt, dieselben aufstützend (Siegel Kurfürst Joachims II. von 1558 und 1562) vor. Die Büffelhörner sind stets mehrfach, theils in den Farben gegenseitig abwechselnd, theils gleichförmig, gebändert, zumeist sechsfach silbern roth, oder umgekehrt. In Hanns Haggenbergs handschriftlichem Wappenbuche de 1488 (auf der Stiftsbibliothek zu St. Gallen, Codex Nr. 1084) erscheint, zwischen den von Roth und Silber fünfmal getheilten Büffelhörnern, lediglich der Rumpf des rothgekrönten schwarzen Löwen. Im offiziellen Wappenbuch des Großen Kurfürsten vom Jahre 1686 ist der Bord 14fach gestückt und auf dem ungekrönten Helme der hermelingestülpte, rothe Turnierhut mit rothgekröntem, wachsenden, doppelschweifigen, schwarzen Löwen zwischen zwei silbernen Büffelhörnern, je mit zwei rothen Spangen. Man sieht hieraus wieder, wie wenig sich die alte Heraldik, sofern sonst nur die künstlerische Formenschönheit nicht verletzt ward, um derartige Kleinigkeiten, die man heutzutage allerdings diplomatisch auf das Genaueste festzustellen beliebt, kümmerte.

Bei der älteren bezw. neueren Linie Ansbach=Bayreuth finden wir den Nürnberger Löwen, solange der Schild einfach quadrirt, oder quadrirt mit Herzschild dargestellt ist, stets im III. Felde; Ausnahme bildet ein Siegel des Markgrafen Erdmann August vom Jahre 1640. Bei den zwölffeldrigen und fünfzehnfeldrigen Wappen des Hauses (nach 1648) hat Nürnberg stets den Rang hinter Halberstadt, später (nach 1701) hinter Jägerndorf, bezw. Minden. In analoger Weise ist es in der Helmreihe und bei der Schwedter Linie rangirt. Christian und Joachim, Stifter der fränkischen Linie, führen 1623 den Nürnberger Löwen im Herzschild!

Der gevierte Hohenzollernschild, zugleich das Stammwappen der Fürsten von Hohenzollern=Sigmaringen und Hohenzollern=Hechingen, deren Lande mit Preußen durch Staatsvertrag vom 7. Dezember 1849, Patent vom 12. März 1850 (Gesetz=Samml. 1850 S. 289), mit dem Königreich Preußen als „Hohenzollern'sche Lande" vereinigt wurden, nimmt im Kurfürstlichen Wappen, so lange der Hauptschild einfach quadrirt bleibt, bezw. mit dem Kurzepter als Herzschild belegt ist (mit der einen, bereits oben bei Nürnberg erwähnten Ausnahme), stets das vierte oder letzte Wappenfeld ein.

Seit Aufnahme der pommerschen Wappenbilder, unter Kurfürst Joachim II., erscheint das Zollernwappen in der Mittelreihe, direkt unter dem Erbkämmererzepter, in der Reihenfolge hinter dem Greiffisch von Usedom.

Als der preußische Adler in das Wappen kam (zuerst auf Thalern des Kurfürsten Johann Georg vom Jahre 1573), mußte es diesem weichen und erhielt nunmehr seinen Platz im untersten Felde der vorderen Reihe (hinter Wolgast, vor Gützkow). So finden wir es in dem amtlichen Wappenbuch vom Jahre 1574 (Berlin, Königliches Hausarchiv) und auf allen Thalern bis 1602.

Auf dieser Stelle bleibt Zollern auch später, als (Thaler von 1605) Jägerndorf (die drei Jagdhörner) ins Wappen aufgenommen war, ferner in dem fünfzehnfeldrigen Wappen von 1608, sowie noch später (z. B. Thaler vom Jahre 1622). Als der preußische Adler (s. d.) seinen Platz unterhalb des Herzschildes, worin das Erbkämmererzepter, verlassen hatte und in die oberste Reihe des Wappenschildes einrangirt worden war, gab man dem Zollernwappen diesen, seinen früheren, Platz wieder. So erscheint es auf Thalern des Kurfürsten Georg Wilhelm, von 1626, 1629, 1630, 1633, 1634, 1640 wogegen wieder Thaler von 1631, 1637 und 1638 (Münzzeichen L M) an seiner Stelle: Rügen aufweisen, während Zollern unter dies, in das Mittelfeld der untersten Reihe gestellt ist.[1]

Von nun an behält das Zollernwappen seinen Platz stets im untersten Felde der rechten Pfalreihe, ungeachtet aller sonstigen Veränderungen der übrigen Felder während der kurfürstlichen und ersten königlichen Zeit, blieb auch an dieser Stelle trotz der Hinzufügung einer Art von Schildfuß, der die Wappen von Lingen, Mörs und Büren erhielt und unter dem sich das Regalienfeld befand.

Erst die Neuregelung des Wappens vom Jahre 1704 brachte auch für den Zollernschild eine Aenderung, indem er seinen Platz in der vierten Pfalreihe des Wappens, IV. Querreihe, im Range hinter Mörs und vor Ruppin erhielt.

Hierbei blieb es, trotz aller ferneren Wandlungen bis zur Neuordnung des Wappens vom Jahre 1817, bei welcher Gelegenheit das Zollernwappen in das vierte (unterste) der dem Hauptschild aufgelegten Herzschilde kam; 1864 wurde es, wie oben gezeigt, mit Nürnberg in einen Herzschild vereinigt.

Die Ansbach-Bayreuth'schen Linien führten das Zollernwappen zuerst (beim quadrirten Schilde) im vierten, später im letzten Felde des neunfeldrigen Wappens. Bei der weiteren Vermehrung (12 Felder) bleibt es dort (im Range hinter Rügen), doch kommt es fast gleichzeitig (Siegel des Markgrafen Christian von 1610) im Felde unter dem hier in ein Herzschild gestellten preußischen Adler vor, wie bei Kurbrandenburg. In ähnlicher Weise ist es in der Reihe der Helme untergebracht. Nach 1648 erscheint es zumeist als

---

[1] Es ist hier und überall nur von dem „großen" Wappen der Kurfürsten die Rede; im mittleren Wappen hat selbstredend das Zollernwappen stets einen anderen Platz, zumeist den letzten, jedoch vor dem Regalienfelde. Das Nähere hierüber wird s. Z. bei den Wappen der einzelnen Kurfürsten und Markgrafen gesagt werden.

äußerst rechtes der untersten Reihe, die entweder im noch dahinter liegenden einzigen Felde die Regalien, oder, wenn diese Reihe zweimal gespalten ist, dazwischen noch das apokryphe Wappen von Cammin enthält.

Seit 1708 erscheint das Zollernwappen als zweites von rechts in der unteren Reihe, später im Range hinter dem Wappen von Mörs, bezw. dem Kreuz von Rostock, wie beim königlichen Wappen. Näheres wird bei den einzelnen Fürstenwappen gesagt werden.

Die Linie zu Schwedt führte das Wappen immer in der dritten Querreihe, zuerst im Range hinter Kamin, dann (nach 1702) hinter Mörs.

Im Wappen des Markgrafen Johann von Küstrin liegt der Zollernschild an derjenigen Stelle, die bei seinem erlauchten Bruder Joachim das Erzkämmererwappen einnimmt. Ebenso kommt es im Wappen des Markgrafen (1556) und Kurprinzen (seit 1562) Johann Georg vor.

Den Titel: Graf von Hohenzollern führten die Kurfürsten von Brandenburg früher nicht, ebenso wenig bedienten die Grafen von Zollern sich des Titels „Burggraf zu Nürnberg". Nachdem d. d. Regensburg 28. März 1623 die letztere Linie in den Reichsfürstenstand erhoben und d. d. Wien 9. Juli 1692 diese Erhebung von Kaiser Leopold ausgedehnt worden war, traten die Schwäbischen Hohenzollern wieder in eine nähere Verbindung mit der fränkischen Linie durch einen Erbvertrag vom Jahre 1695, 26. November. Durch diesen, wie durch das ergänzende pactum gentilitium vom 30. Januar 1707, abgeschlossen zwischen dem Könige Friedrich I. von Preußen und den Markgrafen Christian Ernst und Georg Friedrich zu Brandenburg einerseits, dem Fürsten Friedrich Wilhelm von Hohenzollern-Hechingen, der Fürstin Maria Klara zu Hohenzollern-Sigmaringen und deren minderjährigem Sohne Fürst Mainrad, sowie dessen Vormündern, wurde der Kurfürst, bezw. König von Preußen als Familienoberhaupt anerkannt, die eventuelle Erbfolge gegenseitig bestätigt und die gemeinsame Führung des Titels: „Burggraf von Nürnberg", wie „Graf von Hohenzollern" gewährt.

Letzteren Titel hatte indessen schon 1684 der Große Kurfürst mit Bewilligung des Kaisers wieder angenommen.

Ueber die Erwerbung der Hohenzollernschen Lande s. Sigmaringen.

Der Flächeninhalt betrug in Hechingen: $5^{1}/_{2}$, Sigmaringen: $15^{4}/_{5}$, zusammen also: $21{,}8$ Quadratmeilen; jetzt = $1142{,}2$ Quadratkilometer.

Wappen der Hohenzollernschen Lande.

Schild und Helm wie oben abgebildet. Wegen Schildhaltern, mittlerem und kleinerem Wappen cfr. Ostpreußen; der linke Schildhalter hält die weiß-schwarz quadrirte Hohenzollernfahne mit weißschwarzen Troddeln, auch die Helmfedern sind weiß und schwarz; den Schild des mittleren Wappens deckt hier eine offene fünfblättrige Krone.

Die Farben des Landes sind weiß und schwarz.

Burggrafen von Nürnberg und Markgrafen

Friedrich I. von Zollern, aus dem uralten rhätis[chen]
Burggraf von Nürnberg durch seine Gat[tin]

Friedrich II. 1205—1218, † 1218 (siehe Hohenzoller[n])

Friedrich III. in Nürnberg 1249—1297, † 1297.

Johann I. 1297—1298, † 1300.   Friedrich

Konrad V. (IV.) 1332, † 1334.   Johann II. 1332—1[3

                                           Friedrich V. 1357—1[

Johann III. (oberhalb des fränkischen Gebirgs [Bayreuth]) 1398—1420,   Friedri
† 1420.

Johann, d. Alchymist, in Bayreuth (Culmbach)   Friedrich VII. (II.), in Bayreuth 1470—1
1440—1457; in Cadolzburg 1457—1464, † 1464.   (Kurfürst 1440—1470), † 1471.

Friedrich I., der Alte, in Ansbach 1486—1536, in Bayreuth seit 1495, † 1536.

Georg, der Fromme, in Ansbach 1536 bis 1543, † 1543.	Johannes, † 1526.	Kasimir, Erbprinz von Bayreuth, † 1527.	Friedrich, Dompropst in Würzburg, † 1536.	Albrecht, D. Herzog in 1525—1568
Georg Friedrich I. 1543—1603 in Ansbach, 1557 in Bayreuth, † 1603.		Albrecht II., Alcibiades 1536 bis 1557, † 1557.		Albrecht 1568—1618 (siehe Bran[

Ansbach (Onolzbach.)

Joachim Ernst von Ansbach 1603—1625, † 1625.

Friedrich II. 1625—1634, † 1634.   Albrecht III. 1634—1667, † 166[

                                            Johann Friedrich 1667—1686,
                                            † 1686.

Christian Albrecht 1686 bis   Georg Friedrich II. 1692 bis   Wilhelm Friedrich 1703 bis
1692, † 1692,   1703, † 1703.   1723, † 1723.

Karl Wilhelm Friedrich 1723—1757,
† 1757.

Christian Friedrich Karl Alexander 1757—1791; in Bayreuth 1769, † 1806 als letzte[r
Ansbach und Bayreuth an Preußen 1791—1805 an Bayern seit 1805.

Zu Nürnberg.

Ansbach und Bayreuth, a. d. H. Hohenzollern.

annischen Dynastengeschlecht der Burkardinger,
phia von Rätz 1192; 1192—1201, † 1201.

    Konrad I. 1204—1261, † c. 1261.

Konrad III., der Fromme, von Abenberg und Virnsberg, † 1314.

0—1332, † 1332.

1357. Albrecht, der Schöne 1332, † 1361.

1398.

(unterhalb des fränkischen Gebirgs [Ansbach]) 1398—1440; Kurfürst von Brandenburg
      1415 als Friedrich I., † 1440.

Albrecht I. Achilles, in Ansbach (Onolzbach) 1440—1486; in Bayreuth   Friedrich in Tanger-
  1464—1470 Kurfürst 1471—1486, † 1486.   münde 1447—1463.

gmund in Bayreuth 1486—1495, † 1495.   Johann I. Cicero,
                     Kurf. 1486, † 1499.

512, Wilhelm, Erz- Johann Albrecht, Gumprecht, Domherr Joachim I.,
n bischof von Riga Erzbischof v. Magde- in Bamberg und Würz- Kurf. 1499, † 1535.
8, 1530, † 1563. burg 1545, † 1550. burg, † 1528.
                       Joachim II.,
                       Kurf. 1535, † 1571.
,8,
                       Johann Georg,
                       Kurf. 1571, † 1598.

Bayreuth (Culmbach).

Christian I. von Bayreuth 1603—1655, † 1655. Joachim Friedrich, Kurf. 1598
                    (siehe Brandenburg).

hmann August, † 1651. Georg Albrecht I. in Weferlingen 1655—1666, † 1666.

ristian II. Ernst in Bay- Christian Heinrich 1666—1708, Georg Albrecht II., † 1703
th 1655—1712, † 1712.   † 1708.

rg Wilhelm 1712 bis Georg Friedrich Albrecht Friedrich Friedrich
 1726, † 1726.   Karl 1708—1735; Wolfgang, Ernst, † 1762. Christian in Bay-
       in Bayreuth † 1734.   reuth, 1763 bis
       1726—1735,   1769, † 1769.
        † 1735.   Bayreuth an Ansbach.

raf.   Friedrich III. 1735—1763, † 1763.

Souveraines Herzogthum Schlesien.

4. „Wegen des souverainen Herzogthums Schlesien. Im goldenen Felde ein schwarzer, goldbewehrter, rothgezungter, mit einer Herzogskrone¹) bedeckter Adler. Auf der Brust desselben liegt ein silberner Halbmond, zwischen dessen aufwärts gehenden Spitzen ein silbernes Kreuz hervorwächst."

Auf dem ungekrönten Helme ein ringsum mit doppelter Reihe von Pfaufedern bestecktes, ovales, goldenes Schirmbrett, in dem der Adler wächst.²) Decken: schwarzgolden.

✻

Die Eroberung Schlesiens, dessen Christianisirung der Piast Miesko (Mjeczislaw I., Herzog zu Gnesen 965—992) begonnen, setzte dessen Sohn Boleslaw I., „Chrobry" (der Mächtige), seit 1025 König von Polen, durch. Sein Ururenkel war Boleslaw II., „Krzywusti" (Schiefmaul) 1102—1139.

¹) Diese „Herzogskrone", dem Adler zuerst laut Allerhöchster Kabinetsordre vom 11. Januar 1864 gegeben, wogegen er, laut der Verordnung von 1817, nur als „gekrönt", 1804 sogar noch ungekrönt erscheint, besteht aus fünf sichtbaren goldenen, mit Perlen besetzten, aus einem Hermelinstulp hervorgehenden Bügeln, die oben der Reichsapfel krönt; die Krone hat purpurne Mütze. Ganz abgesehen davon, daß der schlesische Adler (von Niederschlesien) früher niemals gekrönt vorkommt, ist die ihm nunmehr verliehene Krone keine „Herzogskrone", sondern der Hut der Kurfürsten des hl. Römischen Reiches, wie er seit etwa 1690 üblich war. Die Herzogskrone hat bekanntlich eine Krone mit nur drei (sichtbaren) Bügeln, ferner einen Reif mit fünf Blattzinken.

²) Dies Helmkleinod ist dem der Fürsten von Liegnitz nachgebildet, wie es, in Abwechselung mit dem geschachten Schirmbrett seit ca. 1350, später sogar neben

Von dessen Söhnen erhielt Wladislaw III.: Krakau und Schlesien; er starb 1162, nachdem er bereits 1142 entsetzt worden war.

Seine Söhne theilten derart, daß der Aelteste, Boleslaw I. († 1201): Mittelschlesien, Konrad I.: Niederschlesien und Mjeczislaw, der Jüngste: († 1211) Oberschlesien erhielt.

Nach Konrads 1179 erfolgtem kinderlosen Tode erbte Boleslaw I. auch Niederschlesien und entschädigte seinen Bruder Mjecislaw durch Beuthen, Auschwitz und Zator, letztere beiden zu Oesterreich gehörig.

A. Oberschlesien.

Des Mjeczislaw Sohn: Kasimir I. († 1230) hatte einen Sohn Wladislaw I. († 1288).

Dessen Söhne theilten Oberschlesien in die vier Linien:

    a) zu Teschen (Cieszyn),
    b) zu Ratibor (Raciborz),
    c) zu Beuthen (Bytom),
    d) zu Oppeln (Opole).

Von diesen erlosch die Linie Ratibor, gestiftet von Przemislaw, bereits 1336 mit seinem Sohne Lesko, der sich 1330 unter böhmische Lehenshoheit begeben hatte; Ratibor gelangt durch dessen Schwester an Nicolaus II., Herzog von Troppau (s. d.).

Die von Casimir († 1312) gestiftete Linie Beuthen erlosch mit seinem Enkel Boleslaw 1355.

Die Linie zu Oppeln theilte sich mit des Stifters Bolko I. Söhnen in die Zweige zu Oppeln, Falkenberg und Strehlitz.

Nur die erstere, gestiftet von Bolko II. Heinrich, der sich 1327, 5. April, hinsichtlich Oppelns unter böhmische Lehenshoheit begab, blühte länger fort, erlosch aber auch 1532, 27. März, mit Johann VI.,[1]) der 1521 noch Ratibor (s. d.) durch Erbvergleich erworben hatte.

---

diesem, auf Siegeln und auch bei Grünenberg, Tafel 50 (Herzog von Schlesien zu Brieg, Liegnitz, Sagan und Glogau) erscheint.

Siebmacher giebt statt dessen auf der Krone als Helmkleinod zwei goldene, mit schwarzem senkrechten Streif versehene, außen mit vier gold-schwarz getheilten Fähnlein besteckte Büffelhörner, dazwischen Pfauschweif.

[1]) Dieser Herzog ertheilte 1531 am 7. September dem Adel seiner Länder eine Fahne. Dieselbe enthält als Wappen einen gekrönten goldenen Adler in Blau, wie ihn sein Grabstein auch auf dem Helme zeigt, wogegen der Stifter der Linie: Bolko I., ferner Bolko IV. auf Siegeln von 1391 und 1398 und Bernhard zu Falkenberg (dieser auf dem Helme mehr flugbereit) ihn noch ungekrönt führen. Codex Grünenberg von 1482 giebt

Oppeln und Ratibor hätten nunmehr, gemäß eines Erbvertrages Johanns VI. mit dem Markgrafen Georg dem Frommen vom Jahre 1521, an Letzteren fallen müssen, wie dieser denn bereits bei Johanns Lebzeiten in den Besitz der Herrschaft Oderberg gelangt war und 1523 durch Kauf Jägerndorf (s. d.) erworben hatte. Allein König Ferdinand I. erkannte genannten Erbvertrag nicht an, versprach dem Markgrafen jedoch 180 000 ungarische Gulden Abfindungssumme und verpfändete ihm, bis zu deren Zahlung, Oppeln, Ratibor und Beuthen, sowie Jägerndorf (s. d.).

1558 wurde die genannte Pfandsumme gezahlt, sodaß dem Markgrafen nur Jägerndorf, Oderberg und Beuthen verblieben. Mittelst des 1599 am 28. April zu Magdeburg bestätigten Brandenburgischen Hausvertrages, abgeschlossen 1598 zu Gera, sollten diese schlesischen Fürstenthümer nach Erlöschen des Mannesstammes Georgs des Frommen an Kurbrandenburg fallen.

Dies geschah auch, allein Kaiser Rudolf erklärte dieselben für erledigte Lehen, und Oderberg und Beuthen wurden, trotz Widerspruchs des Kurfürsten Johann Georg, nach einem langwierigen Rechtsstreit der Krone Böhmen (1617/18) zugesprochen.

Ebenso zog der Kaiser widerrechtlich auch Jägerndorf 1621 ein (vgl. dies).

Die Linie zu Teschen, deren Stifter Casimir II. sich 1289 am 10. Januar ebenfalls in die böhmische Lehenshoheit begeben hatte, blühte am längsten. Diese Linie erlosch erst 1625, ihre Besitzungen gediehen an Böhmen.

B. Nieder- (und Mittel-) Schlesien.

Des Stifters Boleslaw I. (s. oben) „des Langen" Enkel waren: Heinrich II., der Fromme, der 1241 in der Tartarenschlacht bei Liegnitz fiel und dessen Bruder Jaroslaw, 1198—1201 Bischof von Breslau, der das auf sein Erbtheil gefallene Fürstenthum Neiße dem Bisthum Breslau schenkte, das Ersteres 1342 am 1. Juli als böhmisches Lehen erhielt.

Heinrichs II. Söhne: Boleslaw II., Heinrich III. und Konrad II., theilten das Geschlecht in drei Zweige: zu Liegnitz, zu Breslau und zu Glogau.

Tafel 58b „Herzog von Oppolienz" den Adler von Oppeln ebenfalls noch ungekrönt, golden im blauen Felde und auf dem ungekrönten Helme ein blaues, dahinter ein goldenes Widderhorn (!). Ibidem Tafel 59: Herzog von Oppul „der Adler", gleichfalls ungekrönt, rothbewehrt, mit rothem, in rothe Kugeln ausgehendem Brustmond und auf dem ungekrönten Helme ein offener goldener Flug, je mit rothem Balken. Das Schlesische Wappenbuch von 1577 hat den Adler auch ungekrönt, auf dem Helme ein goldner Adlerrumpf, am Rücken mit drei blauen Federn besteckt.

a) Zweig zu Breslau.

Diesen stiftete Heinrich III., der Weiße, doch schon mit seinem Sohne Heinrich IV. erlosch derselbe 1290. Breslau und die ihm erst 1278 von Böhmen verlehnte Grafschaft Glatz (s. d.) fielen an Liegnitz (s. d.).

b) Zweig zu Glogau.

Der Stifter Konrad II. starb 1274, zwei Söhne hinterlassend, von denen der Aeltere, Konrad III., „Köberlein": Guhrau und Sagan erbte, aber bereits 1304 starb, beerbt von seinem Bruder Heinrich III., „dem Getreuen", dem Oels, Glogau und Sprottau zugefallen waren.

Dessen Söhne: Heinrich IV., Przemislaw, Johann und Konrad, theilten des Vaters Güter so, daß der Erstere: Sagan, der Zweite: Glogau, der Dritte: Steinau, der Vierte: Oels erhielt.

Przemislaw starb 1331, 11. Januar, unbeerbt, und Glogau gedieh an Johann zu Steinau, der die Hälfte davon 1331, 1. Oktober, an Böhmen verkaufte, aber ebenfalls unbeerbt 1361 starb.

I. Linie zu Sagan=Glogau=Crossen.

Heinrichs IV. (dessen Fürstenthum Sagan 1329, am 9. Mai, böhmisches Lehen geworden) Sohn: Heinrich V. erbte 1361 von seinem Oheim Johann die andere Hälfte von Glogau.

Von seinen Söhnen starb Heinrich VI., Herr zu Crossen und Sagan 1393, Heinrich VII., Herzog zu (½) Glogau 1394 unbeerbt. Des dritten Sohnes Heinrich VIII., Herzogs zu Freistadt, Glogau und Crossen, Söhne: Johann I., Heinrich IX. und Heinrich X. erbten von ihren Oheimen der Erstere Sagan, der Zweite ½ Glogau, der Dritte Crossen.

Johann I. vereinigte die von ihm 1413 erkaufte Herrschaft Priebus 1429 mit Sagan; sein Sohn, Johann II., nach dem Tode seines Vetters Heinrich XI. (s. unten) im Jahre 1481 mit ½ Glogau belehnt, wurde 1482 entsetzt. Er hatte bereits 1475 Sagan an Sachsen verkauft und starb 1504 erblos.

Heinrich IX. zu Glogau starb, ebenfalls erblos, 1424. Glogau erhielt sein Bruder Heinrich X. zu Crossen, der 1467 starb. Dessen Sohn: Heinrich XI., nunmehr Herr zu Crossen und ½ Glogau, starb 1476, 24. Februar, ohne Kinder. Seine Wittwe und Erbin war Barbara, Tochter des Kurfürsten Albrecht Achilles von Brandenburg. Für das Letzterem widerrechtlich vorenthaltene Glogau erhielt er durch den Kamenzer Vertrag vom 16. September 1482: Crossen, Züllichau, Sommerfeld und Bobersberg als böhmischen Pfandbesitz. (Die weiteren Schicksale von Crossen weiter unten bei diesem Herzogthum.)

2. Linie zu Oels.

Der vierte Sohn Heinrichs III.: Konrad I. erbte Oels, das er 1329 am 9. Mai von der Krone Böhmen zu Lehen nahm. Alle seine Nachfolger: Sohn, Enkel, Urenkel und Ururenkel führten den Namen Konrad; der Letztere, Konrad X., starb 1492, 21. September ohne Erben und Oels fiel als erledigtes Lehen an die Krone Böhmen zurück, die es im Jahre 1495 dem Herzog von Münsterberg verlieh.

c) Zweig zu Liegnitz.

Der Stifter: Boleslaw III., der Wilde (Bolko I.), der von seinem oben noch nicht genannten 1248 erblos verstorbenen Bruder Mieczislaw Lebus ererbt und 1258 an Brandenburg verkauft hatte, starb 1278.

Seine Söhne theilten die Linie in die Linien zu Liegnitz und zu Schweidnitz.

a) Linie zu Schweidnitz.

Diese stiftete der jüngere Sohn Boleslaws II.: Bolko I., der von seinem Vatersbruderssohn Heinrich IV. (von der Linie Breslau, s. oben) 1290 Glatz ererbte und durch seine Gemahlin Beatrix von Böhmen, Wittwe des Markgrafen Otto III. von Brandenburg, Herr der ihr (als Tochter König Wenzels nach dessen Tode) 1253 im Erbgange zugefallenen Oberlausitz — s. d. — (Görlitz und Bautzen) wurde.

Bolkos Söhne theilten derart, daß der jüngste: Heinrich I. († 1346 erblos) Jauer, Bautzen und Görlitz erhielt; letztere beide trat er indeß 1319, bezw. 1329 an Böhmen ab.

Boleslaw (Bolko) II., der mittlere Sohn Bolko's I. erhielt Münsterberg, das er 1336 am 29. August von der Krone Böhmen zu Lehen nahm, und Glatz, das er bereits im Jahre 1322 Böhmen verkaufte. Sein Enkel: Bolko III. († 1410) mußte allen Ansprüchen auf Schweidnitz und Jauer entsagen. Mit seinem Sohne Johann, dessen Schwester Katharina an Przemko, Herzog von Troppau (s. d.), dem sie Münsterberg zubrachte, vermählt war, erlosch 1428 am 27. Dezember der Zweig Boleslaw's II. von Münsterberg.

Boleslaw's II. ältester Bruder: Bernhard († 1326) erbte Schweidnitz, das er seinem ältesten Sohne Boleslaw (Bolko) II. hinterließ, während der jüngere: Heinrich II. von seinem Vatersbruder Heinrich I.: Jauer ererbte. Beide starben ohne Söhne, Heinrich II. 1346, Boleslaw (Bolko) II. 1368 am 28. Juli als Letzter der Linie zu Schweidnitz. Dies und Jauer erbte Heinrichs II. Tochter Anna: und brachte sie ihrem Gemahl, Kaiser Karl IV. zu; nach Bolkos Tode 1368 wurden sie von der Krone Böhmen eingezogen, blieben jedoch bis 1392 der Kaiserin Anna als Leibgedinge.

b) **Linie zu Liegnitz-Brieg.**

Der Stifter, Heinrich V., der Fette, ältester Sohn Boleslaws II., des Wilden, erbte 1290 von seinem Vatersbrudersohn Heinrich IV. (s. oben) Breslau und starb 1296.

Von seinen Söhnen erhielt Heinrich VI., der 1335 erblos starb, 1311 (bis wohin beide Brüder gemeinschaftlich regiert hatten) Breslau, mußte es aber 1327 an die Krone Böhmen abtreten. Sein älterer Bruder Boleslaw III., Herr zu Brieg und seit 1311 auch zu Liegnitz nahm Letzteres 1329 am 9. Mai von König Johann von Böhmen nebst Brieg zu Lehen. Auch mußte er allen Ansprüchen auf Breslau entsagen und dessen Appendix Grottkau 1344 an den Bischof von Breslau verkaufen.

Mit den Söhnen seines ältesten Sohnes Wenzel († 1364), dem Liegnitz und Goldberg als Erbtheil zugefallen war: Rudbrecht, bezw. Wenzel II. starb 1409, bezw. 1419 sein Zweig (zu Liegnitz) aus.

Wenzels I. jüngerer Bruder: Ludwig I. († 1398), hatte Brieg mit Ohlau, Hainau und Lüben geerbt; sein Sohn Heinrich VIII. († 1399) hinterließ diese seinem ältesten Sohne Ludwig II. Diesem fiel Liegnitz 1419 von seinem Vetter Wenzel II. zu, doch trat er nicht in den Besitz, indem die Krone Böhmen es widerrechtlich einzog und später behielt, nachdem Ludwig II. aus seiner Ehe mit Elisabeth, Tochter des Kurfürsten Friedrich II. von Brandenburg, bei seinem 1436 erfolgten Tode Kinder nicht hinterlassen hatte.

Ludwigs II. jüngerer Bruder: Heinrich IX., „Herzog zu Schlesien in Lüben", starb 1420; dessen Sohn Ludwig III. erbte von seinem Oheim Ludwig II. hierzu: Brieg. Liegnitz erhielt erst seines Sohnes Johann I. († 1453) ältester Sohn: Friedrich I. († 1488), 1454 vom Kaiser zurück und vereinigte es 1469 mit Brieg.

Von Friedrichs I. Söhnen erbte Johann II.: Liegnitz, Georg I.: Brieg. Beide starben erblos, so daß seit 1495 bezw. 1521 ihr dritter Bruder Friedrich II. wiederum alle Besitzungen unter seinem Zepter vereinigte, und hierzu von dem Freiherrn von Turzo 1524 für 44 000 Gulden auch das Fürstenthum Wohlau mit Steinau, Herrnstadt, Raudten, Rützen und Winzig erkaufte. Er schloß, in Folge des im Jahr 1511 von König Wladislaw II. ertheilten, durch König Ludwig 1522 und 1524 ihm erneuerten Rechts, über seine Länder testamentarisch verfügen zu dürfen, im Jahre 1537, 19. Oktober mit dem Kurfürsten Johann Georg von Brandenburg, dessen Hause ihn eine 1545 vollzogene Doppelheirath verband, den bekannten Erbvertrag, den jedoch Kaiser Ferdinand I., obwohl er (als böhmischer König) 1529 demselben im Allgemeinen seine Zustimmung gegeben hatte, 1546 am 18. Mai für ungültig erklärte. Dennoch hielt Herzog Friedrich denselben in seinem Testamente vom Jahre 1539 ausdrücklich aufrecht und starb 1547 am 17. September. Von seinen Söhnen erbte

Friedrich III. (dessen Descendenz mit seinem Sohne Friedrich IV. 1596 erlosch) Liegnitz, Georg II.: Brieg. Der Letzte von dessen Zweige, dem 1596 auch Liegnitz wieder zugefallen war: Georg Wilhelm, beschloß 1675 am 21. November die Linie zu Liegnitz, wie überhaupt das gesammte Haus der Schlesischen Piasten, ohne daß es bis dahin möglich gewesen war, durch freien Vergleich die Krone Böhmen mit der Idee der Kurbrandenburgischen Nachfolge zu versöhnen. So geschah es denn nun, daß ungeachtet des Widerspruchs des auf den Erbvertrag von 1537 sich berufenden Kurfürsten Friedrich Wilhelm von Brandenburg, der Kaiser; Liegnitz, Brieg und Wohlau als erledigte Lehen einzog, und der Große Kurfürst erhielt erst in dem nach langen fruchtlosen Verhandlungen 1686 am 8. April geschlossenen Vergleiche, gegen Verzichtleistung auf die schlesischen Fürstenthümer Liegnitz, Brieg und Wohlau 2c. den Kreis Schwiebus (im Fürstenthum Glogau), sowie die Herrschaft Beuthen, ersteren als Ersatz für die drei Niederschlesischen Herzogthümer, letztere für die dem Hause Brandenburg, trotz des Erbvergleichs von 1532, entgangene Erbschaft der Oberschlesischen Fürsten (s. oben) in Oppeln und Ratibor zuerkannt. Für den Entfall von Jägerndorf wurde Kurbrandenburg die Fürstlich Liechtensteinsche Geldforderung an Ostfriesland (s. d.), sowie das Pfandrecht an das Hardingerland zugesprochen. (Betreffs der früheren Besitzverhältnisse von Ratibor und Jägerndorf [den † Herzögen von Troppau gehörig], sowie von Münsterberg, Glatz und Oels [den † Herzögen von Münsterberg zu Eigen] ist das bei diesen Landestheilen Erwähnte zu vergleichen.)

Wappen.

Nachdem durch den I. Schlesischen Krieg, zufolge der Präliminarien d. d. Breslau 11. Juni 1742, und des Berliner Friedens vom 28. Juli 1742 (bestätigt durch den Frieden zu Dresden am 25. Dezember 1745), sowie den zu Hubertusburg am 15. Februar 1763 Schlesien[1]) als souveraines, von

---

[1]) Die 1742 abgetretenen Länder waren: Nieder- und Oberschlesien, nebst dem Distrikt von Katscher (Mährisch), ausgenommen das Fürstenthum Teschen sowie der darin eingeschlossenen Herrschaft (Oderberg) und die Stadt Troppau mit dem jenseits der Oppa belegenen Gebietstheile, endlich die Graffschaft Glatz.

Ferner verzichtete die Kaiserin-Königin, Namens der Krone Böhmen, auf die bis dahin ausgeübten Lehensrechte über Beeskow, Cottbus, Crossen, Peitz, Storkow, Teupitz, Zossen, wogegen der König Friedrich II. eine auf Schlesien ruhende Forderung

Böhmen unabhängiges Herzogthum der Krone Preußen zuerkannt worden war, wurde gleichwohl eine Vermehrung des preußischen Staatswappens durch den schlesischen Adler nicht befohlen; man betrachtete als solchen bereits den vorhandenen von Crossen (s. d.). Doch erfolgte, laut Allerhöchster Kabinetsordre vom 13. Januar 1742 und Verfügung an alle Regierungen vom 31. Juli 1742, die Annahme des Titels: „Souverainer und oberster Herzog von Schlesien wie auch der Graffschaft Glatz ꝛc., welcher Titel auch des Königs Brüdern und Vettern, hier und in Franken, attendiret werden müsse."

Erst bei der im Jahre 1804 erfolgten Veränderung des preußischen Staatswappens wurde der schlesische, schwarze, ungekrönte Adler, mit silbernem, an den Enden „geeichelten" (in Wirklichkeit in Kleeblätter ausgehend) Brust= monde, in dessen Höhlung ein silbernes Ordenskreuz wächst, in einem goldenen, mit fünfblättriger Krone gekrönten Schilde als mittelstes der fünf Herz= schildchen, das aber irrthümlich eine offene Krone erhielt, dem großen Wappen= schilde auferlegt.

Die Allerhöchste Ordre vom 9. Januar 1817 veränderte das große Staatswappen dahin, daß der schlesische Adler nun in das erste rechte Feld der obersten Reihe des Hauptschildes gesetzt wurde.

Hier kommt der Adler (mit einfacher Krone) gekrönt vor, doch hat man, aus welchem Grunde ist nicht ersichtlich — vielleicht aus Versehen —, die Kleeblattenden des Mondes weggelassen, so wie er noch jetzt erscheint; doch mit dem Unterschiede, daß (außer der heraldisch richtigeren Umstellung der Felder) die Allerhöchste Ordre vom 11. Januar 1864 und 16. August 1873 ausdrücklich die Krone als eine „Herzogskrone" vorschreibt.

Diese weicht von der sonst gebräuchlichen Krone insofern ab, als sie keinen Kronenreif, sondern, ähnlich wie der Fürstenhut einen Hermelinstulp hat, aus dem sich die fünf (sichtbaren) oben von Reichsapfel mit Kreuz geschlossenen Bügel erheben.

über 1 700 000 Thaler übernahm. Laut dem am 6. Dezember 1742 abgeschlossenen Ratiborer Grenzrezeß umfaßte Oesterreichisch=Schlesien fortan: das Fürstenthum Teschen, die Herrschaft Oderberg (größtentheils), die südliche Hälfte von Troppau (mit der Stadt), Jägerndorf (mit der Stadt) und Neiße. Zu seinen Landen erhielt Preußen in der dritten Theilung Polens (26. Januar 1797) außer Neuostpreußen: das zur Woiwodschaft Krakau gehörige Herzogthum Severien, das, früher der Oberschlesischen Piastenlinie gehörig, 1443 von Herzog Wenzlaw dem Bischofe von Krakau verkauft worden war, und die Spitze des Palatinats Krakau an der Grenze von Oberschlesien. Diese genannten beiden Landschaften wurden: Neuschlesien genannt. Sie fielen, obwohl im Tilsiter Frieden ihrer keine Erwähnung geschehen war, laut Elbinger Grenzvergleich vom 10. November 1807 ohne weiteres an das Herzogthum Warschau und sind niemals wieder an Preußen zurückgegeben worden.

Die definitive Grenzregulirung zwischen Schlesien und dem Königreich Polen datirt übrigens erst vom $\frac{\text{4. März}}{\text{20. Februar}}$ 1835 (Gesetz=Samml. 1835 S. 69).

Diese Form ist genau dieselbe, wie sie der kurfürstliche Hut von Brandenburg seit etwa 1674 (zuerst nachweisbar so auf ⅔ Thalern von diesem Jahre) zeigt, der, trotz der schon im Jahre 1657 erlangten Souveränetät über Preußen noch 1673 mit nur drei (sichtbaren) Bügeln auf Münzen und Siegeln erscheint.

Provinz Schlesien.

Die heutige Provinz Schlesien besteht aus den obenerwähnten 1742 abgetretenen Landen (mit Ausnahme von Schwiebus, das zu Brandenburg gehört). Hierzu ist 1815 die preußische Oberlausitz gekommen, so daß die Provinz jetzt einen Umfang von 732 Quadratmeilen (40 302,6 Quadratkilometer) hat.

Wappen der Provinz Schlesien.

Schild und Helm wie oben abgebildet; die Krone auf dem Haupte des Adlers ist hier ein einfacher Fürstenhut (Hermelinstulp, drei Bügel, Reichsapfel, ganze Purpurmütze); ebenso die auf dem Schilde im mittleren Wappen. Wegen der Schildhalter (der linke hier mit gelb und weißen Helmfedern) und des kleinen Wappens cfr. Ostpreußen.

Das hierbei neu angenommene Helmkleinod hat Graf Stillfried ganz richtig dem der Herzöge von Liegnitz entnommen, wie es bereits Ludwig II. († 1436) führt und wie auch die Herzöge von Liegnitz und Brieg bis zu ihrem Erlöschen als Kleinod des mittleren der drei Helme auf ihrem von Liegnitz und Brieg gevierten Schilde geführt haben.

Bedauerlich ist indeß, daß man die in besserer heraldischer Zeit dem Adler stets gegebene rothe Färbung der Waffen (Schnabel und Fänge) nicht wieder hervorgesucht hat und daß dem alten Piastenadler die unschöne moderne Bügelkrone aufs Haupt gesetzt worden ist, deren er wahrlich nicht bedurfte.

Die Farben der Provinz (cfr. Ostpreußen) sind weiß, gelb.

Großherzogthum Niederrhein.

5. „Wegen des Großherzogthums Nieder-Rhein. Im silbernen Felde der Preußische Reichs-adler, auf dessen Brust ein grünes, mit einem silbernen, wellenweis gezogenen Schrägrechtbalken belegtes, mit einer Krone[1]) bedecktes Herzschildlein[2]) ruht."

Auf dem gekrönten Helme, mit grünsilbernen Decken, je zwei mit dem Schrägwellenbalken bezeichnete grüne Adlerflügel.

⁂

Dies Wappen wurde durch Allerhöchste Ordre vom 9. Januar 1817 für das neuerrichtete Großherzogthum Niederrhein, gebildet aus den nach Artikel 25 der Wiener Kongreßakte vom 9. Juni 1815 aus den an Preußen überwiesenen **linksrheinischen,** bis dahin französischen Gebiets-theilen (Patent vom 5. April 1815, Gesetz-Samml. 1815 S. 23 und vom 21. Juni 1815, Gesetz-Samml. S. 126) bestimmt. Dies sind:

    1. ehemalige Kurtriersche — s. Trier — und
    2. ehemalige Kurkölnische Reichsländer — s. Cöln —;

---

    [1]) Diese — fünfblättrig — ist dem Herzschildchen erst im Jahre 1864 hinzu-gefügt worden.
    [2]) Ueber diese vom heraldischen Standpunkte unrichtige Kombination vergleiche die beim Wappen von Posen gemachte Anmerkung.

3. Theile des Herzogthums Jülich — f. d. —;
4. Theile der ehemaligen Rheinpfalz;
5. ehemalige Besitzungen des Hauses Nieder-Salm, nämlich: die Graffchaften Reifferscheid (südöstlich Montjoie im Kreise d. N.) und Dyck (südwestlich von Neuß) — f. d. —;
6. ein Theil des ehemaligen Oesterreichischen Herzogthums Luxemburg, begrenzt durch Mosel und Saar (mit Bitburg, Neuerburg, St. Vieth, Herrschaft Kronenburg) — f. d. —;
7. ein kleiner Theil des ehemaligen Oesterreichischen Herzogthums Limburg (mit Eupen, Herzogenrath) — f. d. —;
8. die ehemaligen Reichs-Abteien: Burtscheid (Cisterzienserabtei, vormals unter dem Schutze von Aachen), Cornelius(Kornelis)-Münster (rectius: Benediktiner Abtei Inden in der Stadt Kornelismünster) und Malmedy (Benediktinerabtei im Sprengel des Erzbischofs von Cöln) — f. d. —;
9. die ehemals Gräflich Schaesbergschen Herrschaften: Kerpen und Lommerfum (1711 dieser Familie von Kurpfalz verlehnt) — f. d. —;
10. das Gräflich Sinzendorffsche Burggrafthum Reineck (Rheineck) zwischen Andernach und Sinzig) — f. d. —;
11. die ehemals Nassauische Graffchaft Saarbrücken — f. d. — und Herrschaft Beilstein — (f. d. —;
12. die ehemals Gräflich Quadtsche Herrschaft Wickerad (Wykradt) am Nies — f. d. —;
13. die ehemals Gräflich Osteinsche Herrschaft Mylendonk am Nies — f. d. —;
14. die ehemals Gräflich Nesselrodesche Herrschaft Reichenstein — f. d. —;
15. die den ehemaligen Grafen zu der Mark gehörig gewesene Graffchaft Schleiden (zuletzt dem Herzog von Aremberg gehörig) — f. d. —;
16. die ehemalig Gräflich Sternbergschen Graffchaften Blankenheim und Gerolstein (von den Grafen Manderscheid erheirathet) — f. d. —;
17. das Herzogthum Aremberg (bis 1803 Eigenthum der gleichnamigen Herzöge aus dem Hause Ligne) — f. d. —;
18. die ehemals fürstlich Metternichschen Herrschaften Winneburg und Beilstein — f. d. —;
19. die ehemals Gräflich Loewenstein-Wertheimsche Graffchaft Virneburg — f. d. —;
20. die ehemalige freie Reichsstadt Aachen — f. d. —;
21. die ehemalige freie Reichsstadt Cöln — f. d. —;

22. ein Theil des von Frankreich abgetretenen Herzogthums Lothringen (Lauf der Saar mit Saarlouis)[1] — s. d. —;
23. die ehemalige Deutschordensballei Coblenz — s. d. —;

(Alle diese Länder und Gebiete (bis auf Nr. 22) waren durch den Frieden von Luneville an Frankreich und von diesem am 1. März 1808 theilweise an das neuerrichtete Großherzogthum Berg abgetreten worden und bildeten in Letzterem Theile des Ruhr-, Rhein- und Mosel-Departements, sowie der Departements der Wälder, der Ourthe, der Niedermaas und der Saar. Sie kamen durch den Pariser Frieden vom 30. Mai 1814 an Preußen (Gesetz-Samml. 1814 S. 120), welches, laut Patent vom 5. April 1815 (Gesetz-Samml. 1815 S. 21, 23) davon Besitz ergriff.

Hierzu wurden, laut Patent vom 21. Juni 1815 (Gesetz-Samml. 1815 S. 126), zufolge der mit dem Königreich der Niederlande (Artikel 4) und den Häusern Nassau d. d. 31. Mai 1815 (Gesetz-Samml. 1818, Anhang S. 26 und 30) geschlossenen Staatsverträge ferner hinzugefügt:

24. die von genannten Häusern erworbenen Gebietstheile, einschließlich der Oberhoheit von:
25. der Grafschaft Sayn — s. d. —;
26. der Grafschaft Wied — s. d. —;
27. der Grafschaft Solms — s. d. — und
28. des fürstlich Hatzfeldtschen standesherrlichen Amtes Schönstein — s. d. —.

Die Rheinprovinz

besteht aus der vormaligen Provinz Niederrhein und der vormaligen Provinz Jülich-Cleve-Berg.

Die Provinz Niederrhein, 1815 gebildet, bestand 1. aus dem größten Theile des Großherzogthums gleichen Namens; 2. aus der Grafschaft (ehemaligen freien Reichsstadt) Wetzlar — s. d. —; 3. dem preußischen Antheil der Wiedschen Länder — s. d. —; 4. einem Theile des Herzogthums Jülich — s. d. —; 5. einem Theile der Nassau-Oranischen Erblande auf dem rechten Rheinufer und war eingetheilt in die

---

[1] Saarlouis, St. Johann und Saarbrücken, nebst ihren Gebieten kamen an Preußen in Folge anderweiter Grenzregulirung mit Frankreich, insbesondere des Traktats vom 20. November 1815, Artikel 1, 2 (Gesetz-Samml. 1816 S. 15) und Konvention de eodem (Gesetz-Samml. 1816 S. 34) und wurde Saarbrücken laut Besitzergreifungspatent vom 27. November 1815 (Gesetz-Samml. 1816 S. 73), St. Johann laut Protokoll vom 30. November ejusdem (Gesetz-Samml. 1815 S. 74) und Saarlouis laut Protokoll vom 2. Dezember 1815 (Gesetz-Samml. 1815 S. 75) in Preußen einverleibt.

Regierungsbezirke: Aachen ($66^{1}/_{2}$ Quadratmeilen = 4155 Quadratkilometer), Cöln ($92^{1}/_{2}$ Quadratmeilen = 3976 Quadratkilometer) und Trier ($228^{5}/_{6}$ Quadratmeilen = 7183 Quadratkilometer).

Die gleichfalls 1815 gebildete Provinz Jülich-Cleve-Berg umfaßte das Gebiet der heutigen Regierungsbezirke Düsseldorf ($96^{2}/_{3}$ Quadratmeilen = 5472 Quadratkilometer) und Coblenz ($61^{1}/_{4}$ Quadratmeilen = 6205 Quadratkilometer) und enthielt:

1. einen großen Theil der vormaligen Kurkölnischen Länder, 2. das Herzogthum Berg; 3. das Herzogthum Cleve, 4. das Stift Elten, 5. einen Theil des Herzogsthums Jülich, 6. einen Theil der Grafschaft Mark (Amt Hattingen), 7. die Grafschaft Mörs, 8. die ehemalige freie Reichsstadt Cöln und 9. mehrere kleine vormals reichsunmittelbar gewesene Herrschaften — s. d. —. Hierzu kamen:

10. laut Abtretungstraktat vom 18. November 1816 (Gesetz-Samml. Anh. S. 111) seitens des Großherzogs von Mecklenburg-Strelitz die Herrschaften Cronenburg, Reifferscheid und Schleiden am linken Rheinufer;

11. laut der im Ausgleich mit Frankreich am 11. Juni 1827 (Gesetz-Samml. 1830 S. 25) abgegebenen Erklärung: der Leyensche Distrikt; die definitive Grenzberichtigung der Rheinprovinz gegen Frankreich wurde indeß erst am 23. Oktober 1829 (Gesetz-Samml. 1830 S. 26) beendigt;

12. laut Kaufvertrag mit Sachsen-Coburg vom 31. Mai 1834 das Fürstenthum Lichtenberg (s. d.);

13. das laut Friedensvertrag mit Hessen-Darmstadt (1866) erworbene Amt Meisenheim, früher zu Hessen-Homburg gehörig;

14. laut Gesetz vom 24. Februar 1881 (Gesetz-Samml. 1881 S. 139) die bisher bei Westfalen gewesene Gemeinde Oberbonsfeld, die dem Kreise Mettmann inkorporirt wurde.

Somit umfaßt die Rheinprovinz gegenwärtig 490 Quadratmeilen (26 990,8 Quadratkilometer).

Die Geschichte der einzelnen Landestheile wird weiterhin gegeben werden.

Wappen der Provinz Niederrhein (Rheinprovinz).

Schild und Helm wie oben abgebildet. Schildhalter (Helmfedern und Quasten der linken Fahne sind grün-weiß) siehe oben bei Ostpreußen; auf dem Schilde des mittleren Wappens ruht die Krone wie bei Posen (s. d.).

Die Farben der Provinz (cfr. Ostpreußen) sind grün und weiß.

Großherzogthum Posen.

6. „Wegen des Großherzogthums Posen. Im silbernen Felde der Preußische Reichsadler, an dessen Brust ein rothes, mit einem silbernen, goldbewehrten, rothgezungten, goldgekrönten Adler belegtes, mit einer Krone bedecktes Herzschildlein[1]) ruht."

Auf dem gekrönten Helme, mit rothsilbernen Decken, wächst der Adler des Brustschildchens.

Das heutige Großherzogthum Posen ist nur ein kleiner Theil des einst so mächtigen polnischen Reiches, und wurde 1817 gebildet aus Theilen der ehemaligen Provinz Großpolen, insbesondere der Landestheile Großpolen bis zur Netze und Kujavien (Theile der Woiwodschaften Posen, Gnesen und Inowraclaw), die schon durch die erste Theilung Polens (5. August 1772) zugleich mit Westpreußen, an Preußen kamen und durch den Grenzvergleich zu Warschau (1776) noch durch die links von der Netze belegenen Gebietstheile[2]) der oben genannten Woiwodschaften vergrößert wurden. Durch die

---

[1]) cfr. die Anmerkung am Schlusse des Artikels.
[2]) Diese bilden mit den rechtsnetzischen Theilen derselben den heutigen Netzedistrikt — s. d. —.

zweite Theilung Polens (23. Januar 1793), gezwungen anerkannt durch den polnischen Reichstag zu Grodno am 25. September 1793, erhielt Preußen, außer Bestätigung der obigen Besitzungen: Danzig, Thorn, den Rest der genannten drei Woiwodschaften, außerdem die Woiwodschaften Brześć, Kalisch, Lenczyc, Sieradz, das Land Wielun, die Woiwodschaft Plock (von Großpolen), sowie von Kleinpolen: den Bezirk Czenstochau der Woiwodschaft Krakau; dieselben wurden zur Provinz Südpreußen (1035 Quadratmeilen = 57 000 Quadratkilometer [s. Preußen]) bis auf Thorn und Danzig, die zu Westpreußen kamen, vereinigt. Die dritte Theilung Polens (3. Januar 1795) brachte, außer Bestätigung der obigen, hierzu ferner: die Stadt Warschau mit einem Gebiet zwischen Weichsel und Bug, die Woiwodschaft Masovien am rechten Ufer des Bug, ferner die Woiwodschaften Rawa (Rest), Podlachien, Troki und Samogitien (am linken Niemen-Ufer) nebst der litthauischen (1793 abgetretenen) Herrschaft Serrey — s. d. —. Diese Theile (860 Quadratmeilen = 47 300 Quadratkilometer) wurden zur Provinz Neuostpreußen vereinigt.

Zufolge des Friedens von Tilsit vom 9. Juli 1807 mußte Preußen von diesen polnischen Landestheilen: Südpreußen und Neuostpreußen, sowie Neuschlesien (s. Schlesien), Thorn und Danzig, den größeren Theil des Netzedistrikts (zusammen: 2124 Quadratmeilen) abtreten, aus denen das Herzogthum Warschau[1]) gebildet wurde.

Auf Grund des Pariser Friedens vom 30. Mai 1814 erhielt, gemäß

---

[1]) Das zufolge Artikel V des Friedens von Tilsit gegründete „Herzogthum Warschau", dessen konstitutionelles Statut Napoleon d. d. Dresden, 22. Juli 1807, bestätigte, bestand ursprünglich aus 6 Departements. Da deren Eintheilung fast Niemand mehr kennt, führe ich sie hier an:

1. Warschau, mit den Kreisen: Warschau, Czersk, Rawa, Brzeziny, Lentschitz, Orlow, Gostynin, Sochaczew, Blonie, Zgiersk (vormals zu Südpreußen gehörig);
2. Kalisch, mit den Kreisen: Kalisch, Konin, Wartha, Szadek, Sieradz, Petrikau, Radom, Czenstochau, Wielun, Schildberg, Adelnau, Pilica, Lelow (vormals zu Südpreußen gehörig);
3. Posen, mit den Kreisen: Posen, Bomst, Gnesen, Powidz, Wongrowitz, Kosten, Fraustadt, Kröben, Krotoschin, Meseritz, Peisern, Schroda, Obornik, Schrimm (vormals zu Südpreußen gehörig);
4. Bromberg, mit den Kreisen: Bromberg, Culm, Thorn, Camin (Westpreußen), Deutsch-Krone, Inowrazlaw, Michelau, Brześć, Kowal, Radziejewo;
5. Plock, mit den Kreisen: Lipno, Wyschogrod, Pultusk, Mlawa, Prasnicz, Ostrolenka (vormals zu Neuostpreußen gehörig);
6. Lomza, mit den Kreisen: Lomza, Tykoczyn, Biebrzany, Wygry, Kalwary, Marienpol, Dombrowo (vormals zu Neuostpreußen gehörig);

1810 wurde dasselbe noch durch Westgalizien und einen Theil von Ostgalizien vergrößert. Es nahm ein Ende am 7. Februar 1813.

Artikel 2 und 23 der Pariser Kongreßakte vom 31. Mai 1815, Preußen einen kleinen Theil der obigen vormals polnischen Landestheile (ca. 500 Quadratmeilen) zurück; dieselben wurden, laut Besitzergreifungspatent vom 15. Mai 1815 (Gesetz=Samml. 1815 S. 45), mit der preußischen Monarchie wieder vereinigt, nachdem darüber unter dem $\frac{21.\ April}{3.\ Mai}$ 1815 (Gesetz=Samml. 1815 S. 130) mit Rußland (Königreich Polen) ein Traktat abgeschlossen worden war. Der endgültige Grenztraktat mit Rußland erfolgte am 11. November 1817.

Laut Allerhöchster Kabinetsordre vom 9. Januar 1817 wurden diese zum „Großherzogthum Posen" (525 Quadratmeilen = 28958 Quadratkilometer) vereinigten Landestheile in das Königlich Preußische Staatswappen und den Königlichen Titel aufgenommen.

Diese Landestheile sind:

1. Theile des durch den Tilsiter Frieden vom 9. Juli 1807 von Preußen an das neugebildete Herzogthum Warschau abgetretenen Netzedistrikts, i. sp. der Kreise Crone und Camin (vormals Provinz Westpreußen);
2. Theile des ehemaligen Südpreußens, i. sp. der vormaligen Departements Posen und Kalisch, die zufolge des Petersburger Theilungstractats vom 17. Februar 1772, laut Ratifikationspatent vom 28. September 1772 (Rabe, Samml. preuß. Gesetze Band I, Abth. 4 S. 335) bei der Theilung Polens Preußen zugesprochen und ebenfalls durch den Tilsiter Frieden an das Herzogthum Warschau abgetreten worden waren.

Das Wappen des Großherzogthums ist 1817 erst erfunden worden, eben nicht sehr geschickt. Denn der gekrönte weiße Adler im rothen Schilde auf der Brust, das Wappen der Woiwodschaft Posen durfte heraldisch richtig nur dann im Brustschilde des Preußischen Adlers erscheinen, wenn, was hier nicht zutrifft, dieselben in Personalunion mit einander ständen.

Provinz Posen.

Die Provinz Posen, deren Gebietsumfang mit dem des Großherzogthums zusammenfällt, hat daher einen Flächenraum von 525 Quadratmeilen (28958 Quadratkilometer).

Die Provinz ist eingetheilt in die Regierungsbezirke Posen und Bromberg.

Wappen der Provinz Posen.

Schild und Helm wie oben abgebildet; wegen der Schildhalter s. oben Ostpreußen; die Helmfedern des linken sind karmoisinroth und weiß; auf dem Schilde des mittleren Wappens ruht die Großherzogliche Krone, d. h. ein goldener Reif mit fünf Blätter- und vier Perlen-Zinken, fünf sichtbaren Bügeln, oben mit Reichsapfel und Kreuz und einer bis zur halben Höhe derselben reichenden Purpurmütze (cfr. Ostpreußen, wie auch über das kleine Wappen).

Die Farben der Provinz sind: karmoisinroth und weiß (cfr. Ostpreußen).

Herzogthum Sachsen.

7. „Wegen des Herzogthums Sachsen.[1]) In einem von Gold und Schwarz zehnmal[2]) quergestreiften Felde ein schrägrechts liegender grüner Rautenkranz."

Auf dem gekrönten Helme, mit schwarz-goldenen Decken, ein wie der Schild bezeichneter Spitzhut, oben gekrönt und mit Pfauschweif geschmückt.

Dies Wappen wurde, laut Allerhöchster Ordre vom 9. Januar 1817 bestimmt für die Gesammtheit derjenigen Landestheile, die der König von Sachsen, laut dem Wiener „Friedens- und Freundschafts-Staatsvertrag" vom

---

[1]) Als 1817 für das Herzogthum ein Wappen gewählt wurde, nahm man das sächsische Wappen, den schrägliegenden Rautenkranz im von Schwarz und Gold balkenweis getheilten Felde. (Eigentlich ist dies das Wappen von Ballenstädt, das bis vor 1212 ohne den Rautenkranz vom Hause Anhalt geführt wurde.) Der „Rautenkranz" wird hier stets gebogen dargestellt, wohingegen sowohl das Königreich Sachsen, wie auch Weimar und die sächsischen Herzogthümer ihn jetzt immer geradlinig führen, was natürlich an und für sich kein Unterschied ist. 1817 begann die Balkentheilung des Schildes oben mit Schwarz; seit 1864 ist zu besserer Unterscheidung des Wappens von dem des Königreichs rc. bestimmt worden, daß dieselbe mit Gold zu beginnen habe. Der Hut, ebenso gezeichnet, ist der Stammhelm des alten sächsischen Wappens und bei Feststellung der Provinzialwappen als Helmkleinod angenommen worden.

[2]) Diese Bezeichnung ist falsch; es muß heißen neun mal oder zehnfach; durch neunmalige Theilung, d. h. neun Querstriche, entstehen zehn Felder.

18. Mai 1815 (Gesetz-Samml. 1815 S. 52) an Preußen abgetreten und die laut Besitzergreifungs-Patent vom 22. Mai 1815 (Gesetz - Samml. 1815 S. 77) als „Herzogthum Sachsen" (117 Quadratmeilen == 6400 Quadratkilometer) und mit dem Königreich Preußen vereinigt worden waren.

Es waren dies (außer Cottbus): ein Theil (²/₅) der Oberlausitz (s. d.); die Niederlausitz (s. d.), der thüringer Kreis (s. Thüringen); der (laut Staatsvertrag vom 22. September 1815 — Gesetz-Samml. 1818 Anhang S. 54 — zum größten Theil [bis auf Ziegenrück] wieder an Sachsen-Weimar abgetretene) Kreis Neustadt (a. O.); ein Drittheil des Leipziger und die Hälfte des Meißener Kreises; der Wittenberger oder Kurkreis; der größte Theil der Stifter Merseburg und Naumburg-Zeitz; das Fürstenthum Querfurt (s. d.); die Grafschaft Stolberg; die sächsischen Antheile an Henneberg (s. d.); Treffurt und Dorla; die Grafschaft Barby (s. d.); das Burggrafthum Magdeburg (Gommern und Elbenau); die Oberhoheit über die Herrschaften Baruth und Sonnewalde, sowie einige anhaltische und schwarzburgische Aemter.

Von diesen gehört die Oberlausitz zu Schlesien (s. d.), die Niederlausitz, sowie die Aemter Jüterbog und Dahme des Fürstenthums Querfurt und das Amt Belzig, Baruth und Sonnewalde zur Provinz Brandenburg, alles übrige jetzt zur

Provinz Sachsen.

Diese letztere, zu welcher die Altmark (s. Brandenburg) geschlagen wurde, ist eingetheilt in die Regierungsbezirke: Magdeburg, Merseburg und Erfurt; sie umfaßt einen Flächeninhalt von 458 Quadratmeilen = 25 250 Quadratkilometer.

Wappen der Provinz Sachsen.

Schild und Helm wie oben abgebildet. Schildhalter cfr. oben bei Ostpreußen, der schildhaltende Ritter hat schwarz-gelbe Helmfedern. Ebenso das mittlere Wappen, dessen Schild mit der Krone wie bei Pommern (s. d.) gekrönt ist. Das kleinere Wappen siehe ebenda. Die Farben der Provinz sind laut Allerhöchster Kabinetsordre d. d. Berlin 28. April 1884: schwarz, gelb.

Herzogthum Westfalen.

8. „Wegen des Herzogthums Westfalen. Im rothen Felde ein springendes¹) silbernes Roß."
Aus dem gekrönten Helme, mit rothsilbernen Decken, wächst das Roß.

Das Herzogthum Westfalen, mit den Städten Arnsberg, Attendorn, Brilon u. A. bildete ursprünglich einen Theil des alten Sachsenlandes, war etwa 72 Quadratmeilen groß, umfaßte die Gegend der Sieg, Ruhr und Lippe bis zur Ems und hatte seinen Namen von einem der drei alten sächsischen Stämme.

Herzog des gesammten Sachsenlandes wurde 1136 Heinrich der Stolze aus dem Welfischen Hause und vererbte derselbe u. A. auch Westfalen und Engern auf seinen Sohn Heinrich den Löwen, der den Besitz 1142 am 10. Mai antrat.

---

¹) Springend ist heraldisch schlecht ausgedrückt, denn man versteht hierunter beim Pferde eine andere Stellung; „aufgerichtet" ist der technische Ausdruck für obiges, im Gegensatz zu dem laufenden Pferde der Provinz Hannover (s. d.).

Nachdem 1180, 13. April auf dem Reichstage zu Gelnhausen die Acht über letzteren Fürsten ausgesprochen war, wurde auch das Herzogthum Sachsen getheilt.

Den einen Theil davon, das halbe Sauerland (ursprünglich: „Süderland") und Süd-Engern (s. d.) [die Diözese Paderborn] erhielt, gegen Zahlung von 80 000 Mark, Philipp von Heinsberg, Erzbischof von Köln, verliehen, während der nördliche Theil Westfalens (etwa die Diözesen Münster und Osnabrück), sowie Nord-Engern (etwa die Diözese Minden) dem jüngeren Sohne des Askaniers Albrecht des Bären: Bernhard, Herzog zu Sachsen zugesprochen wurde, Beiden mit Landeshoheit, sowie Titel und Rechten eines Herzogs.

A. Cölnischer Antheil.

Die Erzbischöfe (später Kurfürsten) von Cöln vermehrten ihren Antheil durch weitere Erwerbungen, indem sie 1250 Brilon und Erwitte sowie andere Paderbornsche Besitzungen, 1368 die Grafschaft Arnsberg (s. d.), 1464 Fredeburg und Bilstein erkauften, bezw. eintauschten.

Nachdem, in Verfolg des Friedens von Lüneville (1801, 9. Februar) das Kurfürstenthum Cöln aufgelöst war, wurden die Quartiere Brilon, Geseke, Rüthen, Werl, nebst der Oberhoheit über die Grafschaft Wittgenstein, durch den Reichsdeputationshauptschluß (1803, 25. Februar) dem Landgrafen (seit 1806 Großherzog) von Hessen-Darmstadt als Entschädigung für die ihm entzogenen linksrheinischen Landestheile übergeben.

Laut Artikel 1 ff. des Staatsvertrages vom 10. Juni 1815 (preußische Gesetz-Samml. 1818 Anhang S. 47) und Artikel 1, 18 ff. des Vertrages vom 30. Juni 1816 (preußische Gesetz-Samml. 1818 Anhang S. 100) trat der Großherzog seinen Antheil am Herzogthum an Preußen ab, und wurde dieser, laut Verfügung vom 30. April 1815 (E. 1 Nr. 3 — Gesetz-Samml. 1815 S. 97) dem Regierungs-Bezirk Hamm der Provinz Westfalen zuertheilt.

Laut derselben Verordnung wurden der letzteren Provinz noch einverleibt und gehören dazu:

1. der preußische Theil des ehemaligen Stifts Münster (s. d.), einschließlich der Besitzungen des Herzogs von Croy (s. d.), der Propstei Kappenberg (s. d.), der Besitzungen des Herzogs von Looz-Corswarem (s. d.), des Rheingräflich Salm-Horstmar'schen, fürstlich Salm-Salm'schen und Salm-Kyrburg'schen Hauses, der Herrschaft Werth und der Herrschaft Gronau — s. d. —;

2. die Herrschaft Anholt, 3. die Herrschaft Gehmen, 4. der preußische Theil der Grafschaft Lingen, 5. die Grafschaft Recklinghausen, 6. die Grafschaft Steinfurt, 7. die Grafschaft Tecklenburg, 8. das Fürstenthum Minden, 9. die Grafschaft Ravensberg, 10. das Fürstenthum Paderborn, 11. das Fürstenthum Corvey, 12. das Stift Herford, 13. die Stadt Lippstadt, 14. die Herrschaft Gütersloh, 15. das Amt Reckberg, 16. die Herrschaft Rheda, 17. die Grafschaft Rittberg, 18. die Grafschaft Arnsberg, 19. die Herrschaft Broich, 20. die Grafschaft Dortmund, 21. ein Theil der Grafschaft Essen, 22. die Grafschaft Mark, 23. ein Theil der vormals Nassauischen Erbländer, 24. die Grafschaft Hohenlimburg, 25. die Grafschaft Sayn, 26. das Fürstenthum Siegen, 27. das Amt Styrum, 28. die Grafschaft Werden, 29. die Grafschaft Wittgenstein, 30. die Grafschaft Homburg, 31. die Grafschaft Gimborn, deren Geschichte weiterhin einzeln behandelt werden wird.

B. Sächsischer Antheil.

Wie bereits oben erwähnt, erhielt bei der Theilung Westfalens der Erzbischof von Köln nur die eine — südliche — Hälfte, wohingegen die nördliche dem jüngeren Sohn des Askaniers Albrecht des Bären: Bernhard, Herzog zu Sachsen, zugesprochen ward.

Während Letzterer im Wappen noch einen Adler, verbunden mit den Balken von Ballenstädt und dem Rautenkranz führt, nahm bereits sein Sohn Albrecht I. seit 1212 den heutigen Sachsenschild und sein Enkel Albrecht II., der im Jahre 1288 mit der Hälfte der Pfalz-Sachsen und 1290 mit den Gütern der im Jahre 1089 erloschenen Linie des Hauses Wettin: den Grafen von Brena (Brene) belehnt war, hierzu den gekrönten goldenen Adler in Blau, wegen der Pfalz-Sachsen, wie auch das Wappenbild der Grafen von Brena (s. Engern) an, was durch Siegel seiner Wittwe Agnes von Habsburg und seines Sohnes Rudolf I. († 1356) u. s. f. bewiesen wird.

Weder für Westfalen noch für Engern gab es damals ein Wappen, vielmehr galt als solches der Sachsenschild seines Besitzers, Bernhard, der sich „dux Saxoniae, Angriae et Westfaliae" zwar schrieb, dadurch aber nur ausdrücken wollte, daß das Herzogsrecht in dem ihm überwiesenen Theile des alten Sachsens: Engern und Westfalen, trotz der Theilung, ungeschmälert geblieben, die beiden Lande, wie vorher, Theile des einigen Herzogthums Sachsen seien.

Nachdem mit Albrechts I. Söhnen: dem obengenannten Albrecht II. und dessen Bruder Johann I., 1295 das Haus Sachsen sich in die Zweige zu Sachsen-Wittenberg und Sachsen-Lauenburg getheilt hatte, erlosch der Erstere im Jahre 1422.

Sogleich nahm die Linie Sachsen-Lauenburg (Erich V.), die agnatische Erbschaftsrechte auch auf Pfalz-Sachsen und Brena zu haben glaubte, die Wappen der Pfalzgrafschaft Sachsen und der Grafschaft Brena an.

Letztere Lande wurden indeß nicht ihm, sondern, trotz allen Widerspruchs durch den Kaiser dem Markgrafen von Meißen verliehen, und über das Recht zur Führung der genannten beiden vom Herzog von Sachsen-Lauenburg angenommenen Wappen entbrannte ein fast hundertjähriger, mit großer Erbitterung[1]) geführter Streit.

Endlich — 1507 — erklärte sich der Herzog (Magnus) von Sachsen-Lauenburg, in Folge wiederholten und stets verschärften Kaiserlichen Befehls bereit, die beiden usurpirten Wappen nämlich von Pfalz-Sachsen und von Brena aus seinem Wappen fortzulassen, behielt sich indeß das Recht vor, anstatt ihrer in den beiden dadurch leer werdenden Wappenfeldern neue Wappen für die in seinem Titel längst geführten Herzogthümer Westfalen und Engern einzustellen.

Dies wurde ihm gewährt; er wählte für Westfalen das weiße aufrechte Roß in Roth, für Engern (s. d.) behielt er die drei Brena'schen „Seeblätter" bei, taufte diese aber in „Schröterhörner" (sic!) um.

Der Erzbischof von Cöln, als Besitzer des südlichen Engerns und Westfalens hatte, anscheinend schon vorher, das alte Zeichen Niedersachsens: das Roß für Westfalen in sein Wappen aufgenommen. Es muß dies vor dem Jahre 1482, wo, wie oben erwähnt, bereits Codex Grünenberg das Roß für Westfalen im Wappen von Cöln bringt, stattgefunden haben.

Für Engern führte, laut demselben Wappenbuch Tafel 59b, der Erzbischof damals (1482) indeß einen von schwarz und weiß senkrecht getheilten Schild und auf dem ungekrönten Helme, mit schwarz-silbernen Decken, einen schwarzen Turnierhut, mit in Zacken ausgeschnittenem Hermelinstulp und oben mit weißer Kugel; leider ist dies Wappen von Engern aber durch anderweitige glaubwürdige Dokumente nicht nachweisbar.

Nachdem der Herzog von Lauenburg für Engern die drei Seeblätter

---

[1]) Im Jahre 1476 ließ u. A. der Kurfürst von Sachsen, dessen Tochter sich dem Kurfürsten von Brandenburg vermählte, dem zu dieser Hochzeit geladenen Herzog von Sachsen-Lauenburg, der an seinem Absteigequartier sein Wappen mit den Feldern von Pfalz-Sachsen und Brena angebracht hatte, dies herunterreißen! Er stützte sich hierbei wohl auf einen Kaiserlichen Befehl vom Jahre 1471, worin u. A. allen Behörden untersagt worden war, Briefe des Herzogs von Sachsen-Lauenburg, die mit dem verbotenen Wappen gesiegelt seien, anzunehmen.

in sein Wappen aufgenommen hatte, scheinen, hierauf fußend, die Erzbischöfe von Köln, dasselbe Wappenbild für ihren Theil Engerns angenommen zu haben. Wohl mit Rücksicht darauf, daß genau dasselbe Wappenschild ihre mächtigen Nachbarn, die Grafen v. Tecklenburg, führten, hielten auch sie es jedoch für rathsam, die Seeblätter in anderer Farbe, nämlich: golden zu führen. Aus diesen Blättern wurden später wirkliche Herzen und zwar blieben sie golden im rothen Felde.

So schon vereinzelt Erzbischof Hermann (Medaille von 1532).

Als „Schröterhörner" oder kleeblattförmig ausgeschlagene Blätter erscheinen die Herzen im Uebrigen bis Anfangs des 17. Jahrhunderts (Stammbuchblatt des Erzbischofs Ernest von Bayern de 1609). Erst dann tritt — möglicherweise auch in Folge eines Einspruchs der Kurfürsten von Sachsen — die Form der Herzen und zwar wie oben gesagt golden in Roth ganz deutlich bis 1801 zu Tage und blieben so.

Im Königlich Preußischen Wappen tritt sowohl das Wappen von Westfalen, wie das von Engern erst bei der Neuordnung vom Jahre 1817 auf, zuerst Letzteres vor Ersterem, jetzt umgekehrt.

Provinz Westfalen.

Die Provinz Westfalen ($366^1/_2$ Quadratmeilen = $20\,203{,}8$ Quadratkilometer) ist eingetheilt in die Regierungsbezirke zu Münster (Nr. 1—7), Minden (Nr. 8—16) und Arnsberg (Nr. 17 bis Schluß, sowie das eigentliche Herzogthum Westfalen) = 120 Quadratmeilen (6600 Quadratkilometer).

Wappen der Provinz Westfalen.

Schild und Helm, wie oben abgebildet. Wegen der Schildhalter (mit weiß-rothen Helmfedern und Fahnen-Quasten), des mittleren Wappens, dessen Schild hier die Krone, wie bei Pommern (s. d.), deckt und des kleineren Wappens s. Ostpreußen.

Die Farben der Provinz sind: weiß-roth (cfr. Ostpreußen).

Es ist geschichtlich gewiß nicht ohne Interesse, vielleicht auch ganz lehrreich für manche Leute, hier über die im Allgemeinen und im großen Publikum wenig bekannte Geschichte und Zusammensetzung des ephemeren ehemaligen Königreiches Westphalen von Napoleons Gnaden thatsächliche Notizen zu geben. Möglicher Weise lernen jene vaterlandslosen und nörgelnden Parteien auch aus diesem Blatt der Geschichte, das beredt genug spricht, ein wenig, wenn sie sehen, wie durch den Wink eines fremden Emporkömmlings Deutschland zu einer politischen Null herabgewürdigt, seiner schönsten Lande beraubt und diese nach Willkür zerstückelt wurden. Möge aus dem herben Schicksal, das einst unser theures Vaterland betroffen, Jeder eine Lehre ziehen, auch jenes Protzenthum, das, nicht bedenkend, wieviel eine Fremdherrschaft ihm kosten würde, dem deutschen Reiche selbst die zur Stärkung seiner nationalen Wehrkraft nothwendigsten Mittel versagen zu sollen meinte!

Das, laut Artikel 19 des unglücklichen Tilsiter Friedens, durch Napoleon laut Dekret vom 18. August 1807 gebildete und seinem Bruder Jerôme übergebene neue Königreich, setzte sich, nachdem durch die am 15. November 1807 erlassene Konstitution den ursprünglichen Landen noch die Herrschaft Schmalkalden und das Gebiet von Corvey hinzugefügt war, laut Dekret Napoleons vom 7. Dezember 1807 (bulletin des lois du royaume de Westphalie de 1808 Nr. 1) aus den folgenden ihren rechtmäßigen Fürsten entrissenen Landen zusammen:

1. aus den Braunschweig-Wolfenbüttelschen Staaten;
2. dem auf dem linken Elbufer belegenen Theile der Altmark;
3. dem ebendort belegenen Theile des Herzogthums Magdeburg;
4. dem Gebiet von Halle;
5. dem Hildesheimschen und der Stadt Goslar Gebiet;
6. dem Fürstenthum Halberstadt;
7. dem Hohensteinschen und
8. dem Gebiete von Quedlinburg;
9. dem Eichsfelde, nebst Treffurt, Mühlhausen, Nordhausen;
10. der Grafschaft Stolberg-Wernigerode;
11. den Hessen-Kasselschen Staaten, nebst Rinteln und Schaumburg, mit Ausnahme des Gebiets von Hanau und Catzenellnbogen a./Rh.;
12. dem Gebiet von Corvey, Göttingen und Grubenhagen, nebst den Zubehörungen von Hohenstein und Elbingerode;
13. dem Bisthum Osnabrück;
14. dem Bisthum Paderborn;
15. Minden und Ravensberg;
16. der Grafschaft Rietberg-Kaunitz.

Nachdem der neukreirte König persönlich bereits am 1. Oktober 1807 durch Kommission und am 7. Dezember 1807 von diesen zusammengewürfelten Gebietstheilen Besitz ergriffen hatte, verfügte er d. d. Cassel, 24. Dezember 1807, daß dieselben (bulletin des lois du royaume de Westphalie 1808 Nr. 4) in acht Departements eingetheilt werden sollten, nämlich: das der Elbe, der Fulda, des Harzes, der Leine, der Ocker, der Saale, der Werra, der Weser.

1. Das Departement der Elbe (Hauptort: Magdeburg) bestand:

    a) aus dem größten Theil des Herzogthums Magdeburg (links-elbisch);
    b) der Grafschaft Barby
    c) den Gommernschen Aemtern } von Sachsen abgetreten;
    d) der Altmark, mit der Hannöverschen Enklave Klötze;
    e) dem Amt Calvörde in Braunschweig;
    f) dem Amte Weferlingen

    und war in die vier Distrikte: Magdeburg (16 Kantons), Neuhaldensleben (10 Kantons), Stendal (13 Kantons) und Salzwedel (15 Kantons) eingetheilt.

2. Das Departement der Fulda (Hauptort: Cassel) bestand aus:

    a) einem großen Theile von Niederhessen;
    b) dem Gebiete von Paderborn;
    c) dem Gebiete von Corvey;
    d) dem Amte Reckenberg (zu Osnabrück gehörig);
    e) der Grafschaft Rietberg-Kaunitz;
    f) dem Amte (Hannöversch-)Münden

    und war in die drei Distrikte: Cassel (24 Kantons), Höxter (17 Kantons) und Paderborn (14 Kantons) getheilt.

3. Das Harz-Departement (Hauptort: Heiligenstadt) bestand aus:

    a) der Grafschaft Hohenstein (vormals Preußischen und vormals Hannoverschen Antheils);
    b) einem Theile des Fürstenthums Grubenhagen;
    c) dem ehemaligen Braunschweigischen Amte Walkenried;
    d) einem kleinen Theile des Fürstenthums Blankenburg;
    e) einem Theile von Hessen;
    f) den Städten Mühlhausen und Nordhausen

    und war in die vier Distrikte: Heiligenstadt (13 Kantons), Duderstadt (9 Kantons), Osterode (7 Kantons) und Nordhausen (9 Kantons) eingetheilt.

4. Das Departement der Leine (Hauptort: Göttingen) bestand aus:

    a) dem Fürstenthum Göttingen;
    b) dem anderen Theile des Fürstenthums Grubenhagen;

c) einem Theile des Gebiets von Hildesheim, Braunschweig (Weser- und Harzdistrikt zum Theil) und Hessen;
d) dem Amte Hunnesrück und einigen anderen Stückchen des Fürstenthums Hildesheim

und war in zwei Distrikte: Göttingen (18 Kantons) und Eimbeck (15 Kantons) eingetheilt.

5. Das Departement der Ocker (Hauptort: Braunschweig) bestand aus:

a) beinahe dem ganzen Fürstenthum Wolfenbüttel (Distrikte von Wolfenbüttel und Schöningen);
b) dem ganzen Fürstenthum Hildesheim;[1]
c) der Stadt Goslar mit ihrem Gebiete;
d) mehreren vom Gebiete von Magdeburg und Halberstadt abgetrennten Dörfern, die auf dem linken Ufer des Bruchgrabens und der Aller lagen,

und war in vier Distrikte: Braunschweig (18 Kantons), Helmstädt (11 Kantons), Hildesheim (16 Kantons) und Goslar (11 Kantons) eingetheilt.

6. Das Departement der Saale (Hauptort: Halberstadt) bestand aus:

a) dem größten Theile des Fürstenthums Halberstadt;
b) dem Fürstenthum Blankenburg;
c) der Grafschaft Wernigerode;
d) der Herrschaft Derenburg;
e) der Herrschaft Hasserode;
f) dem ehemaligen hannöverschen Amte Elbingerode;
g) dem ehemaligen zu Braunschweig gehörigen Amte Hessen;
h) dem Amte Sangerhausen;
i) dem Saalkreise;
k) dem vormals preußischen und
l) einem Theile des vormals sächsischen Antheils von Mansfeld;
m) einer Stadt und einigen Dörfern des Herzogsthums Magdeburg auf dem rechten Bode-Ufer

und war in die drei Distrikte: Halberstadt (16 Kantons), Blankenburg (11 Kantons) und Halle (18 Kantons) eingetheilt.

---

[1] Siehe den Schlußsatz mit den später in Verlust gegangenen Ländern.

7. Das Departement der Werra (Hauptort: Marburg) bestand aus:
 a) ganz Oberhessen;
 b) der Grafschaft Ziegenhain;
 c) dem Fürstenthum Hersfeld;
 d) einem großen Theile von Niederhessen;
 e) den ehmaligen reichsritterschaftlichen Aemtern im Quartier von Buch;
 f) der Herrschaft Schmalkalden
 und war in drei Distrikte: Marburg (15 Kantons) Hersfeld (21 Kantons) und Eschwege (18 Kantons) eingetheilt.

8. Das Departement der Weser (Hauptort: Osnabrück) bestand aus:
 a) dem Fürstenthum Minden;[1]
 b) dem Fürstenthum Osnabrück;[1]
 c) der Grafschaft Ravensberg;
 d) dem vormals hessischen Theile der Grafschaft Schaumburg;[1]
 e) dem vormals braunschweigischen Amte Thedinghausen
 und war in vier Distrikte: Osnabrück (22 Kantons), Minden (15 Kantons), Bielefeld (14 Kantons) und Rinteln (9 Kantons) eingetheilt.

Laut des Pariser Vertrages vom 14. Januar 1810 trat Napoleon an Jerôme ferner ab: die bereits seit dem 4. Juni 1803 okkupirten Hannoverschen Lande.

Hieraus wurden, laut Dekret vom 19. Juli 1810, unter theilweiser Auflösung des Distrikts Rinteln, bezw. Neubildung des Leine-, Elb- und Weser-Departements, für das Königreich Westphalen drei neue Departements, nämlich: das Nord-Departement, das Departement der Nieder-Elbe und das der Aller gebildet.

9. Das Nord-Departement (Hauptort: Stade). Es war gebildet:
 a) aus dem Herzogthum Bremen[1], mit Ausschluß des kleinen Bezirks, genannt: die dritte Meile, und der Stadt Buxtehude;
 b) dem Lande Hadeln;
 c) dem größten Theil des Fürstenthums Verden;
 d) den drei Lüneburgischen Aemtern: Walsrode, Rethem und Ahlden;
 e) dem nördlichsten Theile der Grafschaft Hoya[1], vorzugsweise die Aemter Syke und Westen enthaltend;

---

[1] Siehe den Schlußsatz mit den später in Verlust gegangenen Ländern.

f) dem bis dahin zum Distrikt Rinteln des Weserdepartements gehörig gewesenen Kanton Thedinghausen

und war eingetheilt in die Distrikte: Stade (16 Kantons), Bremervörde (13 Kantons) und Verden (11 Kantons).

10. **Das Departement der Nieder-Elbe (Hauptort: Lüneburg).**

Es war gebildet aus:

a) den oben sub 9 ausgeschlossenen Theilen des Herzogthums Bremen[1]);
b) dem größten Theil des Herzogthums Lüneburg,[1]) einschließlich der Grafschaft Dannenberg;
c) dem übrigen Theile des Fürstenthums Verden;
d) dem Herzogthum Lauenburg, mit Ausschluß eines Napoleon vorbehaltenen Theils mit einer Bevölkerung von 15 000 Seelen;
e) aus 8 Kantons des aufgelösten bisherigen Distrikts Salzwedel (des Elbe-Departements), nämlich: Jübar, Calbe, Apenburg, Betzendorf, Diesdorf, Salzwedel (Stadt- und Land-Kanton) und Arendsee

und war eingetheilt in drei Distrikte: Lüneburg (15 Kantons), Harburg (10 Kantons) und Salzwedel (13 Kantons).

11. **Das Departement der Aller (Hauptort: Hannover).** Es war gebildet aus:

a) dem größten Theile des Fürstenthums Calenberg[1]);
b) dem südlichen Theile des Herzogthums Lüneburg[1]) (dem sogenannten Cellischen Quartier), mit Ausschluß des mit dem Ocker-Departement vereinigten, zwischen Aller und Ocker liegenden Bezirks;
c) dem größten Theil der Grafschaften Hoya und Diepholz;[1])
d) vier Kantons des aufgelösten Distrikts Rinteln, nämlich: Sachsenhagen, Obernkirchen, Rodenberg, und Freudenberg;
e) aus drei Kantons des Distrikts Hildesheim (im Ocker-Departement), nämlich: Elze (linksleinischer Theil), Sarstedt und Algermissen;

und war eingetheilt in die Distrikte: Hannover (14 Kantons), Celle (11 Kantons) und Nienburg (16 Kantons).

---

[1]) Siehe den Schlußsatz mit den später in Verlust gegangenen Ländern.

Das Leine-Departement bestand seit 19. Juli 1810 aus:
- a) den bisherigen Distrikten von Göttingen und Einbeck;
- b) den zwischen diesen beiden und dem Hannoverschen Distrikt belegenen Theile des Fürstenthums Calenberg, bestehend aus dem Hamelnschen und größeren Theile des Lauenauschen Quartiers;
- c) der Herrschaft Spiegelberg;
- d) dem Kanton Ottenstein im Distrikt Höxter des Fulda-Departements;
- e) aus den Kantons Rinteln und Oldendorf des aufgelösten Distrikts Rinteln;
und war in die Distrikte: Göttingen (18 Kantons), Einbeck (15 Kantons) und Rinteln (8 Kantons) eingetheilt.

Das Elbe-Departement, seit 19. Juli 1810 nur aus den Distrikten Magdeburg, Neuhaldensleben und Stendal bestehend.

Das Weser-Departement, seit 19. Juli 1810 nur aus den Distrikten Osnabrück, Bielefeld und Minden bestehend — im Ganzen 688 Quadratmeilen.

Indeß bereits durch das berüchtigte Napoleonische Dekret vom 10. Dezember 1810, das den ganzen nordwestlichen Theil Deutschlands direkt mit Frankreich vereinigte, gingen dem Königreich Westfalen wieder verloren: 326 Quadratmeilen und zwar:

1. das Bisthum Osnabrück (s. Weser-Departement),
2. die Hälfte des Fürstenthums Minden (s. Weser-Departement),
3. die Grafschaft Hoya (s. Nord-Departement) und Diepholz (Aller-Departement),
4. das Herzogthum Bremen (s. Nord-Departement und Departement der Nieder-Elbe),
5. ein Drittheil des Fürstenthums Lüneburg (s. Departement der Nieder-Elbe),
6. einige Parzellen von Schaumburg (Weser-Departement) und Calenberg (Aller-Departement).

Mit dem 26. Oktober 1813 ging die ganze Königlich Westphälische Herrlichkeit schmählich zu Ende, nachdem die Napoleonischen Satrapen die Länder systematisch ausgeraubt und mehr als 200 Millionen Thaler fortgeschleppt hatten!

Herzogthum Engern.

9. „Wegen des Herzogthums Engern. Im silbernen Felde drei, zu zwei und eins gestellte rothe Schröterhörner."

Auf dem (ungekrönten) Helme, mit rothsilbernen Decken, ein hermelingestülpter rother Turnierhut, besteckt im Stulp mit zwei goldenen, oben gekrönten und je mit doppeltem Pfauschweif geschmückten Schäften.

✻

Unter Engern wurde vor dem Jahre 1100 der mittlere Theil des alten Herzogthums Sachsen vom Meere ab, beiderseits der Weser, bis zur Eder und Fulda verstanden.

Seit 1180 galt als Engern nur noch der Mittelpunkt dieses Landes zwischen Deister-Gebirge und Teutoburger Wald, als Engergau, dessen Hauptort Enger (heute im Kreise Erfurt) war.

Heutigen Tages dürfte unter Engern etwa das preußische Wesergebiet zu verstehen sein.

Von dem östlich der Weser belegenen Theile führten die Herzöge von Sachsen aus dem Hause Askanien, vom westlichen Theile die Erzbischöfe von Köln den Herzogstitel, nie jedoch ohne den von Westfalen (vergl. dies).

Es ist oben bei Westfalen (s. d.) gezeigt, in welcher Weise sich Engern vererbt hat; mit diesem zusammen hat Engern alle geschichtlichen Wandlungen durchgemacht:

Es ist ebendaselbst nachgewiesen, daß das oben abgebildete Wappen das der alten Grafen von Brena (Brehna, Brene) aus dem Hause der Markgrafen von Meißen war und für Engern nur usurpirt ist.

Dies beweisen Siegel der Grafen von Brehna, Otto und Theodor (1226), das Reitersiegel des Grafen Theodor vom Jahre 1235, 1240, 1262 und des Grafen Konrad von 1267 und 1269, sowie das Schildsiegel des Grafen Otto, Letzten seines Stammes, vom Jahre 1285.

Die Annahme des verdientes Forschers L. von Ledebur, es hätten die alten Grafen von Brehna, weil sie muthmaßlich in einer, wenn auch nicht nachweisbaren Beziehung, zu dem Herzogthum Engern und Westfalen gestanden, ebenfalls diese drei Seeblätter geführt, dürfte auf einem Trugschluß insofern beruhen, als beim Erlöschen des Brehnaer Grafengeschlechts, Engern ein eigenes Wappen überhaupt noch nicht besaß, vielmehr erst Herzog Albrecht II. von Sachsen-Wittenberg, weil er eben, außer Engern-Westfalen, seit 1290 auch Brehna besaß, das Wappen der letzteren Grafschaft führte und Herzog Magnus von Sachsen-Lauenburg dies gezwungen 1507 für Engern oktroyirte (s. oben Westfalen).

Außerdem haben die späteren sächsischen Häuser aus dem Hause der Markgrafen von Meißen diese drei Seeblätter oder „Schröterhörner" niemals als etwas anderes gedeutet, als für das Wappen von Brehna, obwohl sie im Titel sich auch: „Herzöge von Engern" nannten.

Preußen hat das Wappen und den Titel von Engern erst 1815 angenommen, nachdem es in den Besitz des Kölnischen Theils des Herzogthums Engern gekommen war. Daß es von Sachsen zur selben Zeit mit Wittenberg auch die hierzugehörige Grafschaft Brehna, mit demselben Wappen bekam, ist ein merkwürdiger Zufall. Jedenfalls steht, seit Anfall der Hannoverschen Lande und des Herzogthums Lauenburg, mit ihnen also auch des östlichen Theils des ehemaligen Herzogthums Engern, an Preußen dem König von Preußen nunmehr auf alle Fälle und einzig und allein die Führung des Titels und des Wappens mit den drei Seeblättern zu.

Herzöge v

Wartislav I. der ältere, Herzog von Pommern 1124—1136, † 1136.

Bogislav I. (Gottlob) Herzog von Pommern-Stettin (Leutizien) 1136—1187, † 1187 18./3. | Kasimir I. Herzog von Pommern-Demmin 1152—1180, † 1180 im November.

Kasimir II. Herzog von Pommern-Demmin 1187—1219, † 1219. | Ratibor, † 1183 14./1. | Wartislav, † 1184 16./

Wartislav III. Herzog von Pommern-Demmin 1219—1264, † 1264 17./5., kinderlos.

Barnim II. 1278—1295, † 1295 28./5. | Otto I., Herzog von Stettin 1295 27./6.—1344, † 1344 31./12. | (Theilung 1295 27./6

Barnim III. 1344—1368, † 1368 24./8. Mitregent seit 1320.

Kasimir IV. 1368—1372, † 1372.	Svantibor II (I) 1372—1413, † 1413.	Bogislav VII. 1371—1404, † 1404.	Wartislav V. in Stralsund 1326—1392, † 1392.	Bogisl 1368 2 Herzog
Otto II. 1413—1428, † 1428 27./3., Coadjutor des Stifts Riga 1396—1411.	Kasimir VI. 1413—1434, † 1434 13./4.	Kasimir V. (IV) Herr zu Bromberg und Dobrin 1371—1374, Regent und Vormund der Brüder 1374—1377, † 1377 2./1, kinderlos.	Wartislav VII. in Stolp 1377—1394,†1394.uxor: Maria von Mecklenburg Erbin von Schweden.	
Joachim 1434—1451, † 1451 22./9.		Erich I. 1392—1459; König von Schweden 1412, † 1459. Stolp fällt an Wartislaw IX. von Wolgast 1449.		Bo ver
Otto III. 1451—1464, † 1464 8./9. (Stettin fällt an Herzog Erich II. von Wolgast.)		Wartislav IX. Herzog von Wolgast 1425 6./12. bis 1457, † 1457 17./4.		
Wartislav X. in Rügen 1457—1478, † 1478 17./12.			Erich II. in Wolgast 1457—1474, † Lauenburg und Bütow 1455 3./1.	
Swantibor V., † 1464, unvermählt.		Erdmann, † 1464, unvermählt.		Kasimir VII., † als Kind.
Barnim XI., der Fromme, in Stettin 1523—1569, † 1573.		Otto IV., † als Kind.		Kasimir V
		Philipp I. 1532 28./10. vorläufig, 1541 8./2		
Georg II., † 1544 als Kind.	Johann Friedrich, Bischof zu Camin 1556 29./8., Herzog zu Stettin 1560 15./5.–25./7. bis 1600, † 1600 9./2., kinderlos.	Bogislav XIII. in Barth und Neuencamp 1569 bis 1606; Mitregent in Wolgast 1592; Herr zu Stettin 1603 1./9., † 1606 7./3., kinderlos.		Er Ph
Philipp II. 1606—1618, † 1618 3./2., kinderlos.	Franz, Bischof zu Camin 1602 25./9., Herzog des Orts Stettin 1618 3./2. bis 1620, † 1620 27./11., unvermählt.	Bogislav XIV., Herzog des Orts Stettin 1620 27./11., Bischof zu Camin 1623 Juni, auch von Wolgast 1625 6./2., † 1637 10./3., kinderlos, als Letzter seines Stammes.		

Zu Pommern.

Ratibor I., Fürst von Schlawe 1136—1156, † 1156 7./5.

Wartislav (II.) von Schlawe 1186.   Svantepolk 1175—1205.   Bogislav zu Schlawe 1181.

Bogislav II. Herzog von Pommern-Stettin in Wolgast 1187—1220, † 1220 23./1.   Bogislav III. Herr von Schlawe 1200 bis vor 1220, hatte nur Töchter; (Schlawe fällt vor 1236 an Pomerellen).

...nim I. Herzog von Pommern-Stettin 1220—1264 von ganz Pommern seit 1264, † 1278 13./11.

Bogislav IV. Herzog von Wolgast 1295 27./6.—1309, † 1309. uxor II.: Margaretha, Erbfürstin von Rügen, bringt ihm Rügenwalde, Schlawe und Stolp zu.

Wartislav IV. 1309—1326, † 1326 1./8., erbt 1325 11./11. Rügen.

...Mitregent seit 1334 3./12., seit ...rläufig, seit 1372 8./7. definitiv ...lgast jenseits der Swine, † 1374.   Barnim IV. in Wolgast, und Rügen 1326—1365, † 1365 7./7.

...m V.   Bogislav VIII. Bischof von Camin 1387—1398, † 1418.   Bogislav VI. Herzog von Wolgast diesseits der Swine seit 1377, † 1393 7./3. ohne Söhne.   Wartislav VI., Herzog zu Barth 1377—1393, † 1393 7./3.
...nburg
...1403,
...03.

...X. 1418—1446, † 1446 ...eine Tochter Sophia: ...Erich II. von Pommern-Wolgast.)   Barnim VI. in Barth 1394—1405, † 1405 23./9.   Wartislav VIII. in Rügen und Wolgast 1394—1415, † 1415 23./8.

...im VII., der Aeltere, in Gützkow 1425 bis 1449, † 1449.   Svantibor II. in Rügen 1414—1436., † 1436.   Wartislav, † vor 1415.   Barnim VIII., der Jüngere, in Triebsees und Barth 1425 6./12., in Rügen 1440 bis 1451, † 1451 19./12., ohne Söhne.
./7., erbt Stettin 1464 8./9., erwirbt ...rag mit Brandenburg 1466 21./1.).

Seine Lande an Wolgast 1451.

Bogislav X., der Große, Herzog von ganz Pommern seit 1478 17./12., † 1523 5./10.   Wartislav XI., † vor 1465.   Barnim IX., † vor 1465.

1518 27./5.   Barnim X., † als Kind vor 1501.   Georg I. in Wolgast 1523—1531, † 1531 10./5.

...iv Herr zu Wolgast bis 1560, † 1560 14./2.   Bogislav XI., † als Kind 1514.

...ig Herr zu Wolgast 1560 $\frac{15./5.}{25./1.}$ bis 1592, † 1592 17./6.   Barnim XII. Herr zu Rügenwalde 1560—1603; zu Stettin 1600 9./2., † 1603 1./9.   Erich III., † 1561 als Kind.   Kasimir IX., Bischof zu Camin 1574 24./9., resignirt 1602, † 1605 10./5.

. Julius 1592—1626, † 1626 6./2.

. III. geb.   Ulrich, Bischof zu Camin 1618 23./6., † 1622 31./10.   Anna, † 1660 7./6. Gem. 1619: Ernst Herzog zu Croy, † 1620. Deren Sohn: Ernst Bogislav Herzog zu Croy, design. Bischof zu Camin 1633 16./3., creirt 1637 12./3., resignirt zu Gunsten Kurbrandenburgs 1650 $\frac{16.}{26.}$/11., Herr in Naugard und Massow 1663; † 1684 7./2.
† 1617,
...vermählt.

Herzogthum Pommern.

10. „Wegen des Herzogthums Pommern. Im silbernen Felde ein rother, goldbewehrter, rothgezungter Greif."[1]

Auf dem ungekrönten Helme ein hermelingestülpter rother Turnierhut, auf dem eine rothe, in der Mitte mit weißem Streif (Pfal) versehene, oben mit rothem Knopf, darauf 3 Pfaufedern, besteckte Spitzsäule steht. Decken: roth-silbern.[1]

Die Urgeschichte Pommerns ist eine immer noch nicht ganz geklärte; sicher ist indeß, daß der im Jahre 1107 gestorbene Herzog Swantibor bereits der Herr des ganzen Küstenstrichs zwischen Oder und Weichsel,

---

[1] Dies Wappen ist, ebenso wie das für Wenden, Kassuben zc. (s. d.), nicht vor dem Jahre 1464 nachweisbar; bis dahin gab es nur den Stettin-Pommerschen Greif (roth in blau) und den Wolgast-Pommerschen (schwarz in Gold); entgegen den sonstigen Greif-Darstellungen erscheint sowohl der Pommersche, wie auch alle übrigen Greifen im Brandenburgisch-Preußischen Wappen stets mit einem nicht untergeschlagenen, sondern hinten weggestreckten kurzen Schweife, was auch die kaiserliche Wappenänderung vom Jahre 1521 (s. unten) ausdrücklich bestimmt. In den Kurbrandenburgischen Wappen seit Joachim III. sind die Greifen wegen der geringen Höhe ihrer Felder zumeist schreitend dargestellt.

der sich südlich bis an die Netze erstreckte, gewesen ist, und daß die Einwohner dieses Landes, ein polnischer Stamm, „die Pomorzanen,"[1] wie sie schließlich genannt wurden, von Westen her kommend, die von den Germanischen Stämmen (Heruler, Rugier) verlassenen Lande eingenommen hatten.

Nach dem Tode Swantibors theilten seine Söhne die Lande.

A. Pomerellen,

der Theil an der Weichsel, reichend westlich etwa bis zur Persante, fiel den beiden jüngeren Söhnen des Herzogs Swantibor: Boleslaw und Swantepolk zu. Des letzteren (?) Sohn war Sobieslaw I. (1170—1178), der zwei Söhne: Sambor I. und Mestwin I. hinterließ.

Ersterer brachte 1198, nach dem Tode des Grimislaus, Fürsten von Danzig und Schwetz, dessen Besitzungen an sein Haus, die nach dem kinderlosen Ableben seines Sohnes Sobislaw II. (1217) dessen Oheim obiger Mestwin I. erbte.

Mestwin I. starb 1220, drei Söhne hinterlassend, sowie eine an Wladislaw Odonicz, Herzog von Kalisch, dann von Posen, vermählte Tochter Hedwig.

Diese drei Söhne theilten Pomerellen derart, daß Sambor II. (1220 bis 1278): Liubesow; Ratibor (1220—1252): Belgard; Swatopluk (oder Swantepolk) [† 1266]: Danzig erhielt.

Die Ersteren starben erblos, nachdem sie ihre Lande dem deutschen Orden vermacht hatten, so daß nach Swatopluks Tode der Stamm nur noch auf dessen Söhnen: Mestwin II. und Wartislaw ruhte.

Ersterer begab sich vor den ihn bedrohenden Feinden, besonders seinem Bruder, 1269 in die Lehenshoheit des Markgrafen Konrad von Brandenburg a. d. H. Askanien, der ihm fortan ein wackerer Beschützer war und jedenfalls wohl auf die Erbschaft von Pomerellen sich Hoffnungen gemacht hatte. Allein Mestwin setzte 1292 noch während seines Lebens den Enkel seiner Vaterschwester Hedwig (s. oben): Przemislaw II., Herzog von Gnesen, zum Herzog von Pomerellen ein, der, als Mestwin 1295 starb, und nachdem er (26. Juli 1295) König von Polen geworden, Pomerellen (August 1295) in Besitz nahm.

Darüber entbrannte ein Krieg mit den Markgrafen von Brandenburg. Nachdem Przemislaw in der Schlacht bei Rogoczno (6. Februar 1296) gefallen war, verbündete sich sein Erbe, der Schwiegersohn seines Vaters-

---

[1] Vom polnischen pomorze, das Küstenland des Meeres (morze), also wörtlich: pomorzanin: der Küstenbewohner; daher übertragen später auf das Land selbst: Pomorze: Pommern, unter welchem Namen indeß meist das unter polnischer Herrschaft stehende Westpreußen verstanden wurde.

bruder Boleslaw VI. von Kalisch: Wladislaw I. Lokjetek, aus der Linie Brześć (Klein-Polen) mit dem Deutschen Orden, gegen den die Brandenburger Macht nicht ausreichte. Im Vertrage von Soldin (1310) behielt der Orden für seine gehabten Kriegskosten: Danzig, Dirschau und Schwedt, während Wladislaw das Land zwischen Leba und Grabow (die Städte Bütow, Lauenburg, Rügenwalde, Schlawe, Stolp enthaltend) verblieb. Allein auch dies ging ihm im Kampfe mit Herzog Wladislaw IV. von Pommern-Wolgast (s. unten), der gleichfalls Erbschaftsanrechte prätendirt hatte, verloren; Lauenburg und Bütow, das an einen Vasallen verlehnt war, ward 1325 dem Deutschen Orden verkauft.

Brandenburg hatte aus dem Erbschaftsstreit nur die Stadt Dramburg nebst ihrem Gebiet gerettet, welche, bereits 1297 in Besitz genommen, zur Neumark kam.

B. Pommern.

Unter Pommern ist das eigentliche Pommern, beiderseits der Oder zu verstehen, das Swantibors (s. oben) ältester Sohn: Wartislaw I. (1124—1136) bei der väterlichen Theilung erhielt und das sich auf seinen Sohn: Bogislaw I. († 1187), Enkel: Bogislaw II. († 1220) und Urenkel Barnim I. vererbte.

Die Herzöge unterwarfen sich früh die benachbarten Stämme bis nach Rügen und gegen Mecklenburg und im Osten die Kassuben (s. d.), sowie sie auch später Wenden (s. d.) erwarben.

Von den Dänen bedroht, nahm Herzog Wartislaw 1130 die polnische Lehenshoheit an und später die des Herzog Heinrich des Löwen, sowie nach dessen Sturz 1182, die Friedrich Barbarossas, der die Herzöge als Reichsfürsten zwar anerkannt, zugleich aber unter die Oberhoheit seines Erzkämmerers, Markgrafen Otto von Brandenburg gestellt haben soll.

Nach dem Siege bei Bornhöved (1227) und der Vernichtung der dänischen Macht, übergab — und das ist urkundlich — Kaiser Friedrich den Gebrüdern Johann I. und Otto III., Markgrafen von Brandenburg, einen Lehensbrief über das Herzogthum Pommern, indem er ihnen die früher erfolgte Belehnung ihrer Vorfahren zugleich bestätigte.

Inzwischen war Kasimir I., Wartislaws älterer Sohn, der Demmin erhalten hatte, 1180 kinderlos gestorben und Letzteres, nachdem es auf seinen Brudersohn Kasimir II. vererbt, nach dem 1264 kinderlos erfolgten Tode von dessen Sohne Wartislaw III. an seinen Vetter Barnim I. zurückgefallen.

Dieser, obwohl er die brandenburgische Oberhoheit anerkannt hatte, begann wegen des von Wartislaw III. dem Hause Brandenburg im

Vertrag zu Kremmen¹) (1236) unfreiwillig abgetretenen Landes Stargard, mit Beseritz und Wustrow und des zugestandenen Erbrechts auf seine übrigen Lande, mit dem Markgrafen eine Fehde; dieselbe verschärfte sich noch dadurch, daß Barnim I. die dänische Herrschaft Wolgast, bestimmt von König Waldemar II. als Aussteuer seiner an Markgraf Johann I. von Brandenburg vermählten Tochter Sophie, an sich riß und die dänischen, dem Markgrafen übertragenen Ansprüche auf Pommern nicht anerkannte. Im Jahre 1250 endigte der Streit durch einen Vertrag; Pommern erhielt Wolgast und das Erbrecht auf Demmin, entsagte dagegen seinen Ansprüchen auf Stargard (im heutigen Mecklenburg) und überließ an Brandenburg die Uckermark (s. Brandenburg.)

Im Jahre 1278 am 14. November starb Barnim I.

Seine Söhne, u. A.: Otto I., Barnim II. und Bogislaw IV., regierten zunächst gemeinschaftlich, theilten aber (1295 27. Juni) nach Barnims II. Tode die Lande derart, daß Otto den mittleren Theil Pommerns (zwischen dem Jhna-Fluß und der Linie Demmin—Ueckermünde), Bogislaw IV. die Lande jenseits des Jhna-Flusses, bis nach Pomerellen hin, sowie die Inseln Usedom und Wollin und die Städte Anclam, Demmin, Greifswald und Wolgast mit ihrem Gebiet bekam.

Hierdurch wurde der Stamm in zwei von einander geschiedene Linien: Stettin und Wolgast getheilt.

I. Linie Stettin.

Otto I. starb 1344; ihm folgte (als Mitregent schon seit 1320) Barnim III. († 1368), hinter diesem dann nach einander dessen Söhne Kasimir III. († 1372) und Swantibor I. († 1413), dann gemeinschaftlich dessen Söhne: Otto II. († 1428 kinderlos) und Casimir V. († 1434) alsdann des Letzteren Sohn Joachim († 1451). Dessen Sohn Otto III. beschloß 1464 am 8. September den Mannsstamm der Herzöge von Pommern-Stettin. Die Mehrzahl dieser Herzöge hatten sich den Brandenburgischen Markgrafen feindlich gegenübergestellt, besonders Friedrich I. und seinen Nachfolgern; den Streitpunkt bildete fast in allen Fällen die bereits oben und bei Brandenburg erwähnte alte Lehnshoheit der Brandenburger über Pommern und der Besitz der Uckermark und ihrer Grenzen. Die Streitigkeiten hierüber wurden erst durch die Verträge zu Eberswalde 1427 und zu Prenzlau 1448 beendet; in letzterem trat Herzog Joachim von Pommern die Erbrechte auf Pasewalk und Torgelow im Falle des Erlöschens seiner Linie an Brandenburg ab, worauf sie der Markgraf 1464 in Besitz nahm.

---

¹) Die durch diesen beendete Fehde begann, weil Wartislaw die Oberhoheit Brandenburgs anzuerkennen sich weigerte, und hatte für ihn unglücklich geendet.

II. Linie Wolgast.

Der Stifter Bogislaw IV. († 1309) hatte sich mit Margaretha, Fürstin und Erbin von Rügen (s. d.) vermählt, das[1]) seinem Sohne Wartislaw IV. († 1326) nach dem Tode des letzten Fürsten Wisislaw III. 1325 am 11. November zufiel.

Des Wartislaw IV. Söhne: Bogislaw V. († 1374) und Barnim IV. († 1365) regierten zunächst gemeinschaftlich. Ersterer und des Letzteren Söhne theilten die Pommerschen Lande dergestalt, daß Ersterer: Hinterpommern (jenseits der Swine), mit Stargard, Stolp ꝛc., die Letzteren: Vorpommern (diesseits der Swine) erhielten. 1359 war letzterem Aste auch die Grafschaft Gützkow heimgefallen.

1. Der Ast jenseits der Swine (Hinterpommerscher)

setzte sich durch Bogislaw V. hintereinander regierende Söhne: Casimir IV. († 1377), Wartislaw VII. († 1394), Herzog zu Stolp und Bogislaw VIII. († 1418), Herzog zu Stargard fort.

Der Zweig zu Stolp erlosch mit des Wartislaw VII., aus der Ehe mit Maria von Mecklenburg, Erbin von Schweden stammenden Sohne: Erich, König von Norwegen (seit 1389), Dänemark (seit 23. Januar 1396) und Schweden (seit 11. Juli 1396), der, 24. Juni 1439 entsetzt, 1459 kinderlos starb.

Der Zweig zu Stargard nahm noch früher ein Ende, indem des Bogislaw VIII. Sohn: Bogislaw IX., schon im Dezember 1446 mit Hinterlassung nur einer Tochter Sophie, vermählt an Erich II. (aus dem Aste diesseits der Swine), verstorben war.

2. Der Ast diesseits der Swine (Vorpommerscher).

Genannter Erich II. nahm die Lande des Astes jenseits der Swine 1459 in Besitz und beerbte auch die Linie zu Stettin (s. d.) 1464, so daß sein Sohn Bogislaw X. sämmtliche Pommerschen Lande wieder in einer Hand vereinigte.

Zwischen ihm und dem Kurfürsten Friedrich II. von Brandenburg entstand jedoch, weil Letzterer Erbansprüche erhob, beim Erlöschen der Linie Pommern-Stettin der „Stettiner Erbschaftsstreit", beendet durch den Vertrag von Soldin (21. Januar 1466) bestätigt 1470 durch Kaiser Friedrich III.

In diesem blieben die Herzöge von Pommern-Wolgast zwar im

---

[1]) Sowohl die Insel Rügen wie auch das den Fürsten gehörig gewesene Rügische Festland: das Fürstenthum Barth (Bart); dasselbe bildete 1372—94, 1415—51, 1457—78, 1569—1606 die Apanage jüngerer Brüder der regierenden Herzöge von Pommern.

vorläufigen Besitze von Stettin, sollten jedoch dem Kurfürsten die Erbhuldigung leisten, dieser auch Titel und Wappen von Pommern führen.[1]) Ersteres geschah, trotz der dem neuen Kurfürsten Albrecht Achilles vom Kaiser 1470 bestätigten Belehnung[2]) mit Pommern indessen nicht, und die darüber entbrannten Fehden beendete erst (Juni 1472) der Vergleich zu Prenzlau.

Durch diesen kamen die strittigen Grenzstädte (Alten=Torgelow, Garz, Klempenow, Löcknitz und Vierraden) an Kurbrandenburg, wogegen das übrige als „Brandenburgisches Handlehen" — gegen die förmliche Investitur hatte sich der Stolz des Pommernherzogs gesträubt — Pommern=Wolgast zufiel. Doch auch darüber entstand eine neue Fehde, diesmal noch unglücklicher für die Pommern, die im Friedensvertrage von 1479 den Prenzlower Vertrag erneuern, außerdem das Land Bernstein, sowie sämmtliche Grenzvesten (außer Garz) an Brandenburg abtreten mußten.

Nach Erichs II. Tode und dem Regierungsantritt Bogislaws X. (1474) wurden die Brandenburgisch=Pommerschen, Jahrhunderte lang durchgeführten Streitigkeiten beendet.

Zunächst versprach Brandenburg im Vertrage von Pyritz (1493) unter Verzicht auf die Lehnshoheit auf Pommern, sich mit dem Erbfolgerecht zu begnügen; dafür erhielt es, außer obengenannten Grenzorten: Vierraden und Löcknitz.

Am 24. August (Donnerstag nach Bartholomäi Apostoli) 1529 erfolgte alsdann der Abschluß des wichtigen Vertrages zu Grimnitz (einem Jagdschloß, genannt die neue Kemenate in der Uckermark) zwischen Joachim (Nestor), Kurfürsten von Brandenburg, und Georg I. und Barnim X., Herzögen zu Pommern.

In diesem Vertrage wurde bestimmt, daß dem Kurhaus Brandenburg das Erbfolgerecht beim evt. Erlöschen des Pommerschen Herzogshauses in ganz Pommern zustehen, bei jedem Thronwechsel dagegen die Herzöge von Pommern unmittelbar vom Kaiser belehnt werden sollten, unter gleichzeitiger Mitbelehnung Kurbrandenburgs.

---

[1]) Es heißt darüber in dem genannten am 21. Januar 1466 abgeschlossenen Erbvertrage wörtlich: „scholen Vns ok des tytels und der wapen van den Landen Stettin, Pommern, Cassuben, Wenden beyderseyt gebruken und scriven." Hier müßte von Rechtswegen es heißen: „Stettin=Pommern", denn für beide, als „Herzog zu Stettin und Pommern führte Kurfürst Friedrich II. und alle seine Nachfolger, ebenso wie die Pommerschen Fürsten (diese bis 1465, wo der Wolgastsche Greif zuerst in Frage kam), nur den einen (Stettiner) rothen Greifen.

[2]) Dieselbe umfaßte: Stettin, Pommern (zwischen Oder und dem Lande Cassuben), Wenden und Rügen.

Der das Wappen und den Titel betreffende Passus des Vertrages lautet wörtlich folgendermaßen:

„Vor das Dritte: Schild und Helm halber ist besprochen, daß beide Theile sollen dieselben Schild und Helm von den Stettinischen, Pommerschen, Cassubischen, Wendischen, Rügischen und Grafschaft Gützkow Landen zu gleichen Theilen führen und gebrauchen. Nachdem aber Aenderung[1]) im alten Stettin'schen und Pommerschen Wappen geschehen, so soll Markgraff Joachim, Churfürst zu Brandenburg um dieselben Wappen mit gedachtem, Unserem Oheim und Schwager sich jetzo vergleichen und dieselben gleichmäßig wie Jhro Liebden die (selben) bisher gebraucht, mit Schild und Helm führen und sollen beide Theile darinnen nun hinführo keine Neuerung noch Aenderung machen, — wie denn solche Wappen, Schild und Helm den Churfürsten zu Brandenburg jetzo durch Uns mit aller ihrer Ordnung zugeschickt werden sollen."

d. d. Stettin, am Tage der 11000 Jungfrauen (21. Oktober) 1529 bekennt der Kurfürst Joachim (in einer Reversation über die Pommersche Lehensempfängniß) zugleich mit den Herzögen Bugslaff (Bogislaw) Georg, Barnim, Erich und Heinrich dem Jüngeren von Pommern:

„es sollen auch Titul, Schild und Helm der Stettinischen, Pommerschen und aller anderen derselben ihrer Lieben Lande zugleich von Uns, Markgrafen zu Brandenburg, und den Herzogen von Pommern 2c. 2c. gebraucht werden.

Wir wollen auch aus freundlichem Willen Uns Einer dem Andern für Unsere Person den Titul von denselben Landen Stettin, Pommern, Cassuben, Wenden, Rügen und Gützkow geben, doch wollen wir dessen dennoch ungebunden sein; desgleichen soll es gegen den anderen[2]) Markgrafen zu Brandenburg auch gehalten werden, aber doch die Landschaft soll gleichwohl dem Churfürsten zu Brandenburg und den anderen Markgrafen zu Brandenburg denselben Titul durchaus geben."

Am 10. März 1637 erlosch das Haus Pommern (des Astes diesseits der Swine) mit Bogislaw XIV. und Kurbrandenburg hätte das ganze Land erben müssen. Allein die Schweden, die Pommern besetzt hielten, gaben es nicht

---

[1]) d. d. Worms, 18. Mai 1521 hatte Kaiser Carl V. dem Herzogs Bugslaff (Bogislaw X.?) zu Stettin, Pommern, der Cassuben und Wenden Herzog, Fürsten zu Rügen und Grafen zu Gützkow, die Erlaubniß ertheilt, die bisherige blaue Farbe des Stettin'schen Wappenfeldes in Gelb zu verwandeln, also: „in Gelb ein rother Greiff mit güldener Krone, goldenen Vorderbeinen und güldenen Hinterpranken und Krallen, den Schwantz auffgeworffen".

[2]) Jedenfalls „die" anderen, d. h. alle Markgrafen zu Brandenburg.

heraus. Erst durch den Westfälischen Frieden (24. Oktober 1648) erhielt der Kurfürst Hinterpommern, beginnend zwei Meilen östlich der Oder, wogegen ganz Vorpommern mit Rügen (der Oderstrom, die Odermündungen, die Inseln Usedom und Wollin, die Städte Garz, Gollnow und Altdamm) Schweden zugesprochen wurden. Außerdem erhielt Schweden, für den Fall des Erlöschens des Hauses Brandenburg, die Anwartschaft auf Hinterpommern, die Neumark, Schwedt, Vierraden und Löcknitz (s. oben); Wappen und Titel (ausgenommen Rügen) sollte Brandenburg fortführen. Der betreffende, Titel- und Wappenführung enthaltende Artikel IV lautet wörtlich:

„Des Tituls und Pommerschen Wappens sollen sich sowohl das Königl. Schwedische, als Churfürstl. Haus ohne Unterschied gebrauchen, wie solches unter den vorigen Herzögen in Pommern üblich gewesen, und zwar das Königliche zu ewigen Zeiten, das Churbrandenburgische aber, so lange von der männlichen Linie jemand übrig sein wird, jedoch ohne das Fürstenthum Rügen und ohne alle anderen Prätensionen einiges Rechtes auf die der Krone Schwedens übergebenen Oerter. Nach Abgang aber der männlichen Linie des Hauses Brandenburg sollen alle andern, ausgenommen Schweden, sich der Pommerschen Titulatur und Wapen enthalten."

Trotzdem wurde die Uebergabe Hinterpommerns von Schweden, sicher auch geflissentlich, verschoben, und erst durch den Grenzvertrag d. d. Stettin, 4. Mai 1653, in dem der Kurfürst an Schweden noch den zwei Meilen breiten Grenzstreifen am rechten Oderufer mit den Städten Cammin und Greifenhagen überlassen mußte, brachte ihm den endgültigen Besitz. Der Kurfürst entschädigte außerdem den letzten Administrator von Cammin für dessen Stiftsgüter, die er mit Hinterpommern vereinigte, anderweit und erhielt von diesem das Amt Stolp. Auch fiel das Amt Naugard mit Massow nach dem Erlöschen des Gräflichen Hauses Eberstein (s. d.) 1663 an Brandenburg.

Auch der Friede von Nymwegen (5. Februar 1679) und St. Germain en Laye (29. Juni 1679) brachte Kurbrandenburg Vorpommern nicht zurück, ja, der große Kurfürst mußte gemäß der Bedingungen derselben blutenden Herzens auch jetzt wieder die von den Schweden mit dem Schwerte errungenen Pommersch-Schwedischen Lande, nebst Stettin und Stralsund aus seiner Hand gehen sehen; nur das östliche Oderufer (ausgenommen jedoch Damm und Gollnow) war die Frucht der jahrelangen blutigen und heldenmüthigen Kämpfe; des edlen Fürsten prophetischer Ruf („Exoriare aliquis nostris ex ossibus ultor — Vergil II. — einst wird aus unseren Gebeinen ein Rächer erstehen!) hat sich spät, aber desto ruhmvoller 1870 und 1871 erfüllt.

Erst im Frieden von Stockholm (1. Februar 1720) erhielt Preußen: Stettin, Damm, Gollnow, Vorpommern zwischen Oder und Peene und die Inseln Usedom und Wollin, nebst Haff und Odermündungen zugesprochen (bestätigt durch den Nystädter Frieden vom 10. September 1721). Endlich wurde auch, laut Vertrag mit Dänemark[1]) vom 4. Juni 1815 (Gesetz-Samml. 1818 Anhang S. 35) und Abfindungsvertrag mit Schweden vom 7. Juni ejusdem (Gesetz-Samml. 1818 Anhang S. 39, 44) auch Schwedisch- oder Neu-Vorpommern mit Rügen an Preußen abgetreten, sodaß nunmehr das ganze Land (die letzterworbenen laut Besitzergreifungspatent vom 19. September 1815, Gesetz-Samml. 1815 S. 203) mit der Preußischen Monarchie vereinigt war.

Wappen.

Das eigentliche, im Königlichen Titel vertretene Herzogthum Pommern begreift keineswegs — wenigstens nicht bis 1874[2]) — in sich die gesammten Besitzungen der vormaligen Herzöge von Pommern.

Vielmehr ist darunter nur ein Theil von Hinterpommern, d. h. von denjenigen ehemals Herzoglich Pommerschen Ländern zu verstehen, die auf dem rechten Oderufer liegen und zu denen auch die Herzogthümer Cassuben und Wenden gehörten.

Und zwar ist dieser rothe Greif im silbernen Felde speziell das Wappen der Herzöge von Pomerellen, heut Westpreußen westlich der Weichsel, das in Urkunden „Pommarania", d. h. Pommern genannt wird; ihn führt bereits Herzog Sambor I., der Sohn Herzog Sobieslaws I. († 1178) auf Siegeln.

Während der Zeit der Polenherrschaft wurde als das Wappen der Woiwodschaft Pomerellen dort, und zwar noch zur Zeit König Sigismunds III., ein rother Greif im blauen Felde geführt.

---

[1]) Dänemark hatte im Frieden zu Kiel (14. Januar 1814) Norwegen an Schweden abgetreten und hierfür Schwedisch-Pommern nebst Rügen erhalten. Der König von Preußen tauschte die Letzteren im genannten Vertrage, gegen Abtretung des ihm zugesprochenen rechtselbischen Theiles des Herzogthums Lauenburg, ein.

[2]) In diesem Jahre wurde der Stettiner Greif aus dem Königlichen Wappen entfernt; es vertritt nunmehr der Pommersche denselben vollständig, indem er alle Vorpommerschen Lande und bis zur Ihna auch die Hinterpommerschen umfaßt.

Fraglich ist indeß, ob dieser Greif schon vordem für Pomerellen (dessen letzter Herzog übrigens einen Adler führte) Seitens Polens früher angenommen ist, als vor dem Jahre 1530.

Bis 1465 wenigstens hatte man in Pommern nur zwei Greifen, den schwarzen des Herzogthums Wolgast und den (gekrönten) rothen des Herzogthums Stettin.

Daß letzterer damals schon roth im gelben (goldenen) Felde und gekrönt wachsend auf dem Helme geführt worden ist, beweist Grünenbergs Wappencodex v. J. 1482 („Herzog zu Stettin" Tafel 55).

Auch im Wappen des Kurfürsten von Brandenburg (ebendaselbst 54b) steht er im gelben Felde.

Der Pommersche rothe Greif im silbernen Felde dürfte, ebenso wie der Titel: „Herzog zu Stettin, Pommern," ec., anstatt wie früher Stettin=Pommern (im Gegensatz zu Wolgast=Pommern oder umgekehrt) Ende des 15. oder Anfang des 16. Jahrhunderts, wahrscheinlich während der Regierungszeit Bogislaws X., der sich überhaupt mehr wie Andere für dergleichen Dinge (f. oben die Kaiserliche Wappenänderung von 1521) interessirt zu haben scheint, angenommen worden sein, jedenfalls ist wohl die Beerbung der Stettiner Herzöge und die Vereinigung sämmtlicher Pommerschen Lande in Bogislaws Hand nicht ohne Einfluß geblieben auf die durch die größere Machtentfaltung bedingte äußere Repräsentation. Fest steht, daß bereits bei der Kaiserlichen Belehnung vom Jahre 1530 die Söhne Bogislaws X. mit zehn Fahnen,[1]) nämlich der von Stettin, von Pommern, von Cassuben, von Wenden, von Barth, von Usedom und von Gützkow, von Rügen und von Wolgast, durch den Kaiser symbolisch belehnt worden sind, sowie daß diese Landes=Titel bereits ein Jahr vorher, wie oben gezeigt, im Titel der Herzöge von Pommern, gelegentlich des Grimnitzer Rezesses genannt sind.

Dennoch finden wir im Herzoglich Pommerschen Wappen den Pommerschen Greif nicht früher als 1560, in Siegeln der Söhne Philipps I., wo der Wappenschild neunfeldrig geworden ist.

Im Brandenburgischen Wappen dagegen sehen wir, auf Grund der im Grimnitzer Vertrag zugestandenen Berechtigung, den Stettin=Pommerschen (gekrönten) Greif zugleich mit Cassuben, Wenden und Rügen sogar bereits auf einem Siegel an Urkunde von 1528; Erzbischof Albrecht von Magdeburg führt die genannten Pommerschen Felder bereits auf seinem Thron=Siegel vom Jahre 1534, wogegen sie im Siegel des Kurfürsten Joachim I. erst 1558, auf Thalern zuerst 1566 erscheinen. Ebenso bildet das Wappen

---

[1]) Das Nähere über die muthmaßlich um diese Zeit wegen der bevorstehenden Wappenbilder erst angenommenen neuen Belehnung f. unter Wenden.

ab Jost Ammans Wappenbuch de 1589 und ein handschriftliches Kurbrandenburgisches Wappenbuch vom Jahre 1574 (Berlin, Kgl. Hausarchiv) in der Reihenfolge: Stettin=Pommern, Wenden, Cassuben, Wolgast, Barth, Rügen, Usedom, Barth, Gützkow, Regalien.

Dagegen ist hier von dem einfachen Pommerschen Greifen (Roth in Silber) noch immer nicht die Rede. Erst unter Kurfürst Johann Sigismund verwandelt sich, gemäß einem Brandenburgischen Gutachten von 1609, die Farbe und Stellung der Greifen; der Pommersche Greif wird als besonderes Wappenbild angenommen und vor dem von Stettin eingestellt. Schon 1605 war freilich ein rother Greif ins Wappen aufgenommen worden, galt aber für Cassuben, 1609 wurde dies verbessert und für Cassuben und Wenden gleichmäßig rothgrün gestreifte Greifen eingeführt, für Ersteres wurde später, nachdem für Wolgast der aus dem Schach wachsende Greif, wie im Herzoglich Pommerschen Wappen angenommen war, der schwarze, ursprünglich Herzoglich Wolgaster Greif in Gold bestimmt.

1609 erscheint außerdem ein neunter Greif (für Neu=Stargard, s. d.) zuerst im Wappen.

Merkwürdiger Weise ist keiner der Greifen gekrönt, trotzdem die Bekrönung dem Stettiner Greifen eigen war.

Erst seit 1660 ist die Krone diesem Greifen wiedergegeben, er auch dem Pommerschen wieder vorangestellt. Bis 1708 flankirten dergestalt der Stettiner und der Pommersche Greif den Herzschild mit dem Kurzepter des Brandenburgischen, später den Königsadler in der zweiten Querreihe des Preußischen Wappens; 1708 kam der Stettiner Greif in die oberste Reihe des Schildes, äußerster Platz links.

Durch die Wappen=Neuordnung von 1732 kam der Stettiner Greif wieder in die zweite Reihe, hinter ihm abermals Pommern. Hierbei blieb es trotz der Wappenänderung von 1804. Die nicht eben sehr heraldische Wappen=Neuordnung von 1817 brachte zwar in die Reihenfolge der Schildreihen nicht aber in der Rangordnung des Stettiner und Pommerschen Greifen eine Abänderung, ebensowenig, trotzdem die altheraldische Ordnung hier wieder eingeführt wurde, die von 1864.

Erst die Allerhöchste Kabinetsordre vom 10. August 1873, die den Wappen der 1866 neu erworbenen Landestheile gerecht wurde, entfernte das Wappen von Stettin ganz aus Titel und Wappen, sehr mit Recht, denn Stettin an und für sich wäre nur als Hauptstadt des Herzogs von Pommern=Stettin von Bedeutung, im Uebrigen höchstens als Herrschaft, niemals als selbständiges, von Pommern getrenntes Herzogthum zu bezeichnen gewesen.

Im Wappenschilde der Fränkischen Fürstenthümer ist Pommern schon seit 1593 vertreten, stets im Range hinter Stettin, wie bei Brandenburg.

Als **Helmkleinod** für das Herzogthum Pommern ist bei Gestaltung der Wappen für die Provinzialbehörden, auf Vorschlag des Grafen Stillfried, leider ein durchaus unrichtiges gewählt worden (s. unten die Beschreibung). Denn das dort gegebene Wappen ist zwar bei Siebmacher II., Tafel III de 1610 als das Herzoglich Pommersche bezeichnet, ist aber in Wirklichkeit das des Herzogthums Stettin; ein Beweis dafür ist, daß im Schilde, zu dem dieser Helm gehört, nicht der goldbewehrte rothe Pommersche Greif in Silber, sondern der gekrönte rothe Stettiner Greif in Blau steht; außerdem ist der Stulp des Hutes Hermelin, nicht weiß.

Verfolgen wir das Wappen der Herzöge von Pommern, so finden wir als ältestes Helmkleinod (Siegel Herzog Barnims III. de 1340 und Barnims IV. von Pommern, Linie Stettin) ein Schirmbrett, ähnlich wie das älteste Brandenburgische, wie dies an der Außenseite mit Pfauenfedern besteckt.

Erst Swantibor III. führt 1398 auf dem gekrönten Helme direkt einen Pfauenwedel von 5 Reihen in runder Form, ebenso 1442 Joachim.[1]

Aehnlich wie Barnim III. führt das Helmkleinod Bogislaw V. (1326 bis 74), Herzog von Hinterpommern, dessen Ast 1459 mit Erich, König von Dänemark, Schweden und Norwegen, erlosch.

Der Vorpommersche Ast, der schließlich die anderen beerbte und der, da er von Brandenburg beerbt wurde, heraldisch allein Geltung hat, führte als ältestes bekanntes Kleinod nicht den Pfauschweif, sondern (Siegel Barnims VII. von Gützkow von 1447 und Wartislaws X. zu Barth 1475 bis 78), auf dem Schilde mit dem (Wolgast'schen) Greifen einen ungekrönten Helm, darauf ein gestulpter Spitzhut, oben mit drei Pfaufedern besteckt.

Wartislaws X. Bruder: Erich II. beerbte 1464 die Linie zu Stettin. Seit circa 1465 wird der ererbte Stettiner Greif zwar von dem Wolgaster unterschieden, jedoch wird der letztere nur theilweis fortgeführt. So zeigt ein Siegel Bogislaws X. von 1480 nur den Wolgaster Greif, Rügen, Gützkow und Usedom, während 1475 allerdings schon ein Herzschild mit dem (Stettiner?) Greifen obigem Wappen auferlegt ist.

Bogislaws X. jüngerer Sohn: Barnim X. führt 1529 und 1569 den Schild geviert, mit Herzschild (Stettin) I. Wolgast, II. Rügen, III. der aus Schach wachsende Greif (Land Bernstein), IV. Gützkow. Ebenso sein Bruder Georg I. auf sehr schönem Siegel de 1530.

Hier ist das Helmkleinod allerdings ein niederer Hut mit Pfauschweif,

---

[1] Bereits 1338, 14. August, hatte Pommern die Reichsunmittelbarkeit erhalten, 1357 wurde diese bestätigt, hiermit zugleich der mit Pfauschweif besteckte Herzogshut als „Birretum ducale" für die Linie Pommern-Stettin.

Wappen Herzog Philipp I. von Pommern-Wolgast.

Nach einem früher am Schlosse zu Wolgast befindlich gewesenen, in Stein gehauenen Wappen (abgebildet bei Pyl, Gesch. d. Pomm. Wappens).

Wappen des Herzogs Johann Friedrich von Pommern-Stettin

(nach Siegel de 1560).

Beide Wappen sind vor allen Dingen wesentlich dadurch unterschieden, daß das erstere der Schildhalter entbehrt und statt des Rügischen Kleinods das von Wolgast auf Helm III trägt. Auch steht bei ersterem der Stettiner Greif im mittleren, beim anderen im rechten Felde der Oberreihe; ferner weicht die Darstellung des Rügischen Stufengiebels im Mittelfelde von der sonst üblichen ab, es ist hier gewissermaßen der rothe Stufengiebel die Theilungslinie zwischen einer rothen Mauer und einem blauen Felde. Feld III links oben ist Cassuben, Feld V der roth-grün schräglinks 4 fach (dreimal) getheilte Wendensche Greif. In Feld VI steht der Fischgreif von Usedom (rectius: Schlawe), Feld VII enthält das Schrägkreuz und die Rosen von Gützkow, Feld VIII den schwarzen mit 2 weißen Schwungfedern im Flügel versehenen Greifen von Barth, Feld IX endlich den aus blau-goldenem Schach wachsenden Greif von Wolgast (Bernstein) — s. auch Kammin wo auch ein abweichendes Wappen —.

also der ererbte Stettinische, auf dem Stulp des Hutes sind — ganz deutlich — 3 Ringe zwischen vier schmalen Pfälen sichtbar, die Professor Pyl in Greifswald[1]) als „Edelsteine zwischen Hermelinschwänzchen" erklärt.

Ebenso führt den Helm sein Sohn Philipp I. (1531—60) dessen Schild im Herzschild: Rügen, im Hauptschild die Greifen von Stettin und Wolgast, im III. Felde den von Usedom, im IV. den aus Schach wachsenden Greif zeigt. Obiger Helm blieb bis zum Jahre 1560, wo Philipp starb, der einzige.

Seit diesem Jahre werden bis zum Erlöschen des Herzogshauses auf dem nunmehr zehnfeldrigen Schilde stets drei Helme geführt, deren mittlerer, als vornehmster, weil, herstammend von der beerbten älteren Linie Stettin, deren Kleinod trug: einen mit Pfauwedel besetzten rothen niederen Hut, aus dessen Hermelinstulp goldene Kronenblätter hervorgehen, während der im Range zunächststehende rechte Helm (von Pommern), ebenfalls ungekrönt, das obenerwähnte Pommersche Kleinod: den silbergestülpten hohen rothen, oben mit goldenem Knopf, darauf Pfauwedel, zeigt, und der III. linke (dritte im Range) das Kleinod von Rügen (s. d.), zeigte. Die äußeren Helme waren den keulen- (ursprünglich aber mit Baumstämmen) bewehrten wilden Männern, die nachher auch in das Wappen von Brandenburg übergingen, über die Köpfe gestülpt, eine durchaus berechtigte, altheraldische Manier. Im Pommerschen Wappen war also die Stellung der Helme und der Schildhalter heraldisch richtig.

Als man diese Pommerschen Schildhalter etwa um das Jahr 1646 (in diesem Jahre zeigen Thaler sie bereits) zu Schildhaltern des Kurbrandenburgischen Wappens annahm, setzte man den heraldisch rechten Schildhalter (mit dem Pommerschen Spitzhut auf dem behelmten Haupte) so, wie er im Pommerschen Wappen gestanden hatte, d. h. an die rechte Seite des Kurfürstlichen Wappens. Dem linken Schildhalter nahm man das unwichtigere Helmkleinod von Rügen weg und gab ihm den Helm mit dem Stettiner Helmkleinod, den Herzoglichen pfauschweifgezierten niederen Hut. Indem der Kurbrandenburgische Herold so den heraldisch vornehmeren Helmschmuck (Stettin) den heraldisch im Range zweiten linken Schildhalter gab, anstatt dem rechten Schildhalter den Stettiner, dem linken den Pommerschen Helm, bzw. Kleinod auf das Haupt zu geben, veranlaßte er die heillose Verwirrung, die, obwohl bei der Erhebung Preußens zum Königreich mit den Schildhaltern auch alle Helme fortfielen, und nur ein Helm ohne Kleinod erst wieder angenommen wurde, noch heutigen Tages fortdauert.

---

[1]) Genannter Herr hatte überhaupt die Liebenswürdigkeit, mir aus einer größeren, von ihm auf Grund urkundlicher Nachrichten zusammengestellten Monographie über die Pommerschen Landeswappen sehr schätzenswerthe Nachrichten zu geben.

Wie oben abgebildet ist also das richtige Helmkleinod von Pommern; d. h. dasjenige, was zum rothen Greifen in Silber geführt werden muß; der weiße Streif in der Mitte des rothen Hutes ist im amtlichen Kurbrandenburgischen Wappenbuch vom Jahre 1686 (Berlin, Königliches Hausarchiv) in das sich obiger Irrthum natürlich ebenfalls eingeschlichen hat, indem auch hier der Spitzhut fälschlich als Kleinod von Stettin erklärt wird, angebracht.

Provinz Pommern.

Laut Verfügung vom 30. April 1815 B. Nr. II (Gesetz-Samml. S. 94) erfolgte die Eintheilung der Provinz in die noch jetzt bestehenden Regierungsbezirke: Stettin, Coeslin und Stralsund.

Die Provinz Pommern hat einen Flächeninhalt von $576^{3}/_{4}$ Quadratmeilen ($30110{,}2$ Quadratkilometer) und enthält die Herzogthümer Pommern, Cassuben, Wenden, die Fürstenthümer Cammin und Rügen, sowie die 1816 von der Mark abgetrennten Kreise Dramburg, Schivelbein und einen Theil des Kreises Saatzig.

Wappen der Provinz Pommern.

Schild wie oben abgebildet; dagegen auf dem ungekrönten Helme, mit rothsilbernen Decken, ein niederer purpurner Hut, aus dessen Hermelinstulp 5 goldene Blätterzinken hervorschauen; auf dem Hute oben ein Pfauschweif von 13 (3, 4, 3, 2, 1) Federn, also, wie oben gezeigt, dasjenige Helmkleinod, das zu dem seit 1873 im Wappen weggefallenen gekrönten rothen Greifen im blauen Felde, dem Wappen von **Stettin** gehört.

Wegen des mittleren Wappens, dessen Schild hier eine Krone („Herzogskrone": 5 Blätter auf dem Reif, mit 3 sichtbaren Bügeln, voller Purpurmütze, Reichsapfel und Kreuz) deckt und dessen schildhaltender Ritter blauweiße Helmfedern trägt, sowie wegen des kleineren Wappens, vergleiche das bei Ostpreußen Gesagte.

Die Farben der Provinz (s. ebendaselbst) sind: blau-weiß.

Herzogthum Lüneburg.

11. „Wegen des Herzogthums Lüneburg: im goldenen mit rothen Herzen bestreuten Felde ein blauer rothgezungter Löwe."[1]

Auf dem gekrönten Helme, mit blaugoldenen Decken, zwischen zwei rothbegrifften, eisernen, am Rücken der Klingen mit je sechs Pfaufedern besteckten Sicheln, ein rother, oben mit Pfauwedel, davor goldener Stern, besetzter Schaft, vor dem ein silbernes Roß galoppirt.

Als laut der Allerhöchsten Kabinetsordre vom 16. August 1873 in das Königlich Preußische Wappen die der 1866 neuerworbenen Lande aufgenommen wurden, wählte man das Wappen des Herzogthums Lüneburg als Repräsentationsbild für die alten Stammlande von Hannover.

---

[1] Der blaue Löwe in einem mit rothen Herzen bestreuten goldenen Felde ist die Hälfte des Königlich Dänischen, das bekanntlich drei dergleichen führt; es wurde angenommen in Folge der Heirath des Wilhelm († 1213), dritten Sohnes Heinrichs des Löwen, der von seinem Vater mit Lüneburg abgefunden war, mit der Prinzessin

Das „Herzogthum Lüneburg" enthält somit das Fürstenthum Lüneburg (211 Quadratmeilen = 11605 Quadratkilometer), die Fürstenthümer Calenberg, Göttingen, Grubenhagen und die Grafschaften Bentheim, Diepholz, Hoya, sowie die frühere freie Reichsstadt Goslar, ein Gesammtgebiet, das mit dem Herzogthum Bremen, den Fürstenthümern Hildesheim, Osnabrück, Ostfriesland und Verden, sowie den Hannöverschen Theilen des Fürstenthums Münster und der Grafschaften Hohenstein und Lingen (cfr. deren Geschichte weiter unten) bis 1866 das Königreich Hannover (698,7 Quadratmeilen) gebildet hatte.

Der Enkel Heinrichs des Löwen: Otto I. der Knabe (1213—52) erscheint seit 1235 21. August als unmittelbarer Lehensherzog von Braunschweig und Lüneburg, die ihm am genannten Tage Kaiser Friedrich Barbarossa aufs Neue verlehnte; er erwarb hierzu 1241 von Konrad von Lauenrode dessen Grafschaft nebst der Stadt Hannover und starb 1252. Nach seinem Tode verglichen sich seine Söhne Johann († 1277) und Albrecht der Große († 1279) im Jahre 1267 derart, daß Albrecht das Land Braunschweig, nebst einem Theile des späteren Calenberg'schen Gebietes, Duderstadt, Gifhorn, Göttingen, Grubenhagen und Wolffenbüttel, Johann: Celle, das Deisterland nebst Hannover und Lüneburg bekam, während die Stadt Braunschweig beiden gemeinschaftlich verblieb.

Johann stiftete die Linie zu Alt-Lüneburg, die indeß bereits 1369 (23. November) mit seinem Enkel Wilhelm (der 1366 auch einen Theil der Grafschaft Hallermund mit Eldagsen erkauft hatte) erlosch. Sein Vater Otto II. der Strenge († 1330) hatte seinem Hause: Bleckede und Hitzacker (1303), die Grafschaft Dannenberg (1321) und Lüchow (1323), 1282 einen anderen Theil der Grafschaft Hallermund durch Kauf und 1325 (durch Lehensanfall) die Grafschaft Wölpe mit Neustadt a/R. und Rehburg zugebracht. Ueber das Schicksal der Lande dieser Linie s. unten bei der Linie Göttingen.

Albrecht stiftete die Linie zu Alt-Braunschweig, erwarb zu den väterlichen Besitzungen 1270 die Stadt Hameln, sowie Schloß Grubenhagen und starb 1279. Seine Söhne theilten so, daß Heinrich I. (der Wunderliche): Grubenhagen, Albrecht II. (der Fette): Göttingen (s. unten) und Wilhelm: Braunschweig erhielt. Letzterer starb indeß kinderlos schon 1292 und Albrecht erbte die Lande.

Helene von Dänemark durch dessen ältesten Enkel: Johann, dem Stifter der 1369 erloschenen Linie Alt-Lüneburg, während Johanns Bruder: Albrecht I., der Große, seinerseits sich des einen Theiles des Wappens seiner Großmutter Mathilde von England — Gemahlin Heinrichs des Löwen — (zwei schreitende goldene Löwen [Leoparden] in Roth) bediente. Seit 1367 wurden beide Wappen vereint geführt, ebenso die Helmkleinode: Lüneburg (die Sicheln) und Braunschweig (Schaft und Pferd).

A. Linie Grubenhagen.

Heinrich I. († 1322), Herzog von Grubenhagen (Burg südwestlich von Eimbeck), mit Eimbeck, Duderstadt und dem einseitigen Oberharz, erwarb während seiner Regierungszeit noch: Lutter a/B., sowie Voisfelde (als heimgefallene Lehen). Seine Söhne und Enkel theilten die Linie in die Zweige zu Salzder-Helden (zum Salze) — südöstlich von Eimbeck —, Eimbeck, Duderstadt, Osterode und endlich Herzberg, von denen die Letztere mit Philipp II. (der 1593, 8. Juli die 1408 an die Grafen von Hohnstein verpfändet gewesene Grafschaft Lauterberg beim Erlöschen dieses Geschlechtes zurückerhielt) 1596 am 4. April erlosch.

B. Linie Göttingen.

Des Stifters Albrecht II. († 1318) Söhne: Ernst, Otto II. und Magnus I. theilten die Linie ebenfalls in drei Zweige.

A. Otto II. erhielt Braunschweig, starb aber 1344 kinderlos.

B. Ernst erhielt 1345 bei der brüderlichen Theilung das Fürstenthum Oberwald, sowie einige Landestheile am Harz und der Leine; er zog auch einen Theil der Güter der Grafen von Dassel[1] ein.

Dessen Sohn: Otto II., der Quade (der Böse, † 1394), erwarb hierzu 1380 in einer Fehde mit den Edlen von Roßdorf die Vesten Hardegsen und Harte. Sein Sohn Otto III. (der Einäugige) mußte 1435 bis 1442 die Regierung an die Landstände abtreten; er starb 1463 erblos.

C. Magnus I. erbte 1344 Braunschweig und hinterließ zwei Söhne: a) Ludwig († 1367), vermählt mit Mathilde, der jüngeren Tochter Wilhelms, des letzten Herzogs von Alt-Lüneburg (s. oben), und b) Magnus II. (Torquatus).

Nachdem Ludwig und zwei Jahre später Wilhelm verstorben, entstand wegen der Erbfolge in Alt-Lüneburg zwischen Magnus Torquatus († 1373) und Albrecht, Herzog zu Sachsen, aus dem Hause Askanien, ein Erbfolgestreit, da Letzterer, als Sohn der Elisabeth, ältesten Tochter Wilhelms von Alt-Lüneburg, auf dieses Herzogthum Ansprüche erhob; dieser Streit wurde, nachdem die Sachsen bei Winsen a. A. 1388 geschlagen und Lüneburg vom Herzog Friedrich I. (Sohn des Magnus Torquatus) erobert war, durch Frieden und Erbverbrüderung 1389 beendet.

---

[1] Bischof Siegfried von Hildesheim (1279—1310) hatte während seiner Regierungszeit von dem letzten Mann dieses Geschlechts, Grafen Simon, den übrigen Theil seiner „Rauhgrafschaft" erkauft und daraus das heutige Amt Hunnesrück gebildet. In Folge einer Fehde seines Nachfolgers Johann IV. (1519—23) verlor er dies, wie andere Lande, an den Herzog Heinrich von Calenberg-Wolffenbüttel.

Genannter Friedrich I. starb 1400 erblos. Seine überlebenden Brüder: Bernhard I. und Heinrich I. (genannt der Heidekönig), theilten 1409 die nunmehr wieder vereinigten Braunschweig=Lüneburgischen Lande derart, daß Bernhard: Braunschweig und Calenberg,[1]) Heinrich: Lüneburg und das Deisterland erhielt.

Jeder stiftete einen Ast, Ersterer den zu Mittel=Lüneburg, Letzterer den zu Mittel=Braunschweig.

1. Der Ast zu Mittel-Braunschweig,

ward gestiftet, wie eben gezeigt, von Heinrich I. († 1416), zweitem Sohne des Magnus Torquatus. Von Heinrichs Söhnen starb Heinrich II. (Lappenkrieg), der Wolffenbüttel erhalten hatte, 1473 kinderlos; sein Bruder Wilhelm I., dem 1416, wie erwähnt, Calenberg verliehen war, erhielt 1442 bei der erneuten Theilung von seinem Oheim Bernhard das Deisterland, mit Hannover, Göttingen und Braunschweig und trat Diesem: Lüneburg ab; auch belehnte ihn Albrecht von der Hoye, Bischof von Minden, mit der Hälfte der Grafschaft Wunstorf, deren andere Hälfte 1533, nach Erlöschen dieses Grafengeschlechtes, sein Urenkel Heinrich der Jüngere (1514—68) an sich brachte. Des Letztgenannten Sohn: Julius, theilte 1582 mit seinem Vetter von der Linie Neu=Lüneburg=Celle die Grafschaft Hoya (s. d.), und Julius' Sohn: Heinrich Julius, erhielt 1593 Hohnstein (s. d.), 1599 Regenstein und Blankenburg (s. d.). Mit dessen Sohne: Friedrich Ulrich erlosch 1634 11. August der Ast zu Mittel=Braunschweig, dessen Besitzungen die überlebenden Mitglieder der Aeste Neu=Braunschweig=Dannenberg und Neu=Lüneburg=Celle (s. unten) theilten.

2. Der Ast zu Mittel-Lüneburg.

Der Stifter Bernhard († 1434) kaufte zu seinen ererbten Landen 1409 noch die Herrschaft Homburg (mit Bodenwerder und Lauenstein). In folge obenerwähnter Theilung mit seinen Neffen: Wilhelm I. und Heinrich III. von Mittel=Braunschweig (s. oben) trat er diesen das Deisterland mit Hannover, sowie Braunschweig ab und erhielt dafür Lüneburg. Er hinterließ zwei Söhne: Otto III. (den Lahmen oder von der Heide), und Friedrich II. (den Frommen). Ersterer brachte durch seine Gemahlin Elisabeth, Gräfin von Eberstein, Anrechte auf diese Grafschaft an sich und zog dieselbe nach Erlöschen des Hauses (1408) ein.

---

[1]) Genannt von dem durch Otto II., den Strengen, südlich von Hannover erbauten Schlosse; es enthielt seit 1428 die Grafschaft Lauenrode mit Hannover, die Grafschaften Hallermund und Wölpe, die Herrschaft Homburg (zwischen Holzminden und Alfeld), die Grafschaft Eberstein (nordöstlich von Holzminden), Hardegsen, die Grafschaft Dassel und die Grafschaft Wunstorf.

Friedrichs II. Nachkommen theilten die Länder durch seines Enkels Heinrich (des Mittleren), † 1532, Söhne: Otto d. Ae. († 1549), Ernst den Bekenner († 1546) und Franz († 1549) in die Zweige zu Harburg (erloschen mit des Stifters Enkel Wilhelm (1642), Celle und Gifhorn (erloschen mit dem Stifter), und die Söhne Ernsts wiederum den zu Celle in die Zweige:
1. Neu Braunschweig-Dannenberg und
2. Neu Lüneburg-Celle.

Die genannten Söhne Ernsts waren: Heinrich († 1598) und Wilhelm d. J. († 1592). Ersterer erhielt, nachdem sie bis 1569 gemeinschaftlich regiert, in der Theilung: die Aemter Dannenberg, Hitzacker, Lüchow und Scharnbeck, Letzterer erhielt die übrigen; auch brachte er 1582 die Hälfte der Grafschaft Hoya (s. d.) und 1585 die daranstoßende Grafschaft Diepholz (s. d.) an sein Haus.

a. Der Zweig Neu-Braunschweig-Dannenberg

erlosch mit Herzog Wilhelm von Braunschweig-Lüneburg.

b. Der Zweig Neu-Lüneburg-Celle.

Von Wilhelms († 1592) Söhnen starben hintereinander die ihm in der Regierung folgenden: Ernst 1611, Christian 1633, August d. Ae. 1636 erblos.

Es theilten hierauf die beiden überlebenden Brüder so, daß Friedrich: Celle, Georg: Calenberg erhielt.

Georg starb 1641 und es folgten ihm in Calenberg hintereinander seine Söhne: Christian Ludwig (bis 1648) und Georg Wilhelm bis 1665. Dieselben hatten nach ihres Oheims Friedrich[1]) Tode (1648) auch hintereinander in Celle bzw. bis 1665 und 1705 succedirt, starben jedoch beide ohne Erben. Es folgte hierauf in Calenberg ihr dritter Bruder Johann Friedrich, und als auch dieser 1679 kinderlos starb, der vierte Bruder Ernst August, der, seit 19. Dezember 1692 Kurfürst, der Stammvater der Könige von Hannover wurde, nachdem ihm 1681 auch Diepholz zugefallen war.

Sein Sohn Georg I. Ludwig brachte nach dem Tode Georg Wilhelms, seines Schwiegervaters und Onkels, auch Celle wieder an sich, so daß

---

[1]) Während seiner Regierung starb, nachdem 1596 bereits die Linie Grubenhagen (s. oben) erloschen war, auch das Haus Calenberg-Wolffenbüttel aus. In der Theilung zwischen den Zweigen Neu-Braunschweig-Dannenberg und Neu-Lüneburg-Celle am 14. Dezember 1635 erhielt August, Sohn des Stifters der Ersteren, das Fürstenthum Wolffenbüttel, während Calenberg der letztgenannten Linie, die auch schon die Grubenhagen'schen Lande besaß, zufiel.

nunmehr die gesammten Lüneburgischen Lande wieder unter seinem Zepter vereinigt waren.

Außerdem hatte Christian Ludwig nach Erlöschen der Linie Harburg 1642 die derselben als Apanage gegebene Grafschaft Hoya zurückerworben und 1643 die Hildesheimischen Aemter Koldingen und Westerhofen, im Westfälischen Frieden: Osnabrück (s. d.) sowie 1680 das Herzogthum Lauenburg (s. d.) erhalten, während sein Vater Georg, nach dem Aussterben der Grafen von Schauenburg (1640, 15. November) die Aemter Bockeloh, Lauenau und Mesmerode als heimgefallene Lehen eingezogen hatte.

Obengenannter Georg I. Ludwig, der 1698, 14. Januar, seinem Vater als Kurfürst gefolgt war, hatte, als Sohn der Sophie von der Pfalz, der Enkelin König Jakobs I. von England bereits durch Parlaments-Akte vom 22. März 1701 die Erklärung der dereinstigen Succession auf den englischen Thron erhalten. Am 12. August 1714 ward er König von Großbritanien; Hannover vergrößerte er durch Kauf von Bremen und Verden (s. d.). Seinem Sohne Georg II. († 1760) succedirte dessen Enkel Georg III. Dessen Stammlande waren 4. Juni 1803 bis 29. Oktober 1813 unter französischer Okkupation.[1]) Nach Beendigung derselben nahm er, gemäß der deutschen Bundesakte, am 12. August 1815 den Titel „König von Hannover" an. Ihm folgte 1820—1830 sein ältester Sohn Georg IV., 1830—37 sein zweiter Sohn Wilhelm und dann der dritte Sohn Ernst August (1837—51). Dessen Sohn, der letzte König von Hannover: Georg V. verlor das Land durch die Kriegsereignisse von 1866. Ganz Hannover ward

---

[1]) Hannover war schon April bis Oktober 1801 von Preußen besetzt gewesen, in Folge des gegen Englands Seeherrschaft gerichteten nordischen Neutralitätsvertrages vom 16. Dezember 1800. Durch die Elbkonvention von Artlenburg (5. Juli 1803) wurde Hannover aufgelöst und von Napoleon, gegen Cession von Cleve, Ansbach und Neufchâtel (Traktat vom 15. Februar 1806) an Preußen abgetreten, das 1. April 1806 die Lande in Besitz nahm. Zufolge des Friedens von Tilsit (9. Juli 1807) mußte auch Hannover wieder abgetreten werden; es kam zunächst die südliche, 1810 auch die nördliche Hälfte an das Königreich Westfalen (s. d.), bis durch das Napoleonische Dekret vom 11. Dezember 1810 das Land abermals getheilt wurde. Laut der Wiener Kongreßakte trat Preußen an Hannover ab: Hildesheim (s. d.) Ostfriesland und das Harlingerland, die Niedergrafschaft Lingen, den nördlichen Theil des Fürstenthums Münster (zwischen Lingen und der Ems), das Niedereichsfeld (Aemter Lindau, Gieboldehausen und Gericht Duderstadt) sowie Stadt Goslar, endlich die von Hessen eingetauschten Aemter (Enklaven): Auburg, Freudenberg, Uechte und Pleße, wofür Preußen eine Osnabrück'sche Enklave (zwischen Paderborn und Ravenberg: Wiedenbrück, das Amt Reckeberg, das Amt Klötze (Hannoversche Enklave) und das rechtselbische, sofort gegen Rügen (s. d.) an Dänemark vertauschte Herzogthum Lauenburg (s. d.) erhielt.

durch Gesetz vom 20. September und Besitzergreifungspatent vom 3. Oktober 1866 (Gesetz-Samml. 1866 S. 591) mit der Preußischen Monarchie vereinigt.

Provinz Hannover.

Die Provinz, im selben Umfange, jetzt: 38481 Quadratkilometer und eingetheilt wie zur Zeit des Königreichs, umfaßt die Regierungsbezirke (früher Landdrosteien) Hannover, Hildesheim, Lüneburg, Osnabrück, Stade und Aurich.

Wappen der Provinz Hannover.

Im rothen Felde ein in vollem Laufe befindliches weißes Roß,[1] dasselbe wächst auch aus dem gekrönten Helme mit rothsilbernen Decken. Die Schildhalter cfr. bei Ostpreußen; der linke hat hier gelb-weiße Helmfedern. Beim mittleren Wappen deckt den Schild die Herzogskrone wie bei Pommern (s. d.). Wegen des kleineren Wappens und der Landesfarben die gelb-weiß bestimmt sind, cfr. Ostpreußen.

---

[1] Dies zum Unterschied hier — heraldisch eben nicht gerade schön — laufende Roß ist „aufgerichtet" bereits als das auch des Herzogthums Westfalen — s. d. — oben erwähnt und nahm im Kgl. Hannoverschen Wappen, die in das Mittelschild zwischen die Wappen Braunschweig und Lüneburg eingeschobene Spitze ein. Zuerst erscheint es — nachdem es um 1360 ca. zehn Jahre lang auch im Schilde geführt worden und dann gänzlich verschwunden war — aufs Neue und zwar über dem Herzschilde mit dem Abzeichen des Kurerzschatzmeisteramts (die Kaiserkrone) im Mittelfelde der obersten Reihe des Kurhannoverschen Wappens 1692, bezw. 1713 und zwar wegen „Niedersachsen". Daß es dem Helmkleinod von Braunschweig entnommen ist, erhellt aus der oben beim Wappen gegebenen Beschreibung, bezw. Note dazu. Auf vormaligen Hannoverschen und Braunschweigischen Scheidemünzen erschien dies Roß, überhöht von einer Bügelkrone, freischwebend (ohne Schild).

Herzogthum Holstein.

12. „Wegen des Herzogthums Holstein. Im rothen Felde ein von Silber und Roth quer getheiltes Schildlein, welches an den beiden oberen Ecken und am unteren Rande von je einem silbernen, mit der Spitze einwärts gekehrten Nagel, am oberen Rande aber und an beiden Seiten von je einem silbernen Nesselblatt begleitet ist."

Der mit rothsilbernen Decken versehene Helm trägt einen rothbemützten Herzogshut, darauf an gold= beschafteten, verzierten Stangen mit Stahlspitzen, sieben halb hintereinander gestellte rothe Fähnlein, deren jede die Figur des Schildes wiederholt.

❦

Holstein[1]) darf wesentlich als Gründung Karls des Großen an= gesehen werden, der 10 000 niedersächsische Familien von hier verpflanzte und durch seine Leute ersetzte. 808 gründete er die Veste Hochbubi an der Elbe und schloß 811 einen Vertrag mit dem König von Dänemark, worin

---

[1]) Der Name „Holsatia", zuerst 1141 vorkommend, wird abgeleitet von dem Worte: Holtseduland (Holz=Sassen=Land). Die Einwohner waren also „Sassen" (oder Sachsen), die im Holz (Wald) wohnten.

als seine Grenze die Eider festgesetzt ward. Später wurde hierzu noch Schleswig erobert.

Das heutige Holstein bestand ursprünglich aus vier Theilen: dem eigentlichen (westlichen) Holstein, Wagrien, Stormarn und Dithmarschen. Unter Wagrien haben wir etwa die Gegend der heutigen Aemter: Ahrenshök, Cismar, Plön, Reinfeld, Rethwisch, Travendahl, die Insel Fehmarn, das oldenburgische Fürstenthum und einen Theil des Gebiets der heutigen freien Stadt Lübeck, also den östlichen Theil Holsteins zu verstehen. Stormarn war der Gau an der Elbe, südlich des Störflüßchens; Dithmarschen: der Gau vom Ausflusse der Eider bis in die Gegend der Elbmündung.

Die ersten Herzöge von Holstein[1]) stammen aus dem Hause Schauenburg. Der Ursprung dieses Geschlechts ist, wie fast aller anderen, vor dem Jahre 1100 nicht genau zu ermitteln.

Der Erste, welcher unter dem Namen Schauenburg urkundlich auftritt, ist Adolph I. († 1131), Herr von Schauenburg. Derselbe soll der Sohn eines Adolph Edlen von Santersleben, welcher 1030—1055 gelebt und auf dem ihm von Kaiser Konrad II. verlehnten Nesselberg an der Weser die Schauenburg erbaut haben soll, gewesen sein. Fest steht, daß dieser Adolph I. durch Herzog Lothar von Sachsen, dem nachmaligen Kaiser, im Jahre 1111 mit der Vizegrafschaft Holstein, nebst Stormarn, belehnt wurde und dieselbe auf seinen Sohn Adolph II. (1131 bis 1164) und Enkel Adolph III. (1164—1225) vererbte. Letzterem wurde durch Heinrich den Löwen Holstein mit Stormarn zwar genommen, nachdem er sich mit diesem, mit dem er vorher gekämpft, wegen Beutevertheilung entzweit, doch setzte Kaiser Barbarossa ihn 1182 in seine Länder wieder ein, die er zugleich zu einer unmittelbaren Reichsgrafschaft erhob. Wiederum (gegen Heinrich den Löwen) und noch einmal (gegen Kanut VI. von Dänemark) ging Holstein verloren (1201), und erst Adolphs III. Sohne: Adolph IV., gelang es, durch den über König Waldemar II. von Dänemark erfochtenen allgemeinen Sieg bei Bornhöved, 1227 am 22. Juli, sich diese Lande wieder zu erobern.

Bereits im Jahre 1239 trat er von der Regierung zurück, dieselbe seinen Söhnen: Johann I. und Gerhard I., überlassend, welche bis zum Jahre 1255 gemeinschaftlich herrschten.

Alsdann erfolgte die Theilung; Johann I. erhielt den einen Theil von Holstein, Namens Wagrien, mit der Residenz zu Kiel, wogegen

---

[1]) Dieser Artikel wie der folgende sind mit geringen Abänderungen meinem als Manuskript 1888 gedruckten Werke: „Das Wappen der Herzöge von Schleswig-Holstein" entlehnt, dessen Widmung J. M. die deutsche Kaiserin Auguste Viktoria Allergnädigst anzunehmen geruht hat.

Gerhard I. von der Stammherrschaft Schauenburg, sowie von dem übrigen Holstein und Stormarn, mit den Städten Itzehoe und Rendsburg, Besitz ergriff.

Johanns I. Stamm erlosch jedoch bereits mit seinem Sohne Johann II. der 1321 ohne Erben starb, worauf Wagrien mit Kiel wieder an die Linie Gerhards und zwar an den Ploener Zweig derselben fiel.

Gerhards I. Söhne theilten nach des Vaters Tode dessen Besitzungen abermals, und zwar dergestalt, daß Gerhard II., genannt der Blinde, † 1312, den Ploenschen, Heinrich I. den Rendsburger und Adolph VI., † 1315, den Pinnebergischen Antheil von Holstein, sowie die Grafschaft Schauenburg erhielt.

Der Ploener Zweig beerbte im Jahre 1321 die erloschene Linie zu Kiel (s. oben), starb 1390 aber mit des Stifters Enkel: Adolph IX., im eigenen Stamme ebenfalls aus; Wagrien mit Kiel und der Ploener Antheil des Herzogthums fielen an den Rendsburger Zweig zurück, wodurch derselbe nunmehr das gesammte Holstein (mit Ausnahme von Pinneberg) wieder allein besaß.

Dem Sohne des Stifters dieses (Rendsburger) Zweiges: Gerhard III., 1310—1340 regierender Graf von Holstein, hat die Geschichte den Namen „der Große"[1]) beigelegt. Seit 1326 Reichsvorsteher und als solcher an Stelle des schwachen Waldemar, Sohn Erichs II., der eigentliche Regent des Königreiches Dänemark, wurde er von Diesem am 15. August 1326 mit dem Herzogthum Schleswig als einem erblichen Fahnenlehen beliehen und befand sich seit 1337 sogar im Pfandbesitz von Nordjütland mit vollen königlichen Rechten. Sein älterer Sohn Heinrich II., genannt der Eiserne (1340—1382), vermählte sich mit Ingeborg von Mecklenburg, eine Verbindung, welche, der späteren Erbverhältnisse wegen, in vieler Hinsicht wichtig zu nennen ist.

Nachdem der letzte rechtmäßige Herzog von Schleswig (s. d.), Heinrich (Sohn Waldemars II., Gegenkönigs von Dänemark, 1326—1330), 1375 am 25. September und dessen Vetter Waldemar II. Atterdag, Letzter seines Stammes, einen Monat später verstorben war, ergriff Heinrich II., der Eiserne, sofort Besitz vom Herzogthum Schleswig, auf Grund der Belehnung von 1326.

Im Frieden von Nyborg (1386) erkannte die Königin Margarethe u. A. an, daß die Grafen von Holstein stets auch Herzöge von Schleswig sein sollten. Die Belehnung erfolgte demzufolge 1386 an Gerhard VI., Sohn Heinrichs II. Allein Erich VII., König von Dänemark, erklärte auf dem Reichstage zu Nystad Schleswig für ein verwirktes Lehen.

---

[1]) Er wird auch wohl (wahrscheinlich wegen seiner Glatze) Geerd, der kahle Graf, genannt.

Erst nach einem zwanzigjährigen Kampfe gelang es dem Grafen Adolph VIII., Bruder des 1427 in einem Treffen gebliebenen kinderlosen Grafen Heinrich IV., ältesten Sohnes des Grafen Gerhard VI., 1435 durch den Flensburger Frieden seine Anerkennung als Lehensherzog von Schleswig zu erringen.

Nachdem Adolph XI. 1440 am 30. April zu Kolding durch König Christoph III. abermals erblich mit dem Herzogthum Schleswig belehnt worden war, vereinigte er dasselbe für ewige Zeiten mit der Grafschaft Holstein („up ewig ungedeelt"!). Aber auch Adolph XI. starb ohne Erben als letzter Mannessproß der Holsteiner Linie des Hauses Schauenburg am 4. Dezember 1459.

Obwohl vom Rechtsstandpunkt aus nunmehr die damals noch blühende Pinneberg'sche Linie des Hauses Holstein-Schauenburg zur Erbfolge in den Herzogthümern Schleswig-Holstein berechtigt gewesen wäre, gelangte dieselbe gleichwohl nicht zur Regierung, vielmehr trat Adolphs einzige Schwester: Hedwig, in erster Ehe verwittwete Herzogin von Mecklenburg-Güstrow, wiedervermählt an Dietrich den Glücklichen, Grafen von Oldenburg,[1]) die Erbschaft an.

Beider Sohn war: Christian VIII., Graf von Oldenburg, der, nachdem er als „Christian I." 1448 20. August König von Dänemark (1457 von Schweden und 1450 von Norwegen) geworden und für sich und seine Erben gleichfalls die ewige Untrennbarkeit Schleswigs von Holstein ausgesprochen, 1460 am 2. März zum Landesherrn daselbst erwählt wurde. 1474, 14. Februar, ward die bisherige Grafschaft Holstein und Wagrien für ihn zu einem Herzogthum des heiligen Römischen Reiches erhoben. Er ist der direkte Ahnherr der Könige von Dänemark und der Herzöge von Schleswig-Holstein aller Linien.

---

[1]) Der ursprüngliche Name dieses Hauses war „Edle Herren von Ammer", und zwar erscheint so Egilmar I. 1088—1108, dessen Gattin Riza Tochter Dodos von Ditmarsen war. Das Ammerland, über das er herrschte, begann westlich von Münster und erstreckte sich längs Ostfriesland bis in die Gegend von Bockhorn und Neuerburg des heutigen Großherzogthums Oldenburg. Von seinen Söhnen war der Jüngere: Heinrich I. der Stammvater der ausgestorbenen Herren zu Wildeshausen und Alt- und Neu-Bruchhausen, der Aeltere: Egilmar II. wurde mit Oldenburg belehnt und nannte sich davon; er starb 1143. Sein Nachkomme im fünften Grade: Otto III. (1301) hatte zwei Söhne: Johann XI., der 1305 in Oldenburg und Christian V., der 1301 in Delmenhorst succedirte, eine Grafschaft, die Otto II. († 1251 kinderlos) jüngerer Sohn Moritz' I., Enkels Egilmars II. erworben hatte; die von seinem Urgroßneffen Christian IV. († 1346) begründete Linie zu Delmenhorst erlosch 1447.

Johanns XI. Urenkel: Dietrich der Glückliche (s. oben) war es, der in erster Ehe sowohl Delmenhorst, wie in zweiter Schleswig-Holstein an sich brachte.

Die Untheilbarkeit der beiden Herzogthümer sprachen alle Könige, zuletzt König Christian VIII. mittelst offenen Briefes vom 8. Juli 1846, aus. Nach des Letzteren 1848 am 20. Januar erfolgten Tode stieß indeß sein Sohn, der König Friedrich VII., dem alten Recht zuwider, diese Erklärung um, indem er Schleswig-Dänemark einverleibte. Der daraufhin begonnene Krieg 1848/49 blieb resultatlos und erst der nach König Friedrichs VII. Tode (15. November 1863) von Preußen und Oesterreich, in Folge der Ablehnung ihres Ultimatums vom 16. Januar 1864, siegreich gewonnene Krieg brachte eine Aenderung. Schleswig-Holstein wurde an die Verbündeten mittelst des Friedens vom 30. Oktober 1864 abgetreten. Laut Gasteiner Vertrag vom 14. August 1865 sollte Oesterreich in Holstein, Preußen in Schleswig die Hoheitsrechte ausüben. Nachdem durch den Prager Frieden vom 23. August 1866 Oesterreich seine Rechte an Preußen abgetreten hatte, wurden Holstein (mit einem Flächeninhalt von 153 Quadratmeilen = 8400 Quadratkilometer) mit Schleswig (s. d.) und Lauenburg (s. d.) zu der Provinz Schleswig-Holstein (s. d. unten) vereinigt.

Wappen.

Das älteste uns überkommene Siegel des Hauses Schauenburg ist ein Reitersiegel Adolfs IV. (reg. 1225—39) an einer Urkunde im Staats-Archive zu Lübeck vom Jahre 1238, mit der Umschrift (z. D.:) Siegel Adolfs von Gottes Gnaden Grafen von Wagrien, Stormarn und Holstein. Wir erblicken die Figur Adolfs auf einem mit Sattel, jedoch ohne Zaumzeug, nach links sprengenden Rosse sitzend, angethan mit Kettenpanzer, Kübelhelm und langem abfliegenden Waffenrock, wie er mit der Rechten das Schwert schwingt, mit der Linken vor sich den Dreieckschild hält. Auf diesem Schilde erscheint, durchaus deutlich, die Figur eines aufgerichteten Löwen[1]), welchen wir somit als das früheste Wappenbild des Schauenburgischen Hauses zu betrachten haben. Dagegen ist auf den Siegeln, die an Urkunden im Lübecker Staats-Archive aus den Jahren 1247, 1250, 1252, 1255, sowie an einer Hamburger Urkunde vom Jahre 1255 hängen, der Löwe verschwunden und an seine Stelle eine Figur getreten, welche die heraldische Wissenschaft mit dem Namen „Schildrand" bezeichnet.

---

[1]) Dieser Löwe dürfte silbern auf blauem Grunde gewesen sein, da die noch jetzt im Hannoverschen blühenden Herren v. Post, nachweislich Lehnsleute der Schauenburger und als solche desselben Wappens sich bedienend, den Schild in diesen Farben führen.

Dieser Schildrand bestand in der Wirklichkeit aus Leisten, die mittelst starker eiserner Nägel auf die äußeren Umfassungen des Schildes (Schildgestell) befestigt waren. Der in dieser Weise gefertigte, daher erhabene Schildrand besaß den praktischen Werth, den im Uebrigen nur aus Holz oder Weidengeflecht hergestellten, mit Leder oder Pelzwerk überzogenen Kampfschilden eine größere Festigkeit gegenüber Hiebwaffen zu verleihen.

Um jedoch dem Schönheitssinn zu entsprechen und nebenbei den Wappenherrn auch schon auf weite Entfernung hin kenntlich zu machen, verdeckte man die Nägelköpfe des Schildrandes gewöhnlich durch aufgenagelte Pelz- oder gefärbte Lederstücke. Beispiele sind die ältesten Schilde der Landgrafen von Fürstenberg, der Grafen von Oettingen, der Herzöge von Burgund u. v. A.

Das genannte Siegel von 1255 beweist es auf das Entschiedenste, daß der Schauenburgische Wappenschild einen derartigen erhöhten Schildrand besaß. Derselbe war in den Ecken eiförmig, nach innen zu spitzenförmig ausgeschnitten, kommt indeß nur auf einem einzigen der bekannten Siegel vor, nämlich demjenigen, dessen die Grafen Johann I. und Gerhard I., nach ihres Vaters Abdankung, sich für alle Urkunden bedienten, die sie (von 1247—1255) gemeinschaftlich unterzeichneten und dann niemals mehr. Ja selbst ein gleichzeitiges Siegel (des Grafen Johann I.) zeigt die Schildfigur bereits verändert. Auf letztgenanntem Siegel erscheint plötzlich das Wappenbild genau umgekehrt; aus dem erhöhten Schildrande mit vertieftem Schildgrunde ist das Gegentheil geworden; es tritt uns eine Figur entgegen, welche füglich als „Schildrand" durchaus nicht mehr anzusprechen ist, denn die Hauptbedingung für einen solchen fehlt hier und fortan gänzlich; alle Siegel zeigen übereinstimmend auf dem vertieften Schildgrunde eine plastische Schildfigur.

Diese, theils von der Mitte aus gewölbte, theils glatte Figur paßt auf allen Siegeln sich der dreieckigen Form des Schildes dergestalt an, daß sie nach dem Oberrand desselben zumeist in drei, nach den beiden Seitenrändern in je vier, bald kürzere, bald längere Spitzen, nach den drei Schildecken zu je in eine gebauchte Spitze ausgezogen ist.

Diese Letzteren haben in der älteren Zeit gewöhnlich die Form von Kolben, Lanzett-, Lanzenspitzen oder Lindenblättern.

Die ganze Figur muß daher als ein Schild-Beschlag, d. h. ein zur Verstärkung der Mitte des Schildes gegen Lanzenstöße demselben aufgenageltes, an den Rändern zackenförmig ornamentirtes Metallstück angesehen und bezeichnet werden.

Weitere Beweise dafür, daß wir es mit einem Schildbeschlage zu thun haben, dürften sich aus Folgendem ergeben:

Auf mittelalterlichen Siegeln findet man, außer den beliebten Sternen, Rosetten und Ranken, die zur Ausfüllung leerer Flächen benutzt wurden, auch sehr häufig das oder die im Schilde befindlichen Wappenbilder ohne letzteren wiederholt. Auch bei den Siegeln der Holstein-Schauenburgischen Grafen ist dieser Gebrauch mehrfach in Anwendung gekommen, oft gestickt auf der Turnierdecke des Pferdes, öfters noch auf den Fähnlein im Helmkleinod.

Es liegt auf der Hand, daß zu allen diesen Zwecken nur eine plastisch dargestellte Figur zu brauchen war, und zwar konnte dies nur eine solche sein, welche sich in der Mitte eines Schildes befand.

Ein Schildrand würde niemals der Einfassungslinien des Schildes haben entbehren können, da er ohne dieselben überhaupt nicht darzustellen gewesen wäre.

Hieraus und da die Holsteinische Wappenfigur auf sämmtlichen Siegeln seit 1255, Münzen, Fahnen, Gemälden ꝛc. stets plastisch dargestellt ist, folgt, daß man sie nun als Schildbeschlag, nicht aber als Schildrand bezeichnen muß.

Die große glatte Fläche dieser Figur scheint auf die Dauer dem Schönheitssinn der Wappenherren nicht entsprochen zu haben; man begann, ursprünglich durch Auflegung eines wirklichen Metall-Schildchens auf die Mitte der Figur, den Schild noch weiter zu verstärken, später unterbrach man vermittelst des Meißels die Eintönigkeit des Bildes, indem man in seiner Mitte eine den Schildrändern parallele Fläche aussparte. Noch später versah man das so entstandene vertiefte Schildchen mit schräggitterförmiger Damascirung und schuf so diejenige Figur, wie sie, bald mehr, bald minder deutlich, uns auf allen Siegeln bis zum Erlöschen des Schauenburg-Holsteinischen Hauses entgegentritt.

Das erste Siegel, auf welchem das Schildchen vorkommt, ist das der Luitgard, Tochter Gerhards I., vermählten Herzogin Johann von Braunschweig-Lüneburg vom Jahre 1272.

Dies ist aber auch das einzige Mal in so früher Zeit. Denn weder die Siegel von Luitgardes Schwester: Elisabeth, vermählt an Burchard, Grafen von Wölpe, noch die ihrer Brüder Gerhards II., des Blinden, und Adolphs VI. zeigen auf ihren Siegeln Spuren eines solchen innerhalb der Schildfigur. Dagegen findet sich dasselbe auf Siegeln der Söhne Adolphs VI.: Gerhard und Erich, an Urkunden vom Jahre 1334. Auf dem letzteren ist es sogar noch mit einem zweiten Schildchen belegt. Ferner finden wir es auf den Siegeln der Söhne Gerhards II. (des Blinden): Gerhards IV. de 1313 (hier nur als Schatten angedeutet) und Johanns III. (des Milden) de 1319—1357, sowie fortan auf allen Siegeln der Grafen Ploener und Rendsburger Linie, bei letzterer schon im ersten Dezennium des 14. Jahrhunderts. Theilweise ist auch die Schildfigur in Form eines Dreieckschildchens in der Mitte durchbrochen, so daß die Farbe des Schildgrundes hierdurch sichtbar ist. Daß die weitere Ornamentirung des „Schildchens" auch in der Weise geschah, daß man in ihm die ganze Schildfigur verkleinert wiederholte, lehren Siegel des Grafen Heinrichs II. (des Eisernen).

Von letzterem Herrn meldet die „Chronik der nordelbischen Sassen", deren Entstehung um das Jahr 1450 zu setzen ist, indem sie der Römerfahrt Heinrichs II. gedenkt, den der Papst 1379 zu seinem Feldherrn in Apulien, wo er 1381 starb, ernannt hatte, Folgendes: „Dar gaf eme de pawes dat Netelenblat in geestlicker bedudinge. Touooren uorden de Heren en gron netelenblat" (da gab ihm der Papst das Nesselblatt in geistlicher Bedeutung; vorher führten die Herren ein grünes Nesselblatt).

Bereits zwanzig Jahre früher wird die Figur des Holsteinischen Wappens ebenfalls als „Nesselblatt" angesprochen, in einem Briefe König Erichs des Pommern von Dänemark, worin er die totale Verwüstung der Insel Fehmarn durch die Dänen rechtfertigt, indem er im Jahre 1420 sagt: „sie (die Fehmaraner) hätten der Krone[1]), an welcher sie gewöhnt waren und welche sie in ihren Landessiegeln zu führen pflegten und dem Banner des Königs, wie sie es von Rechts wegen zu führen hatten, abgesagt und statt dessen das Nesselblatt (Folium Urticae), als das Zeichen und Wappen der Herren von Holstein, sowohl in ihren Siegeln, wie auf ihrem Banner geführt, aus diesem Grunde haben Wir ihr Land selbst verwüstet."

Wir begegnen also bereits Anfangs des 15. Jahrhunderts der Bezeichnung „Nesselblatt", und die „Chronik der Nordelbischen Sassen" behauptet, vor 1379 (in welchem Jahre Heinrich II. ja erst nach Apulien ging) hätten die Grafen bereits ein „grünes Nesselblatt" geführt.

Woher kommt nun die Bezeichnung „Nesselblatt"?

Bei der Annahme derselben hat wahrscheinlich die Aehnlichkeit der ursprünglichen Wappenfigur mit dem Blatte der Brennnessel eine Rolle gespielt. Außerdem muß, da der Name Nesselblatt für die Schildfigur in einer für heraldische Verhältnisse auffallend frühen Zeit offiziell auftritt, angenommen werden, daß das Blatt der Brennnessel irgend eine symbolische Bedeutung gehabt habe, deren Kenntniß unserer Zeit verloren gegangen ist.

Denn wenn wir auch wissen, daß das Schauenburg-Holsteinische Wappenbild nichts Anderes vorstellt und sein soll, als ein Schildbeschlag, so erhellt, wenn man der oben genannten Chronik nicht alle Bedeutung absprechen will, doch deutlich, daß, wenn der Papst an Heinrich II., den Eisernen, das Nesselblatt in geistlicher Bedeutung verlieh (welche letztere kennen zu lernen allerdings

---

[1]) Fehmarn führte in frühester Zeit eine Krone in einem wellenumspülten Mühlrad; da die Krone jedenfalls auf die dänische Herrschaft deutete, so hatte wohl die Ablegung derselben und die Annahme des Holsteinischen Wappens als Herrschaftszeichen den König erzürnt.

bisher ebenfalls noch nicht gelungen ist), dasselbe schon vorher eine weltliche gehabt haben müsse.

Ob nun die von v. Weißenbach a. a. O. bestrittene, dagegen von gediegenen Kennern der Schleswig-Holsteinischen Geschichte, wie z. B. Professor Dr. August Sach in Schleswig, aufrecht erhaltene Meinung, die Bezeichnung der Schildfigur sei, in Anlehnung an den ersten Stammsitz der Schauenburger, den „Nesselberg" bei Dietz an der Lahn, in der Nähe der Schauenburg, als kurze Bezeichnung für das Wappenbild angenommen worden, eine richtige ist, wird wohl kaum entschieden werden können, obgleich die Möglichkeit dieser Annahme nicht ohne Weiteres von der Hand zu weisen sein dürfte.

Anstatt in unfruchtbarer Fehde gegen ein Wort, dessen tieferer Sinn uns verloren gegangen, das aber dennoch sich durch über vier Jahrhunderte mit größter Zähigkeit als Bezeichnung der holsteinischen und ähnlicher Wappenfiguren erhalten, zu Felde zu ziehen, sollte es vielmehr die Aufgabe unserer Wappensymboliker sein, die alte Bedeutung des Bildes hervorzusuchen.

Aber nicht nur vom Hause Holstein wird das „Nesselblatt" als Wappenbild geführt, vielmehr erscheint es, ebenso bezeichnet, bereits früh in Wappen altritterlicher Geschlechter, welche keineswegs Vasallen der Schauenburger waren. So zeigt beispielsweise das Wappen des angesehenen, in der Umgegend von Erfurt angesessenen Geschlechts derer von Willerstedt, welches um 1380 ausstarb, nach einem Siegel Dithmars v. W. vom Jahre 1280, im Schilde ein Schildchen, von dessen Ecken nach den drei Ecken des ersteren je eine ölblattförmige Spitze und nach oben und den Seiten eine, bzw. zwei Spitzen gehen.

Ferner führte das erloschene alte Adelsgeschlecht der von Lembeck in Westfalen, deren Wappen in das der Grafen von Merveldt und von Westerhold übergegangen ist, eine der Holsteinischen sehr ähnliche Schildfigur, die, ein Ganzes bildend, ringsum ausgezackt, sich von dieser nur dadurch unterscheidet, daß das Schildchen in der Mitte fehlt und die drei überragenden Nägel sich mit den Spitzen in der Mitte der Figur berühren.

Die bekannte Erzählung, die drei „Nägel" im Wappen von Holstein (ursprünglich die nach den drei Schildecken gerichteten Spitzen) seien zur Erinnerung an die drei Nägel vom Kreuze Christi von einem der kreuzfahrenden Holsteiner Grafen aufgenommen worden, gehört natürlich in das Reich der Fabel.

Diese Annahme mag aus dem ehemaligen Kleinod (Anhänger) des von König Christian von Dänemark 1462 gestifteten Elephantenordens entstanden sein. Dasselbe enthält allerdings drei Nägel, welche auf die Kreuznägel hindeuten dürften, da die Umschrift lautet: erat iste vere filius Dei (Jener war wahrhaftig der Sohn Gottes). Daß der Stifter damit zugleich

die drei damals bereits ähnlich wie Nägel dargestellten drei Eckspitzen der
Holsteinischen Wappenfigur im Auge gehabt und beide geistig in Verbindung
gebracht hat, ist nicht unmöglich. Thatsächlich kommen seit dieser Zeit die drei
Eckspitzen stets mehr oder weniger als Nägel geformt vor, wie denn überhaupt die Bedeutung der Schildfigur mehr und mehr verloren geht.

An letzterer Thatsache trug, außer der Gleichgiltigkeit der Wappenherren und der fortschreitenden Ungeschicklichkeit der Stempelschneider, Bildner
und Wappenmaler seit Mitte des 17. Jahrhunderts, nicht zum Wenigsten
der Umstand die Schuld, daß im Laufe der Zeit sich der ursprünglich gothische
Dreieckschild in den unten abgerundeten der Renaissancezeit verwandelte.

Außerdem ging der alte, in der guten heraldischen Periode stets befolgte
Grundsatz, die Schildfigur solle den Schild nach Möglichkeit ausfüllen, verloren, als bei Einführung der Feuerwaffe die Kampfschilde in Wegfall kamen
und mit ihnen die heraldischen Regeln in Vergessenheit geriethen.

Die weitere Folge war, daß man, Mangels wirklicher Schilde und
älterer Muster, nicht mehr wußte, wie man die Schildfigur darstellen sollte,
und so bildete sich denn deren Gestalt im Laufe der Jahrhunderte, je nach
Idee und Liebhaberei des Wappenherrn, von der Form des Schildbeschlages
(Schildrandes) zu der jetzigen Form allmälig aus.

Außer den auf den Siegeln der verschiedenen Linien vorkommenden
Abweichungen finden sich solche auch auf Grabsteinen, Münzen, Altardecken,
Bildhauerarbeiten und Malereien; ebenso geben die Thronsiegel der Könige
von Dänemark ein getreues Bild der fortschreitenden Veränderung der
Schildfigur.

Auf einem Hamburger hohlen „Blaffert" (Münze) erblicken wir
neben der Hamburger Burg das Wappenbild, noch wenig deformirt; das
Schildchen ist hier, den Seitenrändern parallel, durchbrochen.

Merkwürdig ist die Darstellung des Wappenbildes auf dem Revers
eines Doppelschillings Friedrichs I., Herzogs von Schleswig-Holstein, aus
dem Anfange des 16. Jahrhunderts. Hier hat eigentlich die sonst erst beinahe
zwei Jahrhunderte später eingetretene Trennung der „Nesselblattstücke" vom
Schildchen bereits stattgefunden.

In ganz alter Form zeigt sich das Wappenbild auf dem Avers der
obenerwähnten Hamburger Münze de 1505 und in etwas späterer Form
auf einem Groschen des Grafen Ernst von Schauenburg-Pinneberg
de 1604.

Der Idee, in der Mitte der Wappenfigur eine Kugel anzubringen,
begegnen wir zuerst auf einem Hamburger Pfennig von c. 1525 und sie
wiederholt sich auf Münzen Herzog Friedrichs III. von Holstein-Gottorp
de 1645 und 1647, auf welchen die ganze Wappenfigur, Nägel wie „Nesselblattstücke" von einer solchen auszugehen scheinen.

Statt der dreieckigen finden wir kleeblattartige Nagelspitzen in dem Holsteinischen Wappen im großen Thronsiegel des Königs Hans de 1481 und Christians III., Stifters des Hauses Sonderburg und der 1863 erloschenen Königlich dänischen Linie. Auf dem letzteren Siegel haben jedoch nur die beiden oberen „Nägel" Kleeblattenden; statt des unteren geht von der unteren Spitze des dreieckigen bordirten Schildchens eine Spitze aus.

Vollständig ist das Verständniß der Wappenfigur verloren bei den Wappen an den Särgen Herzogs Hans Adolf Ernst Ferdinand Carl von Holstein-Ploen (1671—1704) und der Herzogin Charlotte Amalie von Holstein-Ploen (1709—1787), obwohl auf beiden die Trennung des Schildchens merkwürdiger Weise noch nicht wie bei den übrigen Linien stattgefunden hat. Auf Ersterem sind außerdem die Spitzen der oberen Nägel, gleichsam durch das Schildchen hindurchgesteckt, unten sichtbar.

Eine ganz eigenthümliche Darstellung der Wappenfigur ist auch die, welche sich, etwa aus dem Jahre 1570 stammend, an der Kanzel der Kirche zu Bülderup bei Tondern befindet. Das „Nesselblatt" hat hier die Form eines Sterns mit sechs Strahlen, von denen einer nach oben, zwei schräg, zwei wagerecht, einer abwärts gerichtet sind. Letztere und die beiden schrägen sind je belegt mit einem die Spitze überragenden Spieß, deren Schäfte aus den drei Ecken eines auf dem Stern in der Mitte gelegten gothischen, mit Bord versehenen Schildchens hervorgehen. Hier ist offenbar die Idee des wirklichen Nesselblattes ausgeführt, und es hat noch keine Trennung stattgefunden.

Die Lostrennung des Schildchens von den dasselbe umgebenden Theilen und die der letzteren unter sich erfolgte anscheinend nicht vor dem Ende des 17. Jahrhunderts und etwa um dieselbe Zeit dürfte die Quertheilung des bisher silbernen Schildchens in die Farben Silber und Roth von Statten gegangen sein.

Der Grund zu der letzteren Maßregel ist weder historisch nachweisbar, noch heraldisch zu begründen; vielmehr muß gemäß altheraldischer Regel die Anbringung eines farbigen Gegenstandes innerhalb eines Schildes (und zwar hier noch von derselben Farbe) als arger Fehler bezeichnet werden.

Ich komme nunmehr zum **Helmkleinod**. Die älteste Form des Helmkleinods zur Zeit, als noch der Löwe als Wappenbild geführt wurde, ist leider nicht zu ermitteln, denn das mehrerwähnte Siegel Adolfs IV. († 1261) zeigt den Helm des Reiters ohne ein solches. Aber auch die Helme der Reiter auf den Siegeln Johanns I. († 1263) tragen kein Kleinod, und erst auf denen seines Sohnes Adolfs V., des Pommern († 1308), bemerken wir ein Helmzeichen. Ein Siegel desselben vom Jahre 1273 zeigt auf dem Helme drei nach links wehende und mit dem Schildbild in viereckiger Form (entsprechend der des Fahnentuchs) bestickte Fahnen. Auf späteren Siegeln desselben erblicken wir vier

Fahnen ohne sichtbare Zeichnung auf dem Helme und seitwärts davon zwei Pfauschweife, welche, wagerecht stehend, am Helme angebracht sind. Die Befestigung der Pfauschweife geschah vermittelst eines um den Helmkopf gelegten Reifens, welcher zugleich die in ersterem (oder auf einem auf demselben angebrachten „Grat" oder „Kamm") vernieteten Metallschäfte der Fähnlein umschloß, wie dies auch aus der wiedergegebenen Abbildung des Holsteinischen Wappens in der alten, durchaus authentischen Wappenhandschrift des Herault de Gelre aus dem Ende des 14. Jahrhunderts ersichtlich wird.

Dieses Kleinods bediente sich die Linie zu Kiel bis zu ihrem im Jahre 1321 erfolgten Erlöschen; jedoch ist dies erst die zweitältest-bekannte Form, denn Gerhard I., Sohn Adolfs IV., führte auf seinen Siegeln ein anderes Helmzeichen, bestehend aus einem spitzen, oben mit drei (Pfauen=) Federn und in dem Stulp je vorn und hinten mit zwei linkswehenden Fähnlein bestecktem Hute. Dasselbe Helmkleinod erscheint auf Siegeln seines Sohnes Gerhard II., des Blinden (1290—1312), Stifters der Linie zu Ploen, ebenso auf Siegeln von dessen Bruder Heinrich I., Stifters der Linie zu Rendsburg (1290 bis 1304).

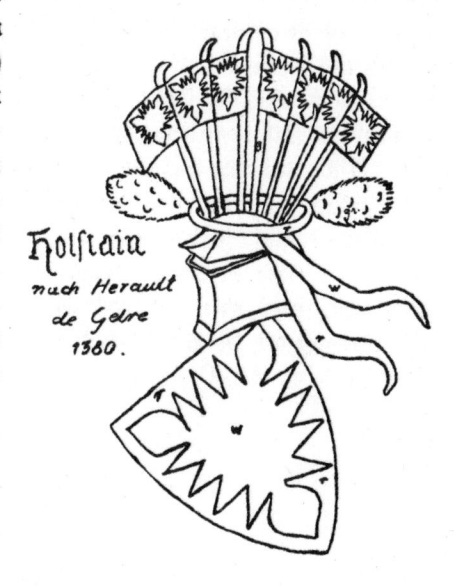

Dahingegen zeigt das Reitersiegel Adolfs VI., Stifters der Linie zu Pinneberg, vom Jahre 1302 die beiden Pfauschweife, dazwischen aber nur drei Fähnlein, und so ist seitens dieser Linie das Helmkleinod bis in das 15. Jahrhundert fortgeführt worden.

Ebenso bedienten sich, und zwar bereits bei Lebzeiten ihres Vaters Gerhard II., des Blinden aus der Linie zu Ploen, seine Söhne Gerhard IV. und Johann der Milde nachweislich seit dem Jahre 1312 des Helmkleinodes der Linie zu Kiel, nachdem sie dieselbe beerbt hatten, und zwar führen diese Beiden stets vier, ihre Söhne bzw. Gerhard V. und Adolf IX. theils drei, theils vier Fähnlein zwischen den Pfauschweifen.

Die Linie zu Rendsburg, und zwar der gewaltige Gerhard III. der Große, der noch auf Siegeln bis 1310 den Spitzhut geführt hatte, nahm, wahrscheinlich um sich von den anderen Linien auch im Wappen zu unterscheiden, ein neues Helmkleinod an. Dasselbe bestand aus zwei Stierhörnern, die an den Außenseiten das eine mit Fähnlein, worauf die

Schildfigur, das andere mit Federn besteckt waren. Die Anzahl beider, wie auch die Art der letzteren wechselt, jedoch sind Pfauenfedern vorherrschend.

Aber auch dies Helmkleinod kam in Wegfall, als Heinrichs II. des Eisernen Söhne im Jahre 1390 die Linie zu Ploen beerbten, denn wir finden auf dem Siegel eines derselben: Albrecht I. vom Jahre 1402 bereits das oben beschriebene Kleinod jener Linie: die vier Fähnlein zwischen den beiden Pfauschweifen, und so gestaltet wurde das Helmkleinod bis zum Erlöschen des Schauenburg'schen Hauses weiter geführt.

Wahrscheinlich bei der Erhebung Holsteins zum Herzogthum wird der Herzogshut angenommen worden sein, denn schon im Jahre 1483, also zur Zeit König Johanns von Dänemark erscheint das Helmkleinod von Holstein so, wie es Codex Grünenberg abbildet, nämlich mit einem hermelingestülpten, von einem Kronenreif umgebenen niederen rothen Hut, besteckt mit vier mit der Holsteinischen Wappenfigur bezeichneten Fähnlein an silbernen Spießen, ohne die Pfauschweife.

Herzogthum Schleswig.

13. „**Wegen des Herzogthums Schleswig**. Im goldenen Felde zwei über einander gehende, **blaue**, rothgezungte **Löwen**."

(Daß diese Löwen dem dänischen Wappen entnommen sind, ist klar.)

Auf dem Helme, mit blaugoldenen Decken, ein rothbemützter Herzogshut, auf welchem sich drei goldene, oben mit Kugel und Pfauschweif besetzte, goldene Zepter erheben.

Ueber die Vererbung und den Uebergang des Herzogthums an Preußen cfr. das bei Holstein (f. d.) Gesagte.

✼

Die Mark Schleswig, gebildet aus jenem Theile des Landes, der nördlich der Eider bis zur Schlei und den späteren Danewirken reichte, war bereits 934 vom Oberkönig Gorm an Deutschland abgetreten worden und wieder verloren gegangen, bis sie König Otto der Große durch seinen Kriegszug in Jütland dem König Harald Blauzahn von Dänemark (Gorms Sohne) im Jahre 948 abermals entriß. Dessen Nachfolger hielten indeß den versprochenen Frieden nicht, so daß nach langen Kämpfen Kaiser Konrad der Salier Schleswig, um endlich Ruhe zu erringen, unter der Form eines Reichslehens, an König Knud den Großen von Dänemark 1027 zurückgab.

Seit dieser Zeit galt das Herzogthum als die gewöhnliche Abfindung für den jedesmaligen zweitgeborenen Sohn, wurde unter Anderen auch 1119

Knud Laward, Bruder Erichs III. „des Denkwürdigen", 14ten Königs von Dänemark, zu Theil und vererbte sich auf des Letzteren Sohn: Waldemar I. im Jahre 1131, hierauf im Jahre 1191 auf dessen jüngeren Sohn: Waldemar II., „den Sieger".

Waldemar II. verlieh Schleswig im Jahre 1218 seinem ältesten Sohne Erich VI., genannt Pflugpfennig, als ein Herzogthum, von dem es dann im Jahre 1232 der jüngere Sohn Abel erhielt.

In Abels Nachkommenschaft vererbte sich das Herzogthum weiter, bis mit dem Sohne seines Ururenkels Waldemar II. (oder V.), Namens Heinrich, Abels Linie 1375 am 25. September erlosch.

Der dritte Bruder des erwähnten Abel: Christoph I., Herzog von Falster, folgte Ersterem 1252 als 23ster König von Dänemark, diesem sein Sohn Erich VII., genannt Glipping, und Letzterem zunächst (1286—1319) Erich VIII. Menwed, sein ältester, und nach dessen kinderlosem Tode 1320 sein jüngerer Sohn Christoph II.

Christoph II. wurde im Jahre 1326 des Thrones entsetzt, den nunmehr sein Vetter, der obengenannte Waldemar II., Erichs II. Sohn, bestieg und in Dänemark herrschte, bis auch er im Jahre 1330 vertrieben und an seiner Stelle sein Vormund: Gerhard III. Graf von Holstein, seit 1326 bereits Reichsvorsteher, zum König von Dänemark erwählt wurde.

Dieser gab das Herzogthum Schleswig, für das er 1326 die wichtige constitutio Walderiana (wonach Dänemark und Schleswig fortan nicht unter einer Krone stehen sollten) erwirkt hatte und das ihm von seinem Mündel in demselben Jahre (1326 am 15. August) als erbliches Fahnenlehen verliehen worden war, dem vertriebenen Waldemar zurück. Während Schleswig auf Waldemars Sohn Heinrich,[1] der 1375 25. September kinderlos starb, vererbte, gelang es des entsetzten Christoph II. Sohne: Waldemar II. Atterdag, den dänischen Königsthron zu besteigen und bei seinem 1375 24. Oktober erfolgten Tode ihn seiner Tochter Margarethe zu hinterlassen, vermählt mit Hagen VI. († 1380),[2] König von Schweden und Norwegen aus dem Hause der Folkunger.

---

[1] Die weitere Geschichte Schleswigs ist bereits unter Holstein gegeben; es hat einen Flächeninhalt von 158 Quadratmeilen (8090 Quadratkilometern). Der Name Schleswig wird abgeleitet von dem Worte Sliesthorp, dann Sliaswik, d. h. Schlei-Insel (von Slia, dem Schlei-Fluß).

[2] Dessen Vater: Magnus III. Smek, Urenkel des berühmten Birger Jarl, Majordomus und seit 1240 Regenten von Schweden, stammte aus der Ehe Erichs, Herzogs von Schweden († 1318), mit Ingeburg, Tochter und Erbin Hagens VII. Haleggr, Herzogs von Norwegen, und hatte als solcher 1319 den Thron beider Reiche bestiegen.

Margarethe, genannt die „nordische Semiramis", nach ihres Gemahls und Sohnes Olaf Tode — seit 10. August 1387 — Königin von Dänemark, Schweden und Norwegen, stiftete die später aufgelöste Calmarische Union 13./20. Juli 1397 und starb 1412.

Ihr folgte, Mangels anderer Erben, in den drei Königreichen der Enkel ihrer dem 1383 † Herzog Heinrich III. von Mecklenburg vermählten einzigen Schwester Ingeburg: Erich X. (XIII.) Herzog von Pommern, Sohn des Herzogs Wartislaw VII. aus der Ehe mit Maria von Mecklenburg. Derselbe wurde indeß bereits 1439 entsetzt und an seiner Stelle Christoph III., Pfalzgraf bei Rhein, sein Neffe — aus der Ehe seiner Schwester Sophia mit Pfalzgraf Johann von Amberg —, gewählt. Nachdem dieser im Jahre 1448 erblos verstorben war und seine Wittwe sich mit Christian VIII., Herzog von Schleswig, Grafen von Holstein vermählt hatte, war es natürlich, daß die Blicke der Großen in den drei Nordischen Reichen sich auf diesen richteten. Warm empfohlen durch seinen Oheim, den Grafen Adolph XI. von Holstein, dessen Großmutter Ingeburg von Mecklenburg die Schwester des obengenannten Herzogs Heinrich III. gewesen war, erfolgte, da Adolph für seine Person die ihm angebotenen Kronen abgelehnt hatte, Christians Wahl, und bestieg dieser als „Christian I." den Thron der drei Nordischen Reiche.

Provinz Schleswig-Holstein.

Die Vereinigung der Herzogthümer als „Provinz Schleswig-Holstein" mit der Preußischen Monarchie erfolgte laut Gesetz vom 24. Dezember 1866 (Gesetz-Samml. 1866 S. 875) und Besitzergreifungspatent vom 12. Januar 1867 (Gesetz-Samml. 1867 S. 129). Zur Provinz trat noch das laut Gesetz vom 23. Juni 1876 (§. 1, 5, 6) — Gesetz-Samml. 1876 S. 169 — mit der Preußischen Monarchie vereinigte Herzogthum Lauenburg (f. d.) als „Kreis Herzogthum Lauenburg" (1150 Quadratkilometer = 21 Quadratmeilen) am selben Datum. Demgemäß beträgt der Flächeninhalt der Provinz: 18841/8 Quadratkilometer (342 Quadratmeilen).

Wappen

für die oberen Behörden der kommunalen Provinzial-Verwaltung, genehmigt laut Allerhöchster Kabinetsordre d. d. Jagdhaus Rominten, 28. September 1891.

A. Größeres Wappen (cfr. Ostpreußen). Gespaltener Schild; vorn in Gold zwei über einander nach links schreitende, rothgezungte, blaue Löwen

(Herzogthum Schleswig), hinten in Roth ein silbern roth getheiltes Schildchen, gegen dessen drei Ecken drei silberne Nägel im Dreipaß stehen; zwischen diesen je ein silbernes Nesselblattstück (Herzogthum Holstein).[1] Auf dem gekrönten Helme, mit rechts blaugoldenen, links rothsilbernen Decken, eine rothgefütterte, sonst offene goldene Krone, darauf zwischen zwei goldenen Turnierlanzen, deren rothe Wimpel mit der Holsteinschen Wappenfigur bezeichnet sind, drei je mit Pfaubusch besteckte goldene Zepter.

Schildhalter: wie beim größeren Wappen von Ostpreußen, aber Schärpe oben weiß, unten schwarz; auch stehen die Schildhalter hier auf einem grünen Rasenstück; der linke Schildhalter trägt drei Helmfedern, gelb, roth, weiß, und im Standartentuche die Zeichnung des Schildes wiederholt. Schnüre und Quasten der Fahnen golden.

B. Das einfachere Wappen auf den Siegeln der Zentralorgane zeigt den oben beschriebenen, mit der Herzogskrone gekrönten Pommern-Schild, gehalten von den Schildhaltern wie beim einfacheren (mittleren) Wappen von Ostpreußen (A).

C. Das Wappen auf den Siegeln der unteren Organe zeigt den freischwebenden Königlich Preußischen heraldischen Adler, auf der Brust den oben beschriebenen Wappenschild (ohne Krone) tragend.

---

[1] Es ist nicht wohl zu verstehen, daß, nachdem J. M. die Kaiserin Augusta Victoria, geb. Prinzessin zu Schleswig-Holstein, in dem auf Grund von Quellenforschungen berichtigten Schleswig-Holsteinschen Hauswappen, auch der Holsteinschen Wappenfigur die alte richtige Form wieder gegeben, diese Berichtigung bei der Feststellung des Provinzialwappens von Seiten der Provinzialstände und Behörden bei Seiner Majestät nicht ebenfalls beantragt ist.

Herzogthum Magdeburg.

„14. Wegen des Herzogthums Magdeburg. Von Roth und Silber quer getheilt."
Als Helmkleinod ist, seit Magdeburg an Kurbrandenburg gedieh, ein sich in die Brust beißender, die drei Jungen mit seinem Blute nährender, silberner, flugbereiter Pelikan, mit gelbem Schnabel und Kehle,[1]) wie abgebildet, angenommen worden.

———

Das Erzbisthum Magdeburg ist eine Gründung Otto's des Großen; er stattete es mit ansehnlichen Besitzungen aus und verlieh ihm das Aufsichtsrecht über die damaligen Stifter Brandenburg und Havelberg.

Der erste Erzbischof war Adalbert (968, 18. Oktober bis 981, 21. Mai).

Bald gewann das Erzbisthum noch reicheren Besitz. 1152 eroberte der Erzbischof Wichmann: Dahme und Jüterbog, bemächtigte sich auch

---

[1]) So erscheint, auf der Krone des mit rothsilbernen Decken versehenen Helmes stehend, derselbe bereits in dem im Königlichen Haus-Archiv zu Berlin (XI. Nr. 37. A.) befindlichen handschriftlichen offiziellen Wappenbuch des großen Kurfürsten vom Jahre 1686.

des Stammschlosses der erloschenen Grafen von Sommerschenburg (Grafschaft Seehausen).[1]

In einem zwischen Erzbischof Ludolf einerseits und dem Markgrafen Otto II. von Brandenburg und dessen Bruder Heinrich, Grafen von Gardelegen, 1196 abgeschlossenen Vertrage, wurde dem Ersteren der größte Theil der Altmark und einige rechtselbische Theile zu Lehen aufgetragen, die er innerhalb Jahresfrist als Lehen auf Mann und Weib zurückverlehnen solle, jedoch waren dies lediglich Askanische Erbgüter ohne Hoheitsrechte. Dennoch entstanden über diese und andere Angelegenheiten mannigfache Zwistigkeiten zwischen Magdeburg und Brandenburg, die schließlich zu dauerndem Unfrieden und förmlichen Kriegen führten und weder während der Askanischen, noch in der Bayerisch-Lützelburgischen Zeit beigelegt wurden. Erst dem Kurfürsten Friedrich II. gelang es, 1449 (November) zu Kloster Zinna, einen Grenzregulirungs-Vergleich mit dem Erzbischof Friedrich III., Grafen von Beichlingen herbeizuführen.

Magdeburg erhielt hierdurch in dem zwischen Havel und Elbe belegenen Dreieck die Orte: Alt-Platow, Buckow, Jerichow, Milow und Sandow, außerdem an der Südgrenze der Altmark: Alvensleben, Angern, Rogätz und Wolmirstedt. Dagegen wurde die im Jahre 1381 von Magdeburg in Besitz genommene Grafschaft Wernigerode (s. d.) Brandenburg zurückgegeben, sowie die Magdeburgische Lehenshoheit über die Altmark und Zauche aufgehoben.

Außer obigen Gütern besaß bezw. erwarb das Erzbisthum auch noch andere, z. B. Oebisfelde an der Aller, 1369 dem Erzstift zu Lehen aufgetragen, ferner: Jerichow und die Grafschaft Hadmersleben, die Herrschaft Querfurt (1496 als heimgefallenes Lehen eingezogen), sowie viele andere; nicht jedoch die Stadt Magdeburg, die fast zu allen Zeiten durch ihren Reichthum und ihre Verbindungen ihre Selbständigkeit bewahrt hatte.

Das Erzbisthum war in seiner Größe in vier Kreise: 1. den Holzkreis (linkselbisch), 2. den Kreis Jerichow (zwischen Havel und Elbe), 3. den Kreis Luckenwalde-Zinna, 4. den Saalkreis (mit der Hauptstadt des Erzbisthums: Halle) eingetheilt.

Mit dem Erzbisthum war außerdem seit 1579 auch das Kursächsische Burggrafenthum[2] Magdeburg (ausgenommen die Aemter Elbenau, Glommern, Golau und Rahnis) vereinigt.

---

[1] Ursprünglich Halberstädtisch, verkauft an die Markgrafen von Brandenburg 1253 und von diesen, gegen Verzichtleistung auf Jerichow und Alvensleben sowie 3000 Mark, an Magdeburg abgetreten.

[2] Dieses Burggrafenthum, das nachweislich schon zur Zeit Kaiser Otto I. bestand, und im Laufe der Zeit an verschiedene Geschlechter gegeben war, wurde 1118 durch Vermittelung des Erzbischofs Adelgot von Magdeburg an Graf Wiprecht

Durch den Westfälischen Frieden (24. Oktober 1648) wurde das Erzbisthum säkularisirt; vier Aemter (die sogenannten eximirten) Burg, Dahme, Jüterbog und Querfurt erhielt Kursachsen, das hieraus für die Linie Weißenfels das reichsunmittelbare Fürstenthum Querfurt bildete. Die Frage, ob diese Aemter zur Magdeburgischen Lehensherrlichkeit gehörten, somit dem Kurfürsten von Brandenburg unterstanden, kam erst durch den Vertrag vom 22. Juli 1687 zur Erledigung, in dem Er, unter Verzichtleistung auf die Lehenshoheit derselben, das Amt Burg als Eigenthum und auf die übrigen drei Aemter Erbanwartschaft erhielt.

Das übrige Gebiet des Erzstifts, oder vielmehr die Anwartschaft darauf wurde durch den Westfälischen Frieden (24. Oktober 1648) Kurbrandenburg ertheilt, vorzugsweise wohl deshalb, weil Magdeburg bereits über hundert

---

von Groitsch senior verliehen. Dieser übte in Folge seiner für fürstlich erachteten Würde auch das sogenannte Halle'sche Grafengedinge, d. h. die Vogtei zu Halle aus. Nach dessen Tode besaß sie sein Sohn Heinrich III. von Groitsch, Markgraf zu Lausitz und der Ostmark (1131—1135). Nach Heinrichs Ableben wurde sie, durch Vermittelung des Erzbischofs Konrad I. von Magdeburg, a. d. H. Querfurt, an dessen Bruder Burkhard II. von Mansfeld gegeben. Dessen Nachkomme im V. Grade: Burghard XI. verkaufte die Burggrafschaft 1269 an Erzbischof Konrad II. von Magdeburg, der sie, nebst den verschiedenen Vogteien, eodem an die Herzöge Johann von Sachsen-Lauenburg und Albrecht II. von Sachsen-Wittenberg, a. d. H. Askanien, für 12000 Mark unter Lehensbedingung verkaufte; sie umfaßte damals die burggräflichen Rechte zu Magdeburg und Halle, nebst den obengenannten vier Aemtern. Bald übernahm die Linie Wittenberg den Alleinbesitz und 1294 wurde Burggrafschaft und Schultheißenamt von Magdeburg durch Herzog Albrecht II. an das Erzstift für 900 Mark zurückgegeben. Später ward es indeß Kaiserliches Lehen und nach dem Erlöschen der Linie Sachsen-Wittenberg (mit Albrecht V. 1422), nebst der dadurch erledigten, mit ihr verbundenen Kurwürde 1423 am 6. Januar Friedrich I., Markgrafen von Meißen ertheilt.

In Folge dessen entstanden zwischen dem Kurfürsten von Sachsen und dem Erzbisthum Magdeburg langwierige Streitigkeiten, die erst d. d. Eisleben 10. Juni (bestätigt von Kaiser Rudolph II. 8. August) 1573 (durch den sogenannten „Eisleber Tausch- oder Permutations-Rezeß" beendigt wurden. Diesem zu Folge trat der Kurfürst August von Sachsen alles, was er in den Städten Magdeburg und Halle, sowie sonst im Erzstift, zufolge Kaiserlicher Begnadigung als Reichslehen besessen, also die Bannsbefehlung, das Grafengedinge, die Einweihung (Bestätigung) des Schultheißen und der Schöppen zu Halle, das peinliche Gericht ꝛc. dem Erzbisthum (dessen Verweser damals Markgraf Joachim Friedrich zu Brandenburg war) ab und empfing als Gegengabe dafür: die Lehensherrlichkeit und Landeshoheit über einen großen Theil der Grafschaft Mansfeld, behielt aber die Aemter Elbenau, Glommern, Golau und Rahnis, sowie auch Titel und Wappen eines Burggrafen von Magdeburg bei. Dieses war ein gespaltener Schild, der in der vorderen weißen Hälfte einen halben rothen Adler am Spalt (Amtszeichen) zeigte, während die hintere Hälfte achtfach von weiß und roth quer getheilt (auch vier rothe Balken in Silber) das Wappen des ersten erblichen Burggrafen von Mansfeld, a. d. H. Querfurt, zeigte.

Jahre unter Administration von Markgrafen von Brandenburg gestanden hatte und dadurch naturgemäß mancherlei Verbindungen eingegangen war. Während die Stände bereits 1649 dem Kurfürsten huldigten, verweigerte die Stadt Magdeburg, sich auf ein ihr vom Kaiser Otto verliehenes Privilegium als freie Stadt des Reiches berufend, lange die Erbhuldigung. Es rächte sich hier, daß der Kurfürst die ihm durch das sogenannte Tripartit (abgeschlossen 1550 16. Oktober zwischen Kurbrandenburg, Kurhessen und dem Erzbisthum, behufs Theilung der Einkünfte von Stadt und Land) zugefallenen Rechte auf die Stadt (der er bald darauf gnädig ihre Privilegien zurückgegeben hatte) im obenerwähnten Eisleber Rezeß ohne Bedingung an das Erzstift abgetreten hatte. Erst durch den Vertrag zu Kloster Bergen 1666 mußte sich, nachdem auf dem Regensburger Reichstage die Ansprüche der Städter eine Zurückweisung erfahren hatten, Magdeburg sich verpflichten, zunächst dem damals noch lebenden Erzstiftsverweser Herzog August zu Sachsen-Weißenfels und alsdann dem Kurfürsten von Brandenburg zu huldigen. So kam erst nach des Ersteren Tode (4. Juni 1680) das Erzstift mit der Stadt, sowie die dem früheren Administrator Christian Wilhelm, Herzog zu Sachsen (für die ihm zugesicherte Jahresrente von 2000 Thalern) 1648 übergebenen, bei dessen Tode 1665 zurückgefallenen Aemter Loburg und Zinna in den Besitz des Kurfürsten, der durch den 1681 am 7. Januar abgeschlossenen Vergleich mit dem Fürstlichen Hause Anhalt auch die verwickelten Lehensverhältnisse zwischen diesem und Magdeburg und Halberstadt (s. d.) in Ordnung brachte. Hierdurch ward zugleich die alte Erbberechtigung Kurbrandenburgs auf Anhalt bestätigt, während die auf die Grafschaft Aschersleben (oder Askanien — s. Halberstadt) den Anhaltinern zugestanden ward.

Durch Titel 1 und 7 des Tilsiter Friedens vom 9. Juli 1807 (Gesetz-Samml. 1807 S. 154) und Proklamation vom 24. ejd. (Gesetz-Samml. 1807 S. 167) wurde der linkselbische und ein Theil des rechtselbischen Gebiets an Frankreich abgetreten und 15. November ejd. zum Königreich Westphalen[1]) geschlagen. In Gefolge des Pariser Friedens vom 30. Mai 1814 und der Wiener Kongreßakte vom 31. Mai 1815 ward das Herzogthum, zufolge Besitzergreifungspatents vom 21. Juni ejd. (Gesetz-Samml. 1815 S. 193) wieder mit Preußen vereinigt. Seine Begrenzung ꝛc. ist durch Verfügung vom 30. April 1815 D. Nr. 2 (Gesetz-Samml. 1815 S. 96) bestimmt worden. Es hat einen Flächenraum von c. 108 Quadratmeilen (5900 Quadratkilometer).

---

[1]) Die Vertheilung der einzelnen Ländereien auf die verschiedenen „Departements" cfr. unter „Königreich Westphalen". Den Hauptstock derselben bildete das „Departement der Elbe" laut Dekret d. d. Cassel 24. Dezember 1807.

Wappen.

Während Kurbrandenburg den Schild des Erzbisthums [Wappen und Kleinod] (das demselben bereits d. d. Prag, am St. Lorenztage [10. August] 1400 durch Wenzel, König von Böhmen, mit einem Adler, der aber nie geführt worden ist, verliehen worden war)[1] ohne weitere Veränderung in sein Wappen aufnahm, finden wir, daß auf dem Helme, anstatt des auf den Siegeln der Erzbischöfe erscheinenden Kleinodes (ein hoher rother Hut mit zerspaltenem weißen Stulp, oben goldenem Knopf mit Pfaufedern, zwischen zwei wie der Schild gezeichneten Fähnlein) Kurbrandenburg sogleich den obengenannten Pelikan als Helmkleinod angenommen hat und bald auch die übrigen Linien. Die Rangstellung des Wappens von Magdeburg im Brandenburgisch-Preußischen war folgende:

Zunächst finden wir im Schilde das Wappen von Magdeburg im Range stets direkt hinter Brandenburg, sowohl im großen Wappen (Schild und Helm), wie im Titel (Rescript d. d. Cölln 27. August 1660 hinter dem Erzkämmerertitel).

Nach erlangter Souverainetät über Preußen wird es laut Rescript d. d. Cölln 20. November 1663 hinter dieses gestellt (zuerst Thaler von 1672).

Nachdem bei Erlangung der Königswürde das Wappen von Preußen vor Brandenburg gekommen, verbleibt Magdeburg bei der Wappenänderung, auch 1708 und 1732, wieder hinter diesem. Erst nach Einfügung des Wappens von Geldern (1744) wird es letzterem hintangesetzt (vor Cleve).

1804 kam es hinter Paderborn und 1817 gar in die zweite Reihe, noch hinter Jülich. Hier ist es bei der Neuordnung des Wappens 1864 geblieben, bis es 1873 in den Rang hinter die neu eingeschobenen Wappen von Lüneburg, Holstein und Schleswig gekommen ist.

Das Helmkleinod ist, wie alle übrigen, seit Annahme der Königswürde nicht mehr geführt worden.

Im Schilde und auf dem Helme im Wappen der Fränkischen Linie Culmbach war Magdeburg seit Christian Ernst — succ. 1655 — zuerst im Range hinter „Brandenburg", seit 1701 hinter „Preußen" vertreten.

---

[1] Und zwar gemäß einem kurfürstlichen Rescript vom 17. Februar 1650, worin befohlen wird, die Siegel entsprechend den Neuerwerbungen von 1648 umzuändern, so daß wir schon auf einem $2/3$ Thaler de 1650 und Siegeln von 1651 diesen Befehl ausgeführt sehen.

Herzogthum Bremen.

15. „Wegen des Herzogthums Bremen. Im rothen Felde zwei in Form eines Andreaskreuzes gelegte, silberne, mit den Bärten abwärts gekehrte Schlüssel, zwischen denen im oberen Winkel sich ein silbernes Stabkreuz erhebt."[1]

Auf dem gekrönten Helme, mit rothsilbernen Decken, eine gekrönte, oben mit Pfauschweif von fünf Federn besteckte konische rothe Säule (Schaft), vor der die beiden Schlüssel wie im Schilde verschränkt erscheinen. (Dies Kleinod ist erst neuerdings erfunden worden; weder das Erzbisthum, noch Hannover haben es geführt.)

⁂

Das schon im 8. saeculo (787) durch Karl den Großen gegründete Bisthum Bremen an der Werra („Bremon an der Wirraha") wurde im Jahre 849 unter S. Ancharius mit dem 811 gegründeten, 817 aufgehobenen und 845 wiederhergestellten Erzbisthum Hamburg verschmolzen,

---

[1] Es ist nicht wohl zu begreifen, warum bei Aufnahme des Wappens von Bremen in das K. Preußische Wappen man über das wirkliche Wappenbild: die beiden Schlüssel (das Sinnbild des Patrons St. Petrus), die es zu allen Zeiten lediglich und ganz allein geführt hat, noch „ein silbernes Stabkreuz" setzte. Es ist dies ein Fehler, der aus dem Schrot'schen Wappenbuch de 1576, das Bremen mit dem

indem Letzteres der Sicherheit wegen nach Bremen verlegt wurde. Erst im Jahre 1072 tritt Bremen nunmehr ganz selbständig auf, und zwar nannte sich schon damals dessen erster Bischof Liemar häufig: „Erzbischof", während Hamburg in den Hintergrund trat. Der darüber zwischen den Domkapiteln zu Hamburg und Bremen entstandene Streit wurde 1223 dahin entschieden, daß Titel und erzbischöfliche Würde zwar Bremen zustehen solle, bei der Neuwahl des Erzbischofs daselbst aber Propst, Dechant, Scholaster und drei Domherren von Hamburg gleiches Wahlrecht mit den von Bremen genießen sollten, was Papst Honorius 1. April 1255 bestätigte.

Bremens weltliche Macht begründete eigentlich bereits der Erzbischof Adaldag (936—988 Erzbischof von Hamburg), als Verwandter des Sächsischen Kaiserhauses; sie breitete sich bald nicht nur über die Stadt Bremen aus, sondern umfaßte auch die Marschenländer Kehdingen, Wursten ꝛc., den Gau Wigmodia u. A.

Eine weitere Machtentfaltung fand unter den Erzbischöfen Adalbert I., Pfalzgraf von Sachsen (1045—1072) und Hartwig I., Graf von Stade (1148—1168) statt. Letztere Grafschaft, als deren erster Herr: Graf Lüder († 930) bekannt ist, dessen Urenkel Lüder Udo, sowie Sohn Udo II. und Enkel Heinrich († 1087), kaiserliche Markgrafen der Nordmark waren (s. Brandenburg), wurde wahrscheinlich deswegen von Udo II. († 1082) dem Erzbisthum Bremen zu Lehen aufgetragen. Nachdem mit Udos II. Enkel: Rudolf, 1144 der letzte Graf weltlichen Standes verblichen, erbte die Grafschaft der obengenannte Erzbischof Hartwig, Rudolfs Bruder, entsagte indeß der Erbschaft zu Gunsten des Erzstifts Bremen.

Es nahm jedoch Heinrich der Löwe, wegen früherer angeblicher Belehnung, Stade in Besitz und vererbte es, trotz des Widerspruchs der Erzbischöfe von Bremen, auf seinen Sohn, den Pfalzgrafen Heinrich, und dann an Otto das Kind (s. Lüneburg). Dennoch gedieh die Grafschaft, wohl durch freiwillige Abtretung, später an das Erzbisthum, das inzwischen 1270 auch Wildeshausen (s. d.), einer Linie der Grafen von Oldenburg gehörig, erworben hatte.

Die Reformation bürgerte sich erst etwa 1560, nach dem Tode des ihr feindlichen Erzbischofs Christoph, ein.

1644 bereits von den Schweden besetzt, wurde durch den Westphälischen Frieden Bremen nebst Verden (s. d.) säkularisirt und der Krone Schweden als weltliches Herzogthum zugesprochen.

Im Jahre 1709 verpfändete Schweden das Herzogthum an Georg I.,

---

früher damit verbunden gewesenen Riga verwechselt hat und außerdem das Kreuz golden giebt, aufs Neue gemacht worden ist. Graf Stillfried, der intellektuelle Urheber der Kombination, beruft sich auf Schrot und motivirt sie damit, daß man sonst den Bremischen Schild nicht von dem Mindenschen Wappen zu unterscheiden vermöge (!).

Kurfürsten von Hannover. Während der Kriege König Carls XII. durch Waffengewalt in die Hand des Königs Friedrich IV. von Dänemark gelangt, wurde es hierauf von Diesem für 670000 Thaler (6 Tonnen Goldes) 1715, 26. Juli an Kurhannover verkauft und am 15. Oktober ejusdem übergeben. Endgültig trat Schweden seine Ansprüche auf Bremen durch den Friedensschluß zu Hamburg vom 20. November 1719 und Liquidationsrezeß vom 18. August 1725 gegen die auf 1090000 Thaler endgültig festgesetzte Summe an Hannover, das 1731 die Stadt Bremen als Reichsstadt anerkannte, ab. Seit 4. Juni 1803 bis 1806 bildete es einen Theil von Frankreich, wurde nach kurzer Uebergangszeit (bei Preußen) durch den Frieden von Tilsit wieder an Frankreich abgetreten, kam vom 14. Januar 1810 bis 10. Dezember ejusdem an das Königreich Westphalen, dann an Frankreich und durch den Pariser Frieden an das Königreich Hannover zurück. 1866 theilte es dessen Schicksal, indem es, laut Gesetz vom 20. September 1866 (Gesetz-Samml. 1866 S. 555) und Besitzergreifungspatent vom 3. Oktober 1866 (Gesetz-Samml. 1866 S. 594) mit den Preußischen Staaten vereinigt wurde.

Es hat einen Flächeninhalt von 94 Quadratmeilen (5170 Quadratkilometern).

Herzogthum Geldern.

16. „Wegen des Herzogthums Geldern. Im blauen Felde ein goldener, rothgezungter, gekrönter Löwe."

Auf dem gekrönten Helme, mit blaugoldenen Decken, eine wie der Schild gezeichnete, rings mit 2 Reihen von Pfaufedern besteckte Scheibe.

❦

Das Herzogthum Geldern stand als Grafschaft bereits im Jahre 1085 unter eigenen Herren, gleichen Stammes mit dem ältesten Grafen von Cleve (s. d.), und zwar besaß es damals (nebst Wassenberg, das seinem Urgroßvater Gerhard I. als Reichslehen verliehen war) Graf Gerhard III. bis 1104.

Dessen Sohn: Gerhard IV., Gemahl der Erbgräfin Irmgard von Zütphen, war der Urururgroßvater Reinhalds I. (1271—1326), der durch Verheirathung mit Irmgard von Limburg († 1282), Erbtochter Walrams V., Herzogs von Limburg († 1280) — a. d. H. der Markgrafen von Arlon und Herzöge von Nieder-Lotharingien, Grafen von Lützelburg — 1280 Herzog von Limburg wurde, dieses indessen 1288 5. Juni an seines Schwiegervaters Vetter: Heinrich III. von Lützelburg (seit 1312 deutscher Kaiser) abtrat,¹) wofür er von ihm 1317 am 1. August in den Fürstenstand erhoben ward.

Reinhalds I. Sohn: Reinhald II. wurde 1339 19. März zum Herzog von Geldern und Grafen von Zütphen erhoben.

Ihm folgte als Herzog: Reinhald III., sein ältester, und diesem (der kinderlos 1361 starb) dessen zweiter Bruder Eduard, der 1371 am 24. August, gleichfalls erblos, starb. Hierauf succedirte auf nur vier Monate Reinhalds III. Wittwe: Maria, Herzogin von Brabant, dann nach deren Tode (1372—1379) Johann von Châtillon, Graf von Blois, Gemahl der älteren Schwester Reinhalds III.: Mathilde. Als auch dieser ohne Erben abgegangen war, folgte im Besitz von Geldern: Wilhelm, Herzog von Jülich (s. d.), Gemahl der zweiten Schwester Reinhalds III.: Maria. Deren beider Söhne starben: Wilhelm 1402, Reinhald IV. 1423 ohne, bzw. ohne eheliche Nachkommenschaft.

Geldern (Jülich s. dort) fiel nach Erbrecht nunmehr der Schwester der genannten Herzöge: Johanna, vermählt mit Johann von Arkel, Herrn von Leerdam († 1428) zu. Allein auch aus deren Ehe war nur eine Tochter, Maria, entsprossen, vermählt mit Johann II., Grafen (seit 15. August 1423) von Egmond, der den Beinamen „mit der Bellen" (Schelle) trug. Dieser, schon von mütterlicher Seite Herr zu Leerdam, wurde nunmehr Regent von Geldern, bis nach seines Vaters Tode sein Sohn Arnold 1436 als VIII. Herzog von Geldern folgte.

Arnold mußte indeß das Herzogthum 1471 30. Dezember an Karl den Kühnen von Burgund abtreten; sein Mannesstamm erlosch 1538 am 30. Juni mit seinem Enkel Karl, der Geldern, aber als Reichslehen, von Kaiser Carl V. zurückerhalten und den Herzog Wilhelm V. von Cleve=Jülich († 1592) — s. d. — testamentarisch zum Erben des Herzogthums eingesetzt hatte. Wilhelm trat zwar 1539 am 1. August die Erbschaft an, verzichtete indessen gezwungen bereits 1543, 7. September (gegen Abtretung von Wassenberg, Borne und Herzogenrath an sein Haus) zu Gunsten Burgunds.

Mit Letzterem kam Geldern, durch Maria, der Erbtochter von Burgund, an das Erzhaus Oesterreich. Hier blieb, nachdem sich das nördliche Geldern beim Aufstande der Niederländer abgetrennt hatte und 1579 der Utrechter Union beigetreten war, noch der südliche Theil bis im Utrechter Frieden vom 11. April 1713, durch den der genannte, noch zu den Spanischen Niederlanden gehörige Antheil an dem Oberquartier von Geldern

---

¹) Er war der letzte Herzog von Jülich-Cleve=Berg ꝛc. Nach seinem Tode brach der bekannte Jülich'sche Erbfolgestreit aus, dessen bei Cleve — s. d. — ausführlich gedacht werden wird.

(Quartier von Ruremonde) als Herzogthum Geldern — 22 Quadratmeilen groß — an König Friedrich Wilhelm I. von Preußen abgetreten wurde, wohingegen Dieser auf die ererbten Güter in der Provence und Franche=Comté (das Fürstenthum Orange) — f. Oranien — Verzicht leistete.

Durch den Baseler Frieden 1795, bzw. den Frieden von Lüneville (9. Februar 1801) an Frankreich abgetreten, kam Geldern durch den Pariser Frieden vom 30. Mai 1814 und die Wiener Kongreßakte vom 31. Mai 1815 an Preußen zurück, desgleichen ein kleiner Theil des ehemals Oesterreichischen „niederen" Antheils. Beide wurden durch Besitzergreifungs=Patent vom 5. April 1815 (Gesetz=Samml. 1815 S. 21) mit der Monarchie wieder vereinigt und die Begrenzung durch Verfügung vom 30. April 1815 E. II. Nr. 2 (Gesetz= Samml. 1815 S. 97) festgesetzt.

Endlich wurde auch, und zwar durch den mit dem Königreich der Nieder= lande geschlossenen Traktat vom 7. Oktober 1816, das zum niederen Quartier von Geldern (das früher eine der 7 vereinigten niederländischen Provinzen bildete) gehörig gewesene Kirchspiel Klein=Netterden an Preußen abgetreten. Das jetzige Herzogthum (der Kreis) Geldern hat einen Flächen= inhalt von 11 Quadratmeilen (600 Quadratkilometer). Der übrige Theil Ober= und Nieder=Gelderns gehört zum Königreich der Niederlande.

Wappen.

Im Königlich Preußischen Wappen finden wir den Löwen von Geldern (und zwar zunächst noch ungekrönt) zuerst in dem laut Verfügung Berlin, 29. Juli 1732 abgeänderten Wappen und zwar in der Rangordnung der Felder direkt hinter Brandenburg, vor Magdeburg und ebenso im Titel vor Letzterem.

Von 1804—1817 fehlt es (zufolge der obenerwähnten Abtretung) in Beiden, ist aber, laut Allerhöchster Kabinetsordre vom 9. Januar 1817 und zwar nunmehr hinter dem Herzogthume Westfalen und vor Magde= burg in Titel und Wappen einrangirt, der Löwe immer noch ohne Krone.

Letztere erhielt er erst bei der Wappen=Neuformirung laut Allerhöchster Kabinetsordre vom 11. Januar 1864.

Die abermalige Abänderung, laut Allerhöchster Kabinetsordre vom 16. August 1873, setzte den Löwen in die III. Querreihe des Wappens, hinter das Herzogthum Bremen und vor Cleve, Jülich und Berg.

Herzogthum Cleve.

17. „Wegen des Herzogthums Cleve. Im rothen Felde ein silbernes Schildlein, aus welchem acht goldene Lilienstäbe in Form eines gemeinen und eines Andreaskreuzes hervorgehen."
Der (ungekrönte) Helm, mit rothgoldenen Decken, trägt einen in den Helmkopf beißenden, silber-bewehrten rothen Stierkopf ohne Hals, mit goldenem Nasenring[1]) und goldener Krone, deren Reif von Silber und Roth doppelreihig geschacht[2]) ist.

Das älteste, am 19. November 1368 erloschene Haus der Grafen von Cleve stammte von einem Herrengeschlechte ab, das bereits vor dem Jahre 1000: Anton (Antoing), südöstlich von Doornik in Flandern besaß.

Welchem Stamme dasselbe angehörte, darüber sind die Ansichten verschieden, die Stammfolge kann nicht genau angegeben werden.

Jedenfalls erhielt vor dem Jahre 1000 Rudgar, ein Edler, dessen Bruder Gerhard I. der Ahnherr der Herren von Wassenberg und Geldern (s. d.) ist, Cleve als Reichslehen. Sein Enkel: Dietrich I. († 1118)

---

[1]) Derselbe ist erst seit vorigem Jahrhundert zufolge Verkennung der Lippenpartie hinzugekommen.

[2]) Es ist dies der Schachbalken der Grafschaft Mark (s. d.) und wurden hierdurch beide Helmkleinode auf geschickte ächtheraldische Weise verbunden.

erscheint zuerst als „Graf von Cleve" und ihm folgte Arnold I., der
1147 starb. Seines Sohnes Dietrich II. jüngerer Sohn: Arnold II. († 1200)
(der ältere hieß Dietrich III., † 1200) brachte durch Vermählung mit
Adelheid von Heinsberg bereits letztere Herrschaft an sein Haus. Diese
fiel zwar später, durch Erbheirath seiner Enkelin Agnes, an Graf Heinrich
von Spanheim, dagegen kam, durch dessen Tochter Adelheid, wiederum
die Herrschaft Hülchrath dem Hause Cleve und zwar Dietrich VI. „von
Meißen" (Urenkel des obengenannten Dietrich VII.) zu, der auch Cranen=
burg und Stadt Wesel besaß und dessen Vater Dietrich V. († 1260) durch
seine erste Gemahlin Mathilde von Dinslaken auch diese Herrschaft an
sein Haus gebracht hatte.

Als im Jahre 1368 am 9. November Dietrichs VII. dritter Sohn:
Johann II., Herr von Linn und Graf von Cleve (der Letzte aus dem
Hause): kinderlos gestorben war, lebten noch zwei Töchter seiner Brüder,
nämlich: Irmgard, Tochter des 4. Grafen Otto und Margarethe,
Tochter des 5. Grafen Dietrich, Erstere an Johann von Arkel († 1355),
Letztere an Adolph II. (IV.) Graf von der Mark, der aus dem Hause der
Grafen von Berg=Altena stammte, vermählt.

Da Seitens des Grafen Johann II. von Cleve der Margarethe die
Erbfolge versprochen war, so erbte ihr Sohn Adolf III. (VI.) 1368 Cleve,
wozu damals bereits die Herrschaft Ringelberg, sowie die Stadt Duis=
burg (in kaiserlicher Pfandschaft) und die Herrschaften Dinslaken, Hülch=
radt, Cranenburg und Saffenberg gehörten.

Der Sohn dieses Adolf III. (VI.) von der Mark († 1394)
aus der Ehe mit Gräfin Magdalene von Cleve: Adolf IV. († 1448)
erhielt 1397 von Simon Grafen von Salm, Herrn von Borne (als
sein Lösegeld) die Herrschaft Ravenstein (in Nordbrabant, östlich von
Herzogenbusch — s. d.). Er erwarb 1417 28. April (auf dem Conzil zu
Costnitz) den Herzoglichen Titel und 1426 (1441) Gennep (südwestlich
von Cleve).

Sein Sohn: Johann I. (der Schöne) vermählte sich mit Elisabeth
von Burgund=Nevers, die ihm Nevers, Eu und Arches zubrachte; an
ihn fiel 1461 auch die an eine Seitenlinie vergebene Graffschaft Mark zurück, mit
der 1447 dazu erworbenen Stadt Soest, nebst der Soester Börde. Für seine
Theilnahme an den Kämpfen Karls des Kühnen ertheilte ihm des Herzogs
Tochter Maria 1477 die Vogtei über das Stift Elten, die Aemter
Goch und Wachtendonk, bestätigte ihm auch den ihm verliehenen Reichs=
wald zu Cleve.

Johanns I. Enkel: Johann III. vermählte sich mit Maria,
Tochter des letzten Herzogs Wilhelm IV. von Jülich (s. d.), Berg (s. d.)
und Ravensberg (s. d.), welche Besitzungen sie ihrem Gemahl zubrachte.

Beider Sohn **Wilhelm V.** besaß von 1539—1543 auch Geldern, (s. d.) das er aber an Oesterreich-Burgund abtrat.

Sein Sohn: **Johann Wilhelm** starb 1609 am 25. März als letzter Herzog von Jülich, Cleve, Berg und Graf von Ravensberg.

Auf das reiche Erbe machten nunmehr mehrere Häuser Anspruch und es entstand, da Keiner nachgeben wollte, der **Jülich-Clevische Erbschaftsstreit**. Die Prätendenten waren (cfr. die Uebersichtstafel):

1. Der Kurfürst **Christian II.**, dann **Johann Georg von Sachsen** und die Herzoglich Sächsischen Linien.

Die Ansprüche wurden wie folgt begründet: Sachsen hatte von Kaiser **Friedrich III.**, zum Lohne des ihm in seinen Kämpfen mit Matthias Corvinus in Ungarn durch Herzog Albertus (Stifter der Albertinischen Linie) geleisteten Kriegsdienste, im Jahre 1483 die Anwartschaft auf die Erbfolge in Berg und Jülich erhalten, was 1495 durch Kaiser Maximilian I. auch dessen Neffen: Friedrich und Johann (von der Ernestinischen Linie) bestätigt worden war.

Dem entgegen hatte das Erbe 1511 Maria, Tochter des letzten Herzogs (s. Jülich), angetreten und es dem Hause Cleve zugebracht. Auf dieses Hauses Erbschaft war nunmehr das Haus Sachsen, als Entschädigung für die ihm entgangene Erbschaft, auf die von Jülich und Berg vertröstet worden und zwar durch Kaiser Karl V., bei Gelegenheit der Vermählung der Herzogin Sibylla, ältesten Schwester des vorletzten Herzogs Wilhelm V. († 1592), mit Kurfürst Johann Friedrich von Sachsen, dem Begründer der herzoglichen Häuser Ernestinischer Linie, Sohn des obengenannten Johann.

Allein diese Bewilligung hatte derselbe Kaiser, weil der genannte Kurfürst sich der Reformation zugewandt und im Schmalkaldischen Kriege gegen ihn gestanden, dadurch unwirksam gemacht, daß er dem obengenannten Herzog Wilhelm V. von Cleve, wahrscheinlich auch als Entschädigung für das dem Kaiserhause abgetretene Herzogthum Geldern, gestattete, sein Land ungetrennt auf seine Töchter vererben zu dürfen. Diese Befugniß war durch den folgenden Kaiser bestätigt worden und Herzog Wilhelm hatte daher schon 1572, um alle späteren Streitigkeiten unmöglich zu machen, die gesammten Lande seiner ältesten Tochter Maria Eleonore, vermählten Herzogin von Preußen, bestimmt. Die jüngeren Schwestern sollten durch Geld entschädigt werden. Durch dieses Testament mußten vom juristischen Standpunkt die Ansprüche des Hauses Sachsen als erloschen gelten.

2. **Johann Siegmund**, Kurfürst von Brandenburg, vermählt mit Anna, Herzogin von Preußen, Tochter der obengenannten Maria Eleonora.

Letztere starb 1608 am 23. Mai und zwar vor ihrem Bruder, dem letzten Herzog von Cleve 2c.

Zufolge dieses für Brandenburg vorzeitigen Todesfalls, schien das Recht des nach dem Tode des letzten Herzogs, Johann Wilhelm (1609, 25. März), auftretenden

3. Prätendenten: Pfalzgrafen Philipp Ludwig von Neuburg († 1632) in den Vordergrund gerückt zu sein. Er stellte, gestützt auf juristische Gutachten, die Ansicht auf, daß der Herzog Wilhelm V. nur in dem Falle seine älteste Tochter zur Erbin eingesetzt habe, daß keine männlichen Erben mehr vorhanden seien, jetzt, da sie vor ihrem Bruder gestorben, sei ihr Erbrecht erloschen und die rechtmäßige Erbin beider Schwester: Anna, seine — des Pfalzgrafen — Gemahlin, zumal sie, weil (als Tochter) um ein Grad näher verwandt, nähere Anrechte habe, als der Sohn ihrer Schwester. Dem gegenüber habe auch die 1574 bei einer Vermählung erfolgte Verzichtleistung seiner Gemahlin auf jene Lande keine Bedeutung mehr.

Die Ansprüche Sachsens erklärte der Pfalzgraf für erloschen und die der ferneren Prätendenten, nämlich:

4. des Johann, Pfalzgraf von Zweibrücken, Gemahls der dritten Schwester Magdalena und ebenso die des

5. Karl, Markgrafen von Burgau, Gemahls der vierten Schwester: Sibylla.

für gänzlich unbegründet, da zunächst das Haus Neuburg erlöschen müsse.

Keine Partei, weder der Kurfürst noch der Pfalzgraf, wollten nachgeben, so daß der Kaiser, der wohl auch nicht übel Lust hatte, die Lande für sich zu nehmen, sie vorläufig unter Sequester stellen zu müssen behauptete.

Doch hatte schon im April 1609 der Kurfürst Johann Sigmund sich derselben bemächtigt, bis, wohl wegen der drohenden Einmischung des Kaisers, 1609 am 31. Mai der Dortmunder Vergleich zwischen Brandenburg und Neuburg zu stande kam, durch welchen beide Fürsten gemeinschaftlich die Verwaltung in die Hand nahmen.

Nachdem Jülich 1609 am 20. Juli sich dennoch den Kaiserlichen übergeben, die Besatzung aber schon 1610 am 2. September von den Verbündeten verjagt worden war und der Kaiser, darüber erzürnt, den Kurfürsten mit der Acht drohte, schloß Dieser zu Jüterbog 1611 am 21. Mai einen Vergleich mit dem (schon 1610 mit den Landen belehnten) Kurfürsten von Sachsen; doch blieb derselbe, wegen mangelnden Einverständnisses des Pfalzgrafen, ohne weitere Wirkung, und der Letztere trat feindlich gegen den Kurfürsten auf. Erst der 1614 zur Regierung gelangte junge Pfalzgraf Wolfgang Wilhelm schloß, und zwar 1614 am 10. September, mit dem Kurfürsten den Vergleich zu Xanten, wonach Brandenburg: Cleve, Mark, Ravensberg (mit Winendael und Breskesand — zwei ehemals flandrische Herrschaften —) bekam, wogegen Pfalz-Neuburg: Berg und Jülich erhielt; beide Häuser sollten Titel und Wappen aller Lande führen.

Die endgültige Theilung der Lande erfolgte, nachdem die Kommission des Osnabrücker Friedens 1648 eine Befassung mit der Frage abgelehnt hatte, erst durch den Theilungsvertrag zu Cleve 1666 am 19. September, durch den jeder Theil das behielt, was er besaß; nur wurden nun an Pfalz-Neuburg die obengenannten flandrischen Herrschaften, sowie 1671 auch Ravenstein dem Pfalzgrafen abgetreten, gegen eine Summe von 50 000 Thalern. Im Jahre 1678 bestätigte Kaiser Leopold diese Verträge, trotz Einspruchs der sächsischen Häuser, die, wie bisher, auch ferner, auf Grund der Belehnung von 1610, Titel und Wappen unentwegt fortführten und noch heutigen Tages zum Theil gebrauchen.

Cleve, soweit linksrheinisch, wurde durch den Frieden von Lüneville, 1801 9. Februar, den Wiener Traktat vom 15. Dezember 1805 und Pariser Traktat vom 15. Februar 1806, und der rechtsrheinische Theil, in Folge des Friedens von Tilsit vom 9. Juli 1807 Artikel 7 (Gesetz-Samml. 1807 S. 157) und Proklamation vom 24. Juli ejd. (Gesetz-Samml. 1807 S. 117) an Frankreich abgetreten; Napoleon verlieh dasselbe 1808 15. März an Mürat. Ganz Cleve blieb beim neuerrichteten Großherzogthum Berg, (s. d.), dessen Rheindepartement es d. d. 14. November 1808 zuertheilt war, bis es, im Verfolg des Pariser Friedens vom 30. Mai 1814 und der Pariser Kongreßakte vom 31. Mai 1815, laut Besitzergreifungspatent vom 5. April 1815 (Gesetz-Samml. 1815 S. 21) mit Ausnahme eines kleinen Theils, 800 Quadratruthen am rechten Maaßufer, der durch die Traktate vom 26. Mai und 7. Oktober 1816 an das Königreich der Niederlande abgetreten wurde, wieder an Preußen zurückfiel.

Das Herzogthum Cleve enthält jetzt die Kreise Cleve und Rees, sowie einen Theil der Kreise Duisburg und Geldern; der Flächeninhalt beträgt 33 Quadratmeilen (1800 Quadratkilometer).

Wappen.

Die sogenannte „Lilienhaspel" oder das „Glevenrad"[1], wie die Wappenfigur von Cleve, d. h. die 8 Lilienstäbe in ihrer Gesammtheit genannt werden, ist ursprünglich gar kein Wappenbild, sondern kommt, wie

---

[1] Französisch: escarboucle, das dann wohl auch in „Karfunkelstein" übersetzt wurde, weil man später in die Mitte des Buckels, behufs größerer Prachtentfaltung, einen bunten Stein zu setzen pflegte. So wurde auch oft die „Lilienhaspel" des Clevischen Wappens (hier mit Smaragd in der Mitte) abgebildet, sogar noch im Brandenburgischen Wappen.

uns Seyler, Geschichte der Heraldik, S. 84 ff. überzeugend nachweist, schon in ältester Zeit als „Schildbuckel", d. h. ein auf der Mitte des Schildes, behufs dessen Verstärkung, aufgenieteter Eisenkern vor, von dem dann ringsherum, bis zu den Rändern des Schildes strahlenförmige, an den Enden ornamentirte Stäbe das sogenannte „Buckelreis", gleichfalls zur Schildverstärkung, verliefen.

Diese Figur wurde also auf dem Schilde befestigt, nachdem dessen Zeichnung bereits vollendet war und vor dem Jahre 1300 hat man sie als feststehende Wappenfigur im Clevischen Wappen nicht betrachtet (cfr. Seyler a. a. O. S. 88).

Das ursprüngliche Wappen der alten Cleveschen Grafen war ein Löwe. So führt es 1092 Dietrich I., Graf von Cleve.

Dagegen bediente sich Dietrich VII. († 1305) wie auch sein Bruder Dietrich gen. Louf (s. oben) bereits eines neuen Wappens, nämlich eines Schildchens im Wappenschilde.

Der Wappenschild des Ersteren vom Jahre 1275 zeigt bereits die das Schildchen überdeckende Lilienhaspel, der des Letzteren dieselbe nicht, aber oberhalb des Schildchens den Turnierkragen, das Zeichen der jüngeren Geburt.

Auf allen späteren Siegeln ist die Lilienhaspel, hier bereits zum Wappenbild geworden, mit acht Stäben zu finden; diese Stäbe vereinigen sich in der Mitte des überdeckten Schildchens bald vermittelst eines Ringes, bald ohne diesen, immer aber so, daß das Schildchen von ihnen überdeckt wird, nicht umgekehrt.

So erscheint das Bild, die Stäbe hier anscheinend aus einem in der Mitte eingesetzten Edelstein (s. die Anm.) hervorgehend, noch auf einem Pracht-Siegel des oben mehrfach genannten vorletzten Herzogs Wilhelm V. vom Jahre 1572.

Im Kurbrandenburgischen Wappen finden wir das Wappenbild von Cleve im Schilde und auf dem einen der Helme bereits auf einem Thaler des Kurfürsten Joachim Sigismund vom Jahre 1608, stets in der Rangordnung hinter Jülich.

Seit dem Regierungsantritt des großen Kurfürsten wird Nürnberg vorangesetzt, doch ändert sich dies seit dem Westfälischen Frieden, wo (zuerst $^2/_3$ Thaler von 1650) Cleve die alte Rangordnung wieder erhielt. So blieb es, trotzdem ein Kurfürstliches Rescript vom 4. (14.) Februar 1691 Cleve hinter Magdeburg, Jülich und Berg im Titel zu setzen befohlen hatte, bis 1708, wo Cleve wieder Jülich voranrückte.

Auch die Wappenänderungen von 1804 und 1817, 1864 und 1873 haben hieran Nichts geändert. —

Aeltestes Helmkleinod von Cleve war stets der in den Helm beißende, rothe Stierkopf, den Grünenberg (VIb.) 1482 — und das

Ansbacher Wappenbuch sogar als ganz über den Helm hinweg gezogen — goldgehörnt darstellt, stets ohne Nasenring.

Später erscheint er nur über den Obertheil des (stets ungekrönten) Helmes gezogen, goldgekrönt und silberngehörnt; der Nasenring ist, wie bereits oben erwähnt, nur durch Irrthum (Verkennung der Lippenparthie) entstanden.

Der vorletzte Herzog von Jülich, Cleve, Berg: Wilhelm V. führt den Kopf auf dem Mittelhelm des fünffeldrigen Wappens; die Krone hat bereits den dreireihig rothsilberngeschachten Reif und gehört diese Krone zum Kleinod der Grafen von der Mark. Wegen Führung des Wappens von Cleve seitens der fränkischen Linie s. Jülich.

Am Schluß sei erwähnt, daß die 1815 gebildete „Provinz Jülich-Cleve-Berg" 1828 in die jetzige Rheinprovinz aufging (s. Niederrhein).

Herzogthum Jülich.

18. „**Wegen des Herzogthums Jülich.** Im goldenen Felde ein schwarzer, rothgezungter Löwe." Auf dem ungekrönten Helme, mit schwarzgoldenen Decken, der Rumpf eines goldenen Rüden (nicht Wolfes) mit schwarzem Halsband, zwischen zwei schwarzen Flügeln, die ihm (in frühester Zeit, wie abgebildet) an der Stelle der Vordertatzen sitzen. Spätere Abbildungen geben die Flügel kleiner und hoch oben an den Schultern[1]) angebracht.

✦

Die Streitfrage, ob der direkte Ahnherr der späteren Herzöge von Jülich: Eberhard (uxor: Jutta von Hengebach) ebenfalls einem bisher fast unbekannten, mit den Herzögen von Limburg aus gleicher Wurzel abstammenden Geschlechte (wie Ledebur, Streifzüge S. 49 angiebt), oder dem ausgestorbenen Geschlechte der Grafen von Jülich älteren Stammes, aus dem Wilhelm I. und II. (1147—1207) stammten, angehört (wie Grote Stamm-

---

[1]) In Folge dieser unheraldischen Darstellung hat sich im Kurpfälzischen und dann auch in dem Brandenburgischen und Sächsischen Wappen der Rüde allmählich zu einem Greifenrumpf umgewandelt, was natürlich ganz falsch ist. Uebrigens wird das Helmkleinod von Jülich, ohne die Flügel, auch von der Grafschaft Mörs (f. d.) geführt. Im Grünenberg'schen Wappenbuch de 1482 ist das Halsband ein Rüdenhalsband, bestehend aus ineinander gehakten lyraförmigen Kettengliedern. Uebrigens erhielt 1336 21. Juli, im Lager zu Landau, Graf Wilhelm von Jülich, Schwager des Kaisers, mit dem Markgrafentitel das Recht, als Zeichen der Freundschaft, das Oesterreichische Helmkleinod (Pfauschweif) zu gebrauchen, durch Herzog Otto von Oesterreich verliehen. Siegel zeigen dasselbe indeß niemals.

tafeln S. 166 meint), ist auch bis heute, Mangels von Siegeln der genannten beiden Grafen, noch nicht aufgeklärt. Thatsache ist, daß Wilhelm III., Sohn des obengenannten Eberhard, sich 1207 bereits „Graf von Jülich" nannte.

Der Urenkel Wilhelms III. war Wilhelm I. (V.), seit 1329 Graf, seit 21. August 1336 Markgraf, seit 1356 Herzog von Jülich. Er hatte 1357 Falkenberg erkauft, auch die kaiserliche Belehnung mit Düren, Remagen, Sinzig erhalten, starb 1361 und hinterließ zwei Söhne, die beide reiche Erbheirathen vollzogen.

Es vermählte sich nämlich Wilhelm II. (VI.) mit Maria, Erbherzogin von Geldern, doch starb diese Linie mit seinem Sohne Reinhald IV., Herzog von Jülich und Geldern 1423 23. Juni aus. Geldern vererbte, wie oben gezeigt, an die Egmond. Jülich fiel an Adolf (s. unten).

Wilhelms I. anderer Sohn: Gerhard vermählte sich mit Margaretha, Erbgräfin von Ravensberg und Berg (s. diese).

Beider Sohn: Wilhelm nannte sich „Herzog von Berg, Graf von Ravensberg" und starb 1408. Ihm folgte in Jülich und Berg zunächst 1423 sein älterer Sohn Adolf I., und als dieser 1437 unbeerbt starb, dessen Bruderssohn Gerhard, † 1475, der bereits Ravensberg besaß.

Gerhards Sohn: Wilhelm IV. starb 1511 am 7. September ohne Söhne; seine Tochter Maria brachte Jülich, Berg und Ravensberg ihrem Gatten Johann III. von Cleve (s. d.) zu.

Wie dort gezeigt, erhielt bei der Erbtheilung 1609, 1614 und 1666 Jülich, Berg und Ravensberg der Pfalzgraf von Neuburg. Als diese Linie 1742 erlosch, gingen, zugleich mit der Kurwürde, ihre Besitzungen auf die Linie Sulzbach (Karl Theodor), die 1777 auch Bayern erbte und von dieser 1799 auf die Linie Zweibrücken, die 1806 die Königswürde erlangte, über.

Schon vorher und zwar durch den Frieden von Lüneville (9. Februar 1801) war Jülich an Frankreich und von diesem durch den Traktat vom 1. Mai 1808 theilweise an das Großherzogthum Berg abgetreten worden.

In Gefolge des Pariser Friedens vom 30. Mai 1814 und der Wiener Kongreßakte vom 31. Mai 1815 nahm Preußen, laut Patent vom 5. April 1815 (Gesetz-Samml. 1815 S. 23) davon Besitz, trat jedoch, laut Traktat vom 26. Mai und 7. Oktober 1816, 800 Ruthen am rechten Maaßufer an das Königreich der Niederlande ab. Die Begrenzung ꝛc. des Herzogthums wurde durch Verfügung vom 30. April 1815 E. III Nr. 1 (Gesetz-Samml. 1815 S. 97) geregelt. Das Herzogthum Jülich enthält die Kreise: Bergheim, Düren, Erkelenz, Euskirchen, Geilenkirchen, Gladbach, Grevenbroich, Heinsberg, Jülich, Kempen, Münstereifel und hat einen Flächeninhalt von 75 Quadratmeilen (4130 Quadratkilometer).

Wappen.

Im Kurbrandenburgischen Wappen kommt (ebenso wie Cleve) Jülich, als „Anspruchswappen" bereits 1608 (zuerst auf einem Thaler) vor, und zwar im Schilde und in der Helmreihe direkt hinter Preußen und vor Nürnberg. Hier bleibt es auch unter Kurfürst Georg Wilhelm und dem großen Kurfürsten; ebenso nach der durch den Westfälischen Frieden bedingten Wappenvermehrung und nach Erlangung der Preußischen Königswürde.

Erst die Wappenveränderung im Jahre 1708 stellte Cleve **vor** Jülich. — 1804 kam es (als französisch) in Wegfall, wurde aber 1817, wiederum hinter Cleve, aufs Neue in das Wappen einrangirt und blieb hier auch, trotz der Wappenänderungen vom 11. Januar 1864 und 16. August 1873, an seiner Stelle.

Gleich allen übrigen Helmen war auch der von Jülich bei Annahme der Preußischen Königswürde in Wegfall gekommen.

Jülich-Cleve-Berg im Wappen und mit ihren Helmen erscheinen im Wappen der fränkischen Nebenlinien erst seit dem Regierungsantritt der letzten beiden Markgrafen von Culmbach, bzw. Onolzbach um 1762.

Herzogthum Berg.

19. „Wegen des Herzogthums Berg. Im silbernen Felde ein rother, blaubewehrter, blaugezungter und blaugekrönter Löwe."
Auf dem gekrönten Helme, mit rothsilbernen Decken, ein (dreifacher) Pfauschweif.
Bei Grünenberg Wappenbuch ist der Löwe doppelschweifig und noch ungekrönt, der Helm rothgekrönt.

Der älteste Stamm der Grafen von Berg (Stammsitz: Schloß Berg an der Wipper), den Engelbert der Heilige, Erzbischof von Köln 1225 am 7. November in männlicher Linie beschloß, war aus dem Blute der Grafen von Altena (deren Wappen, nicht das der von Limburg, ist der Bergsche Löwe) hervorgegangen und führte als Wappenbild zwei Zinnenbalken im Schilde (Siegel Adolphs V., Bruders des Erzbischofs, vom Jahre 1210).

Die Grafschaft Berg erbte hierauf Irmgard, die Tochter des ebengenannten, 1218 vor Damiette gebliebenen Adolph V.; sie vermählte sich an Heinrich IV. Herzog von Limburg.

Dieser, aus dem Stamm der Grafen und Markgrafen von Arlon (f. Geldern), nennt sich seit 1225 7. November Graf von Berg und bedient sich (obwohl sein Sekret von 1244 einen fünffach mit Zinnen getheilten Schild zeigt) des obigen Löwen. Allein auch sein Mannesstamm erlosch 1348 am 3. April mit seinem Urenkel Adolph VIII. — Berg wäre hierauf an dessen Schwester Margaretha gefallen. Da diese indeß bereits 1339, ihr Gemahl Otto IV. Graf von Ravensberg (f. d.) sogar schon 1329 ohne Hinterlassung eines Sohnes verstorben waren, so ging, zugleich mit Ravensberg, Berg auf Beider Tochter, gleichfalls Vornamens Margaretha, über und von ihr auf ihren Sohn den Grafen Wilhelm, aus der Ehe mit Gerhard, aus dem Hause der Herzöge von Jülich (f. d.), deren Besitzungen sich dann an Cleve (f. d.) vererbten.

Wie bei Jülich (f. d.) bemerkt, nahm Pfalz-Neuburg auch Berg 1609 in Besitz; beide vererbten, wie dort angegeben, zusammen bis 1801. Während Jülich schon damals abgetreten wurde, blieb Berg bei Bayern bis zur Stiftung des Großherzogthums Berg. An diese Neuschöpfung Napoleons mußte Bayern 1806 am 15. März das Herzogthum Berg ebenfalls abtreten.

Durch den Pariser Frieden vom 30. Mai 1814 und die Wiener Kongreßakte vom 31. Mai 1815 kam dies, zusammen mit Jülich 2c. an Preußen und wurde (alles rechtsrheinische) von diesem als „Provinz Cleve-Berg" laut Patent vom 5. April 1815 (Gesetz-Samml. 1815 S. 21) der Monarchie einverleibt, wohingegen das ehemalige linksrheinische Großherzogthum Berg durch dasselbe Patent (Gesetz-Samml. 1815 S. 23) zur Provinz „Niederrhein" erhoben wurde.

Die Eintheilung dieser beiden neuen Provinzen erfolgte laut Verfügung vom 31. Mai 1815, E. Nr. 11 (Gesetz-Samml. 1815 S. 97).

Zur Zeit hat das Herzogthum Berg einen Flächeninhalt von 55 Quadratmeilen (3000 Quadratkilometer) und enthält die Kreise: Düsseldorf, Elberfeld, Lennep, Mülheim, den Sieg- und Solinger Kreis, die Kreise Waldbroel und Wipperfürth.

Wappen.

Hinsichtlich des Wappens ist das bei Cleve und Jülich (f. d.) Gesagte nachzusehen, d. h. Berg wurde zwar nicht wie diese 1608 im Schilde und in der Helmreihe des Kurbrandenburgischen Wappens geführt, kommt

aber, in der Reihenfolge hinter Jülich und vor Stettin, doch schon auf einem
Thaler des großen Kurfürsten vom Jahre 1642 (Münzzeichen D. K.) vor.
Jedoch durchaus noch nicht auf allen Thalern. Erst von 1650 ab ist er
auf allen Münzen und Siegeln sichtbar.

In genannter Reihenfolge macht Berg die weiteren Veränderungen unter
den Kurfürsten und Königen mit, bis 1804, wo Jülich wegfällt, es hinter
Hildesheim kommt; 1817 wurde es hinter Magdeburg placirt. Die Wappen=
änderungen von 1864 und 1873 stellten dann die alte Reihenfolge: Cleve,
Jülich, Berg, wieder her, wobei es verblieb.

Bezüglich des **Helmkleinodes** ist folgendes noch bemerkenswerth:
Schon bevor Berg im Schilde des Kurbrandenburgischen Wappens auftritt,
enthält dasselbe und zwar auf dem äußersten rechten gekrönten Helme einen
Pfauschweif, der nur das Helmkleinod von Berg vorstellen kann, da auf
dem äußersten linken Helme, das Helmkleinod von Stettin, der Pfauschweif
auf einem Herzogshut, geführt wurde.

Nachdem man 1651 die Pommerschen wilden Männer mit den be=
helmten Köpfen als Schildhalter angenommen hatte, machte man, wie bereits
bei Pommern (s. d.) gesagt, den verhängnißvollen Fehler, dem linken Schild=
halter, welcher im Pommerschen Wappen das im Range zu dritt stehende
Kleinod von Rügen auf dem Helm getragen hatte (was nun in Wegfall kam),
den im zweiten Range stehenden Helm von Pommern: den Spitzhut—Säule!,
mit Knopf und Pfaufeder, nicht aufzustülpen. Vielmehr gab man ihm
das im ersten Range stehende Helmkleinod von Stettin, das im Pommerschen
Wappen den Mittelhelm geschmückt hatte, auf den Helm, wohingegen der
rechte, also vornehmere Schildhalter das im zweiten Range stehende oben=
beschriebene Kleinod von Pommern beibehielt.

Hierdurch entstand ein heraldischer Irrthum, denn alsbald galt nun
der Spitzhut (weil den vornehmeren Platz einnehmend) fortan als das Kleinod
von Stettin, während dieses doch der Pfauschweif auf dem Herzogshut ist,
den der linke Schildhalter erhielt und bis 1701 trug.

Bis zum Westfälischen Frieden war die Rangordnung im Schilde:

Brandenburg, Preußen, Jülich, Nürnberg, Cleve, Stettin,
Pommern u. s. w., von der Mitte angefangen, immer nach rechts und
links abwechselnd gezählt. Ebenso waren auch die Helme geordnet.

Als nach dem Westfälischen Frieden die Reihenfolge durch Einschiebung
von Magdeburg geändert wurde und auch der Schild von Berg Auf=
nahme gefunden hatte, folgten in der Rangordnung des Schildes die Felder
wie folgt:

Brandenburg, Magdeburg, Preußen, Jülich, Cleve, Berg, Nürnberg,
Stettin, Pommern, letztere beiden Kleinode auf den den Schildhaltern auf
die Köpfe gestülpten Helmen, leider in verkehrter Ordnung. So ist es

bis 1701 geblieben, wo mit den übrigen auch der Berg'sche Helm in Fortfall kam.

Die fränkischen Linien führten Berg im Schilde und auf dem Helme analog wie bei Kurbrandenburg (s. Jülich).

Es ist vielleicht nicht uninteressant, ähnlich wie beim „Königreich Westphalen" auch hier die Zusammensetzung des gleichfalls von Napoleon creirten, glücklicherweise bald wieder aus der Reihe der deutschen Staaten geschiedenen **„Großherzogthums Berg"**, dem die schönsten deutschen, ihren angestammten Herrschern entrissenen Lande zugetheilt waren, zu erfahren, zumal heutigen Tages nur noch verhältnißmäßig wenig Genaues darüber zu finden ist.

Berg (und Cleve ostrheinisch) hatte Napoleon schon am 15. März 1806 seinem Schwager, dem Prinzen Joachim Murat, als Herzogthum übergeben, der durch Dekret vom 19. März 1806 davon Besitz nahm und diese Besitznahme durch öffentlichen Aufruf vom 21. März 1806 verkündigte. Durch die Rheinische Bundesakte vom 12. Juli 1806 wurden die genannten Länder vom Deutschen Reiche getrennt, auch erhielt der bisherige Herzog Joachim den Titel eines Großherzogs, und wurden zu seinen Landen die Herrschaften Gimborn-Neustadt, Homburg und Wildenburg, sowie die Enklaven Deutz, Königswinter, Wolkenburg und Vilich (98 Quadratmeilen) gelegt.

In Verfolg des Tilsiter Friedens ward das neue Großherzogthum durch die vormals Preußischen Besitzungen des Münsterschen Antheils, ferner durch die Grafschaften Mark, Tecklenburg und Lingen, die Abteien Essen, Elten und Werden vergrößert, so daß es nunmehr 315 Quadratmeilen enthielt. Am 1. März 1808 kam hierzu noch Jülich, am 15. März 1808 Cleve. Am 1. August 1808 wurde der Großherzog Joachim Murat zum König beider Sizilien ernannt und trat demzufolge d. d. Bayonne 15. Juli 1808 das Großherzogthum an Napoleon ab. Hierauf wurde das Letztere alsbald (1808 am 31. Juli) durch die kaiserlichen Kommissäre Belleisle und Beugnot für Frankreich in Besitz genommen, worauf Joachim 1808 7. August die Unterthanen ihres Eides gegen ihn entband. d. d. Bourgos 1808 14. November gab Napoleon dem Großherzogthum eine definitive Gebietseintheilung (s. unten).

Durch Dekret vom 3. März 1809 wurde Berg auf Louis Napoleon, Sohn des Königs von Holland, übertragen, für den aber, da er erst 5 Jahr alt war, eine Kaiserliche Kommission das Land verwaltete.

Auf Grund des französischen namentlichen Senatskonsultes vom 13. Dezember 1810 wurden, laut Dekret vom 14. Dezember 1810, wie von Westphalen, auch von Berg die nördlichen Theile zu Frankreich geschlagen und die Grenze 1811 am 22. Februar derart regulirt, daß Berg die clevischen Länder nördlich der Lippe, den größten Theil des Münsterlandes, Bentheim, Steinfurt, Horstmar, Rheina-Wolbeck, Tecklenburg und Lingen (s. diese) an die neugebildeten hanseatischen, und die Spezialgemeinden Angelmodde und Wolbeck durch Dekret vom 6. August an das Lippe-Departement abgab, dagegen Veste Recklinghausen und den zwischen Lippe und Stever belegenen südlichen Theil von Dülmen erhielt und dieselben 1811 am 29. Januar in Besitz nahm.

Außerdem wurde dem Großherzog die Souverainetät über die mediatisirten Herrschaften Bentheim, Horstmar, Rheina-Wolbeck und Steinfurt, die an der Nordseite des Großherzogthums belegen waren, sowie die an der südlichen Seite desselben angrenzenden, früher Nassau-Oranischen Besitzungen Beilstein, Dillenburg (mit Ausnahme von Burbach, Kyrburg und Wehrheim), Hadamar und Siegen, sowie den auf dem rechten Lahnufer belegenen Theil der eigentlichen Herrschaft Runkel (circa 100 Quadratmeilen) übertragen.

Laut dem obenerwähnten Dekret vom 14. November 1808 war das Großherzogthum zunächst in 4 Departements: das des Rheins, der Sieg, der Ruhr und der Ems eingetheilt worden.

1. Das Departement des Rheines bestand aus:
   a) dem alten Herzogthum Berg, mit Ausnahme des Amts Windeck und eines Theiles des Amts Blankenberg,
   b) den vom Herzog von Nassau abgetretenen ehemaligen Kurkölnischen Aemtern: Vilich, Deutz und Wolkenburg,
   c) den Herrlichkeiten Elten, Essen und Werden,
   d) den Herrschaften Broich, Styrum und Hardenberg,
   e) dem rechtsrheinischen Theile des Herzogthums Cleve, mit Ausnahme der an Frankreich abgetretenen Stadt Wesel, nebst dazugehörigem Gebiet, sowie der an Holland überlassenen Distrikte: Huissen, Sevenar und Malburg(en)

und war in vier Bezirke: Düsseldorf (mit 6 Kantons: Düsseldorf, Ratingen, Velbert, Mettmann, Richrath, Opladen), Elberfeld (mit 7 Kantons: Elberfeld, Barmen, Ronsdorf, Lennep, Wipperfürth, Wermelskirchen, Solingen), Mülheim (mit 6 Kantons: Mülheim a./Rh., Bensberg, Lindlar, Siegburg, Honnef, Königswinter) und Essen (mit 7 Kantons: Essen, Werden, Duisburg, Dinslaken, Ringenberg, Rees, Emmerich) eingetheilt.

2. Das Departement der Sieg bestand aus:
   a) dem Amte Windeck,
   b) einem Theile des Amts Blankenberg,

c) den Graffchaften Homburg und Gimborn-Neuftadt,
d) der Herrfchaft Wildenburg,
e) den Fürftenthümern Siegen und Dillenburg; ausgenommen von Letzterem die Herzoglich Naffauifchen Aemter: Burbach und Wehrheim,
f) der Herrfchaft Beilftein,
g) dem Fürftenthum Hadamar,
h) den Herrfchaften Schadeck und Wefterburg,
i) dem an dem rechten Ufer der Lahn belegenen Theile der eigentlichen Herrfchaft Runkel

und war in zwei Bezirke eingetheilt: Siegen (mit 7 Kantons: Siegen, Netphen, Wildenburg, Waldbroel, Eytorf, Homburg, Gummersbach) und Dillenburg (mit 6 Kantons: Dillenburg, Herborn, Driedorf, Rennerod, Hadamar, Wefterburg).

3. Das Departement der Ruhr beftand aus:
   a) den Graffchaften Mark, Dortmund und Limburg,
   b) dem füdlichen Theile des Fürftenthums Münfter,
   c) der Herrfchaft Rheda,
   d) der Stadt Lippftadt

und war in drei Bezirke eingetheilt: Dortmund (mit 6 Kantons: Dortmund, Bochum, Hoerde, Unna, Werne, Lüdinghaufen), Hagen (mit 7 Kantons: Hagen, Schwelm, Hattingen, Limburg, Iferlohn, Neuenrade, Lüdenfcheid), Hamm (mit 6 Kantons: Hamm, Soeft, Ahlen, Beckum, Oelde, Rheda).

4. Das Departement der Ems beftand aus:
   a) dem nördlichen Theile des Fürftenthums Münfter,
   b) den Graffchaften: Bentheim (einfchließlich der Herrlichkeit Lage) Horftmar, Steinfurt, Rheina-Wolbeck, Tecklenburg und Lingen

und war in drei Bezirke eingetheilt: Münfter (mit 7 Kantons: Münfter, St. Mauritz, Greven, Telgte, Lengerich, Wahrendorf, Saffenberg), Coesfeld (mit 6 Kantons: Coesfeld, Billerbeck, Horftmar, Ochtrup, Rheine, Bentheim) und Lingen (mit 6 Kantons: Lingen, Nordhorn, Emlingkamp, Freren, Ibbenbüren, Tecklenburg).

Herzogthum Wenden.

20. „Wegen des Herzogthums Wenden. Im silbernen Felde ein Greif, der sechsmal schräglinks von Roth und Grün gestreift ist."

Auf dem rothsilbern-bewulsteten Helm, mit gleichen Decken, eine mit (4) Pfaufedern gefüllte rothe Flasche, bezeichnet mit drei silbernen Querstreifen (so das amtliche Kurbrandenburgische handschriftliche Wappenbuch von 1886).

※

Unter Wendland,[1] lateinisch Slavia, versteht man (bis in das XII. Jahrhundert) alles Land slavischer Bevölkerung (im Gegensatz zum Lande mit deutscher Bevölkerung) und zwar gleichviel, ob im Norden oder im Süden Deutschlands.

So waren auch die Pommern Slaven; Pommern ein slavisches Land, das seit dem Ende des XII. Jahrhunderts mit „Slavia" als synonym betrachtet wird. Denn die Herzöge Pommerns, gleichviel, ob in Stettin oder in Demmin residirend, nennen sich bis zur Mitte des XIII. Jahrhunderts bald: „Herzöge der Slaven" (Kasimir [I.] dux Slavorum 1170, 1172, 1175, 1176, 1181, 1216; sein Bruder Bogislaw [I.] ebenso 1216, 1219), bald:

---

[1] v. Ledebur, Streifzüge, S. 60.

„Herzöge der Pommern" (Kasimir — derselbe —: princeps oder dux Pomeranorum 1172, 1208; sein obengenannter Bruder ebenso: 1172, 1173, 1176, 1177, 1184, 1200, 1208, 1214, 1218 und einmal 1202 auch: dux pomeranicae gentis), bald: „Herzöge oder Fürsten des Slavenlandes" (Wartizlaus [III.] dux Slavie 1231, Barnim [I.] de Stetyn et Wartizlaus de Dimin, duces Slavie 1254) oder: „des Pommernlandes" (Boguslaus [III.] dux Pomeranie 1218, 1219).

Beide Bezeichnungen nebeneinander finden sich im Titel Herzog Barnims I. von 1223, der hier: „Pomeranorum Slavorum" (nicht: Pomeranorum et Slavorum) dux genannt wird, es würde dies also: „Herzog der Slavischen Pommern oder der Pommerschen Wenden" bedeuten.

Erst im Jahre 1260 tritt eine Trennung beider Begriffe als: „dux Slavorum ac Pomeranie" im Titel Barnims I. und im ferneren Wortlaut durch den Passus „principibus terre Slavie, Cassubie et Pomeranie" auch eine geographische Unterscheidung zu Tage.

Später, seit etwa der Mitte des XIV. Jahrhunderts, nahm man als „Wenden" das Land an, das sich westlich an das, damals als „Pommern" bezeichnete, unmittelbar an der Oder, zwischen Peene und Tollense, liegende Land anschloß, also etwa den Regierungsbezirk Stralsund, natürlich ohne Rügen, den Kreis Demmin und den westlichen Theil des Kreises Anklam, sowie theilweis das „Fürstenthum Wenden" zu Mecklenburg gehörig, welches Gebiet dann etwa einem Flächeninhalt von 82 Quadratmeilen (4500 Quadratkilometer) entsprechen dürfte.

Wappen.

Sicher scheint zu sein, daß, wie bereits oben (s. Pommern) gesagt wurde, es im Herzoglich Pommerschen Wappen vor dem Jahre 1530 zwar einen Greif von Pommern-Stettin (gekrönt, roth im blauen, oder richtiger goldenen Felde) und von Pommern-Wolgast (schwarz im goldenen Felde) gegeben hat, daß aber damals weder der „Pommersche" Greif (roth in Silber) noch der „Cassubische" (schwarz in Gold) existirt hat, wogegen der Wendensche grün und roth quer- jetzt schräggestreifte Greif durch Grünenberg[1]) nachgewiesen ist.

[1]) Dieser Codex, der entschiedenen Anspruch auf Glaubwürdigkeit besitzt und 1483 angefertigt ist, giebt Tafel 63b unter dem Namen: „Graf von Rügenwennden und zu Cassuben" ein geviertes Wappen, in dessen I. und IV. Felde der aus Mauergiebel

Als d. d. Augsburg, 26. Juli 1530 die feierliche Belehnung der Herzöge von Pommern, Gebrüder Georg I. zu Wolgast und Barnim X. zu Stettin, vor sich ging, sollte, der prachtliebenden Sitte der Zeit entsprechend, diese Feierlichkeit mit möglichst großem Prunke vor sich gehen. Nun zeigen noch zu Zeiten Bogislaw X. (1474—1523) die Münzen nur einen gevierten Schild, I.: Stettin-Pommern, II.: Rügen, III.: Gützkow, IV.: Greif aus Schach wachsend. Da zu diesem Wappen, wie Siegel seiner obengenannten Söhne von 1529 beweisen, durch den kinderlosen Tod des Oheims von Bogislaw: Wartislaw X., Herzogs zu Pommern-Barth, 1478 nur der Wolgast-Barthsche schwarze Greif gekommen war, außerdem der Schild bloß das Wappenbild von Rügen, den aus Schach wachsenden Greifen von Bernstein[1]) und den von Rosen bewinkelten Ast-Schragen von Gützkow als Wappenfelder enthielt, so half man sich, indem man neue Wappenbilder für Pommersche Landestheile erfand, die, in die damals bei Belehnungen üblichen Fahnen gesetzt, die Anzahl derselben, somit die hiernach bemessene Würdestellung, erhöhen mußten. Da den Wappenherren Bernstein ein wahrscheinlich zu unbedeutender, kaum ein Wappen lohnender Besitz däuchte, so wandelte man den schwarzen Wolgaster Greif zum Cassubischen und gab Wolgast den aus dem Schach wachsenden Greif von Bernstein als Wappen. So, den Schweif erhoben, den Körper quer gestreift, bezeichnet auch 1555 Virgil Solis in seinem Wappenbuch den aus Schach wachsenden Greif als Wolgaster und ebenso schon 1443 das Constanzer Concilienbuch und Grünenberg LV.

So wurden damals wohl erst zu den bisherigen Wappen die folgenden:
1. der rothe Greif von Pommern, neben dem bisher als „Stettin-Pommerschen" bezeichneten Stettiner Greifen;
2. ein roth und grün-gestreifter (ursprünglich roth mit grünen oder silbernen Flügeln, oder halb grün, halb roth gezeichnet), gemeinsam für Cassuben und Wenden, wie ihn z. B. noch 1610 Siebmacher II. Tafel 3 angiebt. Dieser bunte Greif kommt indeß

---

wachsende gekrönte Löwe für Rügen. Feld II und III soll das damals noch gemeinschaftliche Wappen für Wenden und Cassuben sein, nämlich ein einwärtsgekehrter rother Greif in Silber, dessen eine Körperhälfte (d. h. Flügel, Vorderklaue und Hinterpranke) und zwar im II. Felde die rechte, im III. Felde die linke grün, ist. Auf dem dazugehörigen (II) ungekrönten Helme, mit rothgrünen Decken ein rother Greifenrumpf, dessen rechter (hinterer) Flügel grün ist. Hiernach würde man als Helmkleinod für Wenden fernerhin auch nicht die Phantasiekleinode wie bisher anzuwenden brauchen, sondern dies Kleinod annehmen können.

[1]) Städtchen und Landschaft in der heutigen Neumark (nordöstlich von Berlinchen), das seit dem Jahre 1295 zu Pommern-Wolgast gehörte. Es tritt bereits 1464 im Pommerschen Wappen auf und wird, obwohl das Land schon 1479 an Brandenburg abgetreten war, auch dann noch in Ersterem fortgeführt.

schon früher (1465) vor und wird auch auf „Tollense", wo man sich damals „Slavia" dachte, bezogen;
3. ein Greif mit Störschweif für das seit 1347 zu Pommern oder Rügenwalde gehörige Land Schlawe, später für „Usedom" geführt. (Tritt übrigens bereits im Pommerschen Wappen [Münze de 1498] auf);[1])
4. ein schwarzer Greif in Gold, der alte Wolgastsche, nun Barthsche, den man zum Unterschied von dem nun Cassubischen (ebenfalls schwarzen) mit silbernen Flügeln zeichnete (später war nur die oberste Schwungfeder [!] silbern);
5. ein ganz rothes Feld (die Blutfahne) für die Regalien angenommen.

Nachdem die Herzöge vom Kaiser erst einmal mit diesen zum Theil neu erfundenen Wappen amtlich belehnt worden waren, begannen sie diese auch sehr bald in ihren Siegeln zu führen. So begegnen wir, zwar nicht vor dem Jahre 1600, dann aber durchgehend bei allen Nachkommen des Herzogs Philipp I., den zehn Feldern und seit 1610 drei Helmen im Pommerschen Wappen.

Als Kurbrandenburg anfing, außer den bisherigen, nunmehr auch diese anderen, wie gesagt zum Theil neu erfundenen, Pommerschen Landschafts= wappen dem seinigen einzuverleiben, nahm man (laut offiziellem Wappenbuch de 1574[2]) — Berlin, Königl. Hausarchiv —) für Wenden und für Cassuben je einen dreifach schräg ein= und abwärts gestreiften Greifen an, und zwar sollte der von Wenden oben mit grün, der von Cassuben oben mit roth be= ginnen und in diesen Farben abwechseln. Für beide war als Kleinod ein aus der Helmkrone hervorgehender rother Schaft festgesetzt, dessen oberes Ende, umfaßt von einer großen Krone, einen Pfauschweif trägt. Sieb= macher II 3 giebt für beide das Helmkleinod von Stettin: den mit Pfau= schweif besetzten niederen hermelingestülpten, von Kronenblättern umgebenen rothen Hut an, wahrscheinlich weil er kein anderes kannte.

Das ebenfalls offizielle Wappenbuch des Großen Kurfürsten von 1686 (Königl. Hausarchiv Berlin) folgt zwar obigem Wappenbuche, indem es die Greifen von Wenden und Cassuben rothgrün wie jenes abtheilt, indeß soll hiernach der Wendensche Greif (im letzten äußerst linken Felde der II. Querreihe) von roth grün und roth schräglinks in Silber; der als Cassu= bischer bezeichnete, in der IV. Querreihe, direkt unter dem Zepterschild ein= gefügte, von grün roth und grün dreimal schrägrechts gestreift in Silber; der im äußersten rechten Felde der II. Reihe, der Herzoglich Barthsche schwarz

---
[1]) Auch diese Notizen verdanke ich zum Theil (s. oben Pommern) der Güte des Herrn Professors Th. Pyl in Greifswald.

[2]) Für Wolgast ist hier der schwarze Greif in Gold wieder in seine Rechte ge= setzt und für Barth derselbe Greif, die obern beiden Flügelschwungfedern silbern.

in Gold stehen, wohingegen richtig er das Wolgastsche oder aber Cassubische sein müßte, weil der der Herrschaft (nicht des Herzogthums) Barth noch einmal im dritten Felde der untern Reihe: schwarz mit silbernen Flügeln in Gold, erscheint. Für den aus Schach wachsenden Wolgaster Greif fehlt merkwürdiger Weise jede Bezeichnung!

Als **Helmkleinod** des Cassubischen Wappens (1686 als das des Herzogthums Barth bezeichnet) ist der Greif wachsend, als Wendensches Helmkleinod eine Art bauchige silberne, mit 3 rothen Streifen bezeichnete, im Halse mit 3 Pfaufedern gefüllte Flasche angegeben, wie oben abgebildet.

Da weder die Herzöge von Pommern eines dieser Kleinode geführt haben, noch dieselben in Wirklichkeit in der Helmreihe des Kurbrandenburgischen Wappens Aufnahme gefunden haben, daher neu erfunden sein müssen, so würde es immerhin am richtigsten sein, erforderlichen Falls für Wenden das Kleinod wie bei Siebmacher II 3., für Cassuben den schwarzen Greifen wachsend, zu wählen, da Letzter, nachdem man den aus Schach wachsenden Greifen wieder für Wolgast bestimmt und das Wappen für Barth ausrangirt hat, keinerlei Verwechselung mehr zu befürchten haben dürfte.

Im Wappen der fränkischen Linien erscheint Wenden seit 1603, ganz analog im Range wie bei Kurbrandenburg.

Herzogthum Cassuben.

21. „Wegen des Herzogthums Cassuben. Im goldenen Felde ein schwarzer rothgezungter Greif." Auf dem gekrönten Helme, mit schwarzgoldenen Decken, ein rother Schaft, oben gekrönt und mit Pfauwedel besteckt (so im amtlichen Kurbrandenburgischen Wappenbuch von 1574).

✤

Das Land Cassuben oder Kassuben (auch „Belgard" genannt), seit 1295 Pommern-Wolgast zugetheilt, dessen Name von der „Kažba" (dem Pelzrock der alten Einwohner) hergeleitet wird, dürfte ursprünglich einen bedeutend größeren Umfang gehabt haben, als jetzt, wo man nur die Gegend hinter Stolp i. P. und Lauenburg und Bütow dazu rechnet. Wahrscheinlich erstreckte es sich über den ganzen östlichen Theil Hinterpommerns bis zum Gallenberg, im Flußgebiet der oberen und mittleren Persante, mithin wäre es der heutige Regierungsbezirk Cöslin (ohne das Fürstenthum Cammin) mit den Kreisen Dramburg und Schivelbein, im Umfange von 185 Quadratmeilen (101 759 Quadratkilometer) gewesen.

Betreffend die topographische Bezeichnung des Landes sei mitgetheilt,¹) daß dieselbe zuerst 1260 als terra Cassubia vorkommt. Herzog Barnim I. nennt sich urkundlich 1267 „dux Slavorum et Cassubiae". Ferner 1291: „duces Slavorum et Cassubiae" und Bogislaw IV. allein: „dux Slavorum, Cassubiae"; Otto I.: „dux Slavorum et Cassubiae" 1291—1309; Wartislaw IV.: „Slavie, Cassubiae, Pomeranorum Dux" 1320. 1321. Später (zuerst 1318 Otto I.: „dux Slavorum et Cassubiorum"). Seit Mitte des XIV. Jahrhunderts greift die Titulatur mit dem Namen des Volksstammes, anstatt des Landes, immer mehr um sich, bis sie bald darauf zur Regel wird.

Wappen.

Bereits bei Wenden (s. d.) ist die Entstehung des Wappens für Cassuben erwähnt, nämlich bei Gelegenheit der Belehnung der Herzöge von Pommern, d. d. Augsburg, 26. Juli 1530.

Es ist dort bereits gesagt, daß der heutige Cassubische schwarze Greif im goldenen Felde eigentlich der alte Wolgast=Barth'sche sei.

Nachdem der Greif in das Kurbrandenburgische Wappen übergegangen war,²) finden wir ihn, anstatt schwarz in Gold, wiederum grünrothgrün schrägrechts abgetheilt, wogegen man Wolgast den schwarzen Greifen wieder verliehen hat. Helmkleinod wie Wenden.

Im mehrerwähnten Kurbrandenburgischen Wappenbuch von 1686 indeß ist dies abermals abgeändert, denn hier erscheint als äußerst rechtes Feld der zweiten Reihe der schwarze Greif in Gold als der des „Herzogthums Barth", der äußerst linke derselben Reihe rothgrünroth schräglinks getheilte als der von Wenden; der grünrothgrün schrägrechts getheilte unterhalb des Zepterschildes als der von Cassuben (später wegen Neu=Stargard, worunter man die Neumark verstehen wollte), und endlich im drittletzten Felde wegen des „Fürstenthums Barth" ein schwarzer Greif mit silbernen Flügeln (!).

Die durchlauchtige Welt von 1699 macht noch mehr Confusion, indem sie den Greif mit Fischschweif Wolgast, den aus Schach wachsenden Greif: Usedom zutheilt, was natürlich gänzlich falsch ist.

---

¹) v. Ledebur, Streifzüge, S. 58.
²) Dies fand schon unter Kurfürst Joachim II. statt, während Cassuben erst nach Absterben des letzten Herzogs von Pommern (Bogislaw XIV. † 10. März 1637) und zwar zufolge des Westfälischen Friedens von 1648 in den faktischen Besitz von Kurbrandenburg kam, doch auch erst viel später (s. Pommern) die Einräumung seitens Schwedens erlangte.

Wir werden später Gelegenheit nehmen bei den Wappen der einzelnen Regenten (Theil III d. W.) diese Fehler genauer zu zeigen.

Im Wappenschilde der Fränkischen Linien erscheint seit ca. 1603 Cassuben, ebenso auch alle anderen Felder des Pommerschen Wappens, genau immer in der Farbe und Reihenfolge, wie im gleichzeitigen Kur=brandenburgischen Wappen.

Als **Helmkleinod** für Cassuben müßte eigentlich der wachsende schwarze Greif gelten, denn es ist nicht angängig, für zwei Wappen, wie es das Kurbrandenburgische Wappenbuch de 1574 thut, dasselbe Helmkleinod, nämlich die gekrönte, pfauschweifgeschmückte rothe Säule, wie abgebildet, zu brauchen. Dennoch könnte, wenn für Wenden die rothsilbern=gestreifte „Flasche" (gemäß dem Kurbrandenburgischen Wappenbuche von 1686) oder der Herzogs=hut, oder aber der rothgrüne Greif als Kleinod gewählt würde, für Cassuben auch obige „Säule" bleiben, obwohl sie nicht sehr heraldisch und wohl nichts anderes, als eine schwache Nachbildung des Pommerschen Helmkleinods (Spitzhuts) sein dürfte.

Während der Kurbrandenburgischen Zeit und auch später, ja bis zur Aenderung des Königlichen Wappens von 1873 ist Cassuben stets in der Rangordnung **vor** Wenden geführt worden; seit dieser Zeit hat, aus welchem Grunde ist nicht recht ersichtlich, ein Wechsel zwischen beiden stattgefunden.

Herzogthum Crossen.

22. „Wegen des Herzogthums Crossen. Im goldenen Felde ein schwarzer, goldbewehrter, rothgezungter Adler, auf dessen Brust ein silberner, mit den Spitzen aufwärts gekehrter Halbmond liegt."

Aus dem gekrönten Helme, mit schwarzgoldenen Decken, wächst der Adler wie im Schilde. (Anstatt dessen giebt Graf Stillfried [nach Siebmacher] zwischen zwei Büffelhörnern silber—schwarz sechs Fähnlein 3—3: schwarz—silbern.)

✻

Bereits beim Artikel Schlesien ist gesagt worden, daß, als Heinrich XI., Herzog zu Crossen und Glogau, aus dem Niederschlesischen Aste der Schlesischen Herzöge, 1476 22. Februar ohne Erben starb, seine Wittwe Barbara, Markgräfin von Brandenburg, ihrem Vater, dem Kurfürsten Albrecht Achilles, das ihr (bezw. wenn ohne Kinder, ihren nächsten Erben) laut Revers des Herzogs Heinrich d. d. Cölln a. Spr. 9. Juli 1472 versprochene und nun ererbte Crossen[1]) abtrat.

Erst nach langer Fehde indeß erhielt der Kurfürst, laut Frieden zu Glogau 7. Juni 1481 und dem Kamenzer Vertrage mit Hans II. von Sagan vom 16. September 1482, Crossen, bezw. Züllichau und Bobers-

---

[1]) cfr. die kleine, sehr gut geschriebene Monographie des Rektors Dr. F. Berbig in Crossen über die Erwerbung dieses Herzogthums. Crossen 1882.

berg pfandbesitzlich, gegen eine Pfandsumme von 50 000 Gulden ungarisch, verliehen. Ferner wurde ihm Sommerfeld als Ersatz für die ihm widerrechtlich entzogene Hälfte von Glogau (Schwiebus), die er nach dem Tode seines Schwiegersohnes hätte erben müssen und mit welcher der Kaiser 1481 den Herzog Hans II. von Sagan, der es okkupirt, belehnt hatte, abgetreten. Den Kamenzer Vertrag bestätigte der König von Ungarn (seit dem Ofener Vertrage vom 30. September 1478 Oberlehnsherr von Schlesien 2c.) d. d. 25. Oktober 1482. Erst 1537 wurde Crossen (34 Quadratmeilen = 1870 Quadratkilometer) vom Kurfürsten Joachim II. definitiv gekauft und, nebst Züllichau, Sommerfeld und Bobersberg, 1538 als Böhmisches Lehen ihm und seinem Bruder Johann von Cüstrin verliehen, demzufolge beide den Titel „Herzog in Schlesien zu Crossen" annahmen.

Johann starb 1571 ohne Söhne; durch seine Tochter gedieh Crossen, das ihm Joachim abgetreten, wieder an die Kurlinie zurück.

Anstatt obigen Titels hatte sich im Laufe der Zeit im Kurbrandenburgischen und Königlich Preußischen Titel die Schreibart: „Herzog in Schlesien **und** zu Crossen" eingeschlichen.

Auf Grund eines Protestes hiergegen von Seiten der königlich böhmischen Lehnskanzlei d. d. 25. Juni 1709, „weil diese particula copulativa einzig und allein Sr. Kaiserlichen und Königlichen Majestät als Oberstem Herzoge in Schlesien zukomme", erfolgte unterm 20. Juli 1709 die Königliche Verfügung, in der Folge das genannte Bindewort fortzulassen.

Die Böhmische Lehenshoheit über diese Lande ward erst durch den Frieden zu Hubertusburg endgültig aufgehoben.

Wappen.

Der Adler von Crossen ist natürlich kein anderer, als der der Herzöge von Niederschlesien: schwarz, mit goldenem Schnabel und Fängen, im goldenen Felde, auf der Brust den silbernen Mond, der bis 1864, gleich dem Schlesischen, in seiner Höhlung ein Kreuzchen hatte, tragend.

Auf den ältesten Darstellungen des Crossenschen Adlers im Kurbrandenburgischen Wappen (zuerst auf Kurfürst Joachims II. großem Prachtsiegel an Urkunde d. d. Frankfurt 18. März 1558,[1]) auf einem

---

[1]) Markgraf Johann von Küstrin, des Kurfürsten Bruder, führte den Adler von Crossen bereits 1543 auf Siegeln und Münzen.

Thaler zuerst 1560; ferner in dem Kurbrandenburgischen Wappenbuch de 1574 [Berlin, Hausarchiv] und auf einem Holzschnitt Jost Ammans de 1589) findet sich der Adler überall mit einem bis weit in die Flügel hineinreichenden Monde, in dessen Höhlung ein Kreuzchen steht. Im Wappenbuche de 1572 ist als Helmkleinod der Adler wachsend angegeben, ebenso im Kurbrandenburgischen Wappenbuch de 1686 (ibidem), wo dem Adler das Kreuzchen[1]) auf der Brust fehlt.

Bis zur Aufnahme des Adlers von Preußen steht der Crossener Adler im Kurbrandenburgischen Wappen stets im Range vor Rügen, hinter ihm: Zollern.

Letzteres wird dann durch den Adler von Preußen verdrängt.

Später nimmt Crossen stets den Platz vor dem Jägerndorfschen Adler ein.

Noch bis zum Jahre 1804, wo der Adler von Gesammtschlesien, zuerst im Preußischen Wappen auftritt, blieb Crossen, weil es eben **ganz Schlesien** vertrat, an der hervorragenden Stelle,[2]) alsdann (1817) wurde es als einfaches (nicht „souveraines") Herzogthum viel weiter unten einrangirt.

Von den Fränkischen Häusern wird der Adler von Crossen (stets hinter Cassuben) schon 1623, später hinter Mecklenburg im Range geführt, bald mit, bald ohne Kreuzchen bzw. Kleeblättern am Monde, theilweis auch gekrönt.

---

[1]) Es ist durchaus nicht zu verstehen, warum das historische Kreuzchen nur dem Schlesischen Adler belassen worden ist; eine Verwechselung beider dürfte ausgeschlossen sein, da der Schlesische ja gekrönt ist!

[2]) Koehne (Zeitschrift für Münzen- 2c. Kunde) irrt, wenn er behauptet, der Crossensche Adler wäre im Wappen von 1804 „wegen historischer Erinnerungen und weil der Titel Crossen nicht im großen Königlichen Titel aufgenommen sei" entfernt. **In beiden ist Crossen thatsächlich vertreten.**

Herzogthum Lauenburg.

23. „Wegen des Herzogthums Lauenburg. Im rothen, mit einer von Silber und Schwarz zu zwölf gestückten Einfassung umgebenen Felde ein silberner Pferdekopf."[1)]
Auf dem Helme, mit schwarzsilbernem Wulst und Decken, der Pferdekopf wiederholt.

✻

Das von Herzog Heinrich dem Löwen eroberte und unterjochte Land Lauenburg (früher bewohnt von den Polaben) kam nach mancherlei Besitzern, Wirren und Streitigkeiten endlich um 1230 in den Besitz des bereits bei Westfalen und Engern (s. d.) genannten Herzogs Albrecht I. von Sachsen, aus dem Hause Askanien († 1260).

Bei dessen Tode nahmen seine Söhne Albrecht II. und Johann I. gleichmäßigen Besitz von seinen Landen, theilten indeß 1295 derart, daß Ersterer Wittenberg, Letzterer Lauenburg erhielt. Dies Land vererbte sich in

---

[1)] Diesen silbernen (weißen) Pferdekopf — den des niedersächsischen Rosses — hatte bereits Kurfürst Georg III. von Hannover d. d. 30. Juni 1779 dem Herzogthum als Wappen verliehen. d. d. 22. Oktober 1819 verwandelte, nachdem Lauenburg in Dänemarks Besitz gelangt war, der König von Dänemark die silberne Farbe in Gold. König Wilhelm von Preußen stellte durch Allerhöchsten Erlaß vom 12. November 1866 die silberne Farbe wieder her und umgab — als Zeichen der Personalunion! — den Schild mit dem in den Hohenzollernfarben gestückten Borde.

direkter Linearfolge, bis 1689 am 30. September mit dem Herzog Julius Franz, der nur zwei Töchter hinterließ, das Haus Sachsen-Lauenburg erlosch. Außer diesen erhoben Erbansprüche auf Lauenburg nicht weniger als acht Prätendenten, unter denen das Herzogliche Haus Braunschweig-(Neu-Lüneburg-)Celle den Vorrang behielt, einmal weil Lauenburg ein alter Besitz seines Ahnherrn Heinrichs des Löwen sei, dann aber auf Grund eines im Jahre 1369 am 18. Februar zwischen Herzog Wilhelm von Braunschweig und Herzog Erich IV. von Sachsen-Lauenburg abgeschlossenen Erbvertrages, wonach das Herzogthum nach Aussterben des letzteren Hauses an das erstere fallen solle. Dieser Vertrag war 1661 am 18. November und von dem letzten Herzoge Julius Franz noch 1683 am 26. März bestätigt worden.

Fernere Prätendenten waren das Haus Anhalt und Kurhessen.

Anhalt hatte nach 1678 eine Erbverbrüderung mit den Lauenburgischen Geschlechtsvettern abgeschlossen, der Kurfürst von Sachsen aber berief sich auf eine 1507 von Kaiser Maximilian der Ernestinischen und für den Fall des Erlöschens derselben der Albertinischen Linie ertheilten, von den späteren Kaisern erneuerten Anwartschaft auf Lauenburg. Außerdem hatte der Kurfürst von Sachsen bereits 1671 3. September (bestätigt von Kaiser Leopold I. 1687 19. November) mit dem Herzog Julius Franz gleichfalls eine Erbverbrüderung abgeschlossen, ein Fall, der beweist, daß der letzte Lauenburger es mit Keinem hatte verderben wollen.

Dennoch ließ sich der Kurfürst von Sachsen — Anhalt ging leer aus — sein Besitzrecht vom Herzog von Braunschweig für 6 Tonnen Goldes (1 100 000 Gulden) abkaufen. Der betreffende Vertrag vom 19. Juni 1697 enthält die Zusicherung des Rückfalls von Lauenburg nach dem Erlöschen des Gesammthauses Braunschweig-Lüneburg, sowie die Berechtigung, den von den Lauenburgern geführten Titel „Herzog von Engern und Westfalen" zu führen. Von der Führung des Wappens ist zwar nichts gesagt, dennoch wurde das weiße Roß in das Kursächsische Wappen aufgenommen, die Engernschen Seeblätter (das eigentliche Wappen der Grafschaft Brehna — s. Engern) führten sie ohnedem bereits.

Nachdem die Linie zu Celle 1705 28. August erloschen war, erbte Lauenburg: Georg I. Kurfürst von Hannover, seit 1714 12. August auch König von Großbritannien, der, da die Ansprüche aller übrigen Bewerber nun beseitigt waren, die kaiserliche Belehnung erhielt. Die kaiserliche Sequestration über das Land Hadeln,[1] 1689 7./17. November verfügt, wurde indeß erst 1731 aufgehoben.

---

[1] Dies Land hatte 1576 3. Januar Herzog Franz I. an seinen dritten Sohn, Heinrich III., Erzbischof von Bremen, gegen Verzichtleistung auf alle anderen Lauen-

Mit den übrigen Hannoverschen Landen wurde 1803 am 4. Juni auch Lauenburg von den Franzosen okkupirt und in Folge des Pariser Vertrages vom 10. Januar 1810 (mit Ausnahme eines Napoleon vorbehaltenen Theils mit einer Bevölkerung von 15 000 Seelen) zu dem Königreich Westfalen (Departement der Nieder-Elbe), das Land Hadeln zum Norddepartement desselben Königreichs geschlagen. Nach Auflösung des Königreichs Westfalen (26. Oktober 1813) kam Lauenburg an das Königreich Hannover zurück, wurde indeß, laut Patent vom 26. Juli 1816, mit Ausnahme des Landes Hadeln, eines schmalen Landstrichs am linken Elbufer und des rechtselbischen, bereits durch Vertrag vom 23. September 1815 zwischen Preußen und Hannover letzterem zugesprochenen Amtes Neuhaus, die bei Hannover verblieben, an Dänemark abgetreten; der König von Dänemark bestätigte den bereits vom 15. September 1702 datirenden, am 2. April 1703, 15. September 1729 und 21. Juni 1765 confirmirten Landesrezeß des Herzogthums durch die Versicherungsakte vom $\frac{\text{16. Dezember 1815}}{\text{27. Juli 1816}}$ und nahm, wie bereits erwähnt, für dasselbe einen goldenen Pferdekopf im rothen Felde in das große dänische Staatswappen auf.

Nach dem deutsch-dänischen Kriege wurde Lauenburg[1]) durch den Frieden zu Wien vom 30. Oktober 1864 an Oesterreich und Preußen gemeinsam und durch die Uebereinkunft zu Gastein vom 14. August 1865 der Besitz (gegen 1 875 000 Thaler) an den König von Preußen österreicherseits abgetreten, Allerhöchstwelcher mittelst Veröffentlichung des Patents vom 13. September 1865 den Besitz antrat und am 26. September ejd. zu Ratzeburg die feierliche Erbhuldigung der Stände empfing. Von da ab mit Preußen durch Personalunion verbunden, ward es laut Gesetz vom 23. Juni 1876 §§. 1, 5, 6, (Gesetz-Samml. von 1876 S. 169) als „Kreis Herzogthum Lauenburg" (21 Quadratmeilen = 1150 Quadratkilometer) gänzlich dem Königreich Preußen und der Provinz Schleswig-Holstein einverleibt; die übrigen früher zu Lauenburg gehörigen Theile fielen 1866 mit Hannover an Preußen. Das Wappen wurde durch den Allerhöchsten Erlaß vom 16. August 1873 zuerst in das Königlich Preußische Staatswappen aufgenommen.

---

burgischen Lande, mit kaiserlicher Bestätigung vom 27. Februar 1577 abgetreten; es fiel am 8. Oktober 1585, nachdem Heinrich am 28. April 1585 verstorben, an Lauenburg zurück.

[1]) Professor Dr. H. Schmidt, Geschichte des Preußischen Wappens S. 15, vermengt bzw. verwechselt dies Herzogthum Lauenburg mit der bereits seit 1657 im Besitz Kurbrandenburgs befindlichen Herrschaft Lauenburg-Bütow in Hinterpommern, ein lapsus, der für einen Historiker allerdings etwas stark ist.

Herzogthum Mecklenburg.

24. „Wegen des Herzogthums Mecklenburg. Im goldenen Felde ein vorwärts gekehrter, abgerissener schwarzer Büffelskopf mit rother Zunge, silbernen Hörnern,[1]) silbernem Nasenringe[1]) und rother Krone."[1]) Auf dem gekrönten Helme, mit schwarzgoldenen Decken, ein Schirmbrett[2]) von fünf Stäben, blau, gold, roth, silbern, schwarz, aus dem ein mit dem Stierkopf im Profil belegter dreireihiger Pfauwedel hervorgeht.

✻

Im Jahre 1442 hatten bekanntlich die Häuser Mecklenburg und Kurbrandenburg einen wechselseitigen Erbvertrag abgeschlossen, demgemäß bei dem eventl. Erlöschen des einen, das andere die Erbfolge genießen solle. Nachdem die Herzöge von Mecklenburg-Schwerin und -Strelitz 1693, bezw. 1701 diesen Vertrag nochmals bestätigt, faßte König Friedrich I. im

---

[1]) Im Großherzoglich Mecklenburgischen Wappen fehlt jetzt bekanntlich der Nasenring; ferner ist die Krone golden und hat Lilienblätter; die Hörner sind nach innen gebogen und werden nicht von der Krone umfaßt. Im Brandenburgisch-Preußischen Wappen hat man indeß ohne jede Aenderung das Wappenbild so belassen, wie es s. Z. Aufnahme fand.

[2]) So schon 1328 Heinrich von Mecklenburg auf seinem Sekretsiegel, der Kopf aber ohne Nasenring in einem liegenden Schilde, das im Schirmbrett verschwindet.

Jahre 1708 den Plan, ähnlich wie dies bei Lebzeiten der Herzöge von Pommern der Fall gewesen, auch den Titel und die Wappenfelder des herzoglich Mecklenburgischen Hauses seinem großen Staatswappen einzuverleiben.

Während der Herzog von Mecklenburg-Schwerin seine Zustimmung hierzu unbedenklich ertheilte, fand zwischen den Kabineten von Berlin und Strelitz ein scharfer Federkrieg statt, da sich der dortige Herzog energisch weigerte, auch seinerseits die gewünschte Erlaubniß zu ertheilen. Die Fehde verschärfte sich noch, als der König, ohne die Strelitzische Erlaubniß, dennoch Wappen und Titel der Mecklenburgischen Lande (die betreffenden sieben Felder des Mecklenburgischen Wappens, wie es im Jahre 1658 vom Herzog Christian Ludwig I. zusammengestellt worden war) angenommen hatte. Endlich bestätigte Kaiser Karl VI., auf Grund des Erbvertrages von 1442, dem Könige d. d. Wien 3. Oktober 1712 die geschehene Beilegung der Mecklenburgischen Titel und Wappen. Seitdem wurden die von Mecklenburg im Range stets hinter denen des Herzogthums Wenden, seit 1873 hinter denen von Lauenburg geführt; auch die übrigen Mecklenburgischen Wappen-Felder waren im großen Kgl. Preußischen Wappen und Titel vertreten bis zum 16. August 1873. Die an diesem Tage erlassene Allerhöchste Kabinetsordre verfügte, daß fernerhin in Wappen un Titel lediglich das Mecklenburgische Stammwappen zu führen, das Fürstenthum Wenden, das Fürstenthum Schwerin, das Fürstenthum Ratzeburg, die Graffschaft Schwerin, die Herrschaften Rostock und Stargard dahingegen im Titel und Wappen fortfallen sollten. Es geschah dies lediglich in Folge der Einfügung wichtigerer Wappen der 1866 erworbenen Landestheile.

Die Fränkischen Fürstenthümer haben seit ca. 1724 alle Felder des Mecklenburger Wappens und außer obigem Helm auch die anderen geführt.

Landgrafschaft Hessen.

25. „**Wegen der Landgrafschaft Hessen.** Im blauen Felde ein von Silber und Roth achtmal quergestreifter, goldbewehrter und -gekrönter Löwe."
Der ungekrönte Helm, mit rothsilbernen Decken, trägt zwei silberne Büffelhörner, außen mit je vier grünen[1]) dreiblättrigen Lindenzweigen besteckt.

Unter den von Kaiser Karl dem Großen über das christianisirte Hessenland gesetzten Gaugrafen[2]) ragt u. A. das mächtige Geschlecht der Gisonen, den dynastischen Grafen von Gudensberg,[1]) hervor. Deren Erbtochter Hadewig vermählte sich mit Ludwig I., Landgrafen von Thüringen (Enkel Ludwigs des Bärtigen [† 1123], gemein-

---

[1]) Ueber die richtige Färbung als golden, s. Thüringen.
[2]) Außer diesem ist das Geschlecht der Grafen von Niederhessen mit dem stereotypen Vornamen „Werner", das der von Bilstein (an der Werra), Grafen von Dassel, von Felsberg (an der Eder), der Grafen von Reichenbach, Grafen von Reinhausen, der von Schauenburg (in der Gegend des Habichtswaldes), der von Schoneberg (Schönberg) in der Diemelgegend, der von Waldenstein (am Knüll), der Grafen von Ziegenhayn (an der Schwelm) im 10. Jahrhundert und später zu nennen, über die s. Z. Näheres gesagt werden wird.

Landgrafen und F

Heinrich I., das Kind, Landg

Johann I. in Cassel (Niederhessen) 1308—1311, † 1311.

Heinrich II., der Eiserne, in Hessen 1328—1377, † 1377.

Otto, der Schütz, † 1366.

Heinrich III. in Marburg 1458—1483, † 1483.

Wilhelm III., der Jüngere, 1483—1500, † 1500.   Wilhelm I., der Aeltere,

Cassel.

Wilhelm IV., der Weise, in Cassel   Ludwig IV. in Marburg und Nidda
1567—1592, † 1592.   1567—1604, † 1604.

D

Moritz 1592—1627, † 1632.   Ludwig V., der Getreue, in
Stammvater der Großhe

Cassel.

Wilhelm V. in Cassel 1627—1637, † 1637.   Ernst in Rh

Wilhelm VI. 1637—1663, erhält 1648 Hersfeld, † 1663.   Karl in Eschwege und W

Cassel.   **Philippsthal,**

Wilhelm VII.   Karl   Philipp in Philippsthal   Wilhelm II. in Wanfried
1663—1670,   1670—1730,   1670—1721, † 1721.   1711—1731, † 1741.
† 1670.   † 1730.   Stammvater dieser Nebenlinie.

Friedrich I. 1730—1751; König von Schweden 1720, † 1751.   Wilhelm VIII. 1751—176

Friedrich II.

Wilhelm IX. 1785—1821; Graf von Hanau 1760, Landgraf 1785, Kurf

Wilhelm II. 1821—1847, † 1847.

Friedrich Wilhelm, Mitregent 1831; Kurfürst 1847—1866, † 1875 6./1. oh

Zu Hessen.

…ürsten von Hessen.

…n Hessen 1265—1308, † 1308.

…o in Marburg (Oberhessen) 1308—1328; Alleinregent 1311, † 1328.

Ludwig I. auf Grebenstein 1328—1343, † c. 1343.

…ermann II., der Gelehrte, 1343; in Hessen 1377 bis 1413, † 1413.

Ludwig II., der Friedfertige, 1413—1458, † 1458.

Ludwig III., der Freimüthige, in Cassel 1458—1471, † 1471.

…493, † 1493.   Wilhelm II., der Mittlere, 1471—1509, erbt 1500 Katzenelnbogen, † 1509.

Philipp I., der Großmüthige, 1509—1567, † 1567.

Darmstadt.

Philipp II. in Rheinfels 1577—1583,   Georg I., der Fromme, in Darmstadt
† 1583.   1567—1596, † 1596.
Rheinfels an Darmstadt 1583—1627,
an Cassel 1627.

Homburg.

…dt 1596—1626, † 1626.   Friedrich I. in Homburg 1596—1638, † 1638.
…n Hessen-Darmstadt.   Diese Linie ist 1866 24./3. erloschen.
                         Homburg fiel an Darmstadt und 1866 3./9. an Preußen.

Rheinfels-Rothenburg.

…627—1693, in Eschwege 1655, in Rothenburg 1658, † 1693.

…693—1711, † 1711.   Wilhelm I. in Rheinfels und Rothenburg 1693—1725, † 1725.

…ristian in Eschwege   Ernst Leopold 1725—1749, † 1749.
…11—1755, † 1755.

…Graf von Hanau, † 1760.   Konstantin 1749—1778, † 1778.   Josef † 1744.

…785, † 1785.   Karl   Christian,   Karl Konstan-   Ernst, † 1784.
                Emanuel   Domherr   tin (Charles
                1778—1812,   in Köln,   Hesse), † 1821.
                † 1812.   † 1782.

Wilhelm I. 1802, † 1821.   Victor Amadeus 1812—1835, † 1835, kinderlos.   Ernst Victor,
                           d. d. Berlin, 9. Juni 1821 Herzog von Ratibor   † 1787.
                           und Fürst von Corvey.
                           Rothenburg fiel an Cassel, Ratibor und Corvey an Hohenlohe.

…sionsfähige Nachkommenschaft.

schaftlichen Stammvaters der Landgrafen von Hessen und von Thüringen) und brachte ihm die Grafschaft Gudensberg zu.

Beider Enkel: Hermann I. (1190—1217), seit der Heirath mit Sophie, Pfalzgräfin von Sachsen (1180), mit letzterem Titel vorkommend, war der Vater von:

1. Ludwig IV. (1217—1227), Gemahl der hl. Elisabeth von Ungarn.
2. Heinrich, genannt der Reiche, 1246 Gegenkönig.
3. Jutta.

Ludwig IV. hinterließ nur einen bereits 1242 kinderlos verstorbenen Sohn: Hermann II., und eine Tochter Sophia, vermählt an Heinrich II., Herzog von Brabant.[1])

Jutta vermählte sich mit Dietrich I., Markgrafen von Meißen († 1221), und wurde die Stammmutter des heutigen Hauses Sachsen.

Als Heinrich der Raspe 1247 (17. Dezember) ohne Erben starb, brach hinsichtlich der Länder ihres Vaters zwischen Jutta und dem Markgrafen von Meißen ein Erbfolgestreit aus, der, nachdem die Schlacht bei Wettin (1263 28. Oktober) zu ihren Ungunsten ausgefallen war, durch einen Frieden dahin entschieden wurde, daß Thüringen (s. d.) dem Markgrafen von Meißen zufiel, wogegen Sophia das Hessische Land behielt.

Hierzu gehörte damals, außer allen althessischen Lehen und Allodien, 1. die obengenannte Grafschaft Gudensberg, mit den Orten: Cassel, Felsberg, Frankenberg, Grebenstein, Homberg, Immenhausen, Marburg, Melsungen, Rotenburg, Wolfhagen und Zierenberg; 2. die Werralandschaft, mit den Orten Allendorf, Eschwege, Fürstenstein, Sontra, Witzenhausen rc., welche Herzog Albrecht von Braunschweig, Schwiegersohn und Verbündeter der Herzogin Sophia (s. oben), nach der Schlacht bei Wettin hatte abtreten müssen.

König Adolf erhob diese beiden Gebiete d. d. Nassau 9. Mai 1292 zu einem untheilbaren Reichsfürstenthum, zu Gunsten von Sophias Sohn: Heinrich I. (genannt das Kind).

Dessen Sohn Otto, seit 1311 wieder Herr über Ober- und Niederhessen hinterließ zwei Söhne: Heinrich II., der Eiserne, † 1377, und Ludwig I., † 1345.

Ersterer erwarb einen Theil der Edelherrlichkeit Itter, das Schloß Spangenberg, sowie 1360 die Hälfte von Schmalkalden, starb aber ohne Hinterlassung von Söhnen.

---

[1]) Er stammte eigentlich aus dem Hause der Herzöge von Nieder-Lotharingen; erst sein Vater Heinrich I. hatte sich 1190 „Herzog von Brabant" genannt, seitdem durch Vermählung mit Mathilde, Gräfin von Flandern-Boulogne, Erbin von Brabant, ihm Ersteres zugefallen war.

Das zu seinen Gunsten d. d. 6. Dezember 1373 durch Kaiser Carl IV. zur untheilbaren Landgraffchaft erhobene Gesammtgebiet erbte seines Bruders Sohn: Hermann I., der bereits seit 1367 Mitregent gewesen war. Dieser erwarb hierzu die Hälfte der Herrschaft Lisberg in der Wetterau, sowie die Herrschaft Wolkersdorf in der Edergegend.

Auch dessen Sohn: Ludwig II. († 1458) trug zur Vergrößerung der Hausmacht bei; er kaufte 1450 Ziegenhain und Nidda (s. d.), sowie einen Theil der Besitzungen der 1429 erloschenen Grafen von Schoneberg und 1451 das Amt Neuen-Gleichen von den von Uslar-Gleichen.

Seine Söhne waren: Ludwig III. († 1471) und Heinrich III. († 1483), vermählt mit Anna, Gräfin von Katzenelnbogen (s. d.).

Die Brüder theilten so, daß Ludwig: Cassel und Umgegend, Heinrich: Oberhessen, Marburg und Ziegenhayn erhielt.

Nach dem kinderlosen Tode von Heinrichs Sohne: Wilhelm III. (1500), der auch Katzenellenbogen ererbt hatte, fiel das ganze Land wieder in die Hand seines Vetters Wilhelm II., jüngeren Sohnes Ludwigs III.

Dieser kaufte 1492 die Hälfte der Grafschaft Epstein (s. d.) und erhielt 1504 die früher dazu gehörige Herrschaft Homburg von der Höhe verlehnt.

Seinem Sohne, dem berühmten Landgrafen Philipp den Großmüthigen, gelang es 1553, den zwischen den Häusern Hessen und Nassau schwebenden Erbschaftsstreit, betr. Katzenelnbogen, durch Vergleich zu beseitigen; auch erwarb er Anrechte auf die Grafschaft Schmalkalden.

Seine Söhne: Wilhelm IV. und Georg I. theilten das Haus in die Linien: Cassel und Darmstadt; zwei andere Söhne: Ludwig IV., der mit Marburg (dem Oberfürstenthum), und Philipp II., der mit Rheinfels (der niederen Grafschaft Katzenelnbogen) abgefunden war, starben bereits bzw. 1604 und 1583.

Ueber den ferneren Erwerb der einzelnen Besitzungen, vorzugsweise der der Linie Hessen-Cassel, wird das weitere später gesagt werden.

Zu erwähnen ist noch, daß der Landgraf Wilhelm IX. von Hessen-Cassel zufolge des Reichsdeputationshauptschlusses vom 25. Februar 1803, durch den die ihm gehörige Grafschaft Hanau-Münzenberg zum Fürstenthum erhoben worden war, von Kaiser Franz II. d. d. Wien, 24. August 1803 des heiligen Römischen Reiches Kurfürstentitel (als Wilhelm I.) erhielt. Am 18. August 1807 von Napoleon depossedirt, wurde er 1813 am 28. Oktober in den Besitz seiner Lande wieder eingesetzt und dieser ihm durch den Wiener Kongreß bestätigt, jedoch durch Verträge mit Preußen (1815 16. Oktober) und Oesterreich (1816 20. März) — s. Fulda — sehr verändert.

Wappen.

Das Stammwappen der alten Landgrafen von Hessen wurde dem Königlich Preußischen Wappen erst durch die Allerhöchste Kabinetsordre vom 16. August 1873 einverleibt und zwar (als pars pro toto — mit Ausnahme von Fulda, s. d. —) für das ganze Kurfürstenthum Hessen (472 Quadratmeilen), nachdem dasselbe, laut Königlicher Botschaft vom 17. August, Gesetz vom 20. September 1866 (Gesetz-Samml. 1866 S. 555) und Besitzergreifungspatent vom 3. Oktober 1866 (Gesetz-Samml. 1866 S. 594) in Verfolg des Prager Friedens vom 23. August ejd., ein Theil der Preußischen Monarchie geworden war.

Die Landgrafen von Thüringen älteren Hauses haben den Löwen stets gekrönt geführt; dies beweisen die alten Hessischen Original-Kampfschilde, die in Marburg wieder aufgefunden sind, u. A. der des Hochmeister Deutschordens, Konrad (1239—1241), Bruders Ludwigs IV., und „Heinrichs des Junkers", sowie Siegel Ludwigs IV. und Heinrich Raspes.

Die Landgrafen von Thüringen aus dem Hause Meißen nahmen den Löwen anstatt ihres Stammwappens, den „Landsbergischen Pfälen", gleichfalls an. Zuerst geführt wird der Thüringer Löwe von Heinrich dem Erlauchten 1221—1288, Sohn des obengenannten Dietrich I. Doch hat man ihn zum Unterschied vom Hessischen lange Zeit ungekrönt dargestellt.

Jetzt ist im Preußischen Wappen (wie auch in dem der Sächsischen Herzogthümer zumeist) der Thüringer Löwe als rothsilbern, der Hessische als silbernroth in den Theilungen wechselnd festgestellt.

Provinz Hessen-Nassau.

Laut Allerhöchstem Erlaß vom 7. Dezember 1868 (Gesetz.-Samml. 1868 S. 1056) wurde Hessen (der „Regierungsbezirk" Cassel) mit dem ehemaligen Herzogthum Nassau (dem „Regierungsbezirk Wiesbaden") zu einer Provinz „Hessen-Nassau" vereinigt.

Wappen.

Allerhöchst genehmigt d. d. Schloß Oberglogau, 3. Juni 1892.

Wappen: Durch aufsteigende eingebogene Spitze gespalten; vorn in Blau ein linksgekehrter, von Silber und Roth achtfach quergestreifter, goldbewehrter und -gekrönter Löwe (Landgrafschaft Hessen); hinten im blauen, mit goldenen schrägrechtsverstutzten Querschindeln besäten Felde ein rothbezungter, gekrönter, goldener Löwe (Fürstenthum Nassau); in der rothen Spitze ein goldbewehrter silberner Adler (Herrschaft zu Frankfurt a. M.).[1]) Auf dem Schilde zwei gekrönte[2]) Helme; der rechte, mit rothsilbernen Decken, trägt zwei, außen mit je vier grünen Lindenblattstäbchen besetzte, silberne, geschlossene Büffelhörner. Der linke, mit blaugoldenen Decken, trägt zwischen zwei, mit Schindeln wie oben bestreuten (geschlossenen) blauen Büffelhörnern den Nassauischen Löwen sitzend.

Schildhalter wie bei Ostpreußen, jedoch hat der Ritter auf dem Helme eine rothe, eine weiße und eine blaue Straußfeder und in dem Standartentuche desselben präsentirt sich die komplete Zeichnung des Schildes, auch lehnt er sich mit dem Ellenbogen auf.

Das einfachere Siegel der Centralorgane hat obigen Schild mit der Landgräflichen Krone (goldener Reif mit fünf Blätterzinken, drei Bügeln ohne Mütze) gekrönt; die Schildhalter sind wie beim einfachen Wappen von Ostpreußen, doch die Helmfedern des Ritters: roth weiß blau.

Das Siegel für den Bezirksverband Cassel zeigt den mit der Landgräflichen Krone gekrönten Hessischen Schild, mit denselben Schildhaltern, wie beim einfacheren Siegel der Provinz; ebenso wird auf dem Siegel für den Bezirksverband Wiesbaden der mit einem Fürstenhut bedeckte Nassauische Schild, gehalten von wildem Mann und Ritter wie beim einfacheren Siegel der Centralorgane.

Das Siegel der unteren Organe des Provinzialverbandes Hessen-Nassau zeigt den Preußischen heraldischen Adler, der auf der Brust den obenbeschriebenen dreigetheilten, ungekrönten Schild trägt.

Das Siegel der unteren Organe des Bezirksverbandes Cassel zeigt anstatt dessen im ungekrönten Brustschilde des Adlers nur den Hessischen Löwen.

Das Siegel der unteren Organe des Bezirksverbandes Wiesbaden den Adler und in dessen ungekröntem Brustschilde den Nassauischen Löwen, wie oben beschrieben.

Die Farben der Provinz sind: roth-weiß-blau,
    für den Bezirksverband Cassel: roth-weiß,
    für den Bezirksverband Wiesbaden: blau-orange.

---

[1]) Ueber die durch Nichts gerechtfertigte Entkrönung dieses Wappenthieres bei Aufnahme ins Königlich Preußische Wappen auf Grund des Vorschlages des Grafen Stillfried s. unten bei Frankfurt a/M.

[2]) Fast durchgängig auf allen Siegeln ist der Helm von Hessen ungekrönt wie oben abgebildet; wahrscheinlich der Gleichmäßigkeit wegen hat man ihn hier gekrönt.

Landgraffchaft Thüringen.

26. „Wegen der Landgraffchaft Thüringen. Im blauen Felde ein von Roth und Silber achtmal quergeſtreifter, goldbewehrter und gekrönter Löwe."

Der ungekrönte Helm, mit rothſilbernen Decken, trägt zwei ſilberne Büffelhörner, in der Mündung mit einem, außen je mit drei dreiblättrigen grünen[1]) Lindenzweigen beſteckt[2]) — ſ. Heſſen —.

Wie auf den erſten Blick erſichtlich, ſind, bis auf geringfügige Kleinigkeiten, die Wappen der Landgraffchaft Heſſen (ſ. d.) und Thüringen vollkommen die gleichen, aus dem einfachen Grunde, weil Ludwig I., Landgraf von Thüringen (1130—1140), durch ſeine Erbheirath mit Hedwig von Gudensberg, Erbin von Heſſen (ſ. d.), beide Landgraffchaften unter gemeinſamem Zepter vereint hatte. Mit ſeines Enkels

---

[1]) Dies iſt einfach falſch, denn ſchon Conrad von Würzburg beſchreibt in ſeinem „turnei" dieſe Zweige als „von golde löuber". Wir haben es hier zweifellos mit jenen „Kleeſtänglein" zu thun, die in dieſer oder anderer Blätterform aus Metall ausgeſchlagen, zur Verzierung von Helmkleinoden dienten und nebenbei beim Reiten ein angenehm klingendes Geräuſch hervorbrachten.

[2]) Ueber das erſte Vorkommen und anderweite Wappenähnlichkeit cfr. v. Ledebur, Streifzüge, S. 67—70. — Vergl. auch oben das bei Heſſen Geſagte.

Hermann I. (seit 1180 auch Pfalzgraf von Sachsen) Kindern vollzog sich die Trennung der Lande. Denn, während Hermanns Sohn Ludwig IV. (Gemahl der heiligen Elisabeth) der Ahnherr des Hessischen Gesammthauses wurde, brachte Ludwigs Schwester Jutta die Landgraffchaft Thüringen und die Pfalzgraffchaft Sachsen ihrem Gemahl: Dietrich dem Bedrängten, Markgrafen von Meißen aus dem Hause Wettin, dem Stammvater des Gesammthauses Sachsen-Meißen zu, dessen Geschichte bekannt ist.

Bei diesem Hause blieb Thüringen, bis es mit anderen Theilen des Königreichs Sachsen — von dem es bis dahin den „Thüringer Kreis" bildete — (s. Herzogthum Sachsen) laut Staatsvertrag vom 18. Mai 1815 (Gesetz-Samml. 1815 S. 59) an das Königreich Preußen abgetreten und durch Patent vom 22. Mai 1815 (Gesetz-Samml. 1815 S. 79) vom König von Preußen in Besitz genommen wurde. Es gehört zur Provinz Sachsen (Regierungsbezirk Merseburg und Erfurt).

Markgrafthum Oberlausitz.

27. „Wegen des Markgrafthums Oberlausitz. Im blauen Felde eine goldene Mauer mit drei Zinnen."
Auf dem gekrönten Helme ein wie der Schild gezeichneter Flügel. Decken: blaugolden.

Der Ausdruck Oberlausitz, zum Unterschiede von der eigentlichen Lausitz, die gewöhnlich Niederlausitz genannt wird, erscheint mit Sicherheit zuerst in einer Urkunde vom 13. Mai 1350, die den Bann über den Markgrafen Ludwig von Bayern ausspricht. Hier ist die Lausitz unterschieden als terra Lusatiae superior et inferior.

Erst jedoch seit Mitte des 15. Jahrhunderts erscheint der Doppeltitel häufiger, zumal in den landesherrlichen Titeln; man verstand indeß noch bis in das 16. Jahrhundert hinein unter Lausitz nur die Niederlausitz, wogegen die Oberlausitz gewöhnlich das Land Budissin (Bautzen) genannt wird.

Die heutige Oberlausitz (Sächsischen und Preußischen Antheils, unter der man früher denjenigen Theil der Mark Meißen, der zwischen der oberen Spree und Neiße bis zum Queis sich erstreckte, begriff) setzte sich zusammen aus Camenz und Ruhland, die das Wittthum der Markgräfin Mechtilde von Meißen, Gemahlin Albrechts II. Markgrafen von Brandenburg, der sie als Brautschatz gegeben waren, bildeten, sowie den Städten Bautzen, Görlitz, Lauban und Löbau, die 1253 zu gleichem Zwecke seines Sohnes, Otto III. von Brandenburg Gemahlin: Beatrix, Tochter König Wenzels I. von Böhmen, erhalten hatte.

Die Oberlausitz blieb beim Hause Brandenburg bis sie von Hermanns des Langen Schwester Beatrix ihrem Gemahl: Boleslaw I., Herzog von Schweidnitz zugebracht wurde. Deren Sohn Heinrich I. überließ 1319 Bautzen und 1329 Görlitz der Krone Böhmen; welcher 1355 die ganze Oberlausitz durch Kaiser Karl IV. einverleibt wurde. Da die Niederlausitz (s. d.) inzwischen auch zu Böhmen gediehen war, so waren beide Lausitzen nunmehr in einer Hand vereinigt.

Die Oberlausitz, d. h. Görlitz, von dem 1329 schon Lauban getrennt war, ging 1377 als Böhmisches Lehensherzogthum an Johann von Böhmen († 1396) über, von dem sie der deutsche König Wenzel erbte, dem sein Vater bereits früher Bautzen, Lauban, Löbau, Camenz und Zittau gegeben hatte (mit Johann zusammen besaß er auch die Niederlausitz).

Nach dem Tode Wenzels (1419) erbte sein Bruder, Kaiser Sigismund, die nun vereinigte Oberlausitz und von diesem 1437 sein Schwiegersohn und Nachfolger auf dem Kaiserthrone: Albrecht II. von Habsburg-Oesterreich.

Als Mathias Corvinus, König von Ungarn, 1469 (Titular-) König von Böhmen geworden war, ergab sich die Oberlausitz mit der Niederlausitz diesem. Nachdem sein Sohn Ludwig 1526 erblos verstorben, kamen die Lausitzen mit der Krone Böhmen an Ferdinand I. von Oesterreich. Bei diesem Hause blieben sie, bis Kaiser Ferdinand II., laut Separatfrieden d. d. Prag $\frac{30. \text{April}}{10. \text{Mai}}$ 1636, für geleistete Kriegsdienste und Schuldforderungen (bedeutende Vorschüsse) im Betrage von 72 Tonnen Goldes (7 Millionen Thaler) sie an den Kurfürsten Johann Georg I. von Sachsen abtrat, mit dem Vorbehalt, daß dem Erzhause gestattet sei, den Titel und das Wappen fortzuführen, sowie, daß nach Erlöschen des Gesammthauses Wettin sie an ersteres Haus zurückfallen sollten.

Das Kurfürstliche, dann Königliche Haus Sachsen blieb im Besitze der Lausitzen, die noch durch die Herrschaft Cottbus, welche Preußen zufolge des Tilsiter Friedens vom 9. Juli 1807 abtreten mußte, vergrößert wurden, bis 1815. Laut dem Pariser Frieden vom 30. Mai 1814, der Wiener Congreßakte vom 31. Mai 1815 und des zwischen Preußen und Sachsen am 18. Mai 1815 (Gesetz-Samml. 1815 S. 59) abgeschlossenen Vertrages kamen beide Lausitzen — ausgenommen einen Theil der Oberlausitz (mit den Städten Bautzen, Zittau, Camenz, Löbau [im Ganzen 41 Quadratmeilen]) — mit Cottbus, das wieder an

Preußen zurückfiel, zur Preußischen Monarchie. Der König ergriff laut Patent vom 21. Juni 1815 (Gesetz-Samml. 1815 S. 193) davon Besitz und verfügte, daß die Oberlausitz (63 Quadratmeilen, mit den Städten Görlitz und Lauban) zur Provinz Schlesien, die Niederlausitz der Provinz Brandenburg, zu der schon seit dem 5. Juni 1462 ein beträchtlicher Theil derselben (s. Crossen) gehörte, zuertheilt werde.

Wappen.

Das Wappen der Oberlausitz, zuerst 1817 im Preußischen Staats-Wappen und Titel eingerückt, hat dort seinen Platz im Range hinter Thüringen und vor der Niederlausitz erhalten, woselbst es noch bis jetzt verblieben ist. Früher mit drei freien Zinnen abgebildet, wird die Mauer jetzt wie oben geführt, wahrscheinlich um sie von der im Wappen der Stadt Bautzen zu unterscheiden. Fraglich ist es, ob das erst zur Zeit König Wenzels auf Siegel von 1363—1374 erscheinende Wappen der Ober-lausitz (die Mauer) zuerst Stadtwappen der Hauptstadt Budissin (Bautzen) war, oder ob das Land der Stadt sein Wappen gegeben hat. Im Oester-reichischen Wappen hat (wie früher auch im Preußischen) die Mauer drei Frei-zinnen, genau wie im Stadtwappen von Bautzen.

Markgrafthum Niederlausitz.

28. „Wegen des Markgrafthums Niederlausitz. Im silbernen Felde ein schreitender rother Stier." Auf dem ungekrönten Helme ein hermelingestülpter rother Turnierhut, besetzt mit silbernem Adlerrumpf.[1]

Bereits bei dem Artikel Oberlausitz ist gezeigt worden, daß für beide Lausitzen ursprünglich nicht dieser Name existirte, sondern daß man unter Lausitz schlechtweg stets die Niederlausitz verstand.

Dieser Landestheil wurde von Kaiser Heinrich I. einem vornehmen Sachsenhäuptling, Gero († 965), als Mark übergeben. Sie erbte bis 1031,

---

[1] In Grünenbergs authentischem Wappencodex von 1483, Tafel 53b Markgraf von Lausitz, erscheint der Stier goldbewehrt und -behuft, stehend, mit zwischen die Hinterbeine geschlagenem Schweife. Diese Darstellung erinnert ungemein an das polnisch-slavische Stammwappen Ciolek, das einen „jungen Stier" zeigt. Sollte ein altes slavisches Geschlecht, das hier geherrscht, dies Wappen geführt haben? Auf dem Helme ist ein Stierrumpf mit durchgestecktem silbergekrönten Joch mit Pfauschweifen besteckt, als Kleinod gegeben. Seit wann obiges Kleinod eingeführt, steht nicht fest; vermuthlich aber erst in Kursächsischer Zeit und möglicherweise durch Kurfürst Friedrich August II., seit 1697 König von Polen. Daher dann auch der Kopf des Polnischen Wappenadlers.

wo sie zur „Ostmark"¹) gehörte, in diesem Geschlechte fort. Nachdem Geros Stamm erloschen, hatte mit jener die Niederlausitz sehr wechselnde Herren, u. A. den Herzog Wratislaw von Böhmen (1031—1117), Albrecht den Bären (1124—1131), die Grafen von Groitzsch (1117—1124 und 1131 bis zu deren Aussterben 1135), worauf sie in die Hand des Markgrafen Konrad von Meißen, aus dem Hause Wettin, kam, der bereits 1127 die Eventualbelehnung empfangen hatte.

Sie erbte in dessen Seitenlinien (Landsberg 1156—85), Rochlitz (1185 bis 1210) fort, fiel dann (1288) an Markgraf Dietrich III. den Jüngeren (Diezmann) von Sachsen-Pleißen, der sie 1303 dem Markgrafen Hermann dem Langen von Brandenburg (Salzwedel-Coburg) für 6000 Mark löthigen Silbers verkaufte, worauf dieser 1306 damit belehnt ward.

Als Hermanns einziger Sohn: Johann VI., der Erlauchte, 1317 24. März erblos gestorben, erhielt seine zweite Schwester Mathilde († 1345) die Niederlausitz. Ihr Gemahl Heinrich IV., Herzog von Sagan, verpfändete sie an die Markgrafen von Meißen, doch löste die Krone Böhmen als Lehnsherrin sie 1364 ein. Nachdem 1368 13. Januar Otto V. der Finner, aus dem Hause Bayern, Markgraf von Brandenburg, förmlich Verzicht auf die Niederlausitz geleistet, wurde sie 1370 mit der Krone Böhmen vereinigt und theilte fortan das Schicksal der Oberlausitz (s. d.) 1462 trat König Podiebrad einen Theil davon (Cottbus, Peitz) an Kurbrandenburg ab. Die Niederlausitz hat einen Flächeninhalt von 105 Quadratmeilen (5775 Quadratkilometer).

Wappen.

Das Wappen ist das der früheren Hauptstadt der Niederlausitz Luckau und wahrscheinlich als Landeswappen von König Wenzel angenommen worden, wenigstens kommt es zuerst, wie das der Oberlausitz auf Siegeln 1363—1374 vor. Im Oesterreichischen Wappen steht der Stier, ganz vorwärts sehend, mit erhobenem Schweif und der Adlerkopf geht direkt aus dem Hermelinstulp hervor. Die älteren Darstellungen beschreiben sehr umständlich den „weißen Bauch"; auch wurde früher, wie noch jetzt im großen Oesterreichischen Wappen, der Stier mit über den Rücken geschlagenem Schweife, zum Theil auch auf grünem Rasen, abgebildet.

---

¹) Zur Ostmark gehörte damals auch noch der heutige Regierungsbezirk Merseburg, östlich der Saale, sowie Anhalt.

Fürstenthum Oranien.

29. „Wegen des Fürstenthums Oranien. Im goldenen Felde ein links gekehrtes,[1] blaues Jagdhorn mit goldenen Beschlägen und rothem Bande."[2]

Das vollständige Wappen, wie es die Fürsten von Oranien führten, war dagegen ein gevierter Schild mit von Blau und Gold neunfach geschachtem Herzschild (Genevois) Feld I und IV des Hauptschildes: in Roth ein goldener Schrägbalken (Familie Châlon), Feld II und III: in Gold ein die Stürze rechtskehrendes blaues Jagdhorn mit rothem Band und Mündung und silbernem (!) Beschlag (Oranien). Auf dem Schilde eine Blätterkrone, oder zwei gekrönte Helme mit rothgoldenen Decken, von denen der rechte das Oranische Kleinod: goldenes Hirschgeweih, der linke das der Châlon: gold-roth getheilten offenen Flug trug.

✿

Die Oranische Erbschaft, die wegen ihrer außerordentlichen genealogischen Schwierigkeit die bei weitem interessanteste unter den dynastischen ist, hat im Laufe der Zeit dem Preußischen Staatswappen nicht weniger als elf Felder zugebracht, nämlich:

1. Châlon (-Arlay), 2. Oranien (Orange), 3. Genevois, 4. Mörß (Meurs), 5. Lingen, 6. Neufchâtel, 7. Geldern, 8. Borßel ter Veer, 9. Büren, 10. Arkel-Leerdam, 11. Polanen-Bredá,

---

[1] Die Wendung des Hornes mit der Stürze nach rechts ist seit jeher im Oranischen Wappen üblich gewesen.

[2] Codex Grünenberg giebt ein Wappen als „Oringen" wie folgt: schwarzes Jagdhorn mit breitem damascirtem goldenen Band, rother Mündung und Mundstück, im silbernen Felde, und auf dem ungekrönten Helme dasselbe, das Band um einen Pfauschweif geschlungen. Es ist möglich, daß dies das Wappen von Oranien sein soll.

und zwar 1, 2, 3 ursprünglich, wie oben dargestellt, in einem Gesammtschilde, die übrigen im großen Hauptschilde nach ihrem Range vertheilt.

Von allen diesen befinden sich jetzt (seit 1874) nur noch Oranien, Mörs, Lingen und Geldern (s. d.) im Wappen der Könige von Preußen.

1. Genevois.

Die Grafen von Genevois, (Genferland, d. h. Besitzer der Gegend um die Stadt Genf), einer Grafschaft, mit der Hauptstadt Anneci, erscheinen dort als Feudalherren bereits ums Jahr 1100.

Als 1394 24. März der vorletzte Graf dieses Geschlechts: Peter erblos gestorben und ihm am 16. September desselben Jahres sein Bruder Robert, der 1378—1394 als Gegenpapst Clemens VII. genannt wird, gefolgt war, blieben nur noch zwei Schwestern übrig. Von diesen erbte Maria, vermählt an Humbert von Villars († 1400), die Grafschaft Genevois. Nach Humberts Tode verkaufte dessen Oheim Otto von Villars 1401 am 5. August seine Ansprüche auf Genevois an Savoyen; der Gatte der jüngeren Schwester Johanna: Raimund IV. von Baux, Fürst von Orange dagegen, erhielt nur die Erlaubniß, das Wappen von Genevois mit dem seinigen zu verbinden. Dies Wappen war stets wie der oben abgebildete Herzschild. Als Kleinod giebt Codex Grünenberg, der das Schach gold-blau abbildet, ein ebenso gezeichnetes, an den freien Spitzen je mit Pfaufedern bestecktes, sechseckiges Schirmbrett, auf einer Art Teller stehend.

2. Orange (deutsch Oranien).

Diese, nördlich von Avignon am linken Rhone-Ufer belegene, Grafschaft beherrschten bereits Anfangs des 11. Jahrhunderts eigene Feudalgrafen, die jedoch 1121 erloschen.

Tiburtia I., die Erbtochter, bis 1150 auch Herrin, von Orange, vermählte sich mit Wilhelm I. von Montpellier, Herrn von Aumelas († 1156), der nur einen Sohn, Wilhelm III., Erben der Hälfte von Orange hatte, dessen Stamm 1190 mit seinem Sohn Reinhald IV. ebenfalls erlosch.

Erbe der einen Hälfte der Grafschaft wurde der Johanniterorden, die andere Hälfte brachte Tiburtia II., Wilhelms II. Schwester, ihrem Gemahl: Bertram de Baux († 1181) zu. Dessen Sohn: Wilhelm IV., der sich, als Statthalter des Königreichs Arelat, seit 13. Januar 1214 „Fürst" nannte, hatte zwei Söhne: Wilhelm V. und Raimund I., die die (noch vorhandene halbe) Grafschaft theilten.

Wilhelm V. wurde Stammvater der berühmten de Baux, die Herzöge von Andria, Fürsten von Tarent und Achaja waren und von denen

Jacob sogar den Titularkaisertitel von Constantinopel führte; diese Linie erlosch 1487.

Der Sohn des Raimund I., Herrn der einen Hälfte von Orange: Bertram III., ertauschte 1289 (gegen Courteson) von Wilhelms Linie das zweite Viertel und 1307 vom Johanniterorden (s. oben) die anderen beiden Viertel ein, sodaß nunmehr die ganze Grafschaft wieder vereint war.

Raimunds Enkel war der bereits obengenannte Raimund IV., Gemahl der Johanna von Genevois.

Er starb 1393 20. Februar ohne Söhne; Baur kam als heimgefallenes Lehen an Frankreich zurück, wohingegen Orange durch Raimunds IV. Tochter: Maria, ihrem Gemahl: Johann III. von Châlon-Arlay zufiel.

3. Châlon-Arlay.

Das Haus Châlon[1]) war ein Zweig der Grafen von (Hoch)-Burgund (seit ca. 1140 Freigrafschaft [Franche-Comté] genannt, weil sie erst 1031 mit Deutschland vereinigt, Reichsland, ohne herzogliche Gewalt, blieb).

Den Namen Châlon nahm des Grafen Stephan III. (aus der Ehe mit Beatrix von Thiers, Erbgräfin von Châlon, — an der Saône, südlich von Dijon — stammender) Sohn: Johann der Weise 1213 an.

Seines jüngsten Sohnes: Johann I. (der als väterliches Erbe Arlay [südlich Dôle] erhalten hatte) Nachkomme im vierten Grade: Johann III. (I.) (1388—1418) war derselbe, dessen bereits oben, als Gemahl der Maria de Baur, Fürstin von Orange, Erwähnung geschehen ist. Allein auch diese Linie des Hauses Châlon[2]) erlosch und zwar 1530 3. August.

Erbin des letzten Mannssprossen: Philibert, wurde dessen Schwester Claudia, Gemahlin Heinrichs III., Grafen von Nassau, aus der Ottonischen Linie (s. unten).

4. Neufchâtel (Neuenburg oder Wälsch-Neuenburg) hatte ursprünglich (seit 1034) eigene Grafen aus dem Hause der Grafen von Vinelz, Herren von Hasenburg. Diese erloschen 1373 mit Ludwig (s. unten). Bereits 1288 hatte dessen Vater, Graf Rudolf IV. Neufchâtel an das Deutsche Reich abgetreten, worauf es vom Kaiser an Johann von Châlon, Herrn von Arlay, der bereits oben erwähnt ward, verliehen wurde. Dieser übergab es von Neuem dem Grafen Rudolf IV. als Afterlehen.

---

[1]) Châlon an der Saône, wohl zu unterscheiden von Châlons an der Marne!
[2]) Grünenbergs Codex de 1483 giebt Tafel 83b das Wappen des Grafen von Châlon (Tschallun): geviert; 1/4: der Schrägbalken, 2/3: Genevois (statt Gold: Silber). Auf dem ungekrönten Helme, mit rothsilbernen Decken, ein Pfauschweif zwischen zwei aufrechten Schwertern.

Nach Rudolfs Tode übernahm sein obengenannter Sohn: Ludwig 1343 Neufchâtel, starb aber ohne Söhne. Das Land ging hierauf (1373) an Rudolf IV. Graf v. Nidau, den Gemahl der älteren Tochter Ludwigs: Elisabeth, nach dessen kinderlosem Tode 1395 auf Konrad, Sohn ihrer Schwester Verena, aus der Ehe mit Graf Egon VII. von Freiburg und nach dem Tode Johann's, Sohnes des Konrad, 1457 an Rudolf V., Enkel des Markgrafen Rudolf III. von Hachberg (Hochberg), Gemahls der Anna, Schwester Konrads über. Bei diesem Geschlecht blieb Neufchâtel bis mit Rudolfs V. Sohne: Philipp 1503 auch dies Geschlecht im Mannesstamm erlosch.

Die Grafschaft erbte 1504 Philipps Tochter: Johanna und brachte sie ihrem Gemahl Ludwig, Grafen (seit 1512 Herzog) von Longueville (dem Enkel des Bastards von Orleans Grafen von Dunois) zu.

Ludwigs Enkel: Leonor, der sich zuerst „Graf von Neufchâtel" nennt, war vermählt mit Marie von Bourbon-St. Pol, die 1592 Valangin (Valendis) kaufte und mit Neufchâtel vereinigte.

Ihr Enkel: Heinrich II. nennt sich 1595 zuerst „Fürst von Neufchâtel"; mit seinem Sohne Johann Ludwig starb indeß 1694 am 4. Februar das Haus Longueville im Mannesstamme ebenfalls aus; die Erbschaft von Neufchâtel trat seine Schwester Maria, verwittwete Herzogin von Nemours, 1694 am 17. März an, verstarb indeß kinderlos 1707 am 16. Juni. Anrechte auf Neufchâtel, die durch die Oranische Erbschaft, vorzugsweise durch Châlon, zu dem Neufchâtel gehört hatte, dem König Wilhelm III. von Großbritannien zustanden, hatte dieser, schon bei Lebzeiten der Herzogin Maria, Brandenburg abgetreten.

Nachdem die Landstände von Neufchâtel alsdann 1707 am 3. November sich für Anschluß an das Königreich von Preußen ausgesprochen hatten, wurden dem Könige im Frieden zu Utrecht 1713 alle Besitzrechte eingeräumt. Durch den Wiener Traktat vom 15. Dezember 1805 und den Pariser Traktat vom 15. Februar 1806, am 28. ejd. an Napoleon abgetreten, wurde Neufchâtel von diesem am 30. März ejd. als souveraines Fürstenthum an Berthier gegeben, der es bis 1814 besaß. Der Wiener Frieden vom 31. Mai 1815 gab es an Preußen zurück. Freiwillig wurde Neufchâtel mit Valangin, nachdem es bereits früher Aufnahme in den Schweizerischen Bund gefunden, 1857 am 19. Juni Preußischerseits gänzlich an die Schweiz abgetreten.

Das Wappen Neufchâtels (das etwas veränderte der Grafen von Nidau) war stets im goldenen Felde ein mit drei silbernen Sparren belegter rother Pfal. Als Helmkleinod wurde geführt ein auf der Krone stehender von Silber über Schwarz getheilter Federbusch, in Form eines Tannenzapfens. Decken: schwarz-silbern.

5. **Mörß, Lingen, Geldern, Borssel-ter-Ver, Büren, Arkel-Leerdam, Polanen-Bredá.**

Bereits beim Artikel Geldern (s. d.) ist erwähnt worden, daß Reinhalds IV., letzten Herzogs von Geldern und Jülich Schwester: Johanna, sich mit Johann von Arkel, Herrn von Leerdam († 1428), deren Erbtochter Maria sich mit Johann II., Grafen von Egmond, vermählte und deren Sohn: Arnold († 1473), Herzog von Geldern wurde.

Allein Johann II. hatte noch einen zweiten Sohn: Wilhelm IV.

Aus dessen Ehe mit Walburga, Gräfin von Mörß, die ihm 1456 Baër zubrachte, stammten drei Söhne:

Der Aelteste: Johann III., seit 1486 Graf von Egmond, wurde der Ahnherr der 1707 erloschenen Reichsfürsten von Gaveren (Gavre)

Der dritte: Wilhelm, Herr zu Herpen, hatte nur eine Tochter.

Der zweite dagegen: Friedrich († 1500), brachte durch Vermählung mit Adelheid von Culemburg, Erbin von Büren und Borzel ter Veer, diese, auf der Grenze von Holland und Geldern, am Leck, nördlich von Gorkum belegenen Herrschaften und 1484 durch Kauf auch Cranendonk an sein Haus. Sein Sohn Florens, Graf von Büren, († 1528) war der Vater eines Sohnes: Maximilian, dem 1547 von Kaiser Karl V. die dem Grafen Conrad von Tecklenburg wegen seines Antheils am Schmalkaldischen Bunde entzogene „Herrschaft" Lingen als „Grafschaft" zu Lehen gegeben wurde.

Dieser Graf Maximilian starb 1548 ohne männliche Erben.

Seine Tochter: Anna († 1558) erbte daher Büren, Borzel ter Veer und Leerdam (s. diese in Theil II d. W.), wogegen Lingen (s. d.) vom Kaiser wieder eingezogen wurde, bis sie ihr Enkel Moritz sich 1597 zurückeroberte.

Gräfin Anna von Egmond-Büren vermählte sich mit Wilhelm I., Fürsten von Nassau (s. unten).

6. **Haus Nassau.**

Der eben genannte Wilhelm I. stammte aus der Ottonischen Linie zu Siegen, des alten Grafenhauses.

Seines Ahnherrn Otto I. Enkel: Otto II., hatte sich mit Adelheid, Gräfin von Vianden im Luxemburgischen (das nach Erlöschen seines Mannesstammes sein Enkel Engelbert I. 1420 erbte), vermählt. Dieser Engelbert I., dessen kinderlos verstorbener Bruder Adolf mit Jutta, Gräfin von Dietz, vermählt gewesen, nahm hierauf die Hälfte von Dietz in Besitz und brachte durch seine Gemahlin Johanna von Wassenaër-Polanen auch die von Johann von Polanen 1351 erkaufte Herrschaft Bredá (Nordbrabant) an sein Haus, während der andere Antheil der Erbschaft: Bergen-op-Zoom an das Haus Pfalz gedieh. Mit Engelberts

Enkels: Johann V. (der mit Elisabeth von Hessen-Marburg [Tochter des Landgrafen Heinrich, aus der Ehe mit Gräfin Anna von Katzenellenbogen] diese Grafschaft erheirathet, sie aber gegen Dietz vertauscht hatte), Söhnen: Heinrich III. und Wilhelm d. Aeltere, theilt sich das Haus in zwei Zweige.

Den älteren stiftete Heinrich III., der, wie oben gezeigt, durch seine Vermählung mit Claudia von Châlon, Erbe von Oranien wurde. Allein mit seinem Sohne: Renatus starb 1544 dieser Zweig des Hauses Nassau, der auch Bredá besaß, aus.

Zum Erben hatte Renatus den obengenannten Wilhelm I. von Nassau, aus dem jüngeren Zweige Dietz, eingesetzt, der sich hierauf: „von Nassau-Oranien" nannte, auch 1581 von Maximilian von Bourgogne die diesem von seiner Großmutter Anna von Borßel vererbten, 1535 zu Marquisaten erhobenen Grafschaften: ter Veer und Vließingen erkauft hatte.

Nach dem Tode seiner obengenannten Gattin, Anna von Egmond-Büren, war Wilhelm I. noch zweimal verheirathet gewesen, bevor er zur vierten Ehe mit Louise von Coligny schritt. Aus letzterer stammte Fürst Friedrich Heinrich († 1647), der bereits im Jahre 1600 durch Testament einer Gräfin von Neuenaar, Schwester des letzten Grafen von Mörß, in den Besitz der Grafschaft Mörß a. Rh. getreten war. Er war der Großvater Wilhelms III., der, in Folge seiner Vermählung mit Maria von England, 1689 am 22. Februar zum König von Großbritannien erwählt wurde und 1702 8. März kinderlos starb.

Die Oranische Erbschaft.

Die Erbschaft des Fürstenthums Orange (ca. 5 Quadratmeilen), belegen zwischen den früheren Provinzen Languedoc, Provence, Dauphiné und der Grafschaft Avignon, sowie von Neufchâtel (s. unten) prätendirten drei Bewerber, nämlich: 1., König Friedrich I. von Preußen, dessen Mutter: Luise Henriette († 1667) die ältere Vaterschwester König Wilhelms III. und 2., Johann Wilhelm Friso, Fürst von Nassau-Dietz, dessen Großmutter Albertine Agnes († 1697) die jüngere Schwester der obengenannten Kurfürstin Luise Henriette von Brandenburg gewesen war. Letzteren Fürsten hatte Wilhelm III. durch Testament von 1695 zum Erben eingesetzt, wogegen König Friedrich als näherer Verwandter protestirte, unter Hinweis auf das Testament seines mütterlichen Großvaters, Friedrich Heinrich, nach dem Orange beim Erlöschen des Mannesstammes seines Sohnes Wilhelm (II.) auf die Linie seiner Tochter Luise überzugehen habe.

Ein dritter Prätendent, den König Ludwig XIV. unterstützte, indem er das Fürstenthum zugleich als ein an Frankreich heimgefallenes Lehen erklärte, war der Prinz von Conti, der, als Erbe des Hauses Longueville, mit dem Hause Châlon entfernt verwandt war.

Die Prätension dieses Prinzen bestätigte sowohl das Parlament zu Paris, wie auch der Utrechter Friede. Es blieb daher Orange, sowie die Herrschaften in Burgund, eingezogen, dagegen wurde ein Theil von Geldern, sowie die Ansprüche des Hauses Longueville und Frankreichs auf Neufchâtel an Preußen übertragen, dem Könige auch Titel und Wappen von Orange zugestanden. Die übrigen Besitzungen in den Niederlanden gingen, laut Vergleich d. d. Schloß Dieren Mai/Juni 1732 in den Besitz von Nassau-Dietz über, Preußen erhielt von diesem hierfür: Mörtz und Lingen, sowie 1. die Baronie Herstall (verkauft 1740 an den Bischof von Lüttich), 2. die Herrschaft Turnhout (verkauft 1753 an Kaiserin Maria Theresia), 3. die Herrschaften Gravesand, Montfort, Orangepolder, Wateringen (verkauft 1754 für 700 000 Gulden an den Erbstatthalter der Niederlande Wilhelm V. von Oranien).

Wappen (der Oranischen Erbschaftslande).

In das große Preußische Staatswappen und dem Königlichen Titel wurde, laut Rescript vom 31. März 1803, der Wappenschild Genevois-Oranien-Châlon, wie oben abgebildet, aufgenommen. Im Jahre 1708 wurde ein heraldischer Schnitzer ärgster Art begangen, indem man, anstatt des wiederholten Wappens von Châlon im IV. Felde, in dies Feld den Sparren-Pfal von Neufchâtel setzte und hierdurch einmal das Wappen eines Vasallen (Neufchâtel) mit dem seines Lehnsherrn in einem Schild vereinte, anderntheils die uralte Regel außer Acht ließ, daß des Vasallen Wappen stets durch das des Lehnsherrn genügend vertreten ist.

Dieser nunmehr also von Châlon, Orange, Orange, Neufchâtel gevierte, mit Herzschild Genevois[1] belegte, mit einer offenen Blätterkrone gekrönte Schild wurde dem Königlichen Preußischen großen Wappen als drittes (unterstes) Herzschild auf der sogenannten Fußstelle aufgelegt.

1744 erfolgte die Aufnahme des completen, mit Fürstenhut gekrönten fürstlichen Wappens von Ostfriesland in das Königliche Preußische

---

[1] Schon diese Zusammenstellung ist heraldisch unrichtig, wie Grote, Geschichte des Preußischen Wappens S. 76 sehr gut nachweist. Der oben abgebildete Schild hätte hiernach componirt sein müssen: geviert von Orange und Genevois; Herzschild: Châlon.

Oranisch

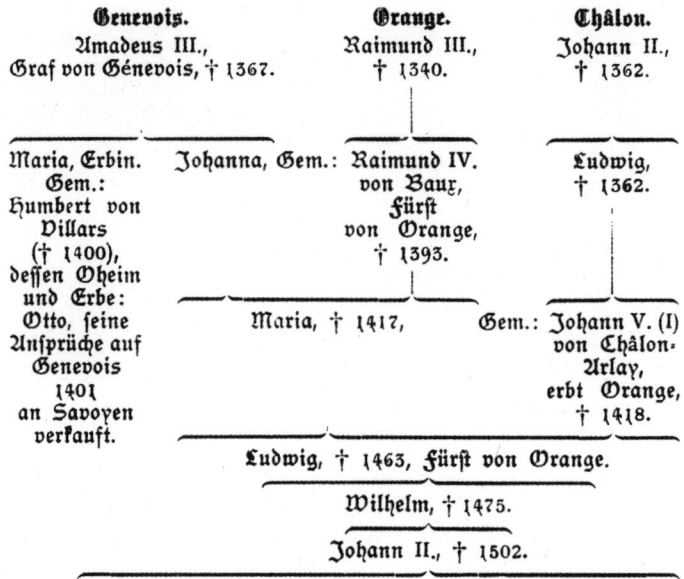

(Ueber

	Genevois.	**Orange.**	**Châlon.**
	Amadeus III., Graf von Génevois, † 1367.	Raimund III., † 1340.	Johann II., † 1362.
Maria, Erbin. Gem.: Humbert von Villars († 1400), dessen Oheim und Erbe: Otto, seine Ansprüche auf Genevois 1401 an Savoyen verkauft.	Johanna, Gem.:	Raimund IV. von Baux, Fürst von Orange, † 1393.	Ludwig, † 1362.

Maria, † 1417, Gem.: Johann V. (I) von Châlon-Arlay, erbt Orange, † 1418.

Ludwig, † 1463, Fürst von Orange.

Wilhelm, † 1475.

Johann II., † 1502.

Philibert, † 1530 (ultimus).   Claudia von Châlon, Gem.: Heinrich III. † 1538, Erbin von Orange.   erbt Bredá.

I. Renatus von Nassau Fürst von Oranien † 1544, setz Wilhelm I. zum Erben ein.

rbschaft.

(tafel.)

aſſau. Bredá.	Büren und Lingen.	Leerdam.
Graf von Naſſau, † 1351. Adelheid Gräfin von Vianden.	Arnold I. von Egmond.	Johann von Arkel, Herr von Leerdam. Gem.: Johanna von Jülich, Erbin von Geldern.
ann I., † 1416.	Johann II., Graf von Egmond, † 1451.	Gem.: Marie von Arkel, Erbin von Leerdam und Geldern.
rt I., † 1442, erbt Vianden, erhält . Gem.: Johanna Jaſſenaër-Polanen, in von Bredá.	Wilhelm IV. von Egmond, † 1483. Gem.: Walburg von Mörß.	
nn IV. († 1475).	Friedrich von Egmond, † 1500. Gem.: Adelheid von Culemburg, Erbin von Büren und Borſſelen.	
ann V., † 1516. Eliſabeth von Heſſen, on Katzenellnbogen und Dietz.	Florens, Graf von Büren ꝛc., † 1539.	
Wilhelm, der Aeltere, † 1559, erhielt ¼ Dietz 1557.	Maximilian, † 1548, erhält Lingen 1547.	
II. Wilhelm I., Fürſt von Oranien, erbt Oranien 1544, kauft teer Veer 1581.	Gem.: Anna, Gräfin von Egmond, Erbin von Büren, Borſſelen und Leerdam († 1558).	
Philipp Wilhelm, † 1618, erbt Mörß 1600, Herr zu Büren, Borſſelen, Leerdam, Marquis zu ter-Veer und Vlieſſingen.	Moritz, † 1627, beerbt 1618 ſeinen Bruder.	Heinrich Friedrich, † 1647, beerbt 1627 ſeinen Bruder.
Wilhelm II., † 1650. Gem.: Maria von England.	Luiſe, † 1667, Gem.: Friedrich Wilhelm, Kurfürſt von Brandenburg.	Albertine, † 1697, Gem.: Fürſt Wilh. Fr. von Naſſau-Dietz.
Wilhelm III., König von England ſeit 1689 (ſetzt 1695 Naſſau-Dietz zum Erben ein), † 1702. Gem.: Maria II., Königin von England, † 1695.	Friedrich I., König von Preußen.	Heinrich Caſimir II., † 1696. **III.** Johann Wilhelm Friſo, Fürſt von Naſſau(-Dietz)-Oranien-Niederlande.

große Staatswappen und es rückte nun der Oranische Schild höher, auf die sogenannte Nabelstelle.

Hier verblieb er bis 1817, wo, nach Wegfall Ostfrieslands und Aufnahme der Wappen von Nürnberg und Zollern in besondere Herzschilde des großen Wappens, der Oranische Schild seinen Platz im Schilde selbst, hinter dem der Niederlausitz, erhielt.

Während dieser Platz auch später beibehalten wurde, strich die Allerhöchste Kabinetsordre vom 11. Januar 1864 die Wappen von Châlon[1]) und Genevois, so daß die Oranische Erbschaft nur noch durch einen von Oranien und Neuenburg quer getheilten Schild repräsentirt wurde.

Die Allerhöchste Kabinetsordre vom 16. August 1873 hat auch Neuenburg in Wegfall gebracht, so daß nunmehr nur noch Oranien im Preußischen Wappen vorkommt.[1])

Im Wappen der Fränkischen Linien war die Oranische Erbschaft nie vertreten.

---

[1]) Graf Stillfried, der intellektuelle Urheber der Wappenkomposition, hat natürlich nicht gewußt, daß, laut Testament des ersten Fürsten Jean de Châlon (1417), jeder Erbe von Oranien verpflichtet ist, auch Namen und Wappen von Châlon zu führen.

Fürstenthum Rügen.

30. „Wegen des Fürstenthums Rügen. Quergetheilt: im oberen goldenen Theile ein aus dem unteren blauen, und zwar aus den darin befindlichen fünf rothen, doppelseitig aufsteigenden Stufen hervorgehender schwarzer, rothbewehrter, rothgezungter und rothgekrönter Löwe mit doppeltem Schweife."

Auf dem schwarzgolden-bewulsteten Helme vier silberne Angelhaken (Aalangeln)[1]) zwischen zwei Pfaufedern. Decken: schwarzgolden.

＊

Rügen hatte bereits Anfangs des 12. Jahrhunderts eigene Fürsten, die seit 1168 christianisirt, bis 1209 dänische Vasallen waren, alsdann sich selbstständig machten und Westpommern bis zum Ryckflusse (das Land „Barth") eroberten; seit 1282 hatten sie vom Kaiser ihr Land als Lehens-fürstenthum genommen. Ein Zweig derselben, abstammend von Stoislaw († 1207), wurde Ahnherr des erst am 11. November 1858 erloschenen fürst-lichen Geschlechts Putbus, alten Stammes.

Stoislaffs Bruder: Jaromar I. (1170—1218) setzte die Hauptlinie zu Rügen fort, die 1325 11. November mit Wizslaw III. erlosch, dessen

---

[1]) So das Kleinod schon auf einem Siegel des Fürsten Wizslaw I. und fast immer ähnlich so in allen Abbildungen späterer Zeit. Das Kurbrandenburgische Wappen-buch von 1687 hat statt der Angelhaken fünf Stäbe in der Art von Pilgerstäben.

Schwester Margaretha an Herzog Bogislaw IV. von Pommern vermählt war.

In Folge eines zwischen Wizslaw und seinem Schwager (Bogislaws IV. Sohn) und dem Herzog Wartislaw IV. von Pommern geschlossenen Erbvertrags erbte Letzterer nunmehr Rügen. Als er 1326 starb, theilten seine Söhne derart, daß Bogislaw V. († 1374), dessen Linie 1459 mit seinem Enkel König Erich I. von Dänemark erlosch, Hinterpommern (jenseits der Swine), Barnim IV.: Vorpommern und Rügen nebst Barth[1]) erhielt. Dessen Sohn Wartislaw VI. (1372—1394) vereinigte nach seines Bruders Bogislaw VI. 1393 erfolgten Tode wieder die Vorpommerschen Lande, die seine Söhne: Barnim VI. und Wartislaw VIII. 1415 abermals derart theilten, daß Ersterer Wolgast und Gützkow, Letzterer Barth und Rügen erhielt. Nachdem mit Wartislaws VIII. Sohne: Barnim VIII. 1451 dessen Zweig erloschen, vereinigte Erich II. nach seines Onkels Barnim VII. zu Gützkow 1449, und seines Vaters 1457 erfolgtem Tode, sowie dem 1459 erfolgten Erlöschen der Linie Bogislaws V., wieder alle Pommerschen Lande, bis auf Barth, das erst 1478, nach dem Tode seines Bruders Wartislaw X., Erichs II. Sohne Bogislaw X. zufiel, und (mit den 1464 ererbten Hinterpommerschen Landen) endlich 1637 10. März, laut des Erbvertrages vom 21. Januar 1466 an Kurbrandenburg fiel, oder vielmehr hätte fallen müssen, wogegen zufolge des Westfälischen Friedens nur Hinterpommern dem Kurfürsten zufiel, weil Vorpommern und Rügen Schweden zugesprochen wurden.

Erst zufolge des Traktats zwischen Dänemark und Preußen vom 4. Juni 1815 (Gesetz-Samml. 1818 Anh. S. 35) und Ausführungs-Vertrags zwischen Schweden und Preußen vom 7. Juni 1815 — Gesetz-Samml. 1818 Anh. S. 39, 44 — hörte dieser unnatürliche Zustand des Besitzes deutschen Landes seitens eines fremden Staates auf, indem Neuvorpommern und Rügen an Preußen abgetreten und mittelst Patents vom 19. September 1815 (Gesetz-Samml. 1815 S. 203) in Besitz genommen wurde.

Das Fürstenthum (die Insel) Rügen hat einen Flächeninhalt von 20 Quadratmeilen (1100 Quadratkilometer).

---

[1]) Barth ist das zum Fürstenthum Rügen gehörige gewesene Festland und wird bald als eigenes Fürstenthum, bald nur als „Herrschaft" angesprochen.

Wappen.

Das älteste Bild des Wappens scheint, analog dem Wappen der Putbus, anstatt des bei diesem, aus einem Schachfelde wachsenden Adlers, einen aus einem Schachfelde wachsenden Löwen gehabt zu haben; wenigstens erscheint auf der Fahne, die Fürst Wizslaw II. von Rügen auf seinem Siegel von 1225 hält, ganz deutlich schon der halbe Löwe, hier noch ungekrönt und einschweifig, und zwar wahrscheinlich aus -Schach (nicht Giebelmauer) wachsend.

Im Pommerschen Wappen finden wir das Rügische Wappen zuerst auf einem Siegel Wartislaws X. (1457—1478) und zwar im zweiten Wappenfelde des von Barth (Rügen), Gützkow und Bernstein gevierten Schildes. So bleibt Rügen auch nach Aufnahme des Stettiner Greifs in ein Herzschild, bis, nach der bekannten Belehnung von 1530 (s. Pommern), Herzog Philipp I. (1531—1560) es seinem vierfeldrigen Wappen als Herzschild auferlegte, wogegen seine Söhne es ihrem neunfeldrigen Wappen als Mittelschild (bez. mittleres Feld) hinzufügen; schließlich macht es dem Camminer Kreuze Platz.

Grünenbergs Wappencoder de 1483 giebt im ersten und vierten goldenen Felde des Wappens der „Grafen von Rügenwenden und zu Cassuben", Tafel 63b, dessen andere Felder den grün-rothen Greifen (s. Wenden) enthalten, das Wappen von Rügen als einen goldgekrönten, rothbewehrten grünen Löwen, wachsend aus einem im Schildfuß befindlichen, nicht durchbrochenen schwarzen Haus- oder Mauergiebel von fünf Stufen, und ebenso diese Bilder auf dem (!) ungekrönten Helme mit grün-goldenen Decken. Auch noch Siebmachers Wappenbuch in seinem III. Theile Taf. 20 folgt dieser Darstellung, nur daß hier der Löwe golden, mit Zackenkrone gekrönt in Silber aus schwarzem, den Schildfuß ganz einnehmenden, bis ein Drittel des Feldes reichenden schwarzen Mauergiebel wächst, die Helmdecken schwarz-silbern sind; in beiden Fällen hat der Löwe noch keinen Schweif, der Mauergiebel ist noch nicht durchbrochen.

Diese Form, der Löwe zugleich mit Zottelschweif, erscheint erst auf dem Siegel Barnims X. de 1529; der Mauergiebel ist hier zu einer Art Treppe geworden, bestehend aus sieben halb übereinander geschobenen Ziegeln.

Auch noch später findet sich eine Zeit lang, z. B. im Siegel Johann Friedrichs, Herzogs von Stettin-Pommern de 1610, statt dieses Giebels eine förmliche Stufentreppe; jedenfalls ist die Quertheilung des Schildes, oben Gold, unten Blau, im oberen der Löwe, im unteren der durchbrochene rothe Stufengiebel, schon in dem Siegel Barnims des Aelteren vom Jahre 1569 (der Löwe hier noch einschweifig) nachweisbar. Bezüglich der Rangstellung des Rügischen im Brandenburgisch-Preußischen Wappen ist folgendes bemerkenswerth:

Kurfürst Joachim II. führt mit den seit 1530 im Pommerschen Wappen üblich gewordenen Feldern, seit 1558 auch das von Rügen im großen Wappen; hier ist bereits die heut gebräuchliche Form angewandt.

Viel früher, nämlich bereits auf dem Todtenschilde des 1471 verstorbenen Kurfürsten Friedrich II. in der Ritterkapelle des Schwanenordens bei St. Gumpert in Anspach, erscheint der Rügische Löwe. Im Wappenschilde kommt Rügen schon 1515 auf dem Siegel des Erzbischofs Albrecht von Magdeburg im letzten Felde, hier noch der Löwe aus Stufengiebel wachsend, wie bei Siebmacher III 20, wogegen spätere Siegel desselben Fürsten (z. B. von 1541) auch schon die siebenstufige Treppe, aus deren Obertheil der Löwe wächst, im getheilten Felde zeigen. Sehr oft ist auch der Giebel als wirklicher Mauergiebel, d. h. mit Mauerstrichen (Fugen) versehen, dargestellt. Auf dem Siegel vom Jahre 1541 ist Rügen bereits in die zweite Reihe des fünfzehnfeldrigen Wappens, also analog der Stellung im neunfeldrigen Pommerschen, vorgerückt.

Diesen Platz, d. h. oberhalb des Kurzepters, nimmt Rügen nur auf einem kunstreichen Siegel des Kurfürsten Johann Georg de 1577 ein, wogegen alle Münzen das Rügische Wappen im Range hinter Crossen, links vom Preußischen Adler, zeigen.

So giebt es auch das Kurbrandenburgische Wappenbuch vom Jahre 1574 im Königlichen Haus-Archiv zu Berlin, das als Helmkleinod für Rügen auf dem gekrönten Helme den Löwen wachsend (ohne den Stufengiebel) zeigt.

Nach Anfall der Jülich-Cleve-Bergschen Erbschaft erscheint Rügen (zuerst auf Thaler von 1608) im äußersten rechten Felde der vorletzten Reihe, während ein Siegel von 1616 es als vorletztes Feld links der untersten Reihe und die gleichzeitige Abbildung bei Siebmacher I 3. Nr. 6 in die zweite Reihe rechts, dicht neben das Kurzepter, stellt, wie denn überhaupt zur Zeit des Kurfürsten Johann Sigismund die Eintheilung des großen Wappens sehr oft gewechselt hat.

Auch unter Kurfürst Georg Wilhelm wechselt Rügen vielfach seinen Platz. Ein Thaler von 1620, ein Siegel von 1622 zeigt es, wie in dem von 1608; ein anderer Thaler von 1623 bereits als zweites Feld von rechts der vorletzten, Thaler von 1626, 1629, 1630, 1632, 1634, 1640 als vorletztes linkes Feld der untersten Reihe, dagegen Thaler von 1631, 1637 und 1638, mit dem Münzzeichen L. M., Rügen direkt unter dem Zepterschilde.

Letztere Art kommt noch auf Thaler des großen Kurfürsten von 1642 vor, während seit 1643, zuletzt noch auf Thaler von 1649, die Rangordnung Rügens rechts von Mark, das unter dem Kurzepter steht, festgehalten wird. Die

Anzahl der Stufen (Schindeln) beträgt hier gewöhnlich nur noch drei. Von da ab verschwindet Rügen aus dem Kurbrandenburgischen Wappen und Titel, laut ausdrücklicher Bestimmung des Westfälischen Friedens[1]), nachdem Rügen in den faktischen Besitz von Schweden übergegangen war, der Kurfürst daher nicht mehr berechtigt schien, es fernerhin als Anspruchs-Wappen zu führen (cfr. Pommern).

Erst die neue Wappenzusammenstellung, laut Allerhöchster Kabinets-ordre vom 9. Januar 1817, verleibt, nach Wiederanfall von Rügen (1815) es dem Königlich Preußischen Wappen und Titel aufs Neue ein. Die Rang-ordnung von Rügen wurde nun als direkt hinter Oranien (Neufchâtel-Valangin) festgestellt. In dieser Ordnung ist es auch bei den 1864 wie 1873 Allerhöchst befohlenen Abänderungen des großen Staatswappens geblieben.

Seit 1593 ist der Schild von Rügen auch im Wappen der Linie Culmbach und Onolzbach vertreten und verschwindet 1648 wie bei Kur-brandenburg auch hier.

Als **Helmkleinod** für Rügen galt, wie oben gezeigt, noch 1572 der wachsende Löwe. Allein — wahrscheinlich durch Einsichtnahme älterer Rügischer Siegel — zur Zeit als, anstatt des einen Helmes (für Stettin), dessen sich (trotz des neunfeldrigen Wappenschildes) die Herzöge von Pommern noch bis einschließlich Herzog Philipps I. bedient hatten, dessen Söhne an-fingen, noch zwei weitere Helme zu führen, sah man diesen Irrthum ein. Es wurde nun, während der Pfauenbuschgeschmückte Herzogshut für Stettin als mittlerer verblieb, für Pommern der Spitzhut als Kleinod des rechten Helms und für Rügen[2]) das alte Kleinod: zwischen zwei Pfaufedern vier eigenthümlich geformte, beiderseits mit Widerhaken versehene Stäbe (Grote a. a. O. nennt sie — nicht zutreffend —: Schellenstäbe)[3]) hinzugefügt. So führt das Wappen Johann Friedrich von Stettin (1569—1600) auf

---

[1]) Bezw. den Vertrag mit Schweden d. d. Osnabrück, 20. November 1647.

[2]) Daß dieses Fürstenthum schon in allerfrühester Zeit dies Helmkleinod geführt hat, beweist das Helmsiegel des Fürsten Wizslaw III. von Rügen vom Jahre 1302. Hier erscheinen zwischen zwei seitlich am Helmkopf angebrachten (wagerechten) Pfau-schweifen, oben auf dem Helmkopf, von vorn nach hinten hintereinander, vier dergleichen Stäbe, die, wie analoge Fälle lehren, wohl auf einem Grat oder Kamm angebracht waren.

[3]) Von Schellen kann keine Rede sein, ebensowenig von Lilien oder Tulpen; die Stäbe, die höchstwahrscheinlich eisern waren und in die Klasse der Helmschützer (Hiebfänger) fallen dürften, zeigen stets beiderseits gleichmäßige Widerhaken, mehr oder weniger nach unten gebogen. So z. B. auf Helm III des neunfeldrigen Wappens, auf der Leichenpredigt des Pommerschen Herzogs Johann Friedrich vom Jahre 1600, sowie in der handschriftlichen Engelbrechtschen Chronik (Titelbild bei Kosegarten, Pommersche Geschichte (ca. 1593), auf der Lebinschen Karte von Pommern (ca. 1600) u. s. w. Daß dieser Helm der von Cassuben sei, ist, wie hiernach erwiesen ist, eine irrige Ansicht. (Gütige Mittheilung des Herrn Professor Dr. Th. Pyl in Greifswald.)

Fürsten von Rügen.

Ratze.

Tezlaw 1162—1170, Fürst der Ruyaner.

Jaromar I. 1170, Fürst der Ruyaner 1189, 1193—1209, † vor 1218 4/8.

Stoislaff, Ahnherr der 1854 26./9. verstorbenen Fürsten von Putbus.

Swantepolk 1207. **Wizlaw** 1207. **Wizlaw I.** 1209, Fürst der Ruyaner 1221—1249.

Barnuta 1236, Ahnherr der 1432 ausgestorbenen v. Gristow.

Wizlaw 1231—1242.

Petrus 1231—1237 urk.

Jaromar II. 1231—1242 urk., Regent 1246—1249, Fürst der Ruyaner 1249—1260.

Jaroslaw, Fürst von Rügen und Tribsees 1237—1242.

Wizlaw II., Fürst der Ruyaner seit 1260, † 1302 29./12.

Jaromar 1269, 1283.

Jaromar, Bischof zu Camin 1290, † 1294.

Sambor 1286, Fürst der Ruyaner (Mitregent) 1302, † 1304 4./6.

Svantepolk 1285.

Margarethe 1292—1302, vermählt an Bogislaw IV., Herzog zu Pommern.

Noch zwei Töchter.

Wizlaw III. d. J. 1283—1302 urk., Fürst der Ruyaner seit 1302, † 1325 13./11.

Jaromar, starb vor dem Vater.

Siegel von 1600. — Seines Bruders Bogislaw XIII. Sohn: Philipp II. (1606—1618) hat statt der Hakenstäbe eine ähnliche Darstellung wie die bei Bagmihl, Pommersches Wappenbuch, d. h. vier Stäbe mit drei, bezw. vier tulpenblüthenähnlichen (gestürzten) Glocken bezogen.

Das Kurbrandenburgische Wappenbuch von 1686 (Berlin, Hausarchiv) giebt die Stäbe in der Form, wie oben abgebildet, silbern, unten zugespitzt, zwischen 2 Pfaufedern auf schwarz-goldenem Wulst. Jedenfalls ist für Rügen nur obiges Kleinod (der wachsende gekrönte Löwe kaum) anwendbar, am allerwenigsten aber das von Graf Stillfried ganz ohne Berechtigung erfundene: ein silbern-gestülpter rother niederer Hut mit Pfauschweif!

Fürstenthum Ostfriesland.

31. „Wegen des Fürstenthums Ostfriesland. Im schwarzen Felde ein goldener, gekrönter Jungfrauen-Adler, der oberhalb und unterhalb von je zwei sechsstrahligen goldenen Sternen[1]) begleitet wird."
Auf dem gekrönten Helme, mit schwarzgoldenen Decken, eine goldene Lilie[1]) vor sechs schwarzen Straußfedern. Dies Wappen ist jedoch nur das Stammwappen des Hauses Cirksena, welches in Ostfriesland herrschte; die Fürsten führten (cfr. die Abbildung auf Seite 183) außerdem noch die Wappen von Ukena, ten Broof, Esens, Wittmund, Jever, Manslagt und Rietberg (s. diese) und mit diesen ging es auch in das Königlich Preußische Wappen über.

Der Erste des Geschlechts Cirksena war Edzard, der im 13. Jahrhundert als Häuptling von Greethsyl (an der Mündung der Ems) in Ostfriesland auftritt. In diesem Lande herrschten, obwohl die Häuptlinge von Greethsyl die mächtigsten waren, indeß damals noch andere, so die

---

[1]) Die ältesten Siegel Ennos (1400—1427) haben, statt der vier Sterne, oben beiderseits des Kopfes zwei goldene Lilien. Genannter Enno führt 1400 einen gekrönten wachsenden Adler, 1427 eine goldene Lilie als Helmschmuck. Ulrich I. führt 1480 schon die vier Sterne, aber durchbohrt. Drei dergleichen in Blau war das Wappen der Idzinga, Häuptlinge von Norden i/O. (1277—1414), deren Besitz beim Tode des Letzten: Eberhard J., die Cirksena erbten. Ulrich führt auch schon das jetzige Helmkleinod; Enno 1533: Wappen wie oben, Helm wie Enno 1427; Edzard 1523: eine Lilie zwischen nur zwei Straußfedern. Gesicht und Büste der Jungfrau findet man sowohl fleischfarben, wie auch ganz golden, das Haar theils blond, theils golden.

Ukena im Moormerlande (heutige Aemter Leer und Stickhausen, nördlich der Leda), die ten Brook im Brookmerlande (westliche Hälfte des Amts Aurich), die Häuptlinge von Wittmund, von Esens und von Stedesdorf im Harlingerlande und die Häuptlinge von Jever in Ostringen, Rüstringen und Wangerland.

Bereits im Jahre 1441 waren durch die Erbtöchter von ten Brook (Doda, vermählt an Edzard Cirksena, † 1406) und Ukena (Theda, vermählt an Ulrich I. Grafen von Ostfriesland) das Brookmer-, bzw. Moormerland an die Cirksena gediehen, so daß genannter Ulrich I. 1441 als Oberhäuptling von Ostfriesland (bestätigt von den Ständen 1453) anerkannt wurde. Kaiser Friedrich III. trug ihm hierauf 1454 das Land zu Lehen auf und verlieh ihm im selben Jahre, d. d. Neustadt, Montag nach Michaelis (30. September) 1454 — nicht 1464 — des hl. Röm. Reiches Grafenstand und erhob Ostfriesland zur Grafschaft; Ulrich I. starb 1466. Zuerst unter Vormundschaft seiner Wittwe regierte 1466 bis 1491 sein Sohn Enno I. und nach dessen kinderlosem Tode dessen Bruder Edzard I. († 1528).

Edzards I. Urenkel: Enno III. (1599—1625) vermählte sich mit Walburg, Erbgräfin von Ritberg (eine jüngere Linie der Grafen von Arnsberg — s. Theil II d. W. —), einer Tochter Johanns II., Grafen von Ritberg (Sohnes Ottos III., Grafen von Ritberg, aus der Ehe mit Onna von Esens). Durch diese Heirath brachte Enno nicht allein die Grafschaft Ritberg (f.d.), sondern 1607 auch das ganze Harlingerland (östlich der Ems), das Johann 1540 beim Tode des letzten Häuptlings Balthasar von Esens ererbt hatte, also: Wittmund, Esens und Stedesdorf an sein Haus. Ennos III. jüngerer, 1628 zur Regierung gelangter Sohn: Ulrich II. († 1648) nahm bereits das Wappen in der Form (sechs Felder) an, wie es (s. Seite 183) in das Preußische Wappen Aufnahme fand, nämlich: gespalten und zweimal getheilt I.: Cirksena, II.: ten Brook, III.: Manslagt (Wappen der Gela Beninga, Gemahlin des Enno Cirksena [1406—1540]), IV.: Ukena, V.: Esens, VI.: Wittmund und erhielt d. d. Regensburg 24. September 1630, bestätigt d. d. Regensburg 10. Dezember 1636 vom Kaiser das Prädikat: „Hoch- und Wohlgeboren", das damals nur an Fürsten verliehen wurde.

Ulrich II. hinterließ drei Söhne: Enno Ludwig, Georg Christian und Edzard Ferdinand.

Des letzteren Sohn: Friedrich Ulrich starb 1710 ohne Söhne.

Ebenso starb Enno Ludwig 1660 ohne Söhne. Der Kaiser Ferdinand III. ertheilte ihm (als kaiserlichen Reichshofrath und Kämmerer) d. d. Regensburg 22. April 1654 den Reichsfürstenstand nach dem Erstgeburtsrecht; ebenso erhielten seine hinterbliebenen Töchter: Juliane Luise und Sophie Wilhelmine für ihre Personen d. d. Wien 16. Oktober 1669 (Diplom d. d. Wien 8. Oktober 1678) den Fürstenstand des hl. Röm. Reiches.

Nach dem Tode Enno Ludwigs ging Ostfriesland, das noch immer den Titel Grafschaft führte, daher keine Stimme im Reichsfürstenrath besaß, nach Mannlehenrecht auf seinen Bruder Georg Christian über, der d. d. Regensburg 18. April 1662 gleichfalls in den Reichsfürstenstand erhoben wurde. Er legte durch Vergleiche vom Jahre 1662 und 1663, sowie endlich durch den Schluß zu Emden vom 4. Oktober 1663 die langen Streitigkeiten mit dieser Stadt friedlich bei.

Sein Sohn: Christian Eberhard, damals erst zwei Jahre alt, wurde, als der Vater starb, 1665 endlich in das deutsche Reichsfürstenkollegium eingeführt; er übernahm erst 1690 die Regierung selbst.

Im folgenden Jahre schloß er eine Erbverbrüderung mit Braunschweig-Lüneburg, auf die indeß, da vom Kaiser nicht bestätigt, Hannover sich beim Aussterben der Fürsten von Ostfriesland vergebens berief.

Unter seinem Sohne: Georg Albrecht erhielt König Friedrich Wilhelm I. von Preußen, dessen Vater, König Friedrich I. bereits 1694 und 1706 vom Kaiser die event. Anwartschaft auf Ostfriesland zugesichert war, d. d. Kladrub 1717 die faktische Eventual-Belehnung.

Mit Georg Albrechts Sohne: Karl Edzard erlosch thatsächlich 1744 am 25. Mai der Stamm der Fürsten von Ostfriesland, worauf, nachdem das Land (nebst Ostfriesland und dem Harlinger Lande, Esens und Wittmund) 1744 am 1. Juni durch Preußische Truppen in Besitz genommen war, die Huldigung am 23. Juni ejd. erfolgte. 1806 bereits von holländischen Truppen besetzt, mußte Ostfriesland, zufolge des Friedens von Tilsit 9. Juli 1807, von Preußen (laut Proklamation vom 24. Juli 1807 (Gesetz-Samml. 1807 S. 167) an das Königreich Holland abgetreten werden. 1810 wurde das Land wie das ganze nordwestliche Deutschland zu Frankreich geschlagen und hieß nun „Departement der Ost-Ems".

Bereits am 17. November 1813 wurde, nach Vertreibung der Franzosen, Ostfriesland von Preußen wieder in Besitz genommen, jedoch vom König von Preußen schon laut Traktat vom 29. Mai 1815 (Artikel 1 Nr. 3 — Gesetz-Samml. 1818 Anhang S. 15 —) 1815 am 15. Dezember an das Königreich Hannover abgetreten, mit dem es (s. Lüneburg) 1866 an Preußen kam.

Ostfriesland hat einen Flächeninhalt von 54 Quadratmeilen (2970 Quadratkilometer).

Wappen.

Untenstehender Schild (die Bedeutung der Felder s. Seite 181) war, laut Reskript vom 22. Juli 1732, als viertes unterstes Herzschild in das große Königlich Preußische Staatswappen und in den Titel hinter Ratze= burg=Oranien — im Wappen hinter Oranien erst nach 1744 — auf=

genommen worden. So blieb es bis 1804, kam dann in Wegfall, bis, laut Allerhöchster Kabinetsordre vom 16. August 1873, beide aufs Neue dem Königlich Preußischen großen Staatswappen und Titel (im Wappen hinter Oranien, im Titel hinter Rügen) einverleibt wurden, diesmal aber, wie oben gezeigt, — als pars pro toto — nur das Stammwappen des Cirksena.

Fürstenthum Paderborn.

Grafschaft Pyrmont.

32. „Wegen des Fürstenthums Paderborn und der Grafschaft Pyrmont. In die Länge getheilt: im ersten rothen Felde ein gemeines goldenes Kreuz (Paderborn),[1]) im zweiten silbernen Felde ein rothes Ankerkreuz (Pyrmont)."

Auf dem gekrönten Helme, mit rothgoldenen Decken, ein aufrechtes, an den freien Ecken mit goldenen Quasten geschmücktes, wie der Schild gezeichnetes Kissen. (Das Kreuz kommt zuerst 1324 auf Siegel Bischof Bernhards V. vor; als Helmkleinod führten die Bischöfe das Kreuz freistehend auf liegendem Kissen.)

Auf dem gekrönten Helme eine oben mit fünf Pfaufedern besteckte goldene Spitzsäule, durch die einer der Kreuzarme gesteckt ist. Decken: rothsilbern (früher war das Feld golden, ist aber sowohl von Waldeck, wie von Paderborn in Silber verändert worden; trotzdem hat man der Säule ihre ursprünglich goldene Farbe belassen).

Das Bisthum Paderborn (44 Quadratmeilen = 2400 Quadratkilometer groß) wurde, wahrscheinlich als Abtei, schon 780 zu Lippspringe von

Die Grafschaft Pyrmont — zwischen Emmer- und Weser-Fluß — gehörte bereits im 12. Jahrhundert einer Sekundogenitur der Grafen von Schwalenberg (s. Paderborn), die auch Ahnherren der heutigen Fürsten von Waldeck sind.

Diese jüngere Linie erlosch 1494 mit dem Grafen Moritz. Es erbte

---

[1]) Dies Wappen — sein eigenes — scheint dem Bisthum, durch Günther, Grafen von Schwalenberg (1307—1310 Bischof von Paderborn), dessen Geschlecht das Domvogtamt dort hatte, gegeben zu sein.

Kaiser Karl dem Großen gestiftet, doch ist als der erste Abt in Paderborn, wohin es verlegt wurde, erst Hathumar (806—815) nachweisbar.

Heinrich II., aus dem Hause der ältesten Grafen von Arnsberg, Graf von Werl, erhielt als erster Bischof von Paderborn (1084—1127), den Titel „Reichsfürst".

Die Bischöfe waren reichsunmittelbar und Lehnsherren der Grafschaft Pyrmont (s. d.), sie erwarben 1660 durch Vergleich mit dem letzten Freiherrn von Büren dessen Herrschaft.

Im Jahre 1668 erhielt das Bisthum einen Theil der Grafschaft Pyrmont (s. d.) abgetreten und führten die Bischöfe von diesem Theile, ebenso wie die Grafen von Waldeck, nach deren Erlöschen ganz Pyrmont an Paderborn hätte zurückfallen müssen, den Grafentitel.

In Verfolg des Friedens von Lüneville 9. Februar 1801 wurde das Bisthum säkularisirt und laut Reichsdeputationshauptschluß vom 25. Februar 1803 als Entschädigung für verlorene linksrheinische Besitzungen an Preußen abgetreten.

Durch den Tilsiter Frieden vom 9. Juli 1807, Artikel 7 (Gesetz-Samml. 1807 S. 156, Proklam. vom 24. Juli ejd. [Gesetz-Samml. S. 167]) an Frankreich abgetreten, wurde Paderborn, laut Dekret Napoleons vom 7. Dezember ejd., dem durch Dekret vom 15. Februar 1807 neuerrichteten Königreich Westphalen, und durch Dekret vom 24. ejd. des Königs Jerôme, dem Departement der Fulda zuertheilt.

hierauf die Grafschaft dessen Schwester Ursula, vermählt an Johann, Grafen von Spiegelberg. Allein der Bischof Simon von Paderborn, der sich als rechter Lehnsherr von Pyrmont betrachtete, hatte diese Grafschaft als heimgefallenes Lehen bereits seinem Bruder, dem Edelherrn Bernhard VII. zur Lippe neu verliehen, der, da er den Grafen von Spiegelberg nicht aus dem Besitz zu verdrängen vermochte, 1522 sein Lehen an den Lehnsherrn, Bischof Erich von Paderborn (1508 bis 1532) zurückverkaufte. Letzterer vertrug sich 1525 mit dem Grafen von Spiegelberg dahin, daß Pyrmont zwar als Paderbornsches Lehen anerkannt, das Besitzrecht dem Grafen aber, auch für den weiblichen Stamm, unbestritten geltend sei.

Als 1557 10. August dies Geschlecht mit Philipp erlosch, hätte, laut des Vertrages von 1525, Pyrmont dessen älteste Schwester Ursula II., vermählt an Hermann Simon, Edelherrn zur Lippe-Sternberg, fallen müssen, allein Bischof Rembert von Paderborn (1547—1568) erkannte dessen Recht nicht an und erst sein Nachfolger Bischof Johann II. ertheilte 1570 dem Edelherrn die Belehnung. Nachdem 1576 dieser, sein Sohn Philipp 1583 erblos verstorben, erbte Ursulas zweite Schwester: Walburg († 1599), vermählt mit Georg von Gleichen-Tonna, deren zweiter Sohn: Johann Ludwig, 1631 17. Januar als letzter Graf dieses Namens starb.

Laut der von ihm 1621 am 27. April

Nach Auflösung der Napoleonischen Schöpfung, kam Paderborn, gemäß dem Pariser Frieden vom 30. Mai 1814 und der Wiener Kongreßakte vom 31. Mai 1815, an Preußen zurück, wurde laut Besitzergreifungspatent vom 21. Juni 1815 (Gesetz-Samml. 1815 S. 195) in Besitz genommen und laut Verfügung vom 30. April 1815 E. I. Nr. 2 (Gesetz-Samml. 1815 S. 96.) dem Regierungsbezirk Minden der Provinz Westfalen zuertheilt.

mit Hohenlohe, 1621 1. Mai mit Waldeck und Schenck von Tautenburg, 1623 am 12. März mit Schwarzburg abgeschlossenen Erbverträge wurden diese drei Häuser erbberechtigt und Waldeck hätte zunächst die Erbschaft antreten müssen. Allein erst nach abermaligem langem Streite und vielen Verhandlungen wurde diesem Hause 1668 der Besitz von Pyrmont zu Theil, ausgenommen die Stadt Lügde, und Harzdorf, deren Gebiet, mit dem Titel einer Grafschaft, Waldeck an das Bisthum Paderborn abtreten mußte. Diese Grafschaft (jetzt mit dem Titel eines Fürstenthums) ging mit Paderborn (s. d.) 1803 an Preußen über; die eigentliche Grafschaft besitzt das fürstliche Haus Waldeck.

Wappen.

Im Königlich Preußischen Wappen und Titel, laut der Allerhöchsten Kabinetsordre vom 15. Mai 1804, erscheint, trotz der Abtretung von 1803, weder Paderborn, noch Pyrmont, dagegen in dem Wappen gemäß der Allerhöchsten Kabinetsordre vom 9. Januar 1817, hier jedoch nur im Wappen und nur das Kreuz von Paderborn, und zwar im Range hinter Rügen.

In Folge eines Berichts des Fürsten Wittgenstein und des Grafen von Bernstorff vom 8. Dezember 1825, genehmigte König Friedrich Wilhelm III., laut Allerhöchster Kabinetsordre vom 4. Februar 1826, die Aufnahme des Kreuzes von Pyrmont in das Wappen. Der Königliche Titel erhält seit 18. Juli 1867 auch den Titel: Fürst zu Pyrmont, wogegen die Wappenbeschreibung für Pyrmont nur den Titel einer Grafschaft kennt.

Sowohl Reichs-Freiherr Stillfried-Rattonitz, „Friedrich Wilhelm III., das Wappen seines Reiches 2c.", wie auch Bernd in seinen Grundsätzen

(Titelblatt) geben demzufolge bereits das Feld mit den Kreuzen von Paderborn und Pyrmont geviert, während von Ledebur, Streifzüge S. 77, die betr. Allerhöchste Kabinetsordre nicht kennt.

Im Wappen von 1864 war das Feld gespalten von Paderborn und Pyrmont, ebenso in dem von 1873. Durch die Allerhöchste Ordre von diesem Jahre ist übrigens zwischen dies kombinirte Wappen und das von Rügen noch der Ostfriesische Jungfrauenadler eingeschoben worden, wie denn auch Ostfriesland im großen Königlichen Titel nunmehr Paderborn-Pyrmont voransteht.

Fürstenthum Halberstadt.

33. „Wegen des Fürstenthums Halberstadt. Von Silber und Roth in die Länge getheilt."
(Dies Stiftswappen kommt zuerst auf Siegeln des Bischofs Albrecht von Braunschweig [1324—1352] vor). Auf dem gekrönten Helme wurde anstatt des von den Bischöfen von Halberstadt geführten Helmkleinods: (von Silber und Roth gespaltener, oben mit goldenem Knopf, darauf fünf Pfauenfedern versehener Spitzhut, mit Stulp verwechselter Tinkturen, in welchem zwei Fahnen, die rechts [von dem goldenen Spieße ab gerechnet] rothsilbern, die linke silbernroth gespalten, stecken) ein geharnischter wachsender Arm gewählt. Derselbe soll, nach dem Kurbrandenburgischen Wappenbuch von 1687 (Berlin, Königl. Hausarchiv) einen Pfauschweif halten und aus dem ungekrönten Helme wachsen, doch ist dieser Helm im Kurbrandenburgischen Wappen in der Reihe der Helme niemals geführt worden. Dahingegen bedienten sich die Markgrafen von Ansbach und Culmbach des beschriebenen letzteren Helmkleinods von Halberstadt, jedoch hält die Faust hier stets einen oder zwei Palmzweige, wie oben abgebildet. Decken: rothsilbern.

Das anno 780 in Seligenstadt bei Halberstadt errichtete Bisthum wurde 804 nach Halberstadt verlegt, 814 von Ludwig dem Frommen und 902 von Ludwig dem Kinde bestätigt, zuerst der Diözese Mainz und nach Errichtung des Erzbisthums Magdeburg letzterem untergeordnet. Nach Heinrichs des Löwen Sturze reichsunmittelbar geworden, erwarben die Bischöfe 1319 die Grafschaft Askanien (Aschersleben), s. d., 1332 hierzu Ermsleben, 1487 Weferlingen (s. d.) u. v. A.

Bereits 1488 mit Magdeburg vereinigt, hatte Halberstadt von 1513 bis 1566 Koadjutoren, in Person von vier hintereinanderfolgenden Markgrafen aus dem Hause Brandenburg, unter deren Zepter 1542 die Reformation Boden fand. Ebenso war der vorletzte Koadjutor: Christian Wilhelm ein Markgraf von Brandenburg, dem als letzter: 1627 Leopold Wilhelm Erzherzog von Oesterreich folgte. Das Bisthum wurde indeß bereits 1648 24. Oktober durch den Westfälischen Frieden säkularisirt und dem Kurfürsten von Brandenburg als weltliches Fürstenthum übereignet. Die Aufhebung des weiter bestandenen Domkapitels erfolgte erst im Jahre 1810.

Das Fürstenthum Halberstadt, das in Folge des Tilsiter Friedens vom 9. Juli 1807, Artikel 7—9 (Gesetz-Samml. 1807 S. 156), Proklamation vom 24. Juli 1807 (Gesetz-Samml. 1807 S. 167) an Frankreich abgetreten werden mußte, ward laut Dekret Napoleons vom 15. November, bezw. 7. Dezember 1807 dem Königreich Westphalen und laut Dekret König Jerômes vom 24. Dezember 1807 dem Departement der Saale zuertheilt.

Nach Auflösung des Königsreichs Westphalen kam Halberstadt, in Verfolg des Pariser Friedens vom 30. Mai 1814 und der Wiener Kongreßakte vom 31. Mai 1815, laut Besitzergreifungspatent vom 21. Juni 1815 (Gesetz-Samml. 1815 S. 193) an Preußen zurück und ward, laut Verfügung vom 30. April 1815 D. Nr. 2 (Gesetz-Samml. 1815 S. 96) der Provinz Sachsen und dem Regierungsbezirk Magdeburg verbunden. Es hat ca. 30 Quadratmeilen (1650 Quadratkilometer) Flächeninhalt.

Wappen.

Im Kurbrandenburgischen Wappen erscheint Halberstadt zuerst auf ⅔ Thaler von 1650, dann im Stegel von 1651, im Range hinter Jägerndorf, wogegen es im Titel erst hinter Nürnberg rangirt.

Diesen Platz behielt es, ungeachtet der Veränderungen, welche durch Annahme der Königswürde 1701 bedingt waren, bei. Auch die Wappenänderungen von 1708, 1732, 1804 brachten einen Wechsel hierin nicht mit sich.

Als 1817 Paderborn wieder in das Wappen Aufnahme fand, kam Halberstadt hinter dieses Fürstenthum und verblieb in dieser Rangordnung auch 1864 und 1873.

Im Wappen der fränkischen Linien erscheint das Wappen von Halberstadt zur selben Zeit wie Minden (s. d.) stets im Range vor diesem und hinter dem Adler von Jägerndorf (s. d.). Ebenso in der Reihe der Helme.

Fürstenthum Münster.

34. „Wegen des Fürstenthums Münster. Im blauen Felde ein goldener Querbalken."

Auf dem gekrönten Helme, mit blaugoldenen Decken, der Schild wiederholt, zwischen zwei silbernen, je außen dreimal mit zwei schwarzen Hahnfedern besteckten geschlossenen Büffelhörnern.

Der Balken als Stiftswappen und zwar roth in Gold[1]) erscheint zuerst auf Siegeln des Bischofs Conrad von Münster 1306 und 1309.

Der Helmschmuck findet sich zuerst auf Siegeln und Münzen des Bischofs Johann von Hoya (1566—1574).

✦

Die Stiftung des Bisthums Münster dürfte durch Karl den Großen, Ende des VIII. Jahrhunderts (780), erfolgt sein. Zuerst „Mimigardevord" genannt, ward es erst Mitte des 12. saec. in „Münster" umgetauft.

Nach dem Sturze Heinrichs des Löwen errang Bischof Hermann II. 1180 die volle Landeshoheit über das Land.

Bischof Otto II. kaufte 1252 die Gräflich Ravensbergischen Erbgüter in Friesland, u. A. die Grafschaft Vechta und die Aemter Meppen und Kloppenburg, desgleichen Bischof Gerhard 1269 die Herrschaft Horstmar.

Schon 1372, nachdem der letzte Burggraf von Stromberg, Burchard, geächtet und vertrieben worden war, hatte der Bischof Florenz bei der Theilung die Burg Stromberg an das Bisthum gebracht, wovon der Burggräfliche Titel seitens der Bischöfe seit 1652 geführt wurde.

---

[1]) Seyler, Bisthümer, S. 92, nach dem Aufsatz des Assessors Geisberg: „Die Farben im Stiftswappen von Münster".

Ferner nahmen sie, nachdem die dem Bisthum anno 1406 zu Lehen aufgetragene Herrschaft Borkeloo durch den Tod des Jodocus von Bronchorst 1553 erledigt war, deren Titel und das Wappen an, obwohl sie die Herrschaft selbst nie erlangt haben. Ein im bischöfl. Wappen seit ca. 1750 erscheinendes Feld (3 Lilien, Kreuzchen ꝛc.) weiß auch Seyler a. a. O. nicht zu erklären.

Das Bisthum Münster, durch den Frieden von Lüneville vom 9. Februar 1801 säkularisirt, von Preußen bereits am 3. August 1802 in Besitz genommen, wurde durch den Reichsdeputationshauptschluß vom 25. Februar 1803 zum größten Theile als weltliches Fürstenthum dem König von Preußen, in Entschädigung für verlorene linksrheinische Besitzungen, übergeben.

Ausgenommen hiervon waren:
1. Die Aemter Ahaus und Bocholt,
2. der größte Theil des Amts Horstmar,
3. der größte Theil des Amts Rheina,
4. ein Theil des Amts Wolbeck und Bevergern,
5. ein Theil des Amts Dülmen,
6. die Aemter Vechte und Kloppenburg,
7. das Amt Meppen, mit der Kölnischen Grafschaft Recklinghausen.

Der Preußische Antheil des Bisthums Münster ward zufolge des Friedens von Tilsit vom 9. Juli 1807, an Frankreich abgetreten, alsdann durch Traktat vom 1. März 1808 mit dem am 30. Mai 1806 gebildeten Großherzogthum Berg und durch Dekret vom 14. November 1808 der nördliche Theil dem Ems-, der südliche dem Ruhr-Departement dieses Großherzogthums zuertheilt, ein Theil davon indeß, gemäß dem Senatskonsult vom 13. Dezember 1810, schon am 23. Februar 1811 wieder zu Frankreich geschlagen.

Von den 1802/3 nicht an Preußen gediehenen Theilen wurden die oben unter 1. erwähnten Aemter, zu zwei Dritteln an den Fürsten von Salm-Salm und zu einem Drittel an den Fürsten von Salm-Kyrburg gegeben, als Entschädigung für ihre verlorenen linksrheinischen Besitzungen.

Das ad 2 genannte Amt Horstmar (zum Theil) erhielt, aus gleichem Grunde, der Rheingraf von Salm-Grumbach, unter der Bedingung, gewisse Verbindlichkeiten gegen die Fürsten von Salm (vom 26. Oktober 1803) zu erfüllen.

Die ad 3 und 4 genannten Besitzungen erhielt, ebenfalls aus demselben Grunde, der Herzog von Loos-Corswarem, und das ad 5 genannte Amt Dülmen der Herzog von Croy.

Vechte und Kloppenburg wurde dem Herzog von Oldenburg, und Meppen und Recklinghausen, als Entschädigung für das verlorene linksrheinische Herzogthum Arenberg, dem Herzog von Arenberg zuertheilt.

Laut der Rheinischen Bundesakte vom 12. Juni 1806 wurde dem durch Beitritt zum Rheinbund souverain gewordenen Herzoge von Aremberg auch noch das Herzoglich Croy'sche Amt Dülmen übergeben und 5. August 1806 von ihm in Besitz genommen.

Dagegen wurden die übrigen Theile von Horstmar, Rheina, Wolbeck, Bevergern am 2. August 1806 dem Großherzogthum Berg zuertheilt.

Sämmtliche ad 1—5 genannte Besitzungen, mit Ausnahme eines Theils des Amts Dülmen, zwischen Stever und Lippe, wurden indeß schon durch den Senatskonsult vom 13. Dezember 1810 ihren bisherigen Herren wieder fortgenommen; Ahaus und Bocholt am 2. Februar 1811, die übrigen schon im Januar 1811 mit Frankreich vereinigt. Außerdem erhielt Berg auch noch die Grafschaft Recklinghausen, die man dem Herzog von Aremberg wieder entzog und die am 11. Februar 1811 vom Großherzog in Besitz genommen wurde.

Nach Napoleons Sturz und der Auflösung des Großherzogthums Berg wurde, in Verfolg des Pariser Friedens vom 30. Mai 1814 und der Wiener Kongreßakte vom 31. Mai 1815, das gesammte ehemalige Bisthum Münster, mit Ausnahme von Vechte, Kloppenburg und Meppen, aufs Neue Preußen zugesprochen und laut Patent vom 21. Juni 1815 (Gesetz-Samml. 1815 S. 195) mit dem Königreiche vereinigt.

Laut Traktat vom 29. Mai und 23. September 1815, Artikel 1, Nr. 4 ff. (Gesetz-Samml. 1818 Anh. S. 15 und 57) trat Preußen einen Theil davon, das sogenannte Niederstift, d. h. den Theil östlich der Ems, an das Königreich Hannover (s. d.) ab, mit welchem derselbe 1866 wieder an Preußen kam.

Das Fürstenthum Münster umfaßt einen Flächeninhalt von 134 Quadratmeilen (7370 Quadratkilometer).

Wappen.

Das Wappen des Bisthums Münster ist so, wie man es irrthümlich vorfand, also als goldener Balken im blauen Felde, laut Allerhöchster Kabinetsordre vom 3. Juli 1804, in Preußens großes Staatswappen und den Königlichen Titel aufgenommen worden und zwar im Range hinter dem (Mecklenburgischen) Fürstenthum Wenden (goldener Greif in Blau).

Von diesem Platze ist es 1817 direkt hinter Halberstadt gesetzt worden und hier auch 1864 und 1873 verblieben.

Fürstenthum Minden.

35. „Wegen des Fürstenthums Minden. Im rothen Felde zwei in Form eines Andreaskreuzes gelegte filberne, mit den Bärten abwärts gekehrte Schlüssel."

Aus dem ungekrönten Helme, mit rothsilbernen Decken, wächst ein doppelschweifiger rother Löwe, dessen rechte Pranke die Schlüssel hält.[1]

Die Entstehung des Bisthums Minden, gehörig zur Erzdiözese Köln, fällt jedenfalls wohl in die Zeit, wo Köln Erzbisthum ward, also in die letzten Jahre des VIII. Jahrhunderts; der erste Bischof war St. Herumbert (Erchembert 803—813).

---

[1] Dies von den Bischöfen nie gebrauchte, daher wohl erst nach 1648 erfundene Helmkleinod führten die Markgrafen von Ansbach und Culmbach in ihrer Helmreihe, wogegen es in der der Kurfürsten von Brandenburg niemals vertreten war; dennoch ist ein Helmkleinod (cfr. das Kurbrandenburgische Wappenbuch de 1687 im Königlichen Hausministerium zu Berlin) für Halberstadt vorgesehen, nämlich auf dem ungekrönten Helme ebenfalls die beiden Schlüssel, ohne den Löwen. Diese Schlüssel sind, hergeleitet von denen des St. Petrus, Patrons des Bisthums, das uralte Wappen des Letzteren, jedoch erst auf einem Siegel des Domdechanten Gerhard vom Jahre 1344 nachweisbar.

Bereits im Jahre 961 hatten die Bischöfe die Regalien und gehörten zu den Reichsfürsten. Um diese Zeit wurde auch Lübbecke erworben. Die Reformation ward 1526 zur That, fand indeß lange Zeit starken Widerstand.

Der Westfälische Frieden (1648 24. Oktober) säkularisirte das Bisthum, das, als weltliches Fürstenthum, Kurbrandenburg zufiel.

Durch den Tilsiter Frieden vom 9. Juli 1807 an Frankreich abgetreten, ward Minden, laut Dekret Napoleons vom 15. November 1807, dem neuerrichteten Königreich Westphalen und zwar (laut Dekret Jerômes vom 24. Dezember 1807) dem Departement der Weser zuertheilt. Allein bereits durch Dekret Napoleons vom 10. (Senatskonsult vom 13.) Dezember 1810 mußte Minden zur Hälfte an Frankreich abgetreten werden und ward mit diesem vereinigt. Nach Napoleons Sturz und der Auflösung des Königreichs Westphalen ward Minden, laut Pariser Frieden vom 30. Mai 1814 und Wiener Kongreßakte vom 31. Mai 1815, dem Königreich Preußen wieder ganz zurückgegeben und laut Patent vom 21. Juni 1815 (Gesetz-Samml. 1815 S. 195) mit der Monarchie aufs Neue vereinigt. Das Fürstenthum hat einen Flächeninhalt von ca. 20 Quadratmeilen (1100 Quadratkilometer).

Wappen.

Das Wappen von Minden erscheint im Kurbrandenburgischen Wappen zuerst auf ⅔ Thaler de 1650 und Siegel de 1651, sowie im Titel, rangirt direkt hinter Halberstadt, bis zum Jahre 1817, wo es den Platz nächst Münster erhielt, an dem es noch heutigen Tages sich befindet.

Im Wappen der fränkischen Linien erscheinen die Mindenschen Schlüssel bei der Culmbacher Linie auf Thaler von 1683, bei der Onolzbacher Linie sogar schon 1677, stets im Range hinter Halberstadt (s. d.) ebenso in der Reihe der Helme.

Die Form der Schlüssel, besonders der Griffe hat im Laufe der Jahrhunderte sehr vielfach gewechselt, sie sind bald rund, bald eckig, wie es der Stil und der Wunsch der verschiedenen Wappenherren bedingte, geformt.

Fürstenthum Osnabrück.

36. „Wegen des Fürstenthums Osnabrück. Im silbernen Felde ein rothes Wappenrad mit acht Speichen."
Auf dem gekrönten Helme, mit rothsilbernen Decken, das Rad.

✤

Das Bisthum Osnabrück dürfte Ende des VIII. Jahrhunderts (783) gestiftet sein; der erste Bischof war Wiho († 809). Die Bischöfe erwarben bereits ca. 1150 die Besitzungen der von Holte, ferner nach Heinrichs des Löwen Sturze die Reichsunmittelbarkeit, sowie Melle. 1402 besaßen sie bereits die Aemter Fürstenau, Gröneberg, Hunteburg, Iburg, Reckeberg, Vörden, Witlage.

Nachdem die Reformation einen großen Theil der Unterthanen evangelisirt hatte, wurde für das Bisthum im Westfälischen Frieden 1648 als Norm bestimmt, daß immer abwechselnd ein evangelischer Bischof (aus dem Hause Braunschweig-Lüneburg) und ein katholischer zu wählen seien.

Der letzte Bischof: Prinz Friedrich von Großbritannien, Herzog von York resignirte 1802 10. November, nachdem durch den Frieden von Lüneville (1801 9. Februar) das Bisthum säkularisirt worden war.

Der Reichsdeputationshauptschluß vom 25. Februar 1803 gab dem Könige von England, Kurfürsten von Braunschweig-Lüneburg das Bisthum Osnabrück als weltliches Fürstenthum zur Entschädigung für die Abtretung des Amtes Wildeshausen, sowie für seine Ansprüche auf die Grafschaft Sayn-Altenkirchen, auf Hildesheim, Corvey und Höxter und gewisse Rechte und Zuständigkeiten in Stadt und Gebiet von Hamburg und Bremen.

Bereits am 4. Juni 1803 von den Franzosen occupirt, wurde Osnabrück, laut Dekret Napoleons vom 7. Dezember 1807, dem Königreich Westphalen und durch Dekret Jerômes vom 24. Dezember ejd. dem Weserdepartement zugetheilt, jedoch bereits zufolge des Dekrets Napoleons vom 10. Dezember 1810 direkt mit Frankreich vereinigt. Nach Auflösung des Königreichs Westphalen und Napoleons Sturz kam Osnabrück am 29. Oktober 1813 an Hannover zurück und wurde zufolge des Krieges 1866 nebst den anderen Hannoverschen Landestheilen mit dem Königreich Preußen vereinigt.

Das Fürstenthum hat einen Flächeninhalt von 44 Quadratmeilen (2400 Quadratkilometer).

Wappen.

Die Bischöfe von Osnabrück haben das Rad stets mit nur fünf Speichen geführt. Die Landschaft führt es sechsspeichig. Vermuthlich zur Unterscheidung ist das Rad in das Königlich Preußische Wappen achtspeichig aufgenommen worden.

Laut Allerhöchster Kabinetsordre vom 16. August 1873 erfolgte die Aufnahme des Wappens von Osnabrück im Range hinter Minden in das Königlich Preußische große Staatswappen und den Königlichen Titel.

Fürstenthum Hildesheim.

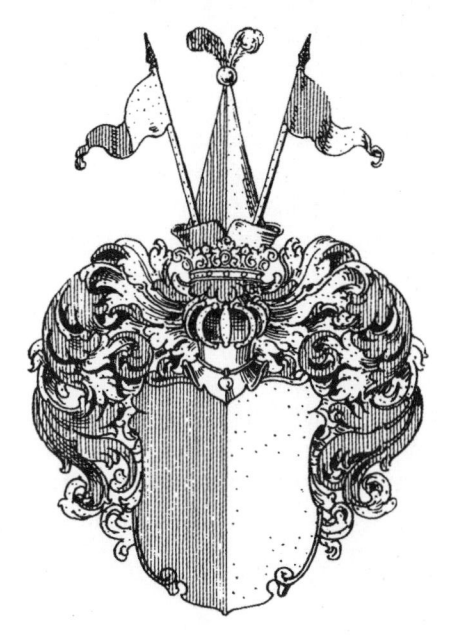

37. „Wegen des Fürstenthums Hildesheim. Von Roth und Gold in die Länge getheilt."
Auf dem gekrönten Helme, mit rothgoldenen Decken, ein von Roth und Gold gespaltener Spitzhut, oben mit goldenem Knopf, darauf zwei Straußfedern roth—golden; der gleichfarbige Hutstulp besteckt mit zwei Fahnen an goldenen stahlbespitzten Spießen, von der Stange ab das rechte goldroth, das linke rothgolden gespalten.[1]

❋

Das Bisthum Hildesheim wurde gestiftet um das Jahr 820, indem Kaiser Ludwig der Fromme das von Karl dem Großen in der „villa regia Elze" (anno 797?) gegründete Collegiatstift dorthin verlegte und zum Bisthum umwandelte.

Das Bisthum war von vornherein sehr reich begütert, der Besitz wurde 1329 noch durch die Grafschaft Dassel, 1362 durch die Grafschaft Schladen vermehrt, doch ging ein großer Theil der Besitzungen zufolge eines für das Bisthum unglücklichen Krieges an die Herzöge von Braunschweig

---

[1] Das Bisthum Hildesheim führt dies Wappen schon seit Bischof Heinrich (1310—1318) auf Siegeln, aber umgekehrt gespalten, d. h. vorn gold, hinten roth, der Stulp des Hutes rothgold gespalten. Ebenso führt die Landschaft Hildesheim den Schild, diesen noch belegt mit zwei Fähnlein an braunen Schäften, eins senkrecht mit goldenem Fahnentuch im rothen, eins quer darüber geschränkt mit rothem Fahnentuch abwärts im goldenen Felde. Im Königl. Preußischen großen Wappen von 1804 war Hildesheim als von Gold und Roth gespaltener Schild aufgenommen, durch einen Fehler des Siegelstechers ist das vordere Feld auf dem großen Staats-Siegel aber versehentlich silbern, so daß es genau wie Halberstadt aussieht.

verloren. Erst durch einen Vergleich vom Jahre 1643 gelangten 12 von den verlorenen 18 Aemtern wieder in den Besitz des Bisthums zurück.

Unter Bischof Friedrich, Prinz von Dänemark (1551—1556), machte die Reformation im Bisthum derartige Fortschritte, daß dieser schließlich die ungestörte Ausübung des evangelischen Gottesdienstes gestatten mußte.

Durch den Reichsdeputationshauptschluß vom 25. Februar 1803 wurde das bereits durch den Frieden von Lüneville vom 9. Februar 1801 säkularisirte Bisthum als weltliches Fürstenthum, zur Entschädigung für verlorene linksrheinische Besitzungen, an das Königreich Preußen abgetreten.

Allein schon durch den Tilsiter Frieden vom 9. Juli 1807 Artikel 7 (Gesetz=Samml. 1807 S. 56) kam es — laut Proklamation vom 24. Juli 1807 (Gesetz=Samml. 1807 S. 167) — an Frankreich, das Hildesheim laut Dekret Napoleons vom 7. Dezember 1807, an das neue Königreich Westphalen abtrat. Hier ward es, durch Dekret Jerômes vom 24. Dezember ejusdem, dem Departement der Ocker zuertheilt, doch wurden hiervon, laut Dekret vom 19. Juli 1810, die Cantons Elze (links von der Leine), Sarrstedt und Algermissen abgetrennt und zum neugebildeten Departement der Aller gelegt; 1810 am 15. Dezember gelangte auch das bislang noch bestandene Domkapitel zur Auflösung.

Nach dem Sturze Napoleons und dem Ende des Königreichs Westphalen wurde Hildesheim 1813 am 5. November von Hannover in Besitz genommen, fiel laut des Pariser Friedens vom 30. Mai 1814 und der Wiener Kongreßakte vom 31. Mai 1815 zwar an Preußen zurück, ward jedoch, in Verfolg derselben Akte vom 29. Mai 1815 Artikel 1 Nr. 3 (Gesetz=Samml. 1818 Anh. S. 15), an Hannover abgetreten.

Mit allen übrigen Hannoverschen Gebietstheilen ist Hildesheim 1866 mit Preußen wiederum vereinigt worden.

Es hat einen Flächeninhalt von $32\frac{1}{2}$ Quadratmeilen (1780 Quadratkilometer).

Wappen.

Im Königlichen Staatswappen de 1804—1807 nahm Hildesheim den Rang hinter Cleve (erste Reihe), im Titel dagegen hinter Nürnberg ein; demzufolge stimmt Letzterer merkwürdigerweise in seiner Reihenfolge nicht überein mit der Rangstellung der Felder im Wappen!

Laut Allerhöchster Kabinetsordre vom 16. August 1873 hat Hildesheim im Königlichen Titel und Wappen den Rang hinter Osnabrück erhalten.

Fürstenthum Verden.

38. Wegen des Fürstenthums Verden. „Im silbernen Felde ein schwarzes Nagelspitzkreuz." Auf dem gekrönten Helme dasselbe, mit der Spitze in der Krone steckend, vor einem oben und beiderseits je mit drei Pfaufedern besteckten, silbernen, ovalen Schirmbrett. Decken: schwarzsilbern.

❦

Verden als Bisthum ist erst seit dem Ende des VIII. Jahrhunderts nachweisbar; der erste Bischof war Patto Pacificus (785—788).

Der Sprengel des Bisthums erstreckt sich über einen Theil des Erzbisthums Bremen, mit dem es mehrfach einherrig war, fast über das ganze Fürstenthum Lüneburg, die Grafschaften Lüchau und Dannenberg und weit in die Mark Brandenburg hinein.

Seit Bischof Herzog Georg von Braunschweig (1558—1566) sich zur lutherischen Lehre bekannt hatte, galt die Reformation als durchgeführt.

Der letzte Bischof von Verden war Friedrich II. Prinz von Dänemark, der bereits 1623—1629 das Bisthum innegehabt, dann als Friedrich III. den dänischen Königsthron bestiegen hatte und 1644 im Januar abdizirte.

Fürstenthum Verden.

Der Westphälische Friede 1648 säkularisirte das Bisthum Verden und gab es, nebst Bremen, als erbliches Herzogthum und Reichslehen an die Krone Schweden.

1715 trat Dänemark Verden mit Bremen an Georg I. Kurfürsten von Hannover ab. (Vergleich mit Schweden 1719, s. Bremen). Die Kaiserliche Belehnung an Kurhannover erfolgte 1733.

Seit 4. Juni 1803 von den Franzosen occupirt, wurde Verden, laut Pariser Vertrages vom 14. Januar 1810, dem Königreich Westphalen abgetreten und am 19. Juli ejd. theils zu dem Norddepartement, theils zum Departement der Nieder-Elbe geschlagen. Hierbei blieb Verden bis es nach Napoleons Sturz und der Auflösung des Königreichs Westphalen 1813 am 29. Oktober wieder an Hannover kam.

In Folge der Ereignisse von 1866 ward es (25 Quadratmeilen = 1375 Quadratkilometer groß) nebst allen übrigen Hannoverschen Ländern (s. Lüneburg) mit dem Königreich Preußen vereinigt und laut Allerhöchster Kabinetsordre vom 16. August 1873 (berichtigt laut Allerhöchster Kabinets-Ordre vom 30. März 1874)[1] als Fürstenthum in das große Preußische Staatswappen, im Range hinter Hildesheim, wie auch in den großen Königlichen Titel aufgenommen.

---

[1] Der Allerhöchste Erlaß vom 16. August 1873 giebt als Wappen von Verden an: im blauen Felde einen von Roth und Silber geschachten Schrägbalken.

Dies von Siebmacher im Wappenbuch I. 10 dem Bisthum Werden gegebene Wappen ist aber weder das der Reichsabtei Werden, noch das des Bisthums Verden, sondern vermuthlich eine durch Unkenntniß entstandene Phantasie, die Graf Stillfried für baare Münze nahm und als Wappen für das Fürstenthum Verden dem Königlich Preußischen großen Staatswappen einfügte.

Dieses kaum glaubliche Versehen wurde durch den verstorbenen Grafen J. Oeynhausen ans Tageslicht gebracht, leider erst nachdem das neue Wappen bereits veröffentlicht und zahlreiche nunmehr falsche Siegel und Matrizen gefertigt worden waren.

Erst nach längeren Verhandlungen vermochte man durch Originalsiegel der Bischöfe von Verden und andere glaubwürdige Dokumente die Zweifel des Grafen Stillfried zu zerstreuen und es wurde nunmehr die ursprüngliche Allerhöchste Kabinetsordre vom 16. August 1873, die von Seiner Majestät Kaiser und König Wilhelm I. vollzogen, durch vier Königliche Staatsminister mittelst Kontrasignatur beglaubigt worden war, durch eine abermals Allerhöchst gezeichnete und kontrasignirte Kabinetsordre vom 30. März 1874 (Gesetz-Samml. 1874 S. 178) verbessert. Hierdurch erst wurde der arge heraldisch-historische Schnitzer aus der Welt geschafft, den (cfr. Dr. R. G. Stillfried, Titel und Wappen des Preußischen Königshauses S. 56) nicht selbst begangen zu haben, der Herr Verfasser sich den Anschein zu geben sichtlich bemüht erscheint.

Wappen.

Das schwarze Kreuz im silbernen Felde erscheint in den bischöflichen Siegeln nicht immer in obiger Form, vielmehr führt Bischof Christoph von Bremen und Verden, Herzog von Braunschweig (1502—1558), es stets als gemeines durchgehendes, einmal auch als schwebendes breitendiges Kreuz ohne die Nagelspitze und mit glatten Armenden. Ebenso erscheint es im Siegel des Königs Friedrich von Dänemark, 1635—1648 letzten Bischofs von Bremen und Verden. Auch Carl XI., König von Schweden, führt es nach Besitznahme von Bremen und Verden so in seinem Staatswappen. Ferner zeigt ein Siegel de 1675 dieses Kreuz ohne Nagelspitze. Dagegen erscheint es als Nagelspitzkreuz auf dem Siegel des Bischofs Berthold von Verden und Hildesheim (1481—1502) de 1482 (nicht 1472) in Siegeln des Kardinals Franz Wilhelm, Grafen von Wartenberg, Bischofs von Osnabrück (1625—1631), Minden (1631—1634) und Regensburg (1649—1661), sowie in Siegeln des Herzogs Georg von Braunschweig-Lüneburg, 1558—1566 Bischofs von Verden, Erzbischofs von Bremen und Bischofs von Minden (seit 1554), sowie später in schwedischer Zeit stets als solches seit c. 1680.

Fürstenthum Kammin.

39. „**Wegen des Fürstenthums Kammin. Im rothen Felde ein silbernes Ankerkreuz.**"¹)
Auf dem gekrönten Helme, mit rothsilbernen Decken, 7 (4–3) je wie der Schild gezeichnete Fahnen an goldenen Spießen.

---

¹) Die Bischöfe von Camin haben das Kreuz stets silbern in Roth, glattarmig, schwebend geführt; ein Helmkleinod ist nicht bekannt, wenigstens nie geführt worden, obiges daher erfunden. Als Kurbrandenburg Camin erhielt, wurde erst die Kreuzform, die es zuletzt unter den Herzögen von Pommern hatte, nämlich: als ein (an den Rand stoßendes) Tatzenkreuz, beibehalten, das Kreuz indeß als schwebendes dargestellt. Die breitendige, später auch lilienendige Form hat man seit Aufnahme des ähnlichen Kreuzes von Ratzeburg (s. d.) ins Preußische Wappen (seit 1708) verlassen und das Kreuz zur Unterscheidung in obiges Ankerkreuz verwandelt. Ein Falsum, das sich, wahrscheinlich in Folge eines Fehlers des Costnitzer Konzilienbuchs von 1536, auch in das Schrotsche und Siebmachersche Wappenbuch eingeschlichen hat, ist die Figur eines T, das niemals das Caminsche Wappen, sondern als Familienwappen eines Bischofs von Kiew sich herausgestellt hat (sic!). Die Markgrafen von Ansbach und Bayreuth führten dieses falsche Wappen eine Zeitlang für Camin.

Kammin, oder nach alter Schreibweise: Camin in Pommern wurde erst 1186 Bisthum, nachdem ein Jahr vorher der Bischof Conrad I. aus Wollin (Julin), wo das Bisthum 1139 für (Adalbert, den Begleiter des Pommernapostels St. Otto, Bischof von Bamberg) durch diesen gestiftet worden, wegen Verbrennung Wollins nach Camin, geflüchtet war.

1188 wurde das Bisthum vom Papste bestätigt und seine Unmittelbarkeit in geistlichen Dingen, die 1321 durch Papst Johann XXII. nochmals confirmirt ward, ausgesprochen.

1248 ertauschte (gegen die Landschaft Stargard) der Bischof Wilhelm I. die eine Hälfte des Landes Colberg; seinem Nachfolger Hermann schenkte der Herzog Barnim I. von Pommern die andere Hälfte; auch kaufte Hermann 1277 die Stadt Colberg, wo fernerhin der Bischofssitz war.

Nachdem 1536 der Bischof Erasmus von Manteuffel (1522—1544) sich der Reformation zugewendet, wurde dieselbe im Bisthum eingeführt.

Seit 1556 wurden nach einander fünf Herzöge von Pommern als „Bischöfe von Cammin" postulirt; der letzte evangelische Bischof war Ernst Bogislaw, Herzog von Croy.

Im Westphälischen Frieden (24. Oktober 1648) wurde das Bisthum säkularisirt ($46^1/_2$ Quadratmeilen = 2550 Quadratkilometer groß), als weltliches Fürstenthum und unmittelbares deutsches Reichslehen an Kurbrandenburg abgetreten und von diesem mit dem Herzogthum (Hinter-)Pommern — s. d. — vereinigt.

Wappen.

Das Wappen von Camin, das zuerst auf Siegel von 1602 Casimirs Bischof von Camin, Herzog von Pommern, im Schildfuß erscheint und, von seinen Nachkommen auf dem Bischofsstuhl, a. d. H. Pommern, in der Mittelreihe des Herzoglichen Wappenschildes unterhalb von Stettin, über Rügen geführt wurde, finden wir im Kurbrandenburgischen Wappen merkwürdigerweise erst auf Thaler vom Jahre 1670, trotzdem bereits unterm 27. August 1660 die Kurfürstliche Ordre ergangen war, das (möglicherweise in Folge eines Irrthums) 1650 vergessene Wappen und den Titel, sowie den der Herrschaften Lauenburg und Bütow in Pommern dem Kurfürstlichen einzuverleiben.

Das Kreuz wurde, ähnlich dem im Bischöflichen Wappen, von da ab im Mittelfelde der untersten Wappenreihe, im Range hinter Usedom und vor Barth, stets in der Form eines glatten, an den Armenden ausgebauchten, zuletzt acht- und zwölfspitzigen Kreuzes geführt. Im Königlich Preußischen Wappen d. d. Königsberg 27. Januar 1701 finden wir statt der glatten Form der Armenden dieselben auch als lilienförmige, so wie sie schon im Kurbrandenburgischen Wappen seit etwa 1686 üblich geworden war. Seit 1702, wo der Wappenpavillon angenommen wurde, erscheint das Kreuz von Camin bereits in der seit 1708 (s. d. Anm.) stetigen Form eines Anker=kreuzes; halb verborgen unter dem Felde der Oranischen Erbschaft.

Bald darauf (1708), nach Aufnahme der Mecklenburgschen Felder finden wir Camin in die III. Querreihe des großen Königlichen Wappens im Range hinter Minden, gestellt, wo es bis 1873 blieb und dann im Titel und Wappen hinter Verden einrangirt wurde.

Die Fränkischen Linien führten Camin im Wappen seit 1693 (Culmbach) im Range hinter Hohenzollern in der obenbeschriebenen irr=thümlichen Darstellung, bis, zuerst auf Siegel von 1712, die richtige Kreuz=form und der Rang hinter Minden ihm wurde. Markgraf Christian Ernst führt übrigens bereits auf Siegel de 1661 dasselbe Kreuz ganz richtig (als gemeines) hinter Minden.

Später, unter dem letzten Markgrafen (1764) steht Camin hinter Minden, 1766 hinter Glatz. Die Onolzbacher Linie führt Camin erst auf Thaler von 1679, im Range hinter Zollern oder Minden, theilweis in ein schmales Feld gedrückt, ebenfalls in der falschen Darstellung, auf Münzen nach 1696; zur selben Zeit aber auch schon das Kreuz (Christian Albert) im Range hinter Minden, wo es bis zum Erlöschen des Geschlechts verblieb.

Wappen Kasimirs IX., Herzogs von Pommern, Bischofs zu Camin
(nach Siegel vom Jahre 1610).

Hier fehlt — cfr. Pommern — der Rügische Löwe, an dessen Stelle das Caminer Kreuz steht; auch sind in einem kleinen Schildfuß (unterhalb des Feldes von Gützkow) die „Regalien" — f. d. — angebracht. Eigenthümlich ist, daß man die Schildhalter als Riesen abgebildet hat und ihre Köpfe nicht wie sonst in die Außenhelme gezwängt sind.

Fürstenthum Fulda.

40. „Wegen des Fürstenthums Fulda. Im silbernen Felde ein gemeines schwarzes Kreuz (facettirt)."
Auf dem gekrönten Helme, mit schwarzsilbernen Decken, dasselbe Kreuz als „Hochkreuz".[1)]

Fulda, gestiftet als Kloster 744 durch einen Mönch des Klosters Fritzlar, Namens St. Sturm, in der „Landschaft Buchonia", wurde von König Karlmann mit Grund und Boden beschenkt, 751 vom Papst Zacharias in seinen unmittelbaren Schutz genommen und 774 durch Karl den Großen von den Königlichen Gerichten befreit. Bereits 975 besaßen

---

[1)] Schon sehr früh führt das Bisthum Fulda ein schwarzes gemeines Kreuz in Silber. Dazu als Helmkleinod ursprünglich (zuerst Balthasar von Dernbach) 1570 bis 1606) eine Inful, aus der zwei Fähnchen hervorragen, später noch einen zweiten Helm, darauf das Kreuz als Hochkreuz auf goldbequastetem rothen Kissen stehend, oder auch (seit 1678) als Hochkreuz direkt aus der Krone, später dem Fürstenhut, der auf der Krone ruht, hervorgehend. Nicht immer, aber doch häufig, erscheint das Kreuz im Schilde facettirt. Während der Niederländischen Periode wurde das Kreuz im Schilde ebenso (durchgehend) geführt, dagegen (als Großherzogthum) im Kurhessischen Wappen stets schwebend, und als Hochkreuz auch im Schilde dargestellt.

die Aebte den Primat und den Reichsfürstenstand; ferner bestätigte bereits Kaiser Karl IV. ihnen die Würde des „Erzkanzlers der Kaiserin" d. d. Prag, V. Idus Julii 1360 und desgleichen Kaiser Leopold I. 1690 am 1. Februar.

Fulda, im dreißigjährigen Kriege durch den Landgrafen Wilhelm von Hessen 1631 im November erobert, ward ihm von König Gustav Adolf 1632 am 25. Februar förmlich verlehnt; er führte seitdem den Titel „Fürst von Buchen". Allein schon nach der Schlacht von Nördlingen 1634 27. August wurde Fulda dem Abt zurückgegeben und verblieb ihm auch im Westfälischen Frieden.

Durch Bulle des Papstes Benedict XIV. vom 5. Oktober 1752 wurde die gefürstete Abtei zum exemten Bisthum erhoben.

Fulda, durch den Frieden von Lüneville (3. Juni 1801) säkularisirt, erhielt, gemäß der Bestimmungen des Reichsdeputationshauptschlusses vom 25. Februar 1803, der Erbprinz Wilhelm von Oranien-Nassau-Dietz (später König der Niederlande) als Fürstenthum, zur Entschädigung für die ihm entzogenen Würden und Güter in Holland, ebenso wie ihm auch Korvey, die Reichsstadt Dortmund, die Reichsabtei Weingarten, Klein Bandern und Dietkirchen zugesprochen wurden.

Allein dies war nur ein Uebergang, denn bereits 1806 am 20. Dezember wurde Fulda von französischen Truppen besetzt; der Erbprinz entfloh, Fulda wurde zu Frankreich geschlagen und 1810 am 16. Februar laut Vertrag mit dem „Großherzog von Frankfurt" dessen Staate zugeeignet, ausgenommen Herbstein und Johannesberg.

Nach Napoleons Sturz und der Auflösung des Großherzogthums Frankfurt, wurde, in folge des Pariser Friedens vom 30. Mai 1814 und der Wiener Kongreßakte vom 31. Mai 1815, Fulda 1815 am 17. Juli preußisch. Doch trat es der König von Preußen (gegen das Amt Frauensee, nebst Gosperode, das Gericht Völkershausen und Lengsfeld, Amt und Stadt Vacha, einen Theil der Vogtei Kreuzberg und die Orte Dippach, Gesterode, Vitzerode, Abterode und Weningentoft) an den Kurfürsten von Hessen ab.

Fulda ward hierauf, durch Kurfürstliches Patent vom 31. Januar 1816, zum Gros(sic!)herzogthum erhoben und zugleich in Besitz genommen (Kurheß. Gesetz-Samml. 1816 S. 3). Hiermit wurde 1816 am 8. April das Oesterreichischerseits (gegen das Distriktsamt Weiers, mit Ausnahme der Dörfer Welters und Hattenrodt) 1816 am 20. März abgetretene Distriktsamt Salmünster, nebst Uerzell, Sannerz und dem Huttischen Grunde (Kurheß. Gesetz-Samml. 1816 S. 53) vereinigt; desgleichen, in folge der neuen Gebietseintheilung vom 30. August 1821 (Kurheß. Gesetz-Samml. 1821 S. 69/70) auch noch weiter das Gebiet der früheren Abtei Hersfeld und die Grafschaft Schmalkalden.

Laut Gesetz vom 20. November 1866 (Gesetz-Samml. 1866 S. 555) und Besitzergreifungspatent vom 3. Oktober ejd. (Gesetz-Samml. 1866 S. 594) wurde, mit den übrigen Landestheilen Kurhessens, auch das Großherzogthum Fulda (25 Quadratmeilen = 1370 Quadratkilometer groß) mit der Preußischen Monarchie vereinigt und, laut Allerhöchster Kabinetsordre vom 16. August 1873, von Neuem mit dem früheren Titel „Fürstenthum", im Range hinter Kammin, in das große Königlich Preußische Staatswappen und den Titel des Königs von Preußen aufgenommen.

Fürstenthum Nassau.

41. „Wegen des Fürstenthums Nassau. Im blauen, mit rautenförmigen goldenen Schindeln bestreuten Felde ein goldener, rothgezungter, gekrönter Löwe."

Auf dem gekrönten Helme, mit blaugoldenen Decken, sitzt ein rothgezungter, gekrönter goldener Löwe zwischen zwei mit dergleichen (schräg-verstutzten Quer-) Schindeln bestreuten Büffelhörnern.[1])

Wenn wir von der doch vielfach variirenden älteren Genealogie, die durch Urkunden noch so mancher fabelhaften Umhüllung, noch so manchen Zweifels entkleidet werden muß, absehen, so ist als der direkte Stammvater aller Linien dieses ehedem weitverbreiteten und mächtigen Geschlechts, das

---

[1]) Es ist dies das schon im 11. saeculo bekannte Stammwappen des Walramischen Stammes des Hauses Nassau; doch ist insofern hier ein Unterschied geschaffen worden, als die Schindeln, die im Wappen des früheren Herzogthums Nassau den Löwen des Herzschildes umgaben und linksschrägstehende querverstutzte oder senkrechte waren, hier in die querliegende schrägverstutzte Form verändert hat. Des Wappenschildes und Helmkleinods der Ottonischen Linie werde ich weiter unten beim Fürstenthum Siegen (II. Abth. d. W.) Erwähnung thun.

Deutschland eine Reihe großer und berühmter Männer geschenkt, Ulrich I., Graf von Jdstein (Etechenstein), der ca. 1124 starb, mit Sicherheit zu betrachten.[1]

Sein Sohn Rupert († vor 1151), dessen Bruder Arnold I. und Ruperts Sohn: Walram I. († 1198) (der die Güter der verwandten Grafen von Arnsheim erworben hatte) kommen als „Grafen von Lurenburg" (Name, den schon 1093 ein Graf Dudo von Lurenburg urkundlich führt) vor. Letzterer vermählte sich mit Kunigunde, einer Tochter Ruperts II. des Streitbaren, Grafen von Nassau (Sohn obigen Arnoldt I.), also seiner Nichte, und der aus dieser Ehe hervorgegangene Sohn: Heinrich II. kommt 1198 zuerst mit dem Namen „Graf zu Nassau" (nach dem von den Gebrüdern Rupert und Arnold an der Lahn erbautem Schlosse) und dem Beinamen „der Reiche" vor.

In seiner Ehe mit Mechtild, Gräfin von Geldern, Tochter Ottos II., erzeugte er 6 Söhne und 3 Töchter; es setzten aber von Ersteren nur zwei den Stamm fort und zwar waren dies Walram und Otto, die, nach dem Tode des Vaters, laut Vertrag vom 17. Dezember 1255, die väterlichen Güter (diesseits und jenseits der Lahn) theilten und zwei nach ihnen benannte Hauptlinien stifteten, die beide noch je in einem Zweige (die Ottonische nach dem Tode des Königs Wilhelm der Niederlande aber nur noch im weiblichen Stamme) blühen.

I. Walramische Hauptlinie.

Der Stifter Walram I. († 1276) erhielt bei der Erbtheilung mit seinem Bruder 1255, außer der Hälfte der Grafschaft Nassau: Jdstein, Wiesbaden und Weilburg. Er war vermählt mit Gräfin Adelheid von Katzenellenbogen. Beider Sohn Adolf, der bekannte unglückliche Römische Gegenkönig (seit 1292), der sein Leben bei Göllheim (1298 2. Juli) ließ, hatte aus seiner Ehe mit Imagina, Gräfin von Limburg, einen Sohn Gerlach I. Dieser brachte 1361 Stadt und Burg und die halbe Herrschaft Weilnau — s. d. — an sein Haus. Seine drei Söhne (der vierte war Gerlach, Erzbischof von Mainz, † 1371) theilten die Länder unter sich. Rupert, vermählt mit Gräfin Anna von Nassau-Hadamar erhielt Sonnenberg, starb aber ohne Kinder 1390; Adolf I. erhielt: Wiesbaden und Jdstein; Johann I.: Nassau und Weilburg.

a) Wiesbadener Ast.

Die Linie Adolfs I. († 1370) wurde, immer nur durch einen Sohn, fortgesetzt bis zu seinem Nachkommen im fünften Grade: Philipp I.

---

[1] Der genealogische Theil dieses Artikels ist der theilweise Wiederabdruck des von mir verfaßten Artikels im Neuen Siebmacher, Abtheilung Reichsfürsten.

(1511—1558), der drei Söhne hatte. Von diesen starb Philipp II. gleichfalls 1558 ohne Erben; Adolf IV. († 1556), dem durch seine Gemahlin, Franziska von Luxemburg-Roussy, letztere Herrschaft (in Luxemburg) zugefallen, vererbte dieselbe, in Ermangelung von Söhnen, auf seine Tochter Magdalene, die sie ihrem Gemahl Johann Grafen von Manderscheid-Virneburg zubrachte. Des dritten Sohnes: Balthasar Enkel: Johann Ludwig II. starb unvermählt 1605 5. Juni und beschloß diese Unterlinie seines Hauses; Jdstein und Wiesbaden fielen an Graf Ludwig II. vom Weilburger Ast (s. d.).

b) Weilburger Ast.

Diesen Weilburger Ast hatte, wie oben gezeigt, Graf Johann I. († 1371) gestiftet. Derselbe vermählte sich zweimal und zwar zuerst mit Gertrude von Merenberg, die ihm (als Erbtochter) die Herrschaften Merenberg, Gleiberg und den Hüttenberg zubrachte und (1363) mit Anna Johanneta, Erbtochter Johanns, des letzten Grafen von Saarbrücken († 1381). Nach so bedeutend erweiterter Machtfülle darf es nicht Wunder nehmen, daß Kaiser Karl IV. den Grafen Johann, nebst seinen Erben und Erbes-Erben, d. d. Würzburg am nächsten Freitag vor St. Ulrichstag (25. September) 1366 zu gefürsteten Grafen erhob.

Johanns I. Sohn: Philipp I. (1371—1429) erbte zunächst 1386 nach seines mütterlichen Großvaters Tode: Saarbrücken, ferner 1386 seine erste Gemahlin Johanna (Anna) Gräfin von Hohenlohe: Kirchheim-Bolanden, Stauf und Reichelsheim; auch erkaufte er 1405 die Herrschaft Weilnau.

Philipps I. Söhne: Johann II. und Philipp II. theilten den Ast in die Zweige zu Saarbrücken und zu Weilnau.

Zweig Saarbrücken.

Johann II. (1429—1472), Stifter des Zweiges zu Saarbrücken, hatte u. A. einen Sohn: Johann Ludwig († 1545). Derselbe erbte durch seine zweite Gemahlin Katharina, Erbtochter Johanns, Grafen von Saarwerden und Mörs: Saarwerden, Geroldseck und Lahr, jedoch erlosch sein Stamm mit seinem zweiten Sohne Johann IV. im Jahre 1574. Die Lande gingen laut Testament de eodem an den

Zweig Weilburg

und zwar an Graf Philipp IV. († 1602) den Ururenkel des Grafen Philipp II. (Bruder des obengedachten Grafen Johann II. von Saarbrücken) über, wogegen Saarwerden als erledigtes Lehen an Lothringen zurückfiel und erst im Jahre 1629 an die Linie Weilburg (s. unten) aufs Neue verlehnt wurde.

Gedachter **Philipp IV.** starb indeß unbeerbt und **Saarbrücken** gedieh an seines Bruders **Albrecht** († 1593) Sohn: **Ludwig II.** († 1625). Dieser hatte 1605 **Jdstein=Wiesbaden** (s. oben) ererbt, vereinte somit alle Lande des Walram'schen Stammes. Er wurde durch seine Söhne: **Wilhelm Ludwig, Johann** und **Ernst Casimir**, indem dieselben 1629 die väterlichen Lande unter sich theilten, der gemeinschaftliche Stammvater dreier Linien: (**Neu=**)**Saarbrücken, Jdstein** und (**Neu=**)**Weilburg**.

1. (Neu-)Saarbrücken.

Die Linie **Neu=Saarbrücken** stiftete Graf **Wilhelm Ludwig** († 1640), dessen Söhne: **Johann Ludwig** († 1690), **Gustav Adolf** († 1677) und **Volrad** († 1702) die väterlichen Güter abermals derart theilten, daß Ersterer: **Ottweiler**, Gustav Adolf: **Saarbrücken** und Volrad: **Usingen** erhielt.

a) Ottweiler.

Von **Johann Ludwigs** Söhnen starben drei unvermählt, der vierte: **Friedrich Ludwig**, der 1721 **Jdstein** und 1723 auch **Saarbrücken** (s. unten) geerbt, starb 1728 am 25. Mai ohne Söhne, in Folge dessen alle seine Besitzungen an **Volrads** Enkel (**Usingen**) — s. unten — fielen.

b) Saarbrücken.

Johann Ludwigs Bruder: **Gustav Adolf** zu **Saarbrücken** starb 1677, zwei Söhne hinterlassend: **Ludwig Crato**[1] (geb. 1663, † 1713) und **Karl Ludwig** († 6. Dezember 1723). Letzterer überlebte sowohl seinen Bruder, der vor ihm **Saarbrücken** besaß, wie auch seine jung verstorbenen Söhne, so daß auch **Saarbrücken** 1723 an die Linie **Usingen** (s. unten) fiel.

c) Usingen.

Usingen erbte, wie oben gezeigt, **Volrad**, der jüngste Sohn **Wilhelm Ludwigs**, des Stifters der **Saarbrücker** Linie.

Derselbe erhielt d. d. Wien 4. August 1688, nebst seinen Vettern **Georg August** (von der Linie **Jdstein** — s. unten) und **Johann Ernst**

---

[1] **Ludwig Crato** hatte keine Söhne, dagegen eine Wittwe: **Philippine Henriette**, geborene Gräfin zu **Hohenlohe-Langenburg**, sowie drei aus dieser Ehe hervorgegangene Töchter: **Karoline** (geb. 1704, † 1735, seit 1729 vermählt an **Carl III.**, Pfalzgrafen von **Birkenfeld**), **Louise** (geb. 1705, seit 1719 Gemahlin **Friedrich Karls**, Grafen zu **Stolberg-Geldern**) und **Eleonore** (geb. 1707, seit 1723 Gattin **Ludwigs**, Grafen zu **Hohenlohe-Langenburg**) hinterlassen Durch Diplom Kaiser **Karls VII.** d. d. Frankfurt a./M. 14. Juli 1742 erhielten diese, nebst der Mutter, die „Bestätigung und Anerkennung" des dem Hause **Nassau-Saarbrücken** d. d. Wien 4. August 1688 von Kaiser **Karl VI.** ertheilten Reichsfürstenstandes (s. unten), mit dem Titel: „Hochgeboren".

(von der Linie Weilburg — s. unten) die Bestätigung und Erneuerung des ihren Voreltern vom Kaiser Karl IV. verliehenen Reichsfürstenstandes[1]) und Bewilligung eines eigenen Votums, des Sitzes bei den Reichsversammlungen für das ganze fürstlich Nassauische Geschlecht, sowie — für Fürst Johann Ernst allein — das Privilegium de non usu (Wappen ist im Diplom nicht verliehen).

Volrads Sohn: Wilhelm Heinrich starb 1718; seine Lande wurden wiederum und zwar in der Weise getheilt, daß sein älterer Sohn: Karl: Usingen, der jüngere: Wilhelm Heinrich II.: Saarbrücken erhielt. Nachdem Ottweiler und Jdstein, Wiesbaden und Lahr ihnen durch Erbschaft der Unterlinie Ottweiler (s. oben) zugefallen waren, theilten die Brüder abermals dergestalt, daß Karl: Usingen, Jdstein, Wiesbaden und Lahr erhielt, wogegen Wilhelm Heinrich II.: Saarbrücken, Ottweiler, Saarwerden und Homburg (mit Ausnahme des Weilburgischen Antheils an diesen Ländern) erhielt. Wilhelm Heinrich starb 1768 als Königlich französischer Generallieutenant. Sein Sohn Ludwig, zuerst in französischen, dann in Königlich Preußischen Diensten, starb 1794 am 1. März als Generallieutenant und ihm folgte (in Folge eines Sturzes mit dem Pferde) bereits 1797 am 27. April im Tode sein einziger erbberechtigter Sohn Heinrich, mit dem diese Unterlinie erlosch; Heinrich hatte 1794 seine Lande (weil linksrheinische) an Frankreich verloren.

Karl (der Bruder Wilhelm Heinrichs II.), der 1755 am 6. Oktober das Primogeniturrecht für sein Haus vom Kaiser bestätigt erhalten hatte, starb 1775 und sein Sohn Karl Wilhelm erhielt, mit seinem obengenannten Vetter Ludwig (von der Saarbrücker Unterlinie) und Karl (von der Weilburger Hauptlinie s. unten) nebst den jedesmaligen Erstgeborenen, nach dem Rechte der Erstgeburt d. d. Wien 1784 3. Dezember vom Kaiser den Titel „Durchlauchtigst hochgeboren".

Karl Wilhelm starb 1803, ebenfalls ohne Hinterlassung von Söhnen und es folgte ihm in der Regierung 1803 am 17. Mai sein Bruder Friedrich August.[2]) Dieser wurde 1806 am 30. August Mitglied des Rheinbundes, als „I. Herzog von Nassau=Usingen", nachdem er die Weilburger Lande mit dem seinigen vereint und die Mitregierung darin führte.

---

[1]) Hiermit ist die obenerwähnte a. 1366 erfolgte Erhebung in den gefürsteten Grafenstand gemeint, die zu jener Zeit mit der Erhebung in den Reichsfürstenstand fast gleich geachtet wurde.

[2]) Fürst Friedrich August hatte, laut Bekanntmachung von 30. Juni 1806, seine Lande mit denen des Hauses Weilburg (s. unten) zu einem Gesammtherzogthum vereinigt, in welchem er als Senior mit dem herzoglichen, Friedrich Wilhelm mit dem fürstlichen Titel gemeinschaftlich regierten.

Er starb 1816 am 24. März als der Letzte der Linie Usingen[1]) und des ganzen Hauses Saarbrücken; die sämmtlichen Lande dieses Hauses fielen nunmehr dem Hause Weilburg (s. d.) zu.

2. Idstein.

Dies Haus, gestiftet von Graf Johann (1625—1677) — Bruder des Stifters der Linie Saarbrücken — erlosch schon mit seinem, wie oben gezeigt, d. d. 1688 am 4. August in den Reichsfürstenstand erhobenem Sohne Georg August, der im Jahre 1721 ohne Hinterlassung von Söhnen starb. Idstein fiel, wie oben erwähnt, an Usingen[1]), dann an Weilburg.

3. Neu-Weilburg.

Gestiftet von Ernst Casimir († 1665), der 1629 bei der Theilung Weilburg erhielt und 1632 am 11. Dezember die Regierung antrat. Seines Sohnes Friedrich († 1675) Sohn: Johann Ernst († 1719) erhielt, mit seinen obengenannten Vettern, 1688 den Reichsfürstenstand. Da er sich desselben jedoch niemals bedient hatte, so wurde die Fürstenwürde, nebst Titel „Hochgeboren", laut Kaiserl. Diploms d. d. Wien 9. September 1737 seinem Sohne: Karl August († 1753) nochmals anerkannt. Dessen Sohne: Karl († 1788) wurde für sein Haus 1766 am 10. Dezember vom Kaiser das Primogeniturrecht und (mit seinen obengedachten Vettern) am 3. Dezember 1784 das Prädikat „Durchlauchtigst hochgeboren" verliehen.

---

[1]) Nassau-Usingen besaß Ende vorigen Jahrhunderts: Usingen, (Grafsch., größter Theil heutigen Amts d. N.), Herrschaft Idstein, die Aemter Burg-Schwalbach und Wehen und die Herrschaft (heut. Amt) Wiesbaden, außerdem die Grafschaft Saarbrücken, ⅔ Saarwerden und die Herrschaft Lahr. Für die drei letzteren, die durch den Frieden von Lüneville 1801 an Frankreich bezw. Baden gefallen waren, erhielt Nassau durch den Reichsdeputationshauptschluß von 1803 als Entschädigung:

1. Die bisher Kurmainzischen Besitzungen Eltville, Eppstein, Harheim, Heddernheim, Hochheim, Hofheim, Kastel, Königstein, Kronberg, Oberlahnstein, Oberursel und Rüdesheim,
2. das bisher Kurpfälzische Amt Caub,
3. die bisher Kurkölnischen Aemter Königswinter, Linz und Villich auf dem rechten Rheinufer,
4. die Stadt Deutz,
5. einige Hessen-Darmstädtische Güter, Herrschaft Eppstein, ein Theil der Niedergrafschaft Katzenellenbogen, die Hälfte der Herrschaft Hüttenberg, mit Kleeberg und Weiberfelden,
6. die Reichsdörfer Soden und Sulzbach,
7. das Fürstlich Isenburg'sche Dorf Okraftel,
8. die Abteien und Klöster: Bleidenbach, Limburg a. d. L., Romersdorf und Sayn und
9. die Grafschaft Sayn-Altenkirchen.

Des Fürsten Karl Sohn: Friedrich Wilhelm erwarb durch die 1788 geschlossene Ehe mit Louise Isabelle Alex. Auguste, Tochter des Burggrafen Georg zu Kirchberg, Grafen zu Sayn=Hachenburg, die ihrem 1799 am 11. April verstorbenen Großoheim Joh. August, Burggrafen von Kirchberg gehörig gewesene Grafschaft Sayn=Hachenburg. Er verlor durch den Frieden von Lüneville 1801 an linksrheinischen Besitzungen ein Drittel von Saarwerden und die Herrschaft Kirchheim=Bolanden, wofür er durch den Reichsdeputationshauptschluß 1803 entschädigt wurde: durch den rechtsrheinischen Theil des Bisthums Trier (Aemter: Boppard — rechts= rheinisch —, Ehrenbreitstein, Limburg, Montabaur [mit einem Theil der Grafschaft Dietz, s. d.] und Welmich; ferner mit Engers, Hammer= stein und Theilen der Grafschaft Nieder=Isenburg, Theilen der Nassau= Dietzischen Aemter Kamberg und Wehrheim, mit Dorf Mensfelden, sowie den Abteien Arnstein, Marienstadt und Schönau). Außerdem besaß er die Grafschaft (heut. Amt) Weilburg, Weilmünster, Meren= berg, die Herrschaften Gleiberg, die Hälfte von Hüttenberg und Klee= berg (z. Th.), das Amt Miehlen (Lipporn, Rettert), die Vogtei Schönau sowie Reichelsheim in der Wetterau u. A. Am 12. Juli 1806 ward Friedrich Wilhelm souveraines Mitglied des Rheinbundes, vereinigte (s. die Note bei Usingen) seine Lande mit den Usingenschen, in denen er Mit= regent war und starb 1816. Sein Sohn Wilhelm succedirte 1816 9. Januar als Fürst, 1816 24. März (nach Beerbung der Linie zu Usingen) als allein= regierender und souverainer Herzog zu Nassau, Pfalzgraf bei Rhein, Graf zu Sayn, Königstein, Katzenellenbogen und Dietz, Burggraf zu Hammerstein rc. und starb 1839. Seinem Sohne, dem Herzog Adolf, ging, zufolge der Kriegsereignisse von 1866, am 20. September ejd. sein Land verloren. Seit 1890 23. November ist er Großherzog von Luxemburg.

II. Ottonische Hauptlinie.

Otto I. († 1290) erhielt bei der Erbtheilung mit seinem Bruder Walram 1255 die rechtsrheinischen Güter, d. h. die Hälfte von Nassau, nebst Dillen= burg, Siegen, Schloß Ginsberg, Herborn und den Herrschaften Beil= stein, Westerwald, Ellar, der Esterau, der Vogteien Dietkirchen und Ems, dem Kirchspiel Mengerskirchen und durch seine Gemahlin, Tochter Emichs, Grafen von Leiningen: die Hadamarer Mark.

Seine drei Söhne: Heinrich I. († 1343), Emich I. († 1334) und Johann theilten die väterlichen Güter anno 1303 so, daß Ersterer halb Siegen, Ginsberg und Westerwald, Emich: Hadamar, Driedorf, die Esterau, Ellar, Isselbach und Ems, und Johann I.: Dillen= burg, Herborn und den Kalenberger Cent erhielt. Da er geist=

lich wurde, vermachte er seine Lande seinem Bruder Heinrich und starb 1328.

Die Linie Emichs (Hadamar) erlosch mit seinem Enkel Emich III. anno 1394 und die Linie Heinrichs I. (Siegen) erbte seine Lande.

Heinrichs I. Söhne: Otto II. († 1351) und Heinrich I. († 1380) theilten 1440 abermals so, daß Ersterer den Antheil Siegen, mit den Vesten Siegen, Ginsberg und Hainchen, die Herborner Mark, mit den Vesten Dillenburg, Herborn und Wallenfels, das Gericht Haiger-Löhnberg, mit den Dörfern Walthausen und Odersbach, Letzterer dagegen: den Calenberger Zehnten, mit den Burgen Beilstein, Mengerskirchen und Eggenberg, Liebenscheid und dem Westerwald erhielt.

Heinrichs I. Linie (Beilstein) erlosch, nachdem sein Urenkel Philipp, von den Besitzungen des Oheims seiner Mutter: Philipp II. von Isenburg-Grenzau noch die Hälfte ererbt, 1561 am 13. Dezember mit seines Bruders Heinrich IV. Enkel: Johann III. — Der Antheil Beilstein fiel nun an die Linie Ottos II. (Dillenburg) zurück.

Dieser Otto II. († 1351) war vermählt mit Adelheid, Gräfin von Vianden, Erbin der halben Grafschaft d. N. Sein Sohn Johann I. († 1416) erwarb, nach mehreren Fehden wegen Hadamar, ein Drittel dieser Herrschaft und ein Theil des Gerichts Ellar. Von seinen Söhnen ward Adolf (uxor: Jutta, Gräfin von Dietz) 1374 mit der Grafschaft Dietz belehnt; er succedirte 1388 darin und 1416 in den väterlichen Besitzungen.

Da er ohne Söhne verstarb, folgte ihm sein Bruder Engelbert I., der 1420 gleichfalls (von Kurtrier) mit Dietz belehnt wurde und durch seine Heirath mit Johanna von (Wassenaër-) Polanen, Tochter des Bannerherrn Jan von Polanen und Erbfrau von Polanen, van der Leck, van den Bergh, von Bredá, Oesterhout, Roosendael und Steenberghen, auch in den Besitz dieser Niederländischen Besitzungen kam. Ferner erbte er 1420 von Graf Simon von Sponheim die andere Hälfte der Grafschaft Vianden (s. oben).

Von seines Sohnes Johann IV. (1442—75) Söhnen: Engelbert II. und Johann V. erbte Ersterer die Niederländischen Besitzungen, vertauschte dieselben aber an Jülich gegen die Herrlichkeit Dietz, Schloß und Stadt Sichem, Seelheim, die Burggrafschaft Antwerpen ꝛc. und starb 1504 zu Bredá, nachdem er, Mangels legitimer Kinder, seinen Neffen Heinrich III. (Sohn seines Bruders Johann V.) zum Erben eingesetzt.

Dieser Heinrich III. vermählte sich in zweiter Ehe mit Claudine von Châlon, einzigen Tochter des Jean II. de Châlon, souverainem Prinzen von Oranien. Sein Schwager Philibert de Châlon, Prinz von Oranien,

Graf von Tonnerre und Penthièvre, Fürst von Melfi und Herzog von Gravina (geb. 1502, † 3. August 1530 als der Letzte seines Hauses) setzte laut Testament vom 3. Mai 1520 (bestätigt 1521 3. April) Heinrichs III. Sohn: Renatus zum Erben seiner Besitzungen ein, mit der Bedingung, Namen und Wappen von Châlon-Oranien zu dem seinigen anzunehmen. Diese Besitzungen (s. oben Oranien) bestanden aus dem souverainen Fürstenthum Orange in der Provence und 32 Herrschaften in Burgund. Indeß fiel Renatus 1544 vor St. Dizier und, da aus seiner Ehe mit Anna von Lothringen kein Sohn entsprossen war, so gingen, laut seinem Testament, diese Oranischen Besitzungen auf seinen Vetter Wilhelm I. (geb. 1533, † 1584) Grafen von Nassau-Dillenburg, (unter Verzichtleistung auf seine väterlichen Güter) über, welchen Vertrag Kaiser Karl V. unterm 13. Februar 1545 bestätigte.

Dieser Wilhelm I. (der bekannte Wilhelm von Oranien) war der Sohn Wilhelms des Aelteren, genannt der Reiche († 1559), Bruder obengenannten Heinrichs III. und Sohn des bereits obenerwähnten Johann V., aus der Ehe mit Elisabeth, ältesten Tochter Heinrichs IV., Landgrafen zu Hessen in Marburg. Er war vermählt gewesen mit Anna, der letzten Gräfin von Katzenellenbogen, Erbin dieser Grafschaft, sowie (seit 1479, wo ihr Vater Philipp I. gestorben) der halben Grafschaft Dietz. Annas einziger Bruder: Wilhelm III. († 17. Februar 1500 ohne Nachkommen) hatte 1487 die Grafschaft Katzenellenbogen und Dietz in die Erbverbrüderung des Hessischen Hauses gezogen, gegen welche Rechtswidrigkeit obengenannte Elisabeth, nachdem sie nebst ihrem Gemahl bereits anno 1488 eine Verwahrung eingelegt, 1506 einen Prozeß begann. Letzterer wurde, da das Reichs-Kammergericht schon 1523 unterm 9. Mai und 1558 3. August zu Gunsten des Hauses Nassau entschieden hatte, dadurch beendet, daß, laut Vergleich vom 30. Juni 1557, Graf Wilhelm der ältere, genannt der Reiche, († 1559) für sich und seine Descendenz Namen und Wappen von Katzenellenbogen annahm, ferner von Hessen 450 000 Gulden baar und für weitere 150 000 Gulden den vierten Theil der Grafschaft Dietz, nebst den Aemtern Camberg, Weilnau, Wertheim, Driedorf, Ellar und der Hälfte von Hadamar als Erbpfandschaft, endlich die Befreiung seines Schlosses und Amtes Herborn von Hessischer Lehnspflicht erhielt.

Derselbe Graf hatte bereits 1530 vom Hause Epstein dessen Antheil an Dietz erkauft und, laut Testament der Grafen Bernhard und Johann von Nassau-Beilstein (s. unten) vom 18. Juli 1554, die Anwartschaft auf deren Güter: Schloß Beilstein, Mengerskirchen und Liebenscheid bekommen, die 1561 (er war 1559 gestorben) seinen Söhnen zufielen.

Diese beiden Söhne: Wilhelm I. und Johann sind die Stifter der beiden Hauptlinien: Oranien und Katzenellenbogen.

1. Hauptlinie Oranien.

Wilhelm I. von Nassau-Oranien († 1584) war vier Mal vermählt und zwar zuerst mit Anna von Egmond-Büren († 1580) (siehe Oranien), Erbin der Graffschaften Büren, Leerdam und Graffschaft Lingen ꝛc. (s. d.); 2. mit Prinzeß Anna von Sachsen (geschieden 1571); 3. mit Charlotte de Bourbon († 1582) und 4. mit Louise, Gräfin de Coligny (Tochter des Admirals). Bekannt ist, daß er, seit 1577 Generalstatthalter der Niederlande, 1579 am 31. Januar die Utrechter Universität stiftete und 1584 ermordet wurde. Sein jüngster Sohn: Heinrich Friedrich, der nach dem Ableben der beiden Aelteren die väterlichen Titel und Güter 1625 erbte, starb 1647.

Aus dessen Ehe mit Amalie, Gräfin zu Solms-Braunfels, stammten vier Töchter und ein Sohn.

Erstere waren vermählt und zwar:

a) Luise Henriette (geb. 1627) mit Friedrich Wilhelm, Kurfürsten von Brandenburg.

b) Albertine Agnes (geb. 1634) mit Fürst Wilhelm Friedrich zu Nassau-Dietz,

c) Henriette Catharina (geb. 1637) mit Georg II., Fürst zu Anhalt-Dessau und

d) Maria (geb. 1638) mit Ludwig Heinrich Moritz, Pfalzgraf zu Simmern.

Der einzige Sohn: Wilhelm II., Statthalter der durch den Westphälischen Frieden 1648 von Spanien als unabhängig anerkannten sieben Niederländischen Provinzen, vermählte sich 1641 mit Maria Stuart, König Karls I. von Großbritannien und Irland Tochter.

Aus dieser Ehe entsproß nur ein Sohn Wilhelm III. (geb. 1650), seit 1674 erblicher Statthalter, Generalkapitän und Generaladmiral von Holland. Er landet in England 1688 am 5. November, wird 1689 22. Februar König von Großbritannien und Irland, nachdem, laut Parlamentsakte vom 16. Februar 1689, die Krone ihm und seiner Gattin Maria II., Tochter König Jakobs II. von Großbritannien und Irland allein die Regierung zuerkannt hatte und mit seiner Gemahlin 1689 am 21. April gekrönt. In Folge eines unglücklichen Sturzes auf der Jagd starb er 1702 am 18. März. Er hatte (selbst ohne Nachkommen) durch sein Testament seinen Vetter Johann Wilhelm Friso von Nassau-Dietz (s. unten) zum Erben der Oranischen Besitzungen eingesetzt, worüber sich zwischen diesem Hause und der Krone Preußen der bekannte Oranische Erbfolgestreit (s. Oranien) entspann, der erst 1732 beigelegt wurde.

Die Hauptlinie Oranien (älteres Haus) war somit erloschen.

2. Hauptlinie Katzenellenbogen.

Diese stiftete, wie oben gezeigt, Wilhelms I. von Oranien Bruder: Johann der Aeltere (1559—1606).

Seine vier Söhne theilten dieselbe nach seinem Tode in die vier Linien zu Siegen, zu Dillenburg, zu Dietz und zu Hadamar, die sämmtlich, bis auf die zu Dietz (die auch nur noch im Weibesstamme blüht), erloschen sind.

a) Linie Siegen.

Stifter war Johann der Mittlere († 1623). Seine Söhne waren: Johann der Jüngere († 1638) — wurde katholisch —, Wilhelm († 1642 ohne Söhne), Johann Moritz († 1679 als Johanniter-Heermeister zu Sonnenburg), Georg Friedrich († 1674 ohne Erben), Wilhelm Otto (fiel 1641 vor Wolfenbüttel) und Heinrich († 1652).

Von diesen erlangten Johann Moritz und sein Neffe Johann Franz Desideratus, Kaiserl. Kämmerer und Oberst (Sohn des Johann des Jüngeren) d. d. Prag 25. November 1652 und zwar der Erstere, nebst allen ehelichen Descendenten (die er übrigens gar nicht gehabt hat), Letzterer nach dem Recht der Erstgeburt, des hl. Röm. Reiches Fürstenstand als „Fürsten zu Nassau und Siegen, Katzenellenbogen, Vianden und Dietz, Herren zu Beilstein" (Wappen ist im Diplom nicht verliehen.)

Dieser Fürstenstand wurde ausgedehnt, laut Diplom d. d. Regensburg 6. Mai 1664, mit dem Prädikat „Wohlgeboren", auf die Gebrüder Wilhelm Moritz († 1691) und Friedrich († 1676 vor Mastricht unvermählt), Söhne des obengedachten 1652 verstorbenen Heinrich und auf des letzteren, gleichfalls obengenannten Bruder Georg Friedrich.

Fürst Wilhelm Moritz, hatte durch seine Mutter Maria Elisabeth, Erbtochter von Limburg-Styrum-Wisch, letztere Herrschaft ererbt. Sein Sohn Friedrich Wilhelm I. Adolf, reformirter Religion († 1722), hinterließ nur einen Sohn Friedrich Wilhelm II., der, ohne Söhne zu hinterlassen, anno 1734 starb und seine Spezialbranche beschloß.

Fürst Johann Franz Desideratus († 1699) — s. oben — war dreimal vermählt und zwar:

1. mit Johanna Claudia, Gräfin von Königseck († 1664),
2. mit Eleonora Sophia, Markgräfin von Baden († 1668),
3. mit Isabella Clara Eugenia de Montaut de la Serre, gen. du Pugop aus dem Stamm der St. Alban († 1714), die der Kaiser (nebst event. Kindern) mittelst Diploms d. d. Wien 4. Januar 1686 zur Reichsgräfin erhoben hatte.

Aus erster Ehe[1]) stammte nur ein Sohn: Wilhelm Hyazinth (katholischer Religion), der anno 1708 von der Regierung entsetzt, sich von 1726—1739 in Spanien aufhielt und am 18. Februar 1743 als Letzter legitimer Sprosse seiner Spezialbranche, wie der ganzen Linie zu Siegen, verstarb.

b) Linie Beilstein, dann Dillenburg.

Stifter derselben war Georg (geb. 1562, † 1623) zweiter Sohn Johannes des Aelteren der Hauptlinie Katzenellenbogen. Er erhielt bei der Theilung: außer Beilstein, die Hickendorfer und die Nassauische Hälfte des „Grundes" Selbach und Burbach. Auch erbte er nach dem Tode Wilhelm Ludwigs von Dillenburg 1620 dessen Besitzungen.

---

[1]) Aus dritter Ehe stammten zwar gleichfalls mehrere Söhne, dieselben sollten jedoch, zufolge des Ehekontrakts vom 9. Februar 1669, sich lediglich des adeligen Standes bedienen.

Zuwider dem Kontrakt, bediente sich der jüngste derselben Emanuel Ignaz (geb. 1678, † 1735) stets des Titels: „Prinz von Nassau-Siegen" allerdings unter beständigem Widerspruch sämmtlicher Agnaten des Hauses Nassau. Derselbe hatte sich 1711 mit Charlotte Marquise de Mailly-Nesle vermählt, die sich jedoch bereits 1715 von ihrem Gemahl trennte und 1727 ins Kloster Poissy ging, wo sie 1769 starb.

Ihr 1722 außerehelich geborner Sohn, zuerst ihrem Gatten verheimlicht, dann von ihr für dessen Sohn ausgegeben, ward durch einen Emanzipationsbrief d. d. Paris 9. Juli 1739 zwar als ehelich anerkannt, wogegen das Haus Nassau durch Dokumente bewies, daß die Gatten seit 1716 getrennt gelebt hatten. Trotzdem nun dieser Sohn: Maximilian Wilhelm Adolph 1744 seine Erbansprüche erneuerte, wurde er widerlegt und seine Geburt, laut Sentenz des Reichshofraths d. d. Wien 5. Oktober 1746, für illegitim erklärt. Er nannte sich hierauf „Graf von Sénarpont" nach seiner Gemahlin Maria Madeleine, Gräfin von Mouchy Vater (Nikolaus de M., Marquis de Sénarpont).

Dessen ungeachtet wurde sein Sohn aus letzterer Ehe: Karl Heinrich Nikolaus Otto (geb. 1745) laut französischem Parlamentsbeschluß vom 3. Juni 1756 als legitimer Sproß des Hauses Nassau anerkannt; 1766 französischer Rittmeister, begleitete er Bougainville auf seiner Reise um die Welt (1766—1769) und d'Oraison nach Afrika, zeichnete sich als französischer Oberst, namentlich vor Gibraltar aus und wurde hierfür vom König von Spanien zum Granden I. Klasse und 1782 zum Maréchal de Camp ernannt. Später Vizeadmiral in russischen Diensten, besiegte er die türkische Flotte im Schwarzen Meer, erschien als russischer Gesandter in Wien, Madrid und Versailles, erhielt 1784 das polnische Indigenat, befehligte die russische Flotte gegen die Schweden im Meerbusen von Finnland und verließ dann den russischen Dienst.

Nach dem Frieden von Amiens nach Frankreich zurückgekehrt, starb er zu Paris im Jahre 1804. Aus seiner 1780 geschlossenen Ehe mit Charlotte Godzka, Tochter des Woywoden Bernhard Godzki von Podlachien und in erster Ehe geschiedenen Fürstin Sanguszko sind Kinder nicht hervorgegangen, so daß auch dieser illegitime Sproß glücklicher Weise erloschen ist.

Georgs Sohn: **Ludwig Heinrich** „Graf zu Nassau und Dillenburg, Katzenellenbogen, Vianden und Dietz, Herr zu Beylstein, Kaiserlicher Oberst=Feldwachtmeister und Oberst zu Pferd und zu Fuß," erhielt d. d. Prag 25. November 1652 des hl. Römischen Reiches Fürstenstand (im Diplom ist kein Wappen verliehen). Von seinen Söhnen vermählte sich Adolf (geb. 1629) a. 1653 mit **Elisabeth Charlotte** († 1707), Tochter des berühmten Kaiserlichen Generals Peter Melander (der vom Kaiser zum „Grafen von Holzapfel" erhoben worden war), Erbin der Grafschaft Holzapfel (bestehend aus der unmittelbaren Reichsherrschaft Esterau und der Voigtei Jesselbach) und der Herrschaft Schaumburg, worauf er sich „Graf von Nassau=Schaumburg" nannte. Fürst Adolf starb jedoch bereits 1676 ohne Söhne, so daß, als seine Gattin ihm 1707 im Tode nachfolgte, Holzapfel und Schaumburg an den Sohn ihrer 1672 geborenen, seit 1692 mit Fürst Leberecht von Anhalt=Bernburg=Hoym vermählten, bereits 1700 gestorbenen jüngsten Tochter **Charlotte**: Prinz **Victor Amadeus** fiel.

Der ältere Sohn des Fürsten Ludwig Heinrich: **Georg Ludwig** († 1656), hinterließ nur einen Sohn: **Heinrich** (geb. 1641, † 1701) mit dessen jüngstem, 1739 am 27. August ohne Kinder verstorbenem Sohne **Christian** (reformirter Religion), dem noch die Hälfte der Hadamar'schen Erbschaft nach Erlöschen dieser Linie zugefallen war, die Linie Dillenburg ausstarb.

c) Die Linie Hadamar

gestiftet von **Johann Ludwig** (geb. 1590, † 1653), der zur katholischen Religion zurücktrat und, nachdem er bereits d. d. 17. Dezember 1639 als Kaiserlicher Reichshofrath und Kämmerer den Titel: „Hoch= und Wohlgeboren" erlangt hatte, als Kaiserlicher Geheimer Rath und Ritter des goldenen Vließes, d. d. Ebersdorf 8. Oktober 1650 den Fürstenstand des heiligen Römischen Reiches als „Fürst zu Nassau und Hadamar, Graf zu Katzenellen= bogen, Vianden und Dietz, Herr zu Beilstein" erhielt. (Ein Wappen ist im Diplom nicht verliehen.) Er verkaufte 1643 L(a)urenburg an Graf Holzapfel. Sein Sohn **Moritz Heinrich** († 1679) erhielt mit Siegen eine gemeinschaftliche Stimme im Reichsfürstenrath. Von dessen Söhnen überlebte ihn nur einer: **Franz Alexander** (geb. 1674), der, da sein einziger Sohn bereits 1708 als Kind verstorben, bei seinem am 28. Mai 1711 er= folgten Tode, die Linie Hadamar beschloß. Seine Lande theilten die über= lebenden Linien Dietz, Dillenburg und Siegen.

d) Linie Dietz.

Des Stifters **Ernst Casimir** (geb. 1573, † 1632) jüngerer Sohn: **Wilhelm Friedrich** (geb. 1613, † 1664), gleich seinem Vater Statthalter zu Friesland, wurde als „Fürst zu Nassau, Graf zu Katzenellenbogen, Vianden, Dietz und Spiegelberg, Herr auf Beylstein, Freiherr zu Ließfeld" d. d. Prag 25. November 1652, nebst seiner gesammten Descendenz, in des heiligen Römischen Reiches Fürstenstand erhoben und erhielt 1654, mit Dillenburg gemeinsam, eine Stimme im Reichsfürstenrath. Sein Sohn Heinrich Casimir II., seit 1672 zum Erbstatthalter in Friesland ernannt, starb 1696. Dessen Sohn: Wilhelm Friso, durch das Testament Königs Wilhelm III. von England, Prinzen von Oranien, zum Erben der Oranischen Besitzungen eingesetzt, nannte sich seit 1702: „Prinz von Oranien" und dessen Sohn: Wilhelm IV. Friso († 1751). Statthalter und Generalkapitän der Provinzen Gröningen und Omeland (seit 1718) von Drenthe, Geldern und Zütphen (seit 1722), erbte 1734 Siegen, 1739 Dillenburg und Hadamar, wurde 1747 zuerst von Seeland, dann von den übrigen niederländischen Provinzen zum Statthalter, Admiral und Generalkapitän, am 17. November 1748 aber zum Erbstatthalter der vereinigten Niederlande, mit Nachfolge selbst für die weibliche Descendenz erklärt, worauf er d. d. Wien 3. Juli 1750 vom Kaiser den Titel: „Durchlauchtig Hochgeboren" für sich und, nach dem Rechte der Erstgeburt, für den in der Regierung succedirenden Nachfolger erhielt.

Dessen Sohn: Wilhelm V. genannt Batavus (auch „Graf von Büren") succedirte unter Vormundschaft seiner Mutter 1751, dann unter der des Prinzen Ludwig, bezw. Carl von Braunschweig-Wolffenbüttel 1766. Nachdem 1795 Holland von den Franzosen occupirt war, entsagte er 1802 der Erbstatthalterschaft und erhielt hierfür als Ersatz: Fulda, Corvey, Dortmund, Weingarten und Hagenau, welche Länder er 1802 am 29. August an seinen Sohn Wilhelm I. (geb. 1772) abtrat und 1806 starb.

Wilhelm I., seit 1803 (s. oben Fulda) „regierender Fürst zu Fulda und Corvey, Graf zu Dortmund, Herr zu Weingarten", succedirte 1806 dem Vater auch in Dietz und Dillenburg, verlor aber noch im selben Jahre alle seine Länder[1]) an Napoleon und wurde erst nach dessen

---

[1]) Die Aemter Burbach und Neunkirchen (zu Dillenburg gehörig), der Antheil an der Grafschaft Dietz, ferner Antheile an Kirberg, Nassau und Vogtei Ems: Kamberg, Mensfelden, Wehrheim und die Fürstenthümer Siegen, Dillenburg und Hadamar. Von diesen erhielt Nassau-Oranien bereits durch den Restitutionsvertrag vom 24. November 1813 (bestätigt und erweitert 14. Juli 1814) die ersteren drei zurück und vereinigte sie mit den letztgenannten, bis dahin zum Großherzogthum Berg gehörig gewesenen Fürstenthümern, die es zurückerhalten hatte. Das Amt Kirberg, einen Theil des Amts Kamberg und das Dorf Mensfelden erhielt Oranien, den übrigen Theil von Kamberg, Wehrheim und Nassau die Herzogliche Linie ganz. Hierauf trat, laut Staatsvertrag vom 31. Mai 1815, das Haus Oranien (der König der Niederlande) gegen die Preußen gehörige „Lymers" und das rechte Maaßufer seine Erblande: Dietz, Dillenburg, Hadamar und Siegen ꝛc.

Vertreibung in seinen deutschen Erblanden restituirt und 1813 am 6. Dezember zum „erblichen und souverainen Fürsten von Holland" erklärt. Seit 1814 General-Gouverneur von Belgien, nimmt er, nachdem durch die Wiener Kongreßakte die Vereinigung Belgiens mit Holland beschlossen, 1815 am 16. März den Titel „König der Niederlande" an und erhält das Großherzogthum Luxemburg als deutschen Bundesstaat (bis 1866) und mit Nachfolge für das herzogliche Haus Nassau. Mit seinem Enkel, dem König Wilhelm III. der Niederlande, erlosch 1890 am 25. November auch das Haus Dietz und mit ihm die ganze Ottonische Hauptlinie des Hauses Nassau in männlichem Stamme. Luxemburg ist seitdem auf den Walramsstamm (s. oben) übergegangen.

Wappen.

Das Wappen und der Titel des „Fürstenthums" Nassau repräsentirt im großen Königlich Preußischen Wappen und Titel (als pars pro toto) die sämmtlichen ehemals Herzoglich Nassauischen Landestheile (104 Quadratmeilen = 5700 Quadratkilometer), die in Folge der Kriegsereignisse des Jahres 1866, laut Gesetz vom 20. September ejd. (Gesetz-Samml. 1866, S. 555) und Besitzergreifungspatent vom 3. Oktober 1866 (Gesetz-Samml. 1866 S. 597) mit der Preußischen Monarchie verbunden und laut Allerhöchsten Erlaß vom 7. Dezember 1868 (Gesetz-Samml. 1868 S. 1056) mit dem Gebiete des vormaligen Kurfürstenthums Hessen zur Provinz „Hessen-Nassau" (s. oben bei Hessen) vereinigt wurden, nachdem der Herzog (Ende September 1867) durch Vertrag seinen Anrechten entsagt hatte.

Laut Allerhöchster Kabinetsordre vom 16. August 1873 wurde im Königlichen Preußischen Wappen und Titel dem „Fürstenthum Nassau" der Rang hinter dem Fürstenthum Fulda gegeben; Ersteres vertritt nun-

---

ab, wovon Preußen indeß nur Siegen und von Dillenburg den „freien" und „Hickengrund" (Burbach, Neunkirchen) behielt, Dietz, Dillenburg (mit Haiger, Driedorf, Herborn) und Hadamar (mit Ellar, Mengerskirchen 2c.) nebst dem rechtsrheinischen Theil der Niedergraffschaft Katzenellenbogen an das Herzogthum Nassau — gegen dessen Verzichtleistung auf Ehrenbreitstein, Amt Hammerstein (mit Irlich und Engers), Linz, Vallendar, die Grafschaft Sayn-Altenkirchen, einen kleinen Theil von Hachenburg (Schöneberg [Kirchspiel Hamm]) und gewisse Oberhoheiten — abtrat.

mehr gleichzeitig diejenigen Nassau=Oranischen Erblande (souverainen Besitzungen), die schon laut Artikel 5 und 6 des Staatsvertrages vom 31. Mai 1815 (Gesetz=Samml. 1818 Anh. S. 26 und 31) zwischen den Niederlanden und Preußen, an Letzteres abgetreten und durch das Besitz= ergreifungspatent vom 21. Juni 1815 (Gesetz=Samml. 1818 S. 126) als „Fürstenthum Siegen" mit der Monarchie vereinigt und dem Großherzog= thum Niederrhein zuertheilt worden waren. Dies Fürstenthum Siegen (s. Abth. II d. W.) war bereits im Königlichen Wappen de 1817, nicht jedoch im Titel vertreten gewesen.

Fürstenthum Mörs.

42. „Wegen des Fürstenthums Mörs. Im goldenen Felde ein schwarzer Querbalken."
Auf dem gekrönten Helme, mit schwarzgoldenen Decken, ein rothgezungter goldener Rüdenrumpf mit schwarzem Halsring.[1])

❋

Die Herrschaft Mörtz (so!) nebst der dazu gehörigen Herrschaft Krakow (Crefeld) bildete schon im 13. Jahrhundert die Apanage einer jüngeren Linie der Grafen von Vianden, die sie seit 1287 als Clevisches Lehen besaßen. Zuerst erscheint als Herr derselben: Dietrich I. (1226—1262). Dessen Urenkel: Dietrich IV. (1356—1372) brachte durch Vermählung mit Elisabeth von Zuylen die Herrschaft Baër (in Geldern, nordöstlich von Arnheim) an sich, ferner sein Sohn: Friedrich III. (1372—1417), der sich seit 1397 des Grafentitels bediente, durch seine Verbinduug mit Walburg, Gräfin von Saarwerden, 1408 letztere Grafschaft.

---

[1]) Schon der Halsring, auf älteren Siegeln, ein wirkliches Rüdenhalsband, wie auch der Codex Grünenberg Tafel 78 (hier der Rüde schwarz mit gelbem Halsband) zeigt, daß nicht ein Wolfs-Rumpf das Kleinod bildet, sondern der eines Hundes (Rüden), ähnlich wie bei Jülich (s. d.), denn der Wolf kommt in der Heraldik meines Wissens nur einmal mit Halsband vor, nämlich im Wappen der Pommerschen von Borcke, wo dies und die Krone der Wölfe eine ganz bestimmte heraldische Bedeutung haben.

Während Saarwerden das Erbe des jüngeren Sohnes Friedrichs III.: Johann I. wurde und nach Erlöschen von dessen Stamm an Lothringen, später an Nassau kam, gedieh Mörs, nachdem die Nachkommenschaft des älteren Sohnes Friedrichs III.: Friedrich IV. im Jahre 1501 mit seinem Urenkel Bernhard erloschen war, an dessen Schwester Margarethe, vermählt 1488 an Wilhelm III., Grafen von Wied-Isenburg († 1519), dem sie Vincenz, ihr Großvater († 1499) zwar bereits 1493 geschenkt, diese Schenkung aber 1498 widerrufen hatte.

Beider Tochter: Anna, Erbin von Mörs (seit 1519) vermählte sich an Wilhelm, Grafen von Neuenahr (Nuenar), dessen Sohn Hermann 1578, 4. Dezember seine Linie im Mannesstamm beschloß, worauf, laut Vergleich mit dem Herzog von Cleve vom Jahre 1579, Mörs Hermanns Schwester Walburg, verwittweten Gräfin von Horn[1]), in zweiter Ehe vermählt mit ihrem „Vetter": Grafen Adolf von Neuenahr († 1589) zufiel. Walburg starb erst im Jahre 1600, worauf, zufolge ihrer testamentarischen — dem Vergleiche von 1579 allerdings zuwiderlaufenden — Verfügung, die Grafschaft Mörs an Wilhelms I., Fürsten von Oranien Sohn: Philipp Wilhelm, Fürsten von Oranien fiel. Dieser starb 1618 kinderlos und ihn beerbte sein Bruder: Moritz, Fürst von Oranien. Dieser vertrieb die Clevische Besatzung und da auch er kinderlos, ging Mörs (1625) auf seinen bereits oben bei Oranien (s. d.) genannten III. Bruder, den Fürsten Heinrich Friedrich von Oranien über. Nach dessen Tode (1647) fiel Mörs an seinen Sohn Wilhelm II. († 1650), dann an dessen Sohn Wilhelm III., König von England. Als dieser 1702 am 9. März starb, machte Mörs einen Theil der Oranischen Erbschaft aus.

König Friedrich I. von Preußen ergriff sofort Besitz von der Grafschaft und erlangte d. d. Wien 6. (nicht 7.) April 1707 vom Kaiser Joseph I., unter Erhebung der Grafschaft Meurs (so!) zu einem unmittelbaren Fürstenthum des hl. Römischen Reiches, die „Einsetzung in deren Nutzgenuß, nebst den diesem Besitze anklebenden Befugnissen".

Trotzdem bedienten sich die Fürsten von Nassau-Dietz als Prätendenten auf die Oranische Erbschaft[2]) auch noch ferner des Titels und Wappens von Moerß und erst in dem definitiven Oranischen Erbschaftsvergleich vom 6. Juni 1732 wurde festgesetzt, daß die Fürsten von Nassau sich fernerhin des Titels und Wappens von Mörs und Lingen (s. d.) enthalten sollten, wogegen der König von Preußen versprach, fortan Titel und

---

[1]) Ihr Gatte war jener unglückliche Philipp von Montmorency, Graf von Horn, der 1516, zusammen mit Graf Egmond enthauptet wurde.

[2]) 1702 hatte Fürst Walrad von Nassau-Saarbrücken gegen die Preußische Besitzergreifung von Mörs protestirt, mit der Begründung, es habe dies stets zu Saarbrücken gehört, sei daher zweifelloses Eigenthum seines Hauses.

Wappen eines „Marquis zur Vehre und Vließingen" (s. d. im
II. Theil d. W.) nicht mehr zu führen.

Durch den Frieden von Lüneville 1801 9. Februar trat Preußen
Mörs an Frankreich ab, das es zum Theil an den Großherzog von
Berg überließ.

Nach Napoleons Sturz und der Auflösung des Großherzogthums
kam Mörs durch den Pariser Frieden vom 30. Mai 1814 und die
Wiener Kongreßakte vom 31. Mai 1815 an Preußen zurück, das es laut
Patent vom 5. April 1815 (Gesetz-Samml. 1815 S. 21) in Besitz nahm
und laut Verfügung vom 30. April ejd. (Gesetz-Samml. 1815 E. 2 Nr. 2
S. 97) dem Regierungs-Bezirk Cleve, später Provinz Jülich-Cleve-Berg,
der heutigen Rheinprovinz zuertheilte; es hat einen Flächeninhalt von 6 Quadratmeilen (330 Quadratkilometer).

Wappen.

Das Wappen, der Balken, erscheint schon auf einem Siegel des (Grafen?)
Friedrich II. von Mörs de 1353 und im Kodex Grünenberg Taf. 78;
hier führt der „Graf von Mörß und Saarwerden" im Feld I und IV
den schwarzen Balken in Gold und auf dem I. Helme den Rüdenkopf mit
Rüdenhalsband, Ersterer hier aber schwarz, das Halsband gelb!

Im Nassauischen Wappen kommt Mörs bereits auf Siegeln
Philipps IV. Grafen zu Nassau-Weilburg († 1602) und dessen Bruders-
sohnes Ludwig II. Grafen zu Nassau († 1625) und, ungeachtet der Zu-
sage von 1732, noch im Wappen der Fürsten zu Nassau-Usingen
(† 1803) und Saarbrücken-Ottweiler, nicht dagegen im Nassau-Saar-
brückenschen, und nur als Helmkleinod (der Hundekopf gekrönt!) im Wappen
der 1753 erloschenen Fürsten von Nassau-Weilburg vor.

Im Königlich Preußischen Wappen[1]) und zwar im Range hinter Lingen
erscheint das Wappen von Mörs zuerst laut Erlaß d. d. Königsberg
20. Februar 1701 und zwar unter dem bisherigen Wappen in einer neu
eingeschobenen Querreihe, zusammen mit Lingen und dem Bürenschen
Zinnenbalken über den Regalien, die den Schildfuß einnehmen.

Seit 1708 findet sich das Wappen von Mörs in der vierten Querreihe, im Range hinter Ratzeburg, im großen Königlichen Wappen ein-

---

[1]) Im Wappen der fränkischen Linien kommt Mörs erst seit 1763 unter dem
letzten Fürsten beider Häuser (Culmbach und Onolzbach), im Range hinter Ratzeburg, vor.

geschoben, wie auch im Titel und bleibt an diesem Platze auch im Wappen und Titel de 1732.

1804 ist Mörs aus Wappen und Titel verschwunden, 1817 in die alte Rangfolge wieder eingesetzt, 1864 dort verblieben und laut Allerhöchster Kabinetsordre vom 16. August 1873 hinter Nassau einrangirt worden.

Uebrigens hatte der Balken von Mörs (ebenso wie im Wappen der obengenannten Grafen von Nassau) als „Anspruchswappen" schon nach der 1600 erfolgten Erbschaft der Grafschaft seitens des Fürsten Heinrich Friedrich von Oranien, auch im Wappen von Kurbrandenburg Aufnahme gefunden (hier natürlich wegen der Ansprüche von Jülich=Cleve=Berg auf Mörs als erledigtes Lehen!) wenigstens kann der Balken im letzten äußerst=linken Felde der untersten Wappenreihe, wie er auf Thalern von 1608, 1611, 1615 und auf dem Reitersiegel des Kurfürsten Johann Sigismund erscheint, durchaus nichts anderes bedeuten. Ein Siegel von 1616 zeigt den Balken indeß nicht mehr.

Gefürstete Grafschaft Henneberg.

43. „Wegen der gefürsteten Grafschaft Henneberg. Im goldenen Felde auf grünem Hügel eine schwarze Henne mit rothem Kamme und Lappen und mit goldenen Klauen."[1]

Auf dem gekrönten Helme, mit rothsilbernen (!) Decken, der Rumpf einer rothgekleideten Jungfrau mit blondem (goldenem) Zopf, das Haupt gekrönt mit goldener Krone, aus der ein rother Spitzhut, oben mit goldener Krone, auf der drei Pfaufedern stehen, hervorgeht.

Die Grafschaft Henneberg erscheint bereits im 11. Jahrhundert unter eigenen Herren, von denen der erste, der bekannt ist, Poppo I. († 1078) war, der sich zuerst nach dem durch ihn erbauten Schlosse Henneberg nannte. Seines Ururenkels Poppo's VII. (1190—1245) Gemahlin: Jutta von

---

[1] Dies Wappen — den Schild — führte auf Siegeln zuerst der obengenannte Graf Poppo VII. 1237. Vorher, z. B. auf Siegeln de 1185, 1186, 1202, erscheint stets ein heraldischer Adler, ohne Schild, sehr wahrscheinlich als Zeichen der dem Hennebergischen Hause zukommenden Würde als Kaiserliche Burggrafen zu Würzburg (seit 1078). Diesen Adler führte Graf Poppo seit 1219 zweiköpfig, wachsend aus Schach, ebenso sein Bruder Otto von Botenlauben 1231.

Thüringen, brachte diesem Schmalkalden (s. d.) zu, das (nachdem die ältere Linie zu Coburg, gestiftet von seinem älteren Sohne Hermann I., mit dessen Sohne Poppo VIII. 1291 erloschen war) durch Jutta, dessen Schwester, an deren Gemahl Otto von Brandenburg kam, jedoch, nebst Coburg, von dessen Enkel dem Markgrafen Johann im Jahre 1312 an Berthold VII., den Enkel des Stifters der jüngeren Linie zu Schleusingen (Heinrich III.) zurückverkauft ward.

Gedachter Berthold, seit 1310 25. Juli gefürsteter Graf, hatte zwei Söhne.

Von diesen vererbte Heinrich VIII., der Coburg und Schmalkalden erhielt, das Letztere auf seine zweite Tochter Sophie, vermählt an Albrecht, Burggrafen von Nürnberg.

Bertholds jüngerer Sohn: Johann I. erbte Henneberg und Schleusingen und kaufte die eine Hälfte von Schmalkalden, während die andere (s. d.) zugleich an Hessen verkauft ward.

Johanns I. Nachkomme im fünften Grade: Wilhelm V., schloß Schulden halber 1554 eine Erbverbrüderung mit Hessen und Sachsen. Letzterem wurde die gefürstete Grafschaft auf $^5/_{12}$ durch den Kaiser 1572 am 5. Dezember bestätigt, so daß, nachdem Wilhelms V. Sohn Georg Ernst 1583 am 27. Dezember als Letzter des Geschlechts verstorben war, Kurfürst August I. von Sachsen († 1586) den Besitz von Henneberg antrat.

Indeß erhob die Ernestinische Linie ebenfalls Ansprüche auf Henneberg.

Nach langen Streitigkeiten wurde 1660 am 9. August durch Vertrag die gefürstete Grafschaft getheilt, nachdem, zufolge eines Vertrags von 1521, die Aemter Schmalkalden, Hallenberg, Herrenbreitungen, Barchfeld und Brotterode bereits 1619 an Hessen abgetreten worden waren. Bei der Theilung erhielt die Linie Sachsen=Zeitz: Benshausen, Kühnsdorf, Schleusingen, Suhl ꝛc. die sich beim Erlöschen dieser Linie 1718 auf die Kurlinie vererbten.

Dieser Antheil von Henneberg wurde vom König von Sachsen durch Artikel 4 des Staatsvertrages vom 18. Mai 1815 (Gesetz=Samml. 1815 S. 59) an Preußen abgetreten und von Diesem, laut Patent vom 22. Mai 1815 (Gesetz=Samml. 1815 S. 79) in Besitz genommen. Der Flächeninhalt beträgt etwa 12½ Quadratmeilen = 700 Quadratkilometer.

Wappen.

Laut Allerhöchster Kabinetsordre vom 9. Januar 1817 wurde der Titel von Henneberg in den Königlich Preußischen großen Titel hinter Hohenzollern, das Wappen im Range hinter Eichsfeld in das große Staatswappen einrangirt. Laut Allerhöchster Kabinetsordre vom 11. Januar 1864 kam das Wappen hinter Siegen, der Titel hinter Hohenzollern und laut Allerhöchster Kabinetsordre vom 16. August 1873 beides im Titel und im Wappen hinter Mörs.

Das Wappen von Henneberg wird außer von Preußen noch heutigen Tages mit vollem Recht auch im Wappen der Herzoglichen Häuser der Sachsen-Ernestinischen Linie, die 1660 die andere Hälfte der Gefürsteten Grafschaft erhalten hatten, geführt. Der Schild ist ganz derselbe, das Helmkleinod jedoch weicht etwas von der hier gegebenen Darstellung ab; u. A. ist das Kleid der Jungfrau gelb und belegt auf der Brust mit der Henne dargestellt.

Grafschaft Glatz.

44. „Wegen der zum souverainen Herzogthum Schlesien gehörigen Grafschaft Glatz. Im rothen Felde zwei goldene gebogene Schräglinksbalken."
Auf dem gekrönten Helme, mit rothgoldenen Decken, zwei wie der Schild gezeichnete und tingirte Flügel.

Glatz, eine ursprünglich Böhmische Herrschaft, gehörte zu denjenigen Landestheilen, die, als Wladislav II., Herzog von Polen, 1163 die väterlichen Güter theilte, mit Mittelschlesien und Breslau zusammen an Boleslaw I. gedieh.

Nachdem dessen Nachfolger Glatz mehrfach, so an das Königreich Böhmen, dann an die Herren von Berka, dann an die von Wartenberg verlehnt hatten, fiel es unter König Ottokar (1198—1230) als erledigtes Lehen an Böhmen zurück.

1278 verlieh König Wenzel II. Glatz von Neuem an Heinrich IV., Herzog von Breslau (seit 1266). Nachdem dieser 1290 am 23. Juni kinderlos gestorben, erbte die Grafschaft Bolko I., Herzog von Schweidnitz (s. Schlesien).

Dessen Sohn Boleslaw II., Herzog von Münsterberg, verkaufte 1322 Glatz an König Johann von Böhmen, der es 1331 an Herzog Heinrich VI. von Breslau verlehnte. Doch starb auch dieser 1335 am 24. November kinderlos, nachdem er bereits 1327 Breslau an Böhmen verkauft hatte; Glatz fiel somit wiederum an Böhmen und wurde bald darauf an die Herren von Leuchtenberg verpfändet.

Im Jahre 1454 wurde, mit Bewilligung des Königs Ladislaus, Glatz von Wilhelm von Leuchtenberg durch Georg von Kunstadt, Herr von Podiebrad 1439—1453 und 1457—1458 Regent und seit 2. März (gekrönt 7. Mai) 1458 bis zu seinem Tode 1471 am 22. März König von Böhmen, eingelöst und vereinigt mit Troppau, Leobschütz und Münsterberg.

Georg hinterließ drei Söhne:

Heinrich I., der Aeltere, Herzog zu Münsterberg und Frankenstein;
Heinrich II., der Mittlere († 1498 11. Juli ohne Kinder);
Victorin,

welche von Kaiser Friedrich III. am 7. Dezember 1462 in des hl. Röm. Reiches Fürstenstand erhoben wurden.

Die väterlichen Güter wurden 1462 so getheilt, daß Victorin, der schon 1439 5. August Fürst war, 1465 16. Dezember das Herzogthum Troppau erhielt, das er jedoch an König Matthias verlor; sein einziger Sohn Bartholomäus starb 1515 unvermählt (ertrank 3. April in der Donau).

Heinrich I. erhielt 1462 Glatz (diese bisherige Herrschaft wurde zugleich im obigen Reichsfürstendiplom zur Grafschaft erhoben), Münsterberg und Oels. Auch er verlor seine Länder, erhielt sie indeß 1490 zurück, tauschte 1495 Oels (gegen Troppau?) ein und starb 1498 24. Juni.

Zwei seiner Söhne, Georg zu Oels und Albrecht zu Glatz, starben bezw. 1502 und 1511 ohne Hinterlassung von Erben, so daß der dritte, Karl I., alle Besitzungen seines Vaters wieder vereinte und hierzu auch 1517 noch Wohlau kaufte. Er starb 1336.

Karl's Schwester: Sidonia (Zedena) war vermählt an Ulrich, Grafen von Hardegg. Dieser kaufte im Jahre 1500 von seinem Schwager Glatz und erhielt, unter Erneuerung der Erhebung zu einem Grafen von Glatz, d. d. Augsburg 1503 12. November vom Römischen König Max die Erlaubniß, das Wappen dieser Grafschaft fortzuführen; er starb ohne Nachkommen und Glatz vererbte auf seinen Bruderssohn Christoph, der 1537 dasselbe an Kaiser Ferdinand I. verkaufte, jedoch das Wappen beibehielt.

Später im Pfandbesitz von Johann von Pernstein, dann in dem der Bischöfe von Salzburg, löste die Krone Böhmen Glatz 1567 (erl. schon 1561) ein und vereinigte es mit den Böhmischen Erblanden.

Hierbei ist die Grafschaft geblieben, bis sie durch den Breslauer bezw. Berliner Frieden vom 11. Juni und 26. Juli 1742, bestätigt durch den Frieden von Dresden 1745 und von Hubertusburg 1763, mit völliger Souverainetät und Independenz von der Krone Böhmen, an Preußen abgetreten wurde. Glatz hat einen Flächeninhalt von $29^{1}/_{2}$ Quadratmeilen = 1630 Quadratkilometer.

Wappen.

Das Wappen von Glatz fast in seiner heutigen Gestalt, der Schild jedoch nur 3mal — 4fach — bogenweis schrägrechts getheilt, erscheint bereits in den Siegeln des Herzogs Victorin von Troppau de 1469 und in dem seines Bruders des Herzogs Heinrichs I. (Hinko) von Münsterberg de 1467 und zwar bei beiden im II. und III. Felde des gevierten, mit Herzschild (Stammwappen Kunstadt-Podiebrad) versehenen im I. und IV. Felde den Münsterbergischen Adler zeigenden Wappenschilde. Später, nach Annahme auch des Niederschlesischen Adlers und Briegschen Schachs, blieb Glatz im III. Felde bis ca. 1500. Die Grafen von Hardegg führen das Wappen von Glatz in dem ihrigen noch heutigen Tags.

Im Königlich Preußischen Titel bereits seit 1817 vertreten, hat Glatz im großen Königlichen Wappen erst laut Allerhöchster Kabinetsordre vom 16. August 1873 eine Stelle, im Range hinter Henneberg, gefunden.

Dagegen kommt es, merkwürdig genug, schon 1764 im Wappen des letzten Grafen von Brandenburg Culmbach (Friedrich Christian) (im Range hinter Mörs) vor.

Grafschaften Mark und Ravensberg.

45. „Wegen der Grafschaften Mark und Ravensberg. In die Länge getheilt: im ersten goldenen Felde ein von Roth und Silber in drei Reihen geschachter Querbalken (Mark), im zweiten silbernen Felde drei rothe Sparren (Ravensberg)."²)

Auf dem Helme eine Krone, deren Blätter golden, der Kronenreif von Roth und Silber in drei Reihen geschacht ist und aus der zwei goldene Flügel¹) hervorgehen. Decken: rothsilbern.

Auf dem ungekrönten Helme, mit rothsilbernen Decken, eine oben mit goldener Kugel versehene silberne Spitzsäule, besteckt beiderseits mit drei gebogenen vierblättrigen grünen Lindenzweigen.

Die Grafschaft Mark, ursprünglich nur eine Herrschaft, gehörte zu den Besitzungen der alten Grafen von Arnsberg und von Ri(e)tberg, die bereits vor dem Jahre 1000 vorkommen. Hermanns I. (978—997) Sohn: Bernhard I. (1013—1023)

Die Grafschaft Ravensberg gehörte bereits im Anfange des 12. Jahrhunderts eigenen Herren, von denen zuerst 1105 Hermann II., unter dem Namen eines Grafen von Calvelle, Kalberlage oder Kalvelage, aus der Gegend zwischen Melle

---

¹) Dies Wappen ist das eigentliche Stammwappen der Edlen von der Mark. Grünenberg in seinem Wappencodex de 1482 giebt es wie oben, doch beginnt — was unwesentlich — der Balken mit silber-

²) Schon auf den ältesten Siegeln der Grafen von Ravensberg de 1217 und 1240 findet sich die Sparrentheilung, bald in gleicher, öfter in ungleicher Theilungs-Anzahl. Das Kleinod erscheint be-

hatte eine Tochter Ida, die sich mit Heinrich von Laufen vermählte. Deren Tochter Adelheid, verheirathete sich mit Adolf II. Grafen von Berg, dem sie die Grafschaft Mark (West-Westfalen) zubrachte.

Dessen Enkel Adolf IV. erbaute 1152 Schloß Altena, das er seinem jüngeren Sohne Eberhard (1160—1180) übergab. Der zweite Sohn desselben: Friedrich erbaute nach 1197 das Schloß Mark in der von ihm ererbten Grafschaft und sein Sohn Adolf I. (V.) (1199—1249) begann sich zuerst „Graf von der Mark" zu nennen.

Er ist der direkte Ahnherr vierten Grades jenes Grafen Adolf II. dessen oben als Gemahls der Erbgräfin Margaretha von Cleve (s. d.) bereits genügend Erwähnung geschehen ist.

Sicher ist wohl, daß nachdem sowohl die Altenaische Rose, wie der zugleich mit dieser abwechselnd von seinen Vorfahren geführte Löwe, als Wappenbilder außer Gebrauch gekommen waren, das Geschlecht sich fortan allein des Schachbalkens bediente, der übrigens schon 1254 auf dem Siegel des Grafen Engelbert I. (Sohnes Adolfs I.) erscheint, während sein gleichzeitiges Sekretsiegel die Rose trägt!

Wie die Grafschaft Mark durch Vererbung von Cleve weiter gelangte und einen Theil der bekannten Erbschaft des Hauses Jülich-Cleve-Berg bildete, ist bereits oben a. a. O. gesagt.

und Gesmold im Osnabrückschen stammend, vorkommt.

Erst dessen Enkel: Otto I. (1138 bis 1170) schreibt sich „Graf von Ravensberg" Nachdem das Geschlecht dieser Grafen 1346 am 10. August mit Bernhard, seinem Ururenkel im Mannesstamme erloschen war, erbte Ravensberg dessen Brudestochter Margaretha († 1361) und brachte die Grafschaft ihrem Gatten Gerhard Grafen von Jülich (1346—1361) zu.

Mit Jülich und Berg zusammen kam Ravensberg an Cleve und ist die weitere Vererbung bereits dort a. a. O. des Näheren auseinandergesetzt.

1609 von Kurbrandenburg in Besitz genommen (bestätigt 1614 10. Mai durch den Xantener Vertrag und 1666 19. September durch endgültigen Theilungsvertrag) wurde Ravensberg durch den Tilsiter Frieden vom 9. Juli 1807 an Frankreich abgetreten, dem am 7. Oktober 1807 gegründeten Königreich Westphalen (s. d.) zugetheilt, durch Dekret Jérômes vom 24. Dezember 1807 ein Theil des Departements der Weser, doch bereits durch französischen Senatskonsult vom 13. Oktober 1810 theilweise mit Frankreich vereinigt.

Nach Napoleons Sturz und West-

---

nem Platz. Auf dem einfach gekrönten Helm zwei goldene Adlerflügel mit dem Schachbalken des Schildes — hier rothsilbern belegt.

reits auf dem Rücksiegel des Reitersiegels des Otto von Ravensberg vom Jahre 1324, in Gestalt von vier, zwischen zwei Pfauenwedeln stehenden Stäben mit bezw. abwechselnd sechs und sieben Lindenblättchen besteckt.

1609 von Kurbrandenburg in Besitz genommen (bestätigt 1614 10. Mai durch den Vertrag von Xanten und 1666 19. September durch endgültigen Theilungsvertrag) wurde Mark durch den Tilsiter Frieden 9. Juli 1807 Artikel 7 (Gesetz-Samml. 1807 S. 156) laut Proklamation vom 24. Juli ejd. (Gesetz-Samml. 1807 S. 167) an Frankreich abgetreten, durch den Traktat vom 1. März 1808 dem Großherzogthum Berg (s. d.) nnd laut Dekret vom 14. November ejd. dessen Departement der Ruhr zuertheilt.

Nach Bergs Auflösung kam Mark, in Verfolg des Pariser Friedens vom 30. Mai 1814 und der Wiener Kongreßakte vom 31. Mai 1815 an Preußen zurück und wurde, laut Besitzergreifungspatent vom 21. Juni 1815 (Gesetz-Samml. 1815 S. 195) mit der Monarchie wieder vereinigt; die Grafschaft hat einen Flächeninhalt von 45 Quadratmeilen = 2470 Quadratkilometer.

Im Kurbrandenburgischen Titel erscheint Mark schon 1608, im Range hinter Nürnberg, desgleichen im Wappen auf Thaler vom Jahre 1608, dann 1611 und 1615, in der vorletzten Querreihe, rechts von Ravensberg, das unter dem Crossener Adler steht.

Auch Thaler von 1641 und 1642 zeigen noch Abweichungen in der Stellung; der Letztere hat das Wappen wie oben, der Erstere zeigt Mark in das äußerst rechte Feld der vorletzten Querreihe geschoben. Erst vom Jahre 1643 (Siegel und Thaler bis phalens Auflösung kam Ravensberg in derselben Weise wie die Grafschaft Mark (s. nebenan) an Preußen zurück. Der Flächeninhalt von Ravensberg beträgt $16^{1}/_{2}$ Quadratmeilen = 910 Quadratkilometer.

Die Stellung des Wappens von Ravensberg im Kurbrandenburgischen und Königlich Preußischen Titel und großen Wappen war, mit nur einer einzigen Ausnahme stets die im Range nach der Grafschaft Mark, obwohl der Rangplatz, wie bei dieser, als außerordentlich wechselnd bezeichnet werden muß.

Nach der altheraldischen, im Kurbrandenburg-Preußischen Wappen mit nur einer einzigen Ausnahme (Entwurf von 1817) befolgten Regel ist nämlich die Rangordnung stets von der Mittellinie des Schildes aus zu rechnen.

Bei einer gleichen Anzahl von Feldern, beginnt die Zählung mit dem der Mittellinie zunächst heraldisch rechts stehenden Felde, alsdann folgt das daneben heraldisch links stehende, dann das neben dem Ersteren, alsdann das neben dem Letzteren stehende Feld u. s. f.

Ist dagegen die Felderanzahl in der Querreihe eine ungleiche, so ist das Mittelfeld das erste, dann folgt das rechts, dann das links daranstoßende u. s. f., wie oben gezeigt ist. Demzufolge können zwei Felder räumlich getrennt sein, z. B. Mark als äußerstes linkes der vierten, Ravensberg als erstes der Mitte der fünften Reihe und trotzdem ranglich direkt auf einander folgen.

1649) ist Mark wieder die Stelle unterhalb des Kurzepters, im Range nach Rügen eingeräumt.

Seit der Einverleibung der neuen Landestheile durch den Westphälischen Frieden von 1648, zuerst auf ⅔ Thaler von 1650, finden wir Mark als äußerst rechtes Feld der vorletzten Querreihe des Wappens, im Range hinter Minden.

Im Kurfürstlichen Titel dagegen ist es, zufolge Reskript d. d. Cölln 1660 27. August hinter Cammin zu stellen. Im Wappen indeß bleibt Mark an seiner Stelle, während Cammin in die letzte (unterste) Reihe eingeschoben wird.

So wird es weiter geführt, auch im Königlich Preußischen Wappen, bis 1708, wo Mark (im Titel und Wappen) den Rang hinter Ruppin bekommt und den dritten Platz von rechts der letzten Querreihe erhält.

Die Wappenveränderung vom Jahre 1732 bewahrte Mark zwar seine Rangstellung, wies ihm aber einen anderen Platz an, wobei es auch 1804 blieb.

Schon Siebmachers Wappenbuch I. 3 giebt Mark im Kurbrandenburgischen Wappen den Platz links vom Kurzepter in der II. Reihe, im Range hinter Rügen, was also auch der Reihenfolge im Kurfürstlichen Titel entspricht, wie ihn das Reitersiegel des Kurfürsten Johann Sigismund von 1614 zeigt.

Siegel von 1610, 1614, 1616 dagegen weisen bereits wieder eine andere Ordnung des Schildes auf, nämlich sechs Querreihen, in deren dritter Mark den Rang vor Crossen und nach

Ebenso ist es mit der Zählung der Helme die auch stets mit dem, bezw. denen in der Mitte beginnen und dann nach rechts und links wechselt.

Das oben gezeichnete Helmkleinod ist bereits auch so im Kurbrandenburgischen Wappenbuch de 1687 (Berlin, Königliches Hausarchiv) abgebildet.

Allein es scheint so, als sei dies, sowie das oben in der Anmerkung erwähnte, nur das Helmkleinod einer Linie gewesen, wogegen das einer anderen Linie ein Hut, in mehr oder weniger veränderter Form, war.

Denn, betrachten wir Siebmachers vielfach aus alten Quellen reproduzirtes Wappenbuch, so finden wir zunächst II. 19. (irrig als „Babenberg") auf dem ungekrönten Helme einen silbergestülpten, sonst wie der Schild gezeichneten, oben mit sechs schwarzen Hahnfedern besteckten, bei II. 17. einen rothen, stulplosen, oben mit Kugel, beiderseits mit drei wie der Schild gezeichneten, direkt aus der Helmkrone hervorgehenden Federn besteckten Spitzhut und III. 9. einen unten und rechts mit goldenen Pfaufedern besteckten, oben abgerundeten, mit rothen Kleeblättern bestreuten, silbernen hohen Hut.

Nun findet sich aber im Codex Grünenberg de 1482, auf Tafel 76, zusammen mit lauter Wappen annähernd aus derselben Gegend stammender Geschlechter, u. A. auch dem Wappen der Grafen von der Mark, ein solches bezeichnet mit dem außerordentlich fremdländischen Namen: Graf von Slannany, Herr zu Rumela in Italia"!!

Cleve (das allein die Hälfte der zweiten Querreihe einnimmt) erhalten hat.

Ein Thaler des Kurfürsten Georg Wilhelm von 1623 zeigt, ebenso wie sein Siegel von 1622, eine abermals veränderte Schildeintheilung in fünf Quer- und eben so viel senkrechte Reihen, in deren vierter Querreihe Mark, direkt unter dem Zepterschild, im Range hinter Rügen angebracht ist.

Später (Thaler von 1626, 1629, 1630, 1633, 1640) ist an diese Stelle Hohenzollern gerückt, das nun Mark von Ravensberg, die bisher stets nebeneinander standen, scheidet.

Dahingegen zeigen Thaler mit dem Münzzeichen LM von 1631 und 1638 an dieser Stelle Rügen, links davon Mark, dann Ravensberg und ein dgl. Thaler von 1637 die letzteren beiden verwechselt.

Erst 1817 wurde zwar nicht der Rang, wohl aber der Platz des Wappens der Grafschaft im Königlichen großen Wappen abermals geändert, desgleichen 1864.

1873 fiel Ruppin weg und Mark, mit Ravensberg nunmehr in einen Schild vereint, erhielten die Rangstellung hinter Glatz.

Im Wappen der fränkischen Linien ist Mark erst seit dem Regierungsantritt des Markgrafen Friedrich Christian von Bayreuth (Culmbach; succedirt 1762) im Range hinter Hohenzollern und etwa zur selben Zeit, ebenda im Wappen des Markgrafen Alexander von Ansbach (Onolzbach) vertreten.

Dies Wappen ähnelt, mit dem einzigen Unterschiede, daß die Sparrung hier blauweiß, so außerordentlich dem der Grafen von Ravensberg nach der Darstellung bei Siebmacher II. 19., daß fast mit Gewißheit anzunehmen ist, es soll dies das Ravensbergische sein. Da Grünenberg ziemlich die älteste zuverlässige Quelle für alte Wappen ist, so würde sich hieraus ergeben, daß statt rothsilbern, die Farben blausilbern sein müßten und daß der obenbeschriebene Blätterschaft vielleicht als Abzeichen einer Linie ursprünglich ein Lindenbaum (wie bei den Leiningen) gewesen sei, die andere Linie dagegen den Spitzhut geführt habe, oder, daß der Spitzhut oder die Spitzsäule mit Federn ursprünglich einen Baum vorgestellt hat, oder endlich, daß der ursprüngliche Baum mit der Zeit sich in einen federbesteckten Spitzhut verwandelt hat. Aehnliche Fälle von Veränderungen des Helmkleinods sind nicht selten. Es sollte mich freuen, Spezialforschern hierdurch Anregung zu weiteren Untersuchungen gegeben zu haben.

Im Wappen der fränkischen Linien ist Ravensberg, im Range hinter Mark, erst nach dem Regierungsantritt des letzten Markgrafen Friedrich Christian von Culmbach (1762) bezw. Markgrafen Alexander von Ansbach (Onolzbach) seit ca. 1763 vertreten.

Grafschaft Hohenstein.

46. „Wegen der Grafschaft Hohenstein. Ein von Roth und Silber dreimal in vier Reihen geschachtes[1]) Feld."

Auf dem gekrönten Helme, mit rothsilbernen Decken, ein zwölfendiges Hirschgeweih,[2]) die rechte Stange roth, die linke silbern.

✤

Als erste Herren der Grafschaft Hohenstein oder richtiger: Hohnstein, erscheinen die Herren von Ilfeld, speziell Elger II. von Ilfeld († 1189), der Schloß Hohnstein als Lehen bekam und dessen Sohn Elger III. sehr wahrscheinlich durch seinen jüngeren Sohn: Heinrich I. der Ahnher der Fürsten und Grafen zu Stolberg ist, während der ältere Sohn: Dietrich II. († 1249) das Haus der Grafen von Hohnstein gründete.

Dietrichs II. Enkel: Dietrich III. († 1309) erwarb 1280 die Besitzungen der mit Konrad Grafen von Klettenberg, bezw. 1316 mit Abt Heinrich

---

[1]) Diese Anzahl (12 Felder) ist die gewöhnliche; es kommen indeß auch 16 Felder und mehr vor, z. B. im Wappen der Fürsten Sayn-Wittgenstein-Hohenstein.

[2]) Dies sehr wahrscheinlich entnommen dem Wappen der Grafen v. Klettenberg

von Ilsenburg ausgestorbenen Familie Klettenberg und deffen Sohn Heinrich IV. 1334 die Herrschaft Lohra, deren Herrengeschlecht schon 1234 1. März mit Ludwig von Lohra erloschen war. Deffen Bruder Dietrich V. († 1329) wurde Ahnherr der Linie zu Vierraden, indem 1480 sein Urenkel Johann († 1495) dies und Schwedt erwarb. Johanns Stamm erlosch 1609 5. Mai mit seinem Enkel, dem Johanniterordensmeister Martin Grafen von Hohnstein, worauf Schwedt und Vierraden an Kurbrandenburg zurückfiel. Dagegen war Heinrichs IV. Linie bereits 1593 am 8. Juli erloschen.

Von deren Besitzungen fiel die Grafschaft Lutterberg (die Heinrich VIII., Enkel Heinrichs IV. 1402 als Pfand und deffen Urenkel Ernst IV. 1436 als Lehen erhalten hatte) als erledigtes Lehen an Braunschweig-Grubenhagen zurück und die eigentliche Grafschaft Hohnstein, zufolge Erbverbrüderung mit Stolberg und Schwarzburg vom Jahre 1433, an ersteres Haus, während Lohra-Klettenberg (zufolge einer seitens des Herzogs Heinrich Julius zu Braunschweig, Bischofs von Halberstadt im Jahre 1583 seinem Vater: Herzog Julius gegebenen Anwartschaft) von Braunschweig 1593 occupirt und nach langem Streite erst 1632 als Braunschweig-Wolffenbüttelsches Lehen den Grafen zu Stolberg und zu Schwarzburg eingeräumt wurde. Indeß erlosch diese Linie Braunschweig-Wolffenbüttel bereits 1634 und Lohra mit Klettenberg fielen als erledigte Lehen an Halberstadt (f. d.) zurück und mit diesem an Kurbrandenburg (bestätigt durch den Westphälischen Frieden 1648 24. Oktober).

Der große Kurfürst hatte bereits d. d. Cleve 1647 27. März Lohra und Klettenberg, nebst Stadt Bleicherode, dem Grafen Johann zu Sayn-Wittgenstein-Wittgenstein als Mann-Lehen, zur Belohnung der von ihm als Kurfürstlichen Gesandten in Osnabrück und Münster geleisteten Dienste gegeben; d. d. Regensburg 1653 11. August ertheilte der Kaiser diesem Titel und Wappen der alten Grafen von Hohnstein. Johanns Sohne: Gustav wurde indeß die Grafschaft vom Kurfürsten Friedrich III., gegen eine Entschädigung von 100 000 Thalern, 1699 wieder entzogen, als „Grafschaft Hohenstein" mit Kurbrandenburg vereinigt und 1714 dem Fürstenthum Halberstadt incorporirt. Zufolge des Tilsiter Friedens vom 9. Juli 1807 Titel 7 (Gesetz-Samml. 1807 S. 156), laut Proklamation vom 24. Juli 1807 (Gesetz-Samml. 1807 S. 167), an Frankreich abgetreten, wurde Hohenstein durch ein Dekret Napoleons dem Königreich Westphalen und durch Dekret Jerômes vom 24. Dezember 1807 (mit der eigentlichen, damals Hannöverschen Grafschaft) dem Harzdepartement zuertheilt.

Nach Napoleons Sturz und der Auflösung des Königreichs Westphalen kam die Grafschaft Hohenstein (Lohra und Klettenberg) in Ver-

folg des Pariser Friedens vom 30. Mai 1814 und der Wiener Kongreß=
akte vom 31. Mai 1815, laut Besitzergreifungspatent vom 21. Juni 1815
(Gesetz=Samml. 1815 S. 193) an Preußen zurück und gehört zur Provinz
Sachsen (Regierungsbezirk Erfurt). Hohenstein hat einen flächeninhalt
von 11 Quadratmeilen = 600 Quadratkilometer.

Wappen.

Als Wappen für Lohra, obwohl als dessen Wappen ein Löwe bekannt
war, wurde das Wappen der Grafen von Hohenstein (zugleich mit dem
Hirsch der Grafen von Klettenberg) in das Königlich Preußische Wappen
und den Titel laut Allerhöchster Kabinetsordre d. d. Cölln a./Spree 1704
10. Januar, im Range nach Ravensberg, aufgenommen. Hier ist, trotz
der vielfachen sonstigen Veränderungen des großen Königlichen Wappens und
Titels, Hohenstein bis auf den heutigen Tag geblieben.

Im Wappen der fränkischen Linien war Hohenstein nie vertreten.

Grafschaften Tecklenburg und Lingen.

47. „Wegen der Grafschaften Tecklenburg und Lingen. In die Länge getheilt: im ersten silbernen Felde drei zu zwei und eins gestellte rothe Herzen (Tecklenburg)[1] im zweiten, blauen, Felde ein goldener gesenkter Anker (Lingen)."[2]

Auf dem gekrönten Helme, mit rothsilbernen Decken, ein radschlagender, natürlicher Pfau.[1]

Das älteste Haus der Grafen von Tecklenburg, das bereits 1150 mit Otto I. urkundlich auftritt, erlosch mit dessen Urenkel Otto II. im Jahre 1262.

Die Grafschaft Tecklenburg ging demzufolge über auf seine Tochter Heilwig (alias Mathilde), die sich an Otto II. Grafen von Bentheim

---

[1] Das ursprüngliche Wappenbild der Grafen von Tecklenburg (Tekeneburg) zuerst auf Siegel von 1283 — denn das bei Ledebur und Grote (Stammtafeln) erwähnte des Grafen Otto 1240—1261 dürfte wohl als eigentliches Wappen kaum in Betracht kommen — waren drei wie eben gestellte Seeblätter, d. h. herzförmige, in der Mitte kleeblattförmig ausgeschlagene Blätter, ganz wie bei Engern (s. d.). Dies Wappen,

vermählte, dessen Ururgroßvater Otto VI., aus dem Stamme der Grafen von Holland (Friesland), in Folge der Vermählung mit Sophia von Rheineck, Erbin von Bentheim (Tochter Ottos, aus dem Hause der Grafen von Lützelburg), den Namen Bentheim angenommen hatte und 1157 starb.

Ottos II. Söhne: Otto III. († 1289) und Egbert († 1305) theilten das Haus in zwei Zweige.

Der Ottos III. erlosch mit des Stifters Enkel: Otto V., worauf dessen Schwester Richardis Tecklenburg an ihren Gemahl Günzel Grafen von Schwerin-Wittenburg († 1327), aus dem Hause Hagen (dessen Geschlecht urkundlich bereits 1161 mit Günzel I. † 1185), brachte.

Aus dieser Ehe stammte u. A. ein Sohn: Nicolaus III. (1329—1360) der außer Tecklenburg auch Schwerin und Bruchhausen bei Verden (das er mit seiner Gemahlin Helena Gräfin von Bruchhausen erheirathet hatte und 1338 verkaufte) besaß, ersteres aber, in Folge des für ihn ungünstig ausgefallenen Successionsstreites, 1358 7. Dezember an Mecklenburg abtreten mußte.

Sein Sohn: Otto VI. (1360—1388) vermählte sich mit Eilicke zur Lippe, die ihm Rheda (und wahrscheinlich auch Lingen) zubrachte.

Lingen.

Lingen besaß jedenfalls (als Paragium) bereits Nicolaus VI. (1493—1541), jüngster Sohn Nicolaus' V., Urenkels Ottos VI., nach dessen kinderlosem Tode es an seines Bruders Otto VIII. Sohn Konrad fiel.

Schon damals bestand die Herrschaft aus der oberen und der niederen; zu letzterer gehörten nur die vier Kirchspiele: Ibbenbüren, Brochterbeck, Recke und Mettingen, während der übrige Theil, $6^{1}/_{5}$ Quadratmeilen groß, die obere Herrschaft bildete.

---

die Blätter bald mehr, bald weniger ausgeschlagen, findet sich auf allen Siegeln des zweiten Stammes der Grafen v. T., a. d. H. Holland-Bentheim, wogegen seit dem Erbesantritt des dritten Stammes, a. d. H. Schwerin, die Form der Seeblätter sich bereits fast ganz in Herzen, wie oben, verwandelt vorfindet, was im Laufe der Jahrhunderte zunimmt. Siebmacher II. 19 giebt indeß (1610) ganz deutlich Mummelblätter mit Stielen, den Pfau nur wachsend, mit Rad. Ein Helmkleinod ist erst seit 1349 nachweisbar und zwar zwischen zwei Pfauschweifen drei, je mit zwei Seeblättern bezeichnete Fahnen. Von 1358 kommt ein anderes Kleinod in Gebrauch, nämlich ein wie der Schild gezeichneter Adlerflug, oder dieser silbern, leer, dazwischen aber ein Seeblatt oder auch drei „Seeblätter" pfalweis übereinander. Auch dies Kleinod verschwindet seit etwa 1500 und anstatt seiner tritt der Pfau, wie oben, als Helmzeichen auf

[2]) Ein augenscheinlich erst 1547 erfundenes Wappen, das seitdem zwar stets in Verbindung mit dem von Tecklenburg erscheint, jedoch ein eigenes Helmkleinod niemals besessen hat (s. unten den Text Lingen).

Genannter Konrad ließ sich zum Beitritt für den Schmalkaldischen Bund bewegen, was zur Folge hatte, daß er von Kaiser Karl V. in die Reichsacht erklärt und durch deren Vollzieher Maximilian Grafen von Büren gezwungen wurde, 1547 die Herrschaft Lingen, sowie die vier obengenannten, ursprünglich zur Grafschaft Tecklenburg gehörig gewesenen, Kirchspiele abzutreten.

1548 belehnte Kaiser Karl V. mit Lingen als einer Reichsgrafschaft den Grafen Maximilian von Büren zur Entschädigung für seinen Aufwand an Kriegskosten. Dennoch behielt Graf Konrad von Tecklenburg, der sich bereits vorher: „Graf und Herr zu Tecklenburg, Lingen und Rheda" nannte, nicht allein den Titel davon bei, sondern erfand, um seine Rechte auch bildlich vor Augen zu führen, ein Wappen für Lingen, als welches er, wohl nicht ohne Absicht den Anker[1]) wählte und mit seinem Stammwappen, den Herzen, quadrirte.

Lingen, nun 11 Quadratmeilen = 600 Quadratkilometer groß, vererbte (s. Oranien) durch Maximilians Tochter an den Fürsten Wilhelm von Oranien und von König Wilhelm III. von England auf König Friedrich I. von Preußen, worauf, laut Erlaß d. d. Königsberg 1701 20. Februar, der (vom Hause Oranien niemals geführte) Anker in das Königliche Wappen kam, zuerst im Range vor, dann hinter Mörs. Seit 1708 erscheint derselbe in einem Felde mit Tecklenburg (s. dies unten) vereinigt, im Range hinter Hohenstein.

Mit Tecklenburg (7 Quadratmeilen = 385 Quadratkilometer groß) vereint, theilte Lingen fortan die Schicksale der Jahre 1807, 1810 und 1815, in welchem letzteren Jahre die obere, wie die niedere Grafschaft wieder an Preußen kam und, laut Besitzergreifungspatent vom 21. Juni 1815 (Gesetz-Samml. 1815 S. 195) mit der Monarchie wieder vereinigt wurde. Doch trat der König durch zwei Staatsverträge vom 29. Mai Artikel 1 S. 4 (Gesetz-Samml. 1818 S. 15) und 23. September 1815 (Gesetz-Samml. 1815 S. 14 und 57) einen Theil der oberen, sowie die ganze niedere Grafschaft an das Königreich Hannover ab.

Der Rest, gehörig zur Provinz Westfalen, Regierungsbezirk Münster, ist mit dem 1866 an Preußen zurückgekommenen Theile nicht wieder vereinigt worden, sondern bei der Provinz Hannover verblieben.

---

[1]) Die Ansicht (v. Ledebur a. a. O. S. 116) der Anker, als landläufiges Sinnbild der Hoffnung, sei, weil passend zu den drei Herzen, dem Sinnbild der Liebe, gewählt worden, scheint im Hinblick darauf, daß diese Herzen (was ja damals noch bekannt war) eigentlich Seeblätter vorstellen sollen, nicht recht begründet zu sein. Vielleicht dürfte dem Grafen der Anker mehr als siegesfreudiges Bild des evangelischen Glaubens, den er durch Beitritt zum schmalkaldischen Bunde bekundet und um dessenwillen er den Verlust Lingens zu beklagen hatte, vorgeschwebt haben.

Tecklenburg.

Als der (oben bei Lingen erwähnte) Graf Konrad 1557 am 16. August starb, erbte Tecklenburg zunächst sein Bruder der „Probst" Otto der 1589 als Letzter seines Geschlechts mit Tode abging.

Als Erb=Prätendent trat auf Arnold III. Graf von Bentheim, aus dem Hause Götterswyck, der Sohn seiner älteren, 1582 verstorbenen Schwester Anna, aus der Ehe mit Graf Eberwin III.

Dessen Ururgroßvater Eberwin von Götterswyck hatte 1370, in Folge seiner Heirath mit Hedwig, der Enkelin Egberts von Bentheim, aus dem Hause Holland=Bentheim, Bruders des Stifters der Linie Tecklenburg, den Namen Bentheim angenommen. Genannter Arnold III. somit in doppelter Weise erbberechtigt, bekam in der That 1562 die Graf=schaft Tecklenburg zugesprochen.

Hiergegen erhob Einspruch Graf Konrad von Solms=Braunfels, dessen Vater Philipp († 1544) mit Anna, der zweiten Tochter des Grafen Konrad von Tecklenburg vermählt gewesen war. Nach lang=wierigen Prozessen wurde endlich im Jahre 1680 13. Dezember der Streit entschieden und die Grafschaft Tecklenburg seinem Urenkel Grafen Wilhelm Moritz von Solms=Braunfels vom Reichskammergericht zugesprochen; der Graf nahm sie 1699 in Besitz und verkaufte sie 1707 für 500 000 Thaler an den König von Preußen.

Durch den Tilsiter Frieden vom 9. Juli 1807 (Gesetz=Samml. 1807 S. 167) an Frankreich abgetreten, wurde die Grafschaft Tecklenburg durch den Traktat vom 1. März 1808 (s. dies oben) dem Großherzogthum Berg und laut Dekret vom 14. November ejd. dem Departement der Ems überwiesen, aber bereits durch den Senatsconsult vom 13. Dezember 1810 wieder an Frankreich zurückgegeben. Nach dem Sturze der Fremd=herrschaft kam die Grafschaft Tecklenburg, durch den Pariser Frieden vom 30. Mai 1814 und die Wiener Kongreßakte vom 31. Mai 1815, an Preußen zurück, wurde laut Besitzergreifungspatent vom 21. Juni 1815 (Gesetz=Samml. 1815 S. 195) mit der Monarchie aufs Neue vereinigt, und zugleich der Provinz Westfalen, Regierungsbezirk Münster zugewiesen.

Wappen.

Das Wappen von Tecklenburg erscheint, in einem Felde vereint mit Lingen, zuerst im Preußischen Wappen von 1708 und verblieb dort, im Range nach Hohenstein bis 1804.

Laut der Allerhöchsten Kabinetsordre vom 3. Juli 1804 bekam Tecklenburg, von Lingen getrennt, im Titel und Wappen den Rang hinter Ratzeburg, wogegen Lingen im Range hinter Hohenstein verblieb. Das Wappen, laut Allerhöchster Kabinetsordre vom 9. Januar 1817, setzt dagegen Tecklenburg hinter Hohenstein, Lingen hinter Mark. Diese Trennung währte bis 1864, wo beide, in alter Weise vereinigt, den Rang hinter Hohenstein wieder bekamen, wie noch jetzt. Im Wappen der fränkischen Linien waren beide nicht vertreten.

Grafschaft Mansfeld.

48. „Wegen der Grafschaft Mansfeld. Im silbernen Felde sechs in zwei Reihen aufgestellte, rothe Rauten." Auf dem gekrönten Helme acht verschränkte goldene Spieße mit silbernen Spitzen und rothsilbern gerauteten Fahnentüchern. Decken: rothsilbern.[1]

※

Der älteste Stamm der Grafen von Mansfeld, urkundlich bereits 1115 mit Graf Hoyer I., starb mit dessen Urenkel Burghard I. aus.

Burghards ältere Tochter: Sophie vermählte sich mit Burghard, Burggrafen von Querfurt (aus einem mit Gebhard II. Herrn von Querfurt bereits 1070—1120 urkundlich bekannten Geschlechte), die jüngere: Gertrud, mit Hermann, Sohn Meinhers I., Burggrafen von Werben, dann (1200) zu Meißen.

Die Güter erbten die von Querfurt, die sie bald in große Besitzungen verwandelten, so daß Peter Ernst (aus der mit ihm ausgestorbenen Linie Friedeburg), bereits d. d. Prag 1594 4. März, nebst Graf Heinrich Franz als

---

[1] Das eigentliche Stamm-Helmkleinod der Grafen von Mansfeld ältesten Stammes war ein Adlerflug, wogegen die Herren von Querfurt, die jene beerbten, die Fahnen, gezeichnet wie ihr Stammschild, achtfach quer gestreift, führten. Indeß kann obige, wohl erst von Graf Stillfried erfundene Verbindung nicht gerade gemißbilligt werden, obwohl es richtiger gewesen wäre, den Fahnen ihre Quertheilungen zu belassen, um beide Stämme heraldisch auszudrücken.

„Fürst von Fondi" für sich und nach seinem 1604 erfolgten kinderlosen Ableben d. d. Wien 16. Juli 1690 auch für seinen Urgroßneffen und Erben Franz Maximilian († 1692) (bestätigt für die Erblande d. d. Wien 3. September 1710 für dessen Sohn Karl Franz) den Reichs-Fürstenstand erlangten.

Des Letzteren Enkel: Joseph Wenzel starb 1780 am 31. März ohne Erben.

Seine Schwester: Maria Elisabeth, vermählt an den Fürsten Franz Gundakkar von Colloredo, erbte die Allodialgüter, während die bereits seit 1570 sequestrirte, im Obersächsischen Kreise belegene Grafschaft zu $^3/_5$ an Kursachsen, zu $^2/_5$ an Preußen fiel, beiden, wegen kontrahirter Mansfeldischer Schulden, Letzterem auch noch auf Grund des Erwerbs von Magdeburg und der ihm dadurch zugefallenen Anwartschaft auf die Grafschaft.

Zufolge des Friedens von Tilsit vom 9. Juli 1807 kam der Preußische Antheil von Mansfeld an Frankreich und wurde durch Napoleons Dekret vom 15. November 1807, wie auch der (laut Vertrag vom Jahre 1808 abgetretene) Sächsische Antheil, ausgenommen Artern, Bockstedt und Bornstedt, dem Königreich Westphalen einverleibt und durch Dekret Jerômes vom 24. Dezember 1807 zu dem Saale-Departement geschlagen.

Nach Napoleons Sturz und Westphalens Auflösung kam, in Verfolg des Pariser Friedens vom 30. Mai 1814 und der Wiener Kongreßakte vom 31. Mai 1815, der Preußische Antheil, laut Besitzergreifungspatent vom 21. Juni 1815 (Gesetz-Samml. 1815 S. 193) an die Monarchie zurück. Der Sächsische Antheil, laut Staatsvertrag vom 18. Mai 1815 (Gesetz-Samml. 1815 S. 79) an Preußen abgetreten, wurde, laut Patent vom 22. Mai 1815 (Gesetz-Samml. 1815 S. 79) ebenfalls in Besitz genommen und beide, laut Verfügung vom 30. April 1815 D. Nr. 1 (Gesetz-Samml. 1815 S. 93) dem Regierungsbezirk Merseburg zuertheilt (cfr. auch die Verordnung vom 25. Mai 1818, Gesetz-Samml. 1818 S. 46). Die Grafschaft hat 18 Quadratmeilen = 990 Quadratkilometer Flächeninhalt.

Wappen.

Das Wappen und der Titel von Mansfeld erscheint im Königlich Preußischen großen Titel und Staatswappen laut Allerhöchster Kabinetsordre vom 11. Januar 1864 zum ersten Male und zwar im Range hinter der Grafschaft Schwerin und seit 1873, wo diese in Wegfall gekommen ist, im Range hinter Tecklenburg-Lingen.

Grafschaft Sigmaringen.

49. „Wegen der Grafschaft Sigmaringen. Im blauen Felde ein goldener, auf grünem Dreihügel schreitender Hirsch."
Auf dem gekrönten Helme, mit blaugoldenen Decken, ein rothes Hirschgeweih von 10 Enden.

✻

Als Herren von Sigmaringen[1]) finden wir zu Ende des elften Jahrhunderts drei Grafen: Ulrich, Ludwig und Mangold, von denen der mittlere den Beinamen Spitzenberg (von einer ruinirten Burg im Württembergischen Oberamt Geislingen) führt.

Seine Söhne, 1210 urkundlich, sind: Gottfried, Graf von Sigmaringen, Eberhard und Ulrich, Graf von Helfenstein.

Letzteren Beinamen führt indeß 1231 auch Gottfried († c. 1240), dessen Siegel im gespaltenen Schilde vorn einen halben Elephanten, hinten eine senkrechte Hirschstange zeigt, eine monogrammatische Zusammenschiebung des Helfensteiner Elephanten und der drei Hirschstangen des Stammwappens,

---

[1]) Dr. Zingeler, Das Wappen des Fürstlichen Hauses Hohenzollern, Vierteljahresschrift des Vereins „Herold" 1888 S. 249 ff.

denn auch dieses Grafengeschlecht stammte, wie die Veringer (s. d.) und Nellenburger von den Grafen Altshausen vom Eritgau ab, deren Wappen, wie unten bei Veringen erwähnt, drei Hirschstangen waren.

Gottfrieds Tochter, aus der Ehe mit Adelheid, verwittweten Gräfin von Heiligenberg, gleichfalls Vornamens Adelheid, vermählte sich an Graf (Gebhard) Herrn vom Pentengau, Grafen von Sigmaringen; ein Siegel von ihm ist nicht erhalten, doch führt 1289 seine Wittwe im Siegel einen gespaltenen Schild, der vorn den Elephanten der Helfenstein, hinten die drei Hirschhörner von Sigmaringen zeigt, obwohl diese Grafschaft bereits 1259 nach Gebhards Tode († vor 1253) Graf Ulrich von Helfenstein Bruder des obengenannten, 1240 verstorbenen Grafen Gotthard, besitzt; 1266 ist indeß sein Geschlecht erloschen und Sigmaringen im Besitz des Grafen Ulrich I. von Montfort-Bregenz († 1289) Sohn Hugos III. und Enkel Hugos II. Grafen von Montfort, dessen Vater Hugo I. (1162 bis 1182) aus dem Hause der Pfalzgrafen von Tübingen, durch Heirath mit Elisabeth Erbgräfin von Bregenz und Montfort[1]) diese Grafschaften an sein Haus gebracht hatte.

Ulrichs I. Sohn: Hugo IV. starb 1338, nachdem er Sigmaringen an das Haus Oesterreich verkauft hatte, von dem es Württemberg schon 1325 wieder als Pfand erhalten hatte.

Im Jahre 1399 kam Sigmaringen an die Montforts käuflich zurück durch den Grafen Eberhard I. (einen Nachkommen Rudolfs I. Grafen von Werdenberg, jüngerem Sohne des obengenannten Grafen Hugo II.) und vererbte sich in seiner direkten Nachkommenschaft, zugleich mit dem später erworbenen Veringen, bis 1534 29. Januar, wo der letzte Graf von Montfort-Werdenberg-Trochtelfingen-Sigmaringen starb und, zufolge alter Verträge, Sigmaringen nebst Veringen an das Erzhaus Oesterreich hätte zurückfallen müssen.

Allein Graf Carl I. von Zollern, bekanntlich der gemeinschaftliche Stammvater beider fürstlich Hohenzollernschen Linien, bekam, gemäß einer seinem Vatersbruder dem Grafen Joachim im Jahre 1532 durch König Ferdinand (gegen Zahlung von 15000 Gulden) ertheilten Anwartschaft, 1534 den 14. April Sigmaringen mit Veringen als ein rechtes Mannlehen der Erzherzöge von Oesterreich. Im folgenden Jahre erhielten auch die Brüder Karls I.: Eitel Friedrich und Christoph Friedrich die Mitbelehnung dieser Lande (die Behauptung Schmidts

---

[1]) Grote Stammtafeln läßt diese Elisabeth jüngere Tochter sein von Rudolf II. (1158—1180) dem Sohne Rudolfs I. Grafen von Pfullendorf und Sigmaringen (1134—1158) aus des Letzteren Ehe mit Elisabeth Erbin von Montfort-Bregenz, sagt uns aber nicht, aus welchem Geschlechte der letztere Rudolf stammte.

a. a. O. S. 24, Sigmaringen sei ein österreichisches Geschenk gewesen, beruht somit auf einem Irrthum).

Nachdem der Letztere 1536 3. August vor Marseille geblieben, erbte, laut Testament vom 17. April ejd., Graf Karl auch die Herrschaft Haigerloch (die sein Großvater Eitel Friedrich II. 1497 gegen Räzüns von Oesterreich eingetauscht hatte), sowie, nach dem kinderlosen Tode des Grafen Joseph Niklaus II. († 1558 10. Juni) dem Sohne des obengenannten Grafen Joachim († 1538), auch die Stammgrafschaft Hechingen, sowie die Herrschaft Werstein, so daß er nunmehr im alleinigen Besitz sämmtlicher Hohenzollernschen Besitzungen sich befand. Er errichtete 1575 die Erbeinigung mit seinen Söhnen und starb 1576. Die weitere Vererbung Sigmaringens bis 1849[1]) erfolgte stets in der direkten Stammfolge des fürstlichen Hauses Hohenzollern.

※

Wappen.

Merkwürdiger Weise bedient sich Graf Karl zwar auf Siegeln (1536, 1573), sowie in der Erbeinigung von 1575, auch des Titels von Sigmaringen führt jedoch ein Wappen dafür noch nicht; dagegen zeigt das Siegel seines Sohnes Karl II. vom Jahre 1573, also noch zu Lebzeiten des Vaters, zum ersten Male den Schild mit diesem und zwar: geviert, mit Herzschild (die beiden Erbkämmererzepter) I und IV: Zollern, II und III: wegen Sigmaringen: ein auf Dreiberg rechtsschreitender Hirsch und hierzu auf Helm III als Kleinod zwei Hirschstangen. (cfr. die umstehende Abbildung aus Jost Ammans Wappenbuch).

Dieser Hirsch ist das Wappen der Stadt Sigmaringen, deren ältestes Siegel vom Jahre 1316, einen stehenden Hirsch im Schild[2]) führt

---

[1]) Laut Vertrag mit den regierenden Fürsten beider Linien (Sigmaringen und Hechingen) vom 7. Dezember 1849 (Gesetz-Samml. 1850 S. 289) erfolgte, laut Gesetz vom 12. März 1850 (Gesetz-Samml. 1850, S. 289) die Vereinigung beider Fürstenthümer (21 Quadratmeilen) mit der preußischen Monarchie. Dieselben erhielten, laut Allerhöchster Verordnung vom 30. April 1851 den Namen "Hohenzollernsche Lande". Laut Allerhöchster Kabinetsordre vom 20. März 1850 und Allerhöchster Urkunde vom 19. Juli 1851 wurde den Chefs beider Linien die fernere Führung des Titels und Wappens gewährleistet. Seit Erlöschen der Linie Hechingen, 3. September 1869, führt die Linie Sigmaringen letzteres Beiwort nicht mehr.

[2]) Oben rechts allerdings noch von Stern begleitet — wahrscheinlich dieser nur zur Raumausfüllung, nicht, wie Schmidt a. a. O. S. 24 meint, zum Unterschied vom landesherrlichen Wappen, denn dieses waren 3 Hirschstangen.

und diesen wahrscheinlich in Anlehnung an das Wappen ihrer alten Herren (mit den drei Hirschhörnern im Wappen s. oben) und als Unterscheidung von demselben erhalten hatte.

Die alten richtigen Farben des Hirsches: gold auf goldenem Dreiberg in rothem Felde, wie sie schon Codex Grünenberg de 1482 zeigt, sind

leider seit dem 18. Jahrhundert verändert, indem der Hirsch nunmehr auf grünem Berge im blauem Felde dargestellt wurde.

So ging er auch in die fürstlichen Wappen und von diesen, nach Uebernahme der Fürstenthümer Hohenzollern in das Königlich Preußische Wappen und den großen Titel über, zuerst laut Allerhöchster Kabinetsordre vom 11. Januar 1864, wo es den Rang hinter Arnsberg erhielt. Als durch Allerhöchste Kabinetsordre vom 16. August 1874 das Wappen verändert und Arnsberg entfernt wurde, bekam Sigmaringen den Platz direkt hinter Hohenstein.

Grafschaft Veringen.

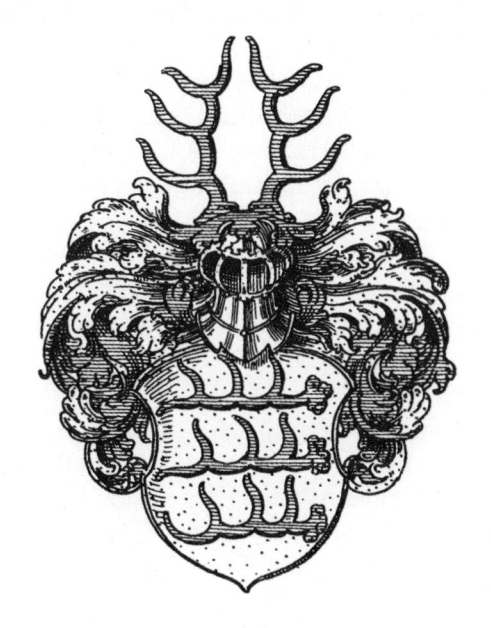

50. „Wegen der Grafschaft Veringen. Im goldenen Felde drei blaue, übereinander querliegende vierzinkige Hirschhörner."
Auf dem ungekrönten Helme ein achtendiges blaues Hirschgeweih. Decken: blaugolden.

✻

Bereits Anfangs des elften Jahrhunderts erscheint ein Grafengeschlecht des Namens Altshausen=Veringen[1] das den Eritgau besaß und dessen urkundlichem Stammvater Wolfrat I. († 1010) Kaiser Heinrich II. 1004 die „Grafschaft im Eritgau" giebt.

Als direkter Ahnherr der Grafen von Veringen, der sich nach 1130: von „Altshausen", seit 1134 auch (nach der Burg Veringen, im Oberamt Gammertingen der Fürstenthümer Hohenzollern): „Graf von Veringen" nennt, ist Graf Markward († nach 1155) anzusehen. Er hinterließ 2 Söhne: Mangold I. und Heinrich.

---

[1] Dr. Zingeler, Das Wappen des Fürstlichen Hauses Hohenzollern, Vierteljahrsschrift des Vereins „Herold" 1888 S. 242ff., dem ich auch für Sigmaringen werthvolle Notizen entnahm.

I. Sein ältester Sohn Mangold I. (1186) erbte durch seine Gemahlin, Tochter Eberhards Grafen von Nellenburg: Nellenburg.

Dessen Sohn Wolfrad I. siegelt 1216 zuerst mit den drei Hirschstangen, obwohl dies Wappen wohl schon früher das der Eritgauer Grafen, von denen noch viele andere umliegende Geschlechter abstammten, gewesen sein mag.

Von seinen Söhnen erhielt Eberhard nach seines Vaters Tode 1217 die halbe Grafschaft Veringen starb aber kinderlos.

Der jüngste Bruder Eberhards I.: Wolfrad III. erhielt, nach des Letzteren Tode, dessen Antheil an Veringen, und ist der Stammvater der Grafen von Veringen, die ca. 1415 mit Graf Wölflin von Veringen, der Veringen an die Werdenbergs (s. Sigmaringen) verkaufte, erloschen.

Der mittlere Bruder: Mangold II. erhielt Nellenburg, nennt sich seit 1216 13. Juli „Graf von Nellenburg" und wird Stammvater dieses (erloschenen) Geschlechts.

II. Der jüngere Sohn Markwards: Heinrich I. theilte mit seinem Bruder die Grafschaft Veringen. Er starb nach 1189, seine Söhne: Dietrich und Markwald bezw. 1202 und 1210 unbeerbt.

Während nunmehr der Antheil Heinrichs I. an Nellenburg auf seinen Neffen Wolfrad I. überging, waren Theile davon, u. A. die Burg Alt-Veringen, Altshausen, der Tochter Heinrichs I. als Heirathsgut oder als Erbschaft übergeben worden. Sie vermählte sich an einen Grafen von Württemberg (wahrscheinlich Hartmann). Deren Sohn Konrad muß das Wappen seiner Mutter angenommen haben, wenigstens siegelt er 1228 damit.

Wappen.

Es führten nun also drei Geschlechter die drei Hirschstangen, nämlich: 1. Veringen, 2. Württemberg, 3. (Neu-) Nellenburg. Zweifellos ist, daß die alten Nellenburger die Hirschstangen blau in Gold hatten.

Zum Unterschied davon hatte Veringen die schwarze Farbe erwählt und Graf Konrad sie ebenfalls angenommen.

Der darüber entbrannte Streit wurde, wahrscheinlich gelegentlich des Ehedispenses, den Papst Innocenz IV. Konrads Sohne: dem Grafen Hartmann von Württemberg-Grüningen, wegen zu naher Verwandtschaft mit Gräfin Hedwig von Veringen, ertheilte, geschlichtet.

Von da ab führte: Württemberg die Hirschstangen schwarz, die Veringer roth, die Nellenburger blau in Gold.

So blieb das Wappen bis 1844 wo der Fürst von Hohenzollern-Sigmaringen als Feldfarbe Silber bestimmte.

Dieser, vielleicht auf einem Irrthum des betreffenden Beamten beruhende Fehler, wurde indeß 1867 bei Zusammenstellung eines Gesammtwappens der beiden Fürstenhäuser, berichtigt.

Veringen bildet mit Sigmaringen (f. d.) zusammen das Sigmaringer Oberland der „Hohenzollernschen Lande". Das Niederland: die Grafschaft Hechingen ist $4^1/_2$ Quadratmeilen (242 Quadratkilometer), die Grafschaften Sigmaringen und Veringen (f. d.) zusammen $16^1/_2$ Quadratmeilen (900 Quadratkilometer), die gesammten Hohenzollernschen Lande, (der Regierungsbezirk Sigmaringen) mithin 21 Quadratmeilen (1142 Quadratkilometer) groß.

Bei Aufnahme des Wappens von Veringen in das Königlich Preußische, ist, mit Absicht oder aus Unkenntniß, nicht das der Veringer, sondern der Nellenburger Grafen, blau, anstatt roth in Gold, gewählt worden.

Diese Aufnahme (in Titel und Wappen) erfolgte laut Allerhöchster Kabinetsordre vom 11. Januar 1864 und erhielt Veringen den Platz im Range hinter Sigmaringen, wo es auch bei der Wappenveränderung vom 16. August 1873 verblieb.

Herrschaft zu Frankfurt am Main.

51. „Wegen der Herrschaft zu Frankfurt am Main. Im rothen Felde ein silberner, goldbewehrter, rothgezungter Adler."¹)
Auf dem gekrönten Helme, mit rothsilbernen Decken, der Adler wachsend.

Urkundlich erscheint Frankfurt bereits im Jahre 794, gelegentlich der Gründung von Sachsenhausen durch Kaiser Karl den Großen. 822 wurde hier die Kaiserliche Pfalz, der sogenannte Saalhof, am Main angelegt; 838 zur Stadt erhoben, wurde Frankfurt Hauptstadt des ostfränkischen Reiches seit dem Vertrage zu Verdun; Ludwig der Deutsche residirte oft daselbst. Seit Kaiser Friedrichs I. Wahl 1152 ward Frankfurt als Wahl= stätte für die deutschen Könige zuerst gebräuchlich, dann durch Kaiser Karl IV. (1356 durch die goldene Bulle) gesetzlich als solche bestimmt. 1245 wurde der Grund zur freien Reichsstadt Frankfurt gelegt, indem Kaiser Friedrich II. das dort bestehende Burggrafenthum in ein Reichsschultheißenamt verwandelte, das die Stadt 1372 käuflich erwarb.

---

¹) Der Frankfurter Adler war von jeher (bei Siebmacher blau=) gekrönt; es war ein heraldischer nonsens ohne Gleichen, dem Adler die Krone wegzunehmen, die er nicht einmal unter Dalbergs Herrschaft verloren hatte; derartige heraldische Spielereien, hätte ein Mann wie Graf Stillfried füglich unterlassen können, denn Stadt und Herrschaft ist hier identisch und im Stadtwappen führt der Adler sein Krönchen unbe= schadet weiter; außerdem widerspricht die That durchaus den altbewährten Hohenzollern= schen konservativen Prinzipien, durch die, neben Herrschergröße und Gerechtigkeitsliebe, das edle Haus stets die größten moralischen Eroberungen gemacht hat.

1530 wurde die Reformation in Frankfurt eingeführt, 1546 trat die Stadt dem Schmalkaldischen Bunde bei. Der Westphälische Frieden (1648) bestätigte der Stadt ihre Rechte.

1711 ward hier die erste Kaiserkrönung (Kaiser Karl VI.) vollzogen, was nunmehr mit allen Nachfolgern hier erfolgte. Während, ausgenommen von allen Reichsstädten, Frankfurt durch den Reichsdeputationsrezeß vom 25. Februar 1803 seine Selbstständigkeit bewahrt hatte, verlor die Stadt dieselbe, (nachdem die Franzosen sie bereits 1806 am 18. Januar besetzt hatten) durch die Stiftung des Rheinbundes d. d. St. Cloud 1806 19. Juli. Ihr Gebiet wurde mit dem des Fürsten Primas (von Dalberg) vereinigt, der am 27. April 1803 die Kurwürde, die Reichserzkanzlerwürde, die Würde eines Metropolitan-Erzbischofs und eines Primas von Deutschland und, außer dem ihm verbliebenen Theile des Erzbisthums Mainz, auch die Fürstenthümer Regensburg und Aschaffenburg, sowie die Grafschaft Wetzlar, und die Souverainetätsrechte über die rechtsmainischen Besitzungen der Fürsten und Grafen von Loewenstein-Wertheim, der Grafen von Erbach und über die Grafschaft Rheineck (zusammen 23 Quadratmeilen) erhalten hatte.

Am 6. September 1806 zog Dalberg in die Stadt, am 9. September 1810 erhob ihn Napoleon zum „Großherzog von Frankfurt". Später, nämlich laut Staatsvertrag, ratifizirt vom 19. Februar 1810 durch Napoleon als Protektor des Rheinbundes, wurden an Dalberg, außer der Bestätigung obiger Besitzungen, die Fürstenthümer Fulda und Hanau (ausgenommen acht von Hessischen und Würzburgischen Landen umschlossenen Aemter) abgetreten, wohingegen er Regensburg an Bayern abgeben mußte. Das Großherzogthum war somit 96,75 Quadratmeilen groß geworden.

Nach Ableben des Großherzogs sollte das Land an den Vizekönig von Italien, Prinzen Eugen Napoleon (Beauharnais) fallen und in dessen Familie nach dem Erstgeburtsrecht forterben.

Mit Napoleons Sturz löste sich auch seine Schöpfung auf; Frankfurt erhielt durch den Wiener Kongreß 1814 den Titel als freie Reichsstadt zurück und 1816 die Bestimmung als Sitz des deutschen Bundes. Seine bis 1866 bewahrte Selbstständigkeit verlor Frankfurt in Folge der Kriegsereignisse dieses Jahres; sie wurde, nebst ihrem Gebiet[1]) im Ganzen 2 Quadratmeilen = 110 Quadratkilometer groß, laut Gesetz vom 20. September 1866 (Gesetz-Samml. 1866 S. 555) und Besitzergreifungspatent vom 3. Oktober ejd. (Gesetz-Samml. S. 594) mit der Preußischen Monarchie und laut Allerhöchsten Erlaß vom 7. Dezember 1868 (Gesetz-Samml. 1868 S. 1056) mit der Provinz Hessen-Nassau vereinigt.

---

[1]) Hierzu gehörten die Ortsbezirke: Bonames, Bornheim, Hausen, Niederrad, Niederursel und Oberrad.

Die Regalien.

„Im Schildesfuße. 52. Wegen der Regalien. Ein rothes Feld."
Auf dem gekrönten Helme, mit ganz rothen Decken, ein rother Adlerflug.

Die sogenannten „Regalien" oder das „Blutfeld" verdanken ihre Entstehung den sogenannten Fahnenbelehnungen.[1])

Das älteste Vorkommen dieses rothen Feldes im Wappen ist bei Kurpfalz nachweisbar. Lange bevor, auf dem Reichstag d. d. Speyer 5. Mai 1544, Kurfürst Friedrich von der Pfalz durch Kaiser Karl V. mit dem goldenen Reichsapfel beliehen war, hatte er das leere rothe Feld als Abzeichen der Regalien geführt.

Der letztere Ausdruck bedeutet den Besitz der Herrscherwürde, also u. A. auch die Ausübung des peinlichen Halsgerichts, das Recht über Leben und Tod.

Die Fahnenbelehnung[1]) wurde derartig vollzogen, daß der Lehnsherr

---

[1]) Von diesen ist bereits oben (s. Wenden) die Rede gewesen. Jeder vom Kaiser belehnte Fürst brachte soviel Banner mit, wie sein Land einzelne Landestheile enthielt, mit denen er dann, ähnlich wie heut die Regimenter bei Verleihung von Fahnen oder Standarten, sichtbarlich belehnt wurde; diese Fahnen enthielten das betreffende Wappen der Landschaft. Außerdem befand sich in der Zahl der Banner immer noch die sogenannte „Blutfahne", die das Recht der Ausübung der Hoheitsrechte versinnbildlichte.

dem zu Belehnenden die einzelnen Fahnen mit den Wappen der Landestheile nach und nach in die Hand gab, ihn somit durch letztere symbolisch belehnte. Eine derartige Fahnenbelehnung war z. B. die des Burggrafen Friedrich I. mit der Mark Brandenburg 1415. Vor Ende des 14. Jahrhunderts waren die Fahnen noch nicht mit Wappen geziert, sondern bunt.

Von der „Blutfahne" ist bereits in der Beschreibung der Belehnung der Landgrafen zu Hessen auf dem Reichstage zu Worms 1495 die Rede.

Durchaus nicht alle mit dieser Blutfahne belehnten Landesherren haben übrigens für dieselbe auch ein rothes Feld in ihr Wappen gesetzt, manche andere ziemlich spät, die wenigsten vor Beginn des 16. Jahrhunderts.

Kursachsen führte das Regalienfeld bereits unter Kurfürst Johann († 1532), Anhalt (Fürst Wolfgang) 1556, die Burggrafen von Meißen aus der ausgestorbenen Linie des Hauses Reuß in Plauen 1558, später auch das Haus Hohenlohe.

Im Brandenburgischen Wappen kommt das Regalienfeld früher als im Pommerschen vor.

Kardinal Albrecht von Brandenburg führt dasselbe nämlich bereits auf Siegel von 1535[1]), Kurfürst Joachim II. zuerst auf großem Siegel von 1558 und Thaler von 1560, zugleich mit allen Feldern aus dem Pommerschen Wappen; wogegen es auf Siegeln der Pommerschen Herzöge, trotz der 1530 26. Juli auch mit der Blutfahne erfolgten Belehnung der Herzöge Georg und Philipp, nicht vor 1610 nachweisbar ist.

Das zu dem Regalienfelde gehörige **Helmkleinod** ist niemals geführt worden, obwohl es im Kurbrandenburgischen Wappenbuch von 1574 (Berlin, Königliches Hausarchiv) wie oben beschrieben und abgebildet ist. Eine Ausnahme bildet das obenerwähnte Siegel der Burggrafen von Meißen; dort steht sogar zwischen den Flügeln noch eine Jungfrau, die dieselben hält.

Wie alle leeren Schilde hat man, des besseren Aussehens wegen, auch das Regalienfeld häufig mit Damascirung überzogen.

Im Kurbrandenburgisch-Preußischen Wappen und in denen der anderen Linien hat, mit Ausnahme des obigen ersten Vorkommens, das Regalienfeld im Range stets den letzten Platz eingenommen, entweder als letztes linkes Feld in der untersten Reihe, oder als ein unterer Schildansatz, oder als wirklicher Schildfuß; ebenso im Wappen der Fränkischen Nebenlinien seit ca. 1609.

---

[1]) Vielleicht ist der schmale Schildfuß im Wappen auf dem neunfeldrigen Siegel Erzbischof Albrechts vom Jahre 1524 auch bereits das Regalienfeld, es wäre dann dies das thatsächlich älteste Vorkommen im Wappen; unter den Schilden auf dem Thronsiegel desselben Erzbischofs von 1523 kommt der leere Schild noch nicht vor.

Da mit dem Preußischen Königstitel die Königliche Gewalt, also auch der Blutbann selbstverständlich verbunden, die Lehensabhängigkeit vom alten heiligen Römischen Reiche seit 1701, ja eigentlich schon seit 1658, selbstredend erloschen ist, so hat das auch noch heutigen Tages geführte Regalienfeld höchstens nur noch eine historische Bedeutung, hätte daher füglich längst in Wegfall kommen können! —

Nachträge und Zusätze.

S. 5. Die Schlacht bei Warschau wurde 1656, 28.—30. Juli geschlagen.

S. 7. Kaiser Friedrich II. soll dem Hochmeister des Deutschen Ordens, Hermann von Salza, für sich und seine Nachfolger im Hochmeisterthum, die Würde eines Reichsfürsten und das Recht ertheilt haben, dem Wappenschilde des Deutschen Ordens (schwarzes gemeines Kreuz im weißen Felde) ein Schildchen mit dem Adler, aufzuerlegen. Es erscheint das Wappen so allerdings bereits auf Münzen des Hochmeisters Winrich von Kniprode (1351—1382).

S. 22. Pierson a. a. O., S. 9, meint, der Adler sei deshalb roth im weißen Schilde, weil der Markgraf Otto II. 1196 für seine Erbgüter Vasall des Erzstifts Magdeburg (das bekanntlich einen roth-weiß quergetheilten Wappenschild führt) geworden sei. Das ist nicht unmöglich, vorausgesetzt, daß die Belehnung Ottos mit der Mark Brandenburg nach der Magdeburgischen Belehnung mit Ottos Erbgütern stattfand. Ein ähnliches Beispiel cfr. Nürnberg.

S. 41. Der Schlesische Adler ist natürlich ursprünglich der Polnische gewesen, den Boleslaw I., Stifter der Niederschlesischen Linie, zum Unterschied von diesem schwarz in Gold, der Stifter der Oberschlesischen Linie Mjecislaw golden in Blau, annahm.

S. 73. Pyl a. a. O.[1]) läßt den Spitzhut direkt aus dem Hermelinstulp hervorgehen, was heraldisch auch richtiger und durch ältere Siegel nachweisbar ist, auch erwähnt er den weißen Pfal nicht. Unsere Abbildung des Huts ist dem mehrerwähnten Kurbrandenburgischen Wappenbuch im Königlichen Hausarchiv entnommen. Daß der Hut ein „Federköcher sei" — cfr. auch Cassuben — halte ich, in Anbetracht des häufigen Vorkommens dieses „heidnischen Spitzhuts" als Helmkleinod für ausgeschlossen.

S. 74. Zeile 8. Pomerellen wurde auch „Ostpommern" genannt.

S. 74. Zeile 10. Sobieslaw auch Subislaw geschrieben.

S. 74. Zeile 11. Sambor starb 1207, Mestwin I. 1220.

S. 74. Zeile 12. Grimislaw war Neffe Sobieslaws.

S. 74. Zu Pomerellen im Allgemeinen. Als Wappen führten Swantepolk, Sambor II., Mestwin I. 1266—1275 einen Greif im Schilde, während sich Ratibor, Mestwin II. 1275—1294, eines (des polnischen?) Adlers bedienen und des Letzteren Bruder Wartislaw im Schilde eine Lilie, im Banner den Greif führt. Es ist dies abermals ein Beweis, wie selbst unter den Fürstengeschlechtern wenig feststehend damals noch die Wappenbilder im Osten des Reiches waren.

---

[1]) Ich bemerke, daß ich die schöne Arbeit leider erst erhielt, als der größte Theil der meinigen bereits gedruckt war.

S. 75. Pommern. Hierunter war nicht, wie die Lubinsche Karte von Pommern fälschlich angiebt, das Land zwischen Jhna und Wipper, vielmehr damals (1612): Burg und Land Stettin und Colbatz (in Slavia), Usedom, Wolgast, Anclam und die Uckermark mit Pasewalk (in Leutizia) zu verstehen; diese Lande erhielt Wartislaw I., Sohn Swantibors.

S. 75. Zeile 7 von unten. Kasimir I. hatte außer Demmin (Burg und Land in Leutizia) auch Cammin, Wollin und Stargard (in Slavia) erhalten; er starb kinderlos, da sein Sohn Odolow vor ihm gestorben war.

S. 76. Zeile 19 von unten. Beide Linien führten den Gesammttitel aller Länder.

S. 76. Zeile 17 von unten. Otto I. hatte bei der Theilung das Herzogthum Stettin mit Stadt und Burg Stettin, sowie östlich der Oder: Damm, Greifenhagen, Pyritz, Burg Demmin und Land Tollenze (Wenden) mit Treptow a. d. Tollense erhalten.

S. 77. Zeile 3 von oben. Bogislaw IV. erhielt bei der Theilung das Herzogthum Wolgast nördlich der Peene, die Grafschaft Gützkow, die Inseln Usedom und Wollin, ferner Camin, Greifenberg i/P., Daber, Neu-Schwerin, Plate, Dramburg, Labes, Regenwalde und das Land Belgard (Cassubia).

S. 77. Zeile 6. Außerdem erwarb Wartislaw IV. 1313 von Brandenburg die Herrschaften Schlawe und Stolp i/P.; seitdem nennt er sich auch „dux Pomeranorum" und seit 1325 „Princeps Ruyanorum".

S. 77. Zeile 9 ff. Bei der Theilung, die 1372, 8. Juni stattfand, wurde der dritte Sohn Wartislaws IV.: Wartislaw V. durch Geld apanagirt. Bogislaw erhielt Stargard (Herrschaft Schlawe), Stolp, Rügenwalde und Zanow, Wollin, Camin, Treptow a/R., Greifenberg, Belgard (Cassuben) mit Neustettin („Pomerania"); seine Neffen erhielten Vorpommern (diesseits der Swine) mit Usedom, Wolgast und Rügen.

S. 78. Der Vertrag von Pyritz ist von 1493, 26. März, der von Grimnitz von 1529, 26. August.

S. 110. Die Herzogliche Krone von Schleswig-Holstein, früher ohne Bügel 2c., besteht jetzt aus einem edelsteinbesetzten Reife mit 5 Blätterzinken, aus denen eine Purpurvollmütze, umschlossen von 3 perlenbesetzten, oben mit Reichsapfel und Kreuz geschlossenen Bügeln, hervorgeht.

S. 139. Lubin's Karte von Pommern (1612—1618) giebt als „Land Wenden" irrthümlich die Gegend um Rummelsburg, Rügenwalde und Stolp i/P. an, also das Land Schlawe, d. h. den westlichen Theil Ostpommerns, der noch 1464 als „Cassuben" bezeichnet wird, wogegen gerade dieser das eigentlich richtige Pommern ist. Als „Wenden" wird 1464 die Umgegend von Treptow a. d. Tollense bezeichnet, östlich vom Mecklenburgischen Lande Malchin, welches Letztere früher auch zum „Lande Tollenze" gehört hat.

S. 142. Friedeborn, Beschreibung Stettin's, giebt das Helmkleinod von Wenden, gemäß der Darstellung in der „Engelbrecht'schen Chronik" an als „ain haidnischer Hut, wie ain Krug formiret", was mit unserer Abbildung auf S. 138 übereinstimmen würde. Dahingegen sagt Kosegarten, Pommersche Geschichtsdenkmäler I. 336, das Kleinod sei „ein eiförmiger Wulst (— sic! —) mit Pfauwedel darüber, welcher letztere fünf mal schräglinks grünroth gestreift, oben mit einer Kugel und drei Pfaufedern besteckt sei". Zweifellos dürfte auch diese ungeschickte Beschreibung mit unserer Abbildung sich decken; nur wäre dann aber die Flasche nicht rothsilbern quer, sondern in den Farben des Greifen im Schilde, also rothgrün und schräglinks gestreift.

S. 143. Zeile 5 von oben. Kassuben, westlich von Pomerellen belegen, hieß auch „Land Belgard", nach dem Hauptort des Landes: Belgard an der Persante. Klempin bezeichnet als „Cassuben" das Land „westlich von der Leba und von Pomerellen, Lubin, Karte von Pommern, als „die Gegend von Lauenburg und Bütow". Betreffend das Wappen, so beschreibt Kosegarten und Friedeborn und nach ihnen Pyl, a. a. O. S. 47 das Helmkleinod von Cassuben als einen „niedrigen mit sechs Pfaupfedern besteckten (rothen) Herzogshut, dessen Stulp aus drei Stücken, abwechselnd aus rothem Sammet und Hermelin zusammengesetzt sei". Gegen eine derartige Darstellung spricht um so weniger ein Grund, als einestheils das abgebildete Kleinod nicht sehr heraldisch, anderentheils ein ähnlicher derartiger Hut aus den alten Siegeln der Herzöge von Pommern (für Stettin) nachweisbar ist.

S. 160 hinter Zeile 14 von oben ist anzufügen:

Wappen.

Das Wappen (und der Titel) von Thüringen sind laut Allerhöchster Kabinetsordre vom 9. Januar 1817 dem großen Kgl. Preußischen Wappen und Titel, jener im Range hinter Crossen, dieser im Range hinter Nürnberg einverleibt worden. Die Allerhöchste Kabinetsordre vom 11. Januar 1864 beließ das Wappen an seinem Platze und ließ im Titel, conform dem Range im Wappen, Thüringen nach Crossen folgen. Laut Allerhöchster Kabinetsordre vom 16. August 1873 wurde zwischen Crossen und Thüringen in Wappen und Titel noch Lauenburg, Mecklenburg und Hessen eingeschoben.

S. 174. Rügen. Das Festland des Fürstenthums, von Pommern seit 1254 durch den Ryck getrennt, umfaßte damals den heutigen Kreis Grimmen und Franzburg, d. h. außer Barth noch die Länder Tribsees und Loitz (Stadt und Land Dars, Herzeborch, Damgarten, Grimmen und Stralsund). Der Name Wizslaw wird auch Wizlaw und Vinzislaus geschrieben.

S. 175. Zeile 6 von oben. Der Erbvertrag zwischen Pommern und Rügen datirt von 1321, 5. Mai.

S. 176. Pyl, a. a. O. Tafel IV, giebt die Rügischen Siegel in schöner Folge. Danach ist das älteste Wappenbild (Wizlaw I. 1221—1249) der gekrönte Löwe, wachsend aus einem durch Stufensparrenschnitt sechsfach abgetheilten Felde. Erst Wizlaw II. führt (Reitersiegel von 1284 und Schildsiegel von 1265—1283) den Löwen (hier ungekrönt) aus einem Stufengiebel, bestehend aus 3 Würfeln, wachsend; dgl. 1302 seine Wittwe Agnes; dgl. Sambor II. ohne sichtbare Theilung der Schildhälften. Wizlaw III. hat auf seinem Reitersiegel den Löwen wieder gekrönt, wachsend aus der Theilungslinie; die Spitze des im unteren Felde befindlichen Giebels reicht nicht bis an die Theilungslinie.

Als Helmkleinod zeigen die Siegel de 1284 und 1302 einen einfachen Pfauwedel ohne Hut.

S. 180. Die Sterne im Wappen sind irrthümlich silbern abgebildet, müssen aber, wie in der Beschreibung ganz richtig angegeben, golden sein.

S. 229. Zeile 14 von oben. Johann I. starb 1359; seine Wittwe Elisabeth von Leuchtenberg kaufte 1360 von genanntem Burggrafen Albrecht die Hälfte von Schmalkalden.

S. 250. Der letzte Graf v. Montfort-Werdenberg-Trochtelfingen-Sigmaringen hieß: Christoph.

Druckfehler.

S. 17 Zeile 12 von unten lies: 1258 statt 1250.
- 32 - 15, 16 und 23 von oben lies überall: Friedrich IV. statt Friedrich III.
- 33 - 9 von oben: desgleichen.
- 39 - 5 von unten lies: Den Titel „Graf zu Hohen-Zollern" hatte, laut Erlaß von 1685, 11. Juni u. s. w.
- 45 - 9 von oben lies: Boleslaw II. statt III.
- 53 - 16 von oben lies: Die Herrschaft Cronenburg, die Graffchaften Reifferscheid und Schleiden.
- 75 - 1 von oben lies: bruders statt bruder Boleslaw VI.
- 75 - 4 von oben lies: Schwetz W./Pr. statt Schwedt.
- 75 - 5 von oben lies: Przemislaw statt Wladislaw.
- 77 - 4 von oben lies: 26 statt 24.
- 110 - 5 von oben lies: vier statt zwei.
- 110 - 10 von oben lies: vier Helmfedern: blau, gelb, roth, weiß.
- 112 - 7 von unten } lies: Gommern statt Glommern.
- 113 - 6 von unten }
- 113 - 19 von oben lies: Burkhard statt Burghard.
- 116. Das Kreuz muß unten zugespitzt sein, führt daher heraldisch den Namen: Fußspitzkreuz; ein „Stabkreuz" ist in der Heraldik ein gänzlich anderes.
- 123 Zeile 8 von oben lies: Dietrich II. statt Dietrich VII.
- 123 - 17 von oben lies: Adolf statt Adolph.
- 135 - 18 von oben lies: Graffchaften statt Herrschaften und füge vor Wildenburg ein: die Herrschaft.
- 155 - 8 von oben lies: Raspe statt Reiche.
- 155 - 16 von oben lies: Sophia statt Jutta.
- 156 - 21 von unten lies: vor, statt von der Höhe.
- 174 - 4 von unten lies: 8 statt 11.
- 194 - 8 von oben lies: Westphalen.
- 195 - 2 von oben lies: Wagenrad statt Wappenrad.
- 209 - 8 von oben lies: Arnolds statt Arnold.
- 210 - 16 von unten lies: 1405 die andere Hälfte der Herrschaft Weilnau.
- 210 - 14 von unten lies: Weilburg statt Weilnau.
- 213 - 4 von unten lies: Okriftel statt Okraftel.
- 215 - 15 von oben lies: mit dessen statt mit seines.
- 220 - 11 von oben lies: Fürst von Nassau-Schaumburg statt Graf.
- 225 - 4 von unten lies: 1568, 5. Juni statt 1516.
- 250 - 11 von oben lies: Gottfried statt Gotthard.
- 250 - 22 von oben lies: Eberhard II. statt I.
- 250 - 23 von oben adde hinter Sohne: Hartmann's I. († 1270), des Bruders.
- 254 - 1 von oben lies: Mangold II. statt I.
- 254 - 13 von oben lies: Mangold III. statt II.

Alphabetisches Namen-, Orts- und Sach-Register.

Die Zahlen bedeuten die Seiten, die eingeklammerten, daß der Name 2c. mehrmals auf der betreffenden Seite vorkommt. Anm. bedeutet, daß der Name 2c. in einer Fußnote vorkommt.

Fett gedruckte Namen bedeuten Hauptartikel mit Wappenabbildung.

Abkürzungen.

Distr. = Distrikt.	Grh. = Großherzogthum.	Mgfth. = Markgrafthum.
eh. = ehemalig.	Hr. = Herrschaft.	Reg.Bez. = Regierungs-Bezirk.
Fstth. = Fürstenthum.	Hzgth. = Herzogthum.	verm. = vermählt.
Grfsch. = Grafschaft.	Kgr. = Königreich.	

A.

Aachen, Reg.Bez. 53.
—, eh. Reichsstadt 51 (2).
Abel, Herzog von Schleswig 108.
Abterode (an Preußen) 206.
Adalbert, Erzbischof von Magdeburg 111.
Adalbert I., Pfalzgraf von Sachsen, Erzbischof von Bremen 117.
Adaldag, Erzbischof von Hamburg 117.
Adelgot, Erzbischof von Magdeburg 112 Anm.
Adelheid von Culemburg bringt Büren und Borßel-ter-Ver ihrem Gemahl Friedrich von Egmond zu 170.
Adelheid von Heinsberg, Gemahl: Dietrich II. von Cleve 123.
Adelheid, Gräfin von Helfenstein, verm.: Gebhard, Graf von Pentengau 250.
Adelheid, Gräfin von Katzenellenbogen, verm.: Graf Walram von Nassau 209.
Adelheid von Laufen, Erbin von der Mark, verm.: Adolf II., Graf von Berg 235.
Adelheid von Spanheim, Gemahl: Dietrich VI. von Cleve 123.
Adelheid, Erbgräfin von Vianden, verm.: Otto II., Graf von Nassau-Dillenburg 170, 215.
Adler, der Brandenburgische, dessen Rangstellung im Wappen 27 ff.
— —, dessen Ursprung 22.
— —, erstes Vorkommen 22.

Adler, der Brandenburgische, dessen Farben 261.
— —, dessen Krönung, Bewaffnung, Brustschildchen 23.
—, der Crossensche, gilt bis 1804 für ganz Schlesien 146, 147, 148.
— —, dessen Darstellung 146, 147, 148.
—, der Frankfurter, 158.
— —, dessen widerrechtliche Entkrönung 256 u. Anm. ibd.
—, der, im Hennebergischen Wappen 228.
—, der Preußische 1.
— —, Hauptkrone, Halskrone, Brustinitialen, Königliche Krone darüber 8, 9, 10.
— —, Rangordnung im Wappen 10.
— —, Ursprung, Farben 7, 261.
—, der Schlesische, dessen Aufnahme und Rang im Preußischen Wappen 48.
— —, dessen Bekrönung 41.
Adolf III. (VI.), Graf von der Mark, erbt Cleve 123.
Adolf IV., Graf zur Mark und von Cleve, erwirbt Ravenstein und wird Herzog von Cleve 123 (2).
Adolf I. (V), Graf von Berg, erster Graf von der Mark 132, 235 (2).
Adolf II., Graf von der Mark 235.
Adolf I., Herzog von Jülich und Berg, Graf von Ravensberg 130.
Adolf VIII., Herzog von Limburg, Graf von Berg (ultimus) 133.
Adolf, Graf von Nassau (uxor: Jutta, Gräfin von Dietz) 169.

Adolf von Nassau, Römischer Gegenkönig 209.
Adolf I., Graf zu Nassau und dessen Ast 209, 210.
Adolf IV., Graf zu Nassau-Wiesbaden 210.
Adolf, Graf von Nassau-Dillenburg erhält Dietz 215.
Adolf, Fürst zu Nassau-Dillenburg 220.
Adolf, Herzog von Nassau, Großherzog von Luxemburg 214.
Adolf, Graf von Neuenahr, erhält Mörs 225.
Adolf, Edler von Santersleben 95.
Adolf I., Herr von Schauenburg, mit Holstein und Stormarn belehnt 95.
Adolf II., Adolf III., Adolf IV., Herren zu Schauenburg 95.
Adolf IV., Graf von Holstein-Schauenburg 98.
Adolf VI., Herzog von Holstein, Stifter des Pinneberger Zweiges 96.
Adolf VIII., Graf von Holstein, Gerhards VI. Sohn 97.
Adolf IX., letzter Herzog von Holstein-Ploen 96.
Adolf XI., Graf von Holstein-Schauenburg 109.
Adolf XI., letzter Graf von Holstein-Schauenburg, belehnt mit dem Herzogthum Schleswig (1440) 97.
Agnes von Cleve, Gemahl: Heinrich Graf von Spanheim 123.
Agnes von Habsburg, Wittwe Albrechts II. von Sachsen 62.
Ahaus, eh. Bischöfl. Münstersches Amt, an Salm (Preußen) 191, 192.
Ahlden, Lüneburgisches Amt, Theil des Kgr. Westphalen, Nord-Departement 68.
Ahlen, eh. Kanton Grh. Berg 137.
Ahrenshök, Amt, s. Wagrien.
Albert, Herzog von Sachsen 124.
Albertine Agnes, Prinzessin von Nassau-Oranien, verm.: Fürst Wilhelm Friedrich zu Nassau-Dietz 171, 217.
Albrecht, Bischof von Braunschweig 188.
Albrecht I., der Große, Herzog von Alt-Braunschweig-Lüneburg, theilt mit seinem Bruder (Alt-Braunschweig) 88.
— —, nimmt einen Theil des Wappens von England an 88 Anm., 158 Anm.
Albrecht II., der Fette, Herzog von Alt-Braunschweig-Göttingen 88.
Albrecht der Bär, aus dem Hause Askanien, Belehnung mit der Mark Brandenburg 17, 61.
— —, Markgraf des Nordgaues, Wappen: rother Adler im Schilde 24.
— —, Herr der Niederlausitz 165.
Albrecht I., Herzog zu Sachsen 62 (2), 89, 149.

Albrecht II., Herzog zu Sachsen, Markgraf zu Brandenburg 17.
— —, Wappen 25, 62.
— —, erhält die Oberlausitz 162.
— —, I. Herzog von Sachsen-Wittenberg 62, (2), 149.
— —, kauft die Burggrafschaft Magdeburg (1269) und verkauft sie (1294) 113 Anm.
Albrecht von Brandenburg, Deutsch-Ordens-Meister 3, 4.
— —, Herzog von Preußen 4.
Albrecht II. von Habsburg erbt die Oberlausitz 162.
Albrecht, gefürsteter Graf zu Nassau-Weilburg-Weilburg 211.
Albrecht, aus dem Hause Podiebrad, Graf zu Glatz 232.
Albrecht von Zollern, Burggraf von Nürnberg, erhält Coburg und Schmalkalden und verkauft sie 229.
Albrecht Achilles, Kurfürst von Brandenburg 34.
— — — —, erhält Crossen ꝛc. 44, 146.
— — — —, 1470 mit Pommern belehnt 78.
Albrecht Friedrich, Markgraf von Brandenburg, Herzog von Preußen 4, 5.
Algermissen, eh. Kanton des Distr. Hildesheim, Aller-Departement des Kgr. Westphalen 69.
Allendorf (Hessen) 155.
Aller, Departement der, eh. Kgr. Westphalen 69.
Alt-Braunschweig, Linie 88.
— —, s. auch Braunschweig.
Altdamm, Stadt, fällt an Schweden 80.
Alt(en)-Platow 112.
Alten-Torgelow, Stadt 78.
— —, s. auch Torgelow.
Altena, Grafen-Haus, Rose als Wappen 235 (2).
Altena, Schloß 235.
Alt-Lüneburg 88.
— —, s. auch Lüneburg.
Alt-Lüneburgischer Erbschaftsstreit 89.
Altmark (früher Nordmark) 16, 17, 59.
— an Brandenburg-Askanien verlehnt (1196) 59, 112.
—, Belehnung Friedrichs I. 19.
—, Schicksale der 20.
—, Brandenburgs Lehnshoheit über die 112
— linkselbisch (Theil des Kgr. Westphalen), Departement der Elbe, 65.
Altshausen 254.
Altshausen, Grafen vom Eritgau 250.
Altshausen-Veringen, Grafengeschlecht 253.
Alt-Veringen, s. Veringen.
Alvensleben, Ort 112 (2).

Amalie, Gräfin zu Solms-Braunfels, verm.: Heinrich Friedrich von Nassau-Oranien 217.
Ammer, Edle Herren von, 97 Anm.
Ammerland, 97 Anm.
Anclam, Stadt ꝛc., erhält Bogislaw IV. von Pommern 76, 262.
Angelmodde, Gemeinde, 1806—1810 Theil des Grh. Berg 136.
Angermünde, s. Uckermark.
Angern 112.
Angria, s. Engern.
Anhalt, Kurbrandenburgisches Erbrecht auf 114.
—, Haus, dessen Ansprüche auf Brandenburg 18.
— —, Erbvertrag mit Lauenburg 150.
Anholt, Hr. 62 (2).
Anker im Wappen von Lingen 242, 244 und ibd. Anm.
Ankerkreuz, das Wappenbild von Pyrmont 184.
Anna von Borssel, Erbin von ter Ver und Vliessingen 171.
Anna, Gräfin von Egmond, bringt Büren und Borssel-ter-Ver ihrem Gemahl Wilhelm I., Fürst von Nassau-Oranien, zu 170, 171, 217.
—, Gräfin von Freiburg, bringt Neufchâtel an ihren Gemahl Rudolf, Markgrafen von Hachberg 169.
—, Tochter Heinrich II. zu Jauer, Gemahlin Kaiser Karls IV. 45.
—, Erbgräfin von Katzenellenbogen und Dietz 156, 216.
—, Gräfin von Nassau-Hadamar 209.
—, Herzogin in Preußen 5, 124.
—, Prinzessin von Sachsen, verm.: (II) Graf Wilhelm I. von Nassau-Oranien 217.
—, Erbgräfin von Tecklenburg, verm:. Eberwin III. von Götterswyck 245.
—, Gräfin von Wied-Isenburg, Erbin von Mörs, verm. an Wilhelm, Graf von Neuenahr 225.
Anna Johannetta, Gräfin von Saarbrücken 210.
Anto(i)n(g) in Flandern 122.
Antwerpen, Burggrafschaft (ertheilt gegen die Niederländischen Besitzungen) an Nassau-Dillenburg 215.
Apenburg, Kanton des Distr. Salzwedel, Elb-, dann Nieder-Elb-Departement des Kgr. Westphalen 66 69.
Arches an Cleve 123.
Aremberg, Herzog von 51.
—, Hzgth. 51 (2).
Arenberg, s. Aremberg.
Arendsee, Kanton des Distr. Salzwedel, Elb-, dann Nieder-Elb-Departement des eh. Kgr. Westphalen 66/69.
Arkel, Herren von 120.

Arkel=Leerdamm, Bestandtheil der Oranischen Erbschaft 166.
Arlon, Markgrafen und Grafen vom Haus 119, 133.
Arnold III., Graf von Bentheim, aus dem Hause Götterwyck, erbt Tecklenburg 244.
Arnold I., Graf von Cleve 123.
Arnold II., Graf von Cleve 123.
Arnold, Graf von Egmond, Herzog von Geldern (tritt es an Burgund ab, erhält es zurück) 120.
Arnold von Egmond, Herzog von Geldern 170.
Arnold I., Graf von Lurenburg 209.
Arnsberg, Grfsch. 61 (2), 62 (2).
—, Regierungsbezirk 64.
— und Ri(e)tberg, Grafen 234.
Arnstein, Abtei an Nassau-Weilburg 214.
Arnswalde, Erwerbung von 17.
Artern (Grfsch. Mansfeld) 248.
Artlenburg, Elbkonvention (5. Juli 1803) 92 Anm.
Aschaffenburg, fällt an Dalberg 257.
Aschersleben, Grafschaft, s. Askanien.
Askanien, Grafschaft, Anhaltische Erbberechtigung 114.
— an Halberstadt 188.
Auburg, Amt, an Hannover (1815) 92 Anm.
August (der Aeltere), Herzog von Neu-Braunschweig-Lüneburg-Celle 91.
—, Herzog von Neu-Braunschweig-Dannenberg, erhält Wolfenbüttel 91 Anm.
—, Kurfürst von Sachsen 113 Anm.
—, Herzog zu Sachsen-Weißenfels 114.
Auschwitz, Hzgth. 42 (2).

B.

Baër, Herrschaft 224.
Bärwalde, Erwerbung von 17.
Balken im Wappen von Mörs 226.
Ballenstädt, Graf Otto der Reiche von 24.
Balthasar von Dernbach, Abt von Fulda 205 und Anm. ibd.
Balthasar von Esens 181.
Balthasar, Graf zu Nassau 210.
Bandern, siehe Klein-Bandern.
Bannsbefehlung (Burggraffschaft Magdeburg) 113 Anm.
Barbara, Markgräfin von Brandenburg, Wittwe Heinrichs XI., Herzog von Glogau-Crossen, erbt dies 44 (2), 46,
Barby, Grafschaft 59 (2).
— —, Theil des Kgr. Westphalen (Elb-Departement) 66.
Barchfeld, Henneberg. Amt, an Hessen 229.
Barmen, eh. Kanton des Grh. Berg 136.
Barnim, Alt-, Erwerb von 17, (3).
—, s. auch Mittelmarck.
—, Fürst im Teltow 17.

Alphabetisches Namen-, Orts- und Sach-Register.

Barnim I., Herzog von Pommern (-Demmin) 75, 76.
Barnim, Herzog von Pommern (1529) 79.
Barnim I., dux Slaviae (Herzog von Pommern-Stettin) Slavorum dux (Herzog der slavischen Pommern) 139.
— —, dux Slavorum et Cassubiae 144.
Barnim II., Herzog von Pommern 76.
Barnim III., Herzog von Pommern-Stettin 76.
Barnim IV., Herzog von Pommern-Wolgast (diesseit der Swine) und Rügen 77, 175.
Barnim VI., Herzog von Pommern zu Wolgast und Gützkow 175.
Barnim VII., Herzog von Pommern zu Gützkow 175.
Barnim VIII., Herzog von Pommern zu Barth und Rügen 175.
Barnim X., Herzog zu Pommern-Stettin (Belehnung 1530) 78, 140.
Barten, 3 (2).
Barth, Festland von Rügen 17, 264 und Anm. ibd.
—, Fürstenthum (al. hr.) 77 Anm.
— —, Wappen 141, 142, 144.
Bartholomäus aus dem Hause Podiebrad 232.
Baruth, hr. 21, 59 (2).
Bautzen, Land, siehe auch Budissin.
—, fällt an Böhmen 45.
— —, s. auch Oberlausitz.
—, Stadt 162 (2).
de Baux, Haus, im Besitz von Oranien 167.
Bayern, Ludwig der Aeltere von 18.
— —, belehnt mit Brandenburg 18.
— —, Abtretung von Brandenburg 18.
— —, Meinhard, Sohn Ludwigs des Älteren 18.
— —, Stephan Herzog von Nieder- 18.
Beatrix von Böhmen bringt ihrem Gemahl Otto III. von Brandenburg Bautzen 2c. zu 25, 45, 162.
Beatrix von Brandenburg bringt Bautzen und Görlitz ihrem Gemahl Boleslaw von Schweidnitz zu 162.
Beckum, eh. Kanton Grh. Berg 137.
Beerfelde, s. Neumark.
Beeskow, Böhmischer Lehnsnexus aufgehoben 47 (2).
—, s. auch Mittelmark.
Beichlingen, Graf Friedrich III., Erzbischof von Magdeburg 112.
Beilstein, Burg 215.
—, Herrschaft 51 (2), 214, 218, 219.
— —, fällt an Nassau-Dillenburg 215.
— —, Souveränität des Großherzogs von Berg über — (seit 1810) 136.
— —, Linie des Hauses Nassau-Katzenellenbogen (Ottonischen Stammes) 219.
—, Schloß 216.

Belgard, Fürst von, s. Ratibor, Fürst von Belgard 74.
—, Land (Cassuben) 143, 262 (2).
—, dessen Umfang 263.
Belzig, Amt 22, 59 (2).
Beninga, Haus, s. Manslagt 181.
Benshausen 229.
Bensberg, eh. Kanton Grh. Berg 136.
Bentheim, Grafschaft 88.
—, Grafen, ältestes Haus, aus dem Hause Holland 243, 245.
— —, aus dem Hause Götterswyck 244.
—, 1806 bis 1810 Theil des Grh. Berg (Ems-Departement) 136, 137.
—, eh. Kanton Grh. Berg 137.
Berg, Grafschaft, vererbt an Limburg 132.
—, Grafen, aus dem Hause Altena 132.
— —, Wappen derselben 132.
—, Adolf II., Graf von, erhält Mark 235.
—, Adolf IV. erbaut Altena 235.
—, Adolf V. (I.) nennt sich Graf von der Mark 235.
—, Eberhard, Graf von, zu Altena 235.
—, Friedrich, Graf von, erbaut Mark 235.
Berg, Herzogthum 132 ff.
— —, Helmkleinod 134.
— —, Wappen 132.
— —, fällt an Cleve 123, 130.
— —, an Jülich 130, 133.
— —, an Pfalz-Neuburg 125, 130, 133.
— —, fällt an Pfalz-Sulzbach, dann an Pfalz-Zweibrücken 130.
— —, an Preußen 133.
— —, eh. Theil des Grh. Berg, Rhein-Departements 133, 136 (2).
— —, Theil der Rheinprovinz 53 (3).
— —, Umfang jetzt 133.
— —, Wappen im Brandenburg-Preußischen 133 ff.
—, Departements des eh. Grh. 136.
—, eh. Grh., dessen Gründung und Eintheilung 135 ff.
Berg-Altena, Grafenhaus 123.
Berg-Jülich, Kursächsische Erbanwartschaft auf 124.
Bergen, Kloster, Vertrag zu — (1666) 114.
Bergen-op-Zoom, Mqsf., an Pfalz 170.
Bergh, van den, Hr. (Niederlande) an Nassau-Dillenburg 215.
Berliner Frieden (1742) 47.
Bernhard I., Graf von Arnsberg und Rietberg 234.
Bernhard I., Herzog zu (Alt-Braunschweig, Göttingen) Mittel-Lüneburg 90.
Bernhard VII., Edelherr zur Lippe, mit Pyrmont belehnt 185.
Bernhard IV., letzter Graf von Mörs, aus dem Hause Vianden 225.
Bernhard, Graf von Nassau-Beilstein 216.
Bernhard, Herzog von Oppeln-Falkenberg, Wappen 42.

Bernhard V., Bischof von Paderborn 184.
Bernhard, letzter Graf von Ravensberg 235.
Bernhard, Herzog zu Sachsen (Albrechts des Bären Sohn) erhält die Hälfte von Engern und Westfalen 24, 61 (2), 62 (2).
Bernhard, Herzog zu Schweidnitz 45 (2).
Bernstein, Hr., Wappen von; im Pommerschen, für Wolgast angenommen 140 u. Anm. ibd.
—, Brandenburg, Erwerbung des Landes 17, 78.
—, siehe auch Neumark.
Berthold VII. Graf (dann gefürsteter Graf) von Henneberg-Schleusingen, kauft Coburg und Schmalkalden 229.
Berthold, Bischof von Verden und Hildesheim 201.
Bertram I. u. III. de Baux, Herren von Oranien 167, 168.
Beseritz, s. Stargard i. M. 76.
Betzendorf, Kanton des Distrikts Salzwedel, Elb-, dann Nieder-Elb-Departement des eh. Kgr. Westphalen 66, 69.
Beuthen, Hr. 42 (3, 4). 43.
—, an Markgraf Georg den Frommen von Brandenburg verpfändet; fällt an Böhmen 43.
—, als Entschädigung an Brandenburg gegeben 47.
—, Linie der Oberschlesischen Herzöge 42.
Bevergern, eh. Bischöfl. Münstersches Amt, an Loos-Corswarem (Preußen) 191, 192.
Bielefeld, Distr. des Weser-Departements eh. Kgr. Westphalen 68, 70.
Billerbeck, eh. Kanton Grh. Berg 137.
Billing, Magnus, Herzog zu Sachsen 24.
—, Eilicke, Markgräfin 24.
— Wulfhild, Markgräfin 24.
Bilstein von (in Hessen) 61 (2), 154 Anm.
Birger Jarl, Regent von Schweden 108 Anm.
Bitburg 51.
Blankenberg, Amt, eh. Theil des Sieg-Departement des Grh. Berg 136 (2).
Blankenburg, Distr. des Saale-Departements eh. Kgr. Westphalen 67.
—, Fsth., Theil des Kgr. Westphalen, Harz- und Saale-Departement 66.
—, Grafschaft 9.
Blankenheim, Grafschaft 51 (2).
Bleckede 88.
Bleidenbach, an Nassau 213 Anm.
Blutfahne 259.
Blutfeld s. Regalien.
Bobersberg fällt als Böhmisches Pfand, dann definitiv an Brandenburg 44 (2), 146.
—, s. auch Neumark.

Bocholt, eh. Bischöfl. Münstersches Amt, an Salm (Preußen) 191, 192.
Bochum, eh. Kanton Grh. Berg 137.
Bockeloh, Amt 92.
Bockstedt 248.
Bodenwerder, s. Homburg i. L.
Böhmen, Helmkleinod, wird an Brandenburg verliehen 25.
—, Könige 25.
—, ältestes Wappen 26.
Böhmische Lehnsrechte auf Brandenburgische Herrschaften, Verzichtleistung 47.
Bogislaw I., Herzog von Pommern (dux Slavorum, dux Pommeranorum) 138, 139.
Bogislaw I. u. II., Herzöge von Pommern 75, 262.
Bogislaw III., dux Pomeraniae (Herzog von Pommern) 139.
Bogislaw IV., Herzog von Pommern-Wolgast 76, 77, 175, 262.
Bogislaw V., Herzog von (Hinter-) Pommern-Wolgast (jenseits der Swine) 77 (2), 175.
Bogislaw VIII., Herzog von Pommern-Stargard 77.
Bogislaw IX., Herzog von Pommern-Stargard 77.
Bogislaw X., Herzog von Pommern (Wappenänderung) 77, 79 u. Anm. ibd., 175.
Bogislaw XIV., letzter Herzog von Pommern 2c., dux Slavorum Cassubiae 72, 144.
Boleslaw, letzter Herzog von Beuthen, aus dem Oberschlesischen Hause 42 (2).
Boleslaw III., Herzog zu Brieg und Liegnitz, entsagt der Ansprüche auf Breslau, verkauft Grottkau 46 (2).
Boleslaw VI., Fürst von Kalisch 75.
Boleslaw II., Stifter der Linie zu Liegnitz 17, 43.
Boleslaw III., der Wilde, Herzog zu Liegnitz, verkauft Lebus 45 (2).
Boleslaw II., Herzog zu Münsterberg, erbt Schweidnitz, verkauft Glatz (s. auch Bolko) 42 (2), 232.
Boleslaw I., Chróbry, König von Polen 41 (2).
Boleslaw II., Krzywusti, König von Polen 2, 41 (2).
Boleslaw I., Herzog von Mittel- und Nieder-Schlesien und Breslau 42 (2), 43.
— —, erhält Glatz 23.
Boleslaw, Sohn Swantibors von Pommern, Fürst von Pomerellen 74.
Boleslaw II., Herzog zu Schweidnitz, (s. auch Bolko) 45.
— —, erhält die Oberlausitz 162.
Bolko I., Herzog zu Liegnitz 45.
Bolko II., Herzog zu Münsterberg 45.
— —, s. auch Boleslaw II.

Bolko III., Herzog zu Münsterberg 45.
Bolko I., erster Herzog von Oppeln und dessen Wappen 42 (2).
Bolko II. (Heinrich), Herzog zu Oppeln-Oppeln 42 (2).
Bolko I., Herzog zu Schweidnitz, erhält Glatz (s. auch Boleslaw) 231.
Bolko II., Herzog zu Schweidnitz (s. auch Boleslaw) 45.
Bolko III., Herzog zu Schweidnitz und Jauer 45.
Bonames, Ort 257.
Boppard, kurtrierisches Amt, an Nassau-Weilburg 214.
Borkeloo, Hr., Titel und Wappen vom Bischof von Münster angenommen 190.
Borne 120.
Bornheim 257.
Bornhöved, Schlacht bei (1227, 22. VII.) 75, 95.
Bornstedt 248.
Borßel-ter-Ver, Marquisat, Bestandtheil der Oranischen Erbschaft 166.
— —, an Egmond 170.
— —, an Nassau-Oranien 170, 171.
Brackenhaupt, das Zollern'sche Helmkleinod wird gekauft; Streit darüber; seine Farben 33, 34.
Brandenburg, Markgraf von, Titel 17.
—, Markgrafen von — aus dem Hause Askanien 112 (2).
—, Albrecht I., Markgraf 3.
—, Albrecht II., Markgraf 17.
—, dessen Wappen 25.
—, Albrecht von, D. O.-M. 4.
—, Albrecht von, Herzog von Preußen 4.
—, Albrecht Achilles, Kurfürst 146.
—, Albrecht Friedrich von, s. Preußen.
—, Elisabeth von, verm. Herzogin von Brieg 46.
—, Friedrich I., Kurfürst 34.
—, Friedrich III., Kurfürst 5.
—, Friedrich Wilhelm, Kurfürst 217.
—, — wird souverainer Herzog von Preußen 5.
—, Georg, Markgraf 4.
—, Georg Friedrich, Markgraf 4.
—, Georg Wilhelm, Kurfürst 5.
—, Joachim Friedrich, Markgraf, Verweser des Erzbisthums Magdeburg 113 Anm.
—, Joachim, Kurfürst, belehnt mit Preußen 4.
—, Joachim Friedrich, Kurfürst 5.
—, Johann, Markgraf 4.
—, Johann I., Markgraf 17.
—, Johann III., Markgraf 25.
—, Johann und Otto aus dem Hause Askanien, Markgrafen 229.
—, Johann Georg, Kurfürst, belehnt mit Preußen 4.

Brandenburg, Johann Sigismund, Markgraf 5.
—, Kasimir, Markgraf von 4.
—, Konrad, Markgraf 74.
—, Kurprinz, dessen Wappen 27.
—, Otto der Faule, Markgraf 18.
—, Otto III., Markgraf 17, 25.
— — — —, erhält das böhmische Helmkleinod 25.
—, Otto IV. mit dem Pfeile, Markgraf 26.
Brandenburg, Mgfth., Bestandtheile 16.
— —, Helmkleinod 25, 26, 27.
— —, Wappen 16 ff.
— —, Wappen und Titel im Kurbrandenburgisch-Preußischen 22.
— —, Erhebung zum Kurfürstenthum 18.
— —, Kurmark 16.
— —, Erhebung zum Reichsfürstenthum 17.
— —, Untheilbarkeit 21.
— —, unter den Askaniern 17, 18.
— —, Erlöschen der Markgrafen von — aus dem Hause Askanien 18.
—, Mgfth. unter dem Hause Bayern 18.
— —, Abtretung an das Haus Lützelburg 18.
— —, unter den Lützelburgern 18.
— —, mit der Krone Böhmen vereinigt 18.
— —, verpfändet 18.
— —, König Wenzel, Markgraf von 18 f.
— —, König Sigismund, Markgraf von 18.
— —, Jobst von Mähren, Markgraf von 18, 19.
— —, Belehnung Friedrichs I. von Zollern 19, 259.
— —, unter dem Hause Zollern 19 ff.
— —, Haus, Erbvertrag mit Liegnitz-Brieg 46.
— —, Hausvertrag von 1599, 43.
— —, Erbanwartschaft auf Cleve-Jülich 2c. 124.
— —, Erbrecht auf Demmin an Pommern abgetreten 76.
— —, erhält Hinterpommern 80.
— —, erhält Massow in Pommern 80.
— —, erhält Naugard 80.
— —, erhält das östliche Oderufer 80.
— —, dessen Oberherrlichkeit über und Belehnung mit Pommern 75.
— —, erhält Mitbelehnung und Erbfolgerecht in Pommern 78.
— —, erhält Stolp i. P. 80.
— —, die Markgrafen von — in Franken erhalten das Recht, die pommerschen Wappenfelder zu führen 79.
— —, Kurfürstliches Wappen — Zählung der Felder stets nach ihrem Range von der Mitte aus 35.
—, Provinz, Bestandtheile, Größe 22.
— —, deren Farben 30.
— —, deren Wappen 30.
Brandenburg-Cüstrin, Johann, Markgraf von, und Tochter Katharina 5.

Braunschweig, Distr. des Ocker-Departements des eh. Kgr. Westphalen 67 (2).
—, Land 88.
—, Stadt 88.
—, bei der Theilung 90.
—, s. auch Alt-, Mittel- und Neu-Braunschweig.
Braunschweig-Lüneburg, Wappenvereinigung 88 Anm.
Braunschweig-Wolfenbüttelsche Staaten (Theil des Kgr. Westphalen, Ocker- und Leine-Departement) 65.
Breda, Hr., an Nassau (-Oranien) 170.
—, an Nassau-Dillenburg 215.
—, s. auch Polanen.
Bregenz, Grfsch. 250.
Brehna, Grafen 62.
—, Grfsch. 72.
— —, Wappen 150.
Bremen, Bisthum, Stiftung und Verschmelzung mit Hamburg 116.
— —, Erzbisthum, s. Verden.
— —, Erzbisthum 117.
— —, säkularisirt und an Schweden 117.
Bremen, Hzgth. 88, 116.
— —, Theil des Kgr. Westphalen, Nord-Departement, bis 1810, 68.
— —, an Dänemark, an Kurhannover, an Frankreich und Preußen 118.
—, Stadt (als Reichsstadt anerkannt 1731) 118.
— —, und Gebiet, Kurbraunschweigische Rechte 196.
Bremervörde, Distr. des Nord-Departements des eh. Kgr. Westphalen 69.
Brena, Brene, Grafen, Grfsch., s. Brehna.
Breskesand, Hr., s. Ravensberg.
Breslau, Zweig der Niederschlesischen Piasten 44 (2).
—, Fstth., fällt an Liegnitz 44.
—, an Böhmen abgetreten 46 (2).
—, Präliminarfrieden zu — 1742: 20, 47.
Brieg, Fstth. 46 (2).
— —, vom Kaiser eingezogen 47.
Brilon 61 (2).
Brochterbeck 243.
Broich, Hr. 62 (2).
— —, Theil des Grh. Berg (Rhein-Departement) 136.
Brookmerland 181.
Brotterode, Hennebergisches Amt, an Hessen 229.
Bruch, Hr., s. Broich.
Bruchhausen an Schwerin 243.
Brustschild des Brandenburgischen Adlers 23.
Brześć, Woiwodschaft 55 (2).
Brześć-Litewsk 7.
Buch, reichsritterschaftliche Aemter im Quartier von — (Theil des eh. Kgr. Westphalen, Departement der Werra) 68.

Buchen, Fürst von, s. Fulda (206).
Buckow 112.
Budissin, Land 161.
Büffelskopf, der Mecklenburgische; Unterschied der Darstellung im Preußischen von dem im Großherzoglichen Wappen 152.
Büren, Grfsch., Bestandtheil der Oranischen Erbschaft 166, 217.
—, an Egmond und Nassau-Oranien 170.
—, Maximilian, Graf v. 244.
—, Baronie, fällt an Paderborn 185.
Bütow i/P., Hr. 6, 7.
—, Titel, Aufnahme in den Kurbrandenburgischen 203.
—, Land 143.
—, Stadt, vom deutschen Orden erkauft 75.
Bugslaff s. Bogislaw.
Burbach, Amt s. Dillenburg (136) und 137.
— (Nassau), Amt 219, 221 Anm., 222 Anm.
Burchard, letzter Burggraf v. Stromberg 190.
Burg, Vertrag von (1687) 113.
—, eximirtes Amt 113.
—, kommt an Brandenburg (1687) 113.
Burgau, pfalzgräfliches Haus; Erbprätension auf Jülich-Cleve 125.
Burghard I., Burggraf von Querfurt, erhält Mansfeld 247.
Burkhard II., Graf von Mansfeld, Burggraf von Magdeburg 113 Anm.
Burkhard XI, Graf von Mansfeld, verkauft die Burggrafschaft Magdeburg 113 Anm.
Burg-Schwalbach, Nassau-Usingensches Amt 213 Anm.
Burtscheid, eh. Reichsabtei 51 (2).
Buxtehude, Stadt 68.
—, Theil des Kgr. Westphalen, Departement der Nieder-Elbe 69.
Bytom, s. Beuthen.

C.
(Vergl. auch K.)

Calbe, Kanton des Distr. Salzwedel, Elb-, dann Nieder-Elb-Departement des eh. Kgr. Westphalen 66, 69.
Calenberg, Fstth. 91 Anm.
— —, (Bestandtheile) 88, 90 u. Anm. ibd.
— —, Theil des Kgr. Westphalen, Departement der Aller bezw. Leine 69, 70.
Calenberg'sches Gebiet 88.
Calenberger Zehnt, s. Kalenberg.
Calenberg-Wolffenbüttel 91 Anm.
Calmarische Union (1397) 109.
Calvelle, Grfsch. 234.
Calvörde, Braunschweigisches Amt, Theil des Kgr. Westphalen (Elb-Departement) 66.
Camberg, Amt 216.

Camenz, Stadt 161, 162.
Camin i. P., s. Kammin.
Camin W./Pr., Kreis 6, 56.
Carl, s. Karl.
Casimir, s. Kasimir.
Cassel 155, 156.
—, Bezirksverband, Wappen und Farben 158.
—, Distr. des Departements der Fulda des Kgr. Westphalen 66.
Cassuben, Hzgth. (Land Belgard) 79, 143 ff., 262, 263.
— — an Brandenburg 144 Anm.
— —, Helmkleinod 142, 145, 263.
— —, Wappen (dessen Entstehung, Farbenwechsel 2c.) 73 Anm., 143, 144.
— —, Wappen im Kurbrandenburgischen 143, 145.
—, Volksstamm 75.
Caub, Kurpfälzisches Amt, an Nassau-Usingen, 213 Anm.
Celle 88.
—, Distr. des Aller-Departements, eh. Kgr. Westphalen 69.
Cellisches Quartier, s. Hzgth. Lüneburg 69.
Central- und unteren Organe der Preußischen Provinzen, — Wappen der, 12.
Châlon an der Saône (zu unterscheiden von Châlons an der Marne) 168.
Châlon-Arlay, Haus; erbt Oranien, besitzt Neufchâtel 168 (2).
— —, Wappen 166, 168 Anm.
— — — —, dessen Stellung im Königlich Preußischen 172, 173.
— — — —, soll jeder Erbe von Oranien führen 173.
—, s. auch Nassau-Dillenburg (216).
Charlotte de Bourbon, verm. (III) Graf Wilhelm I. von Nassau-Oranien 217.
Charlotte, Prinzeß von Nassau-Schaumburg 220.
Christian, Herzog von Neu-Lüneburg-Celle 91.
Christian, letzter Fürst von Nassau-Dillenburg, erbt die Hälfte von Hadamar 220.
Christian IV., Graf von Oldenburg 97 Anm.
Christian V., Graf von Oldenburg-Delmenhorst 97 Anm.
Christian VIII., Graf von Oldenburg, Herzog zu Schleswig, Graf von Holstein, wird König von Dänemark 97, 98.
Christian, Bischof von Preußen 5.
Christian II., Kurfürst von Sachsen, Prätendent in Jülich-Cleve 124.
Christian VIII., Herzog von Schleswig-Holstein, König von Dänemark, Schweden und Norwegen 109.
Christian Eberhard, Fürst von Ostfriesland 182.

Christian Ludwig, Herzog von Neu-Lüneburg-Calenberg (bezw. Celle) 91, 92.
Christian Wilhelm, Markgraf von Brandenburg, Coadjutor von Halberstadt 189.
Christian Wilhelm, Herzog zu Sachsen, Administrator von Magdeburg 114.
Christoph, Herzog von Braunschweig, Bischof von Bremen und Verden 201.
Christoph, Erzbischof von Bremen 117.
Christoph I., Herzog von Falster, König von Dänemark 108 (2).
Christoph, Graf von Montfort 264.
Christoph III., Pfalzgraf bei Rhein, König von Schweden und Norwegen 109.
Christoph Friedrich, Graf von Zollern-Haigerloch, mitbelehnt mit Sigmaringen und Veringen 250.
Cieszyn s. Teschen.
Cirksena, Ostfries. Fürstenhaus (Häuptlingsgeschlecht) 180 u. Anm.
— —, erhält den Reichsgrafenstand 181.
Cismar, Amt, s. Wagrien.
Claudia (Claudine), Erbfrau von Châlon-Arlay und Oranien, bringt Oranien an ihren Gemahl Heinrich III. Graf von Nassau-Dillenburg 168, 171, 215.
Cleve, ältestes Grafengeschlecht 122.
—, Hzgth. an Brandenburg 122, 125.
— —, Theilungsvertrag (1666) 126.
— —, an Frankreich, Berg und Preußen 126.
— —, rechtsrhein. Theil des Grh. Berg-Rhein-Departements 136.
— —, Theil der Rheinprovinz 53.
— —, Helmkleinod 127.
— —, Wappen, Rang im Brandenburg-Preußischen 127.
— —, Wappenbild 126, 127.
—, Reichswald 123.
Cleve-Berg, Provinz 133.
Coburg an Brandenburg, dann an Henneberg-Schleusingen 229.
—, Linie des Hauses Henneberg 229.
Coblenz, eh. D. O. Balley 52.
—, Reg.Bez. 53.
Coeln, Erzbischof Philipp erhält die Hälfte von Engern und Westfalen 61.
—, Erzbischöfe, deren Wappen für Engern und Westfalen 63, 64.
—, eh. Reichsstadt (Theil der Rheinprovinz) 51, 53.
—, Reg.Bez. 53.
Coesfeld, eh. Bezirk und Kanton des Ems-Departements, Grh. Berg 137.
Colbatz in Pommern 262.
Colberg, Stadt und Land — an Kammin 203 (2).
Colloredo, s. Mansfeld.
Constitutio Walderiana 108.
Corneli(u)smünster, eh. Reichsabtei 51.

Corvey, Fstth. 62.
— —, Gebiet (Theil des Kgr. Westfalen), Departement der Fulda 65.
—, Ansprüche Kurbraunschweigs an 196.
—, an den Erbprinzen von Oranien 206, 221.
Cottbus, Hr., an Brandenburg 162, 165.
—, Böhmischer Lehnsnexus aufgehoben 47.
— (Weichbild) 59.
—, s. auch Neumark.
Cranenburg, Hr. 123 (2).
Cranendonk, Hr., an Egmond 170.
Crefeld, Hr. 224.
Cronberg, Walther von 2.
Crone, Kreis 6, 56.
Cronenburg, Hr. 53 (2).
Crossen, Hzgth., an Brandenburg pfandweise 44, 146, definitiv 147.
— —, von Kurbrandenburg getrennt 21.
— —, Böhmischer Lehnsnexus aufgehoben 47.
— —, Kurbrandenburgisch-Preußische Titulatur für — 147.
— —, Wappen 146.
— — —, im Kurbrandenburgisch-Preußischen 147, 148.
—, s. auch Neumark.
Croy, Besitzungen des Herzogs von — 61.
Cüstrin, s. Küstrin.
Czenstochau, Bezirk 55 (2).

D.

Daber i./P. 262.
Dahme, eximirtes Amt 21, 59, 111, 113.
v. Dalberg, Großherzog von Frankfurt 257 (2).
Damgarten 264.
Damm (Alt-), Stadt 80, 262.
—, fällt an Preußen 81.
Dannenberg, Grafschaft 88.
— —, Theil des Bisthums Verden 199.
—, Amt 91.
—, Theil des eh. Kgr. Westphalen, Distr. d. Niederelbe 69.
Danzig, Fürst von, s. Grimislaus und Swatoplok.
—, Stadt (Gebiet) 3, 6, 55.
— kommt an den deutschen Orden 75.
Dars (Darz) 264.
Dassel, in Hannover, Rauhgrafschaft 89 Anm., 90 Anm.
— —, an das Bisthum Hildesheim 197.
—, Grafen 89.
—, Graf Simon von 89 Anm.
— in Hessen, dynastische Grafen von 154 Anm.
Deisterland 88, 90.
Demmin, Burg 262.
— —, Hzgth., Brandenburgische Lehenshoheit über 18.

Demmin, Stadt ꝛc., erhält Bogislaw IV. von Pommern 76.
— —, Fürsten Kasimir I. u. II. ꝛc., s. daselbst.
Demminer Vertrag (1230) 76.
Derenburg, Hr., Theil des Kgr. Westphalen, Departement der Saale 67.
Deutscher Orden 2.
— —, Balley Utrecht 3.
Deutschmeister 2.
Deutz, Stadt, an Nassau-Usingen 213 Anm.
— zum Grh. Berg (Rhein-Departement) 135, 136.
Diepholz, Grfsch. 88, 91 (2).
— —, Theil des Kgr. Westphalen (Aller-Departement) bis 1810: 69, 70.
Diesdorf, Kanton des Distr. Salzwedel, Elb. dann Nieder-Elb-Departement des eh. Kgr. Westphalen 66, 69.
Dietkirchen, Vogtei, an den Erbprinzen von Oranien 206, 214.
Dietrich I., Graf von Cleve 122.
Dietrich II., Graf von Cleve, erwirbt Heinsberg 123.
Dietrich III., Graf von Cleve 123.
Dietrich V., Graf von Cleve, erhält Dinslaken 123.
Dietrich VI. (von Meißen), Graf von Cleve, erbt Hülchrath 123.
Dietrich II., Graf von Hohenstein 239.
Dietrich III., Graf von Hohenstein, erwirbt Klettenberg 239.
Dietrich V., Graf von Hohenstein 240.
Dietrich I., der Bedrängte, Markgraf von Meißen 155, 160.
Dietrich der Glückliche, Graf von Oldenburg 97.
Dietrich III. von Sachsen-Pleißen, Herr der Niederlausitz 165.
Dietrich, Graf von Veringen 254.
Dietrich I. u. V., Grafen von Vianden, Herr von Mörs 224.
Dietz, Erbschaftsstreit 216.
—, Grafschaft 216, 218.
— —, gegen Katzenellenbogen und Nassau eingetauscht 171, 215.
— —, (kurtrierischer Antheil), an Nassau-Weilburg 214.
— an Frankreich 221.
— —, an Preußen 221 Anm. (2).
— —, an Hzgth. Nassau 222 Anm.
—, Linie der Hauptlinie Nassau - Katzenellenbogen (Ottonischen Stammes) 220.
Dillenburg, Veste 214 (2), 215.
— — an Nassau-Dietz (Oranien) 221.
— — an Nassau-Katzenellenbogen-Beilstein 219.
—, Linie des Hauses Nassau-Katzenellenbogen (Ottonischen Stammes) 219.
— an Frankreich 221.
—, Fstth., an Preußen und Hzgth. Nassau 221 Anm. (2), 222 (2) und Anm. ibd.

Alphabetisches Namen-, Orts- und Sach-Register.

Dillenburg, Fstth., eh. Bezirk des Sieg-Departements Grh. Berg 137.
— —, Souveränität des Großherzogs von Berg (seit 1810), eh. über, — Theil des Sieg-Departements 136, 137.
Dinslaken, Hr. 123 (2).
— —, eh. Kanton Grh. Berg 136.
Dippach, an Preußen 206.
Dirschau kommt an den deutschen Orden 75.
Dispositio Achillea 21.
Dithmarschen (Grenzen von) 95.
Dobrin, Ritterorden von 2.
Doda ten Brook verm. an Edzard Cirksena 181.
Dorla, Vogtei 59.
Dortmund, Grfsch. 62 (2).
— —, Theil des Ruhr-Departements eh. Grh. Berg 137 (2).
—, Stadt an Nassau-Oranien-Dietz und Frankreich 206, 221.
Dortmunder Vergleich (1609) 125.
Dramburg i. P. (Neumark) Hr., fällt an Brandenburg 75.
—, Kreis 143.
—, Stadt 262.
Dresden, Frieden von (1745) 20, 47.
Driedorf (Amt) 214, 216, 222 Anm.
—, eh. Kanton Grh. Berg 137.
Driesen, Erwerbung von 17.
—, s. auch Neumark.
Duderstadt 88.
—, Distr. des Harz-Departements, eh. Kgr. Westphalen 66.
—, Gericht, s. (Nieder-)Eichsfeld.
—, Zweig der Linie Grubenhagen (s. d.) 89.
Dudo, Graf von Luxenburg 209.
Dülmen, eh. bischöflich Münstersches Amt; an Croy, dann an Arenberg (Preußen) 191, 192.
—, seit 1810 Theil des Grh. Berg 136.
Düren 130.
Düsseldorf, Reg.Bez. 53.
—, eh. Distr. des Rhein-Departements, Grh. Berg 136 (2).
Duisburg, eh. Kanton, Grh. Berg 136.
—, Stadt 123.
Dyck, Grfsch. 51 (2).

E.

Eberhard, Graf von Berg zu Altena 235.
Eberhard, Graf von Helfenstein (Sigmaringen) 249.
Eberhard Idzinga 180.
Eberhard, Graf von Jülich 129, 130.
Eberhard, Graf von Montfort, kauft Sigmaringen zurück, erwirbt Veringen 250.
Eberhard, Graf von Nellenburg 254.
Eberhard I., Graf von Veringen 254.
Eberswalde, Vertrag von (1427) 76.

Eberwin von Götterswyck nennt sich Graf von Bentheim 245.
Eberstein, gräfl. Haus, stirbt aus 80.
Eberstein, Grfsch. 90 und Anm. ibd.
Eduard, Herzog von Geldern 120.
Edzard Cirksena, Häuptling von Greethsyl 180.
Edzard Cirksena 180, 181.
Edzard I., Graf von Ostfriesland 181.
Edzard Ferdinand Graf von Ostfriesland 181.
Eggenberg, Burg 215.
Egbert, Graf von Bentheim, aus dem Hause Holland 243.
Egilmar I., Edler Herr von Ammer 97 Anm.
Egilmar II., Graf von Oldenburg 27 Anm.
Egmond, Grafen 120.
Egon VII., Graf von Freiburg 169.
Ehrenbreitstein, kurtrierisches-Amt, an Nassau-Weilburg 214.
— —, an Preußen 222 Anm.
Eichsfeld, Fürstenthum (Theil des Kgr. Westphalen, Harz-Departement) 65.
—, Nieder-, an Hannover 1815, 92 Anm.
Eilicke, Gräfin von Ballenstädt 24.
Eilicke zur Lippe, verm. Otto VI. Graf von Tecklenburg 243.
Eimbeck, Distr. des Leine-Departements des eh. Kgr. Westphalen 67, 70.
—, s. auch Grubenhagen.
Eisleber Tausch- (Permutations-) Rezeß 113 Anm., 114.
Eitel Friedrich II., Graf von Zollern, tauscht Haigerloch gegen Räzüns ein 251.
Eitel Friedrich III., Graf von Zollern, 29.
Eitel Friedrich IV., Graf von Zollern, mitbelehnt mit Sigmaringen und Veringen 250.
Elbe, Departement der Nieder-, des eh. Kgr. Westphalen 65, 69, 70.
Elbenau, Amt 59, 112, 113 Anm.
Elberfeld, eh. Distr. und Kanton des Rhein-Departements Grh. Berg 136.
Elbing, Stadt 6.
Elbingerode, eh. Hannöv. Amt, Theil des Kgr. Westphalen — Departement der Saale 65, 67.
Eldagsen, s. Hallermund.
Elefant, der im Wappen der Grafen von Helfenstein 249.
Eleonore, Herzogin in Preußen 5.
Eleonore, Gräfin, dann Reichsfürstin von Nassau-Neu-Saarbrücken, -Saarbrücken 211 Anm.
Eleonora Sophia, Markgräfin von Baden verm. II. an Fürst Johann Franz Desideratus von Nassau 218.
Elger II. von Ilfeld mit Hohenstein belehnt 239.

Elger III. von Ilfeld, Ahnherr des Hauses Stolberg 239.
Elisabeth, Tochter Kurfürst Friedrich II. von Brandenburg, verm. Ludwig II. Herzog von Liegnitz-Brieg 46.
Elisabeth, Erbgräfin von Bregenz und Montfort, verm. Hugo I. aus dem Hause der Pfalzgrafen von Tübingen 250.
Elisabeth von Burgund, verm.: Johann I. Herzog von Cleve 123.
Elisabeth, Landgräfin von Hessen-Marburg 216.
Elisabeth Charlotte, Erbgräfin von Holzapfel 220.
Elisabeth von Meran, Gemahlin Friedrichs III. von Zollern 33.
Elisabeth, Erbgräfin von Pfullendorf und Sigmaringen 250 Anm.
Elisabet von Vinelz bringt Neufchâtel ihrem Gemahl Rudolf IV. von Nidau zu 169.
Elisabeth von Zuylen, Erbin von Baer, verm. an Dietrich IV. Graf von Vianden 224.
Ellar, Hr., dann Amt (Gericht) 214 (2), 215, 216, 222 (Anm.).
Elten, Stift (Vogtei), an Cleve 53, 123.
— —, zum Grh. Berg (Rhein-Departement) 135, 136.
Eltville an Nassau-Usingen 213 Anm.
Elze (linksleinisch), Kanton des Distr. Hildesheim, Aller-Departement des eh. Kgr. Westphalen 69.
Emanuel Ignaz „Prinz" von Nassau-Siegen 219 Anm.
Emden, Schluß zu (1663, 4. Oktober) 182.
Emlingkamp, eh. Kanton Grh. Berg 137.
Emich I., Graf zu Nassau, Sohn Ottos I. 214.
Emich III., letzter Graf von Nassau-Hadamar 215.
Emmerich, eh. Kanton Grh. Berg 136.
Ems, Departement der, (Grh. Berg) 136.
—, Vogtei 214 (2), 221 Anm.
Engelbert der Heilige, Erzbischof von Coeln 152.
Engelbert, Graf von der Mark 235.
Engelbert I., Graf von Nassau-Dillenburg, erhält Polanen, Breda 2c., erbt die Hälfte von Vianden, nimmt Dietz 170, 215.
Engelbert II., Graf von Nassau-Dillenburg 215.
Engern, Hzgth. 60, 71, 72.
— —, Theilung 61.
— —, ältestes Wappen im Kurkölnischen 63.
— —, Wappenstreit 63.
— —, Wappen und Titel ins Kursächs. Wappen 150.
— —, s. auch Westfalen.

Engern, Nord- 61.
—, Süd- 61.
Engers an Nassau-Weilburg 214.
—, 222 Anm.
Enno Cirksena 180.
Enno I., Graf von Ostfriesland 181.
Enno III., Graf von Ostfriesland, erhält Ri(e)tberg 181.
Enno Ludwig, Graf von Ostfriesland, erhält den Reichsfürstenstand 181/2.
Eppstein, halbe Grafschaft fällt an Hessen 156.
— —, an Nassau-Usingen 213 Anm.
Erasmus von Manteuffel, letzter katholischer Bischof von Kammin 203.
Erbach, Grafen 257.
Erbkämmerer-Amt des heil. römischen Reiches (Hohenzollern) 29.
Erbkämmererzepter, die beiden im Herzschilde des gräflich Hohenzollernschen Wappens 251.
Erbvertrag der Kurfürsten von Brandenburg aus dem Hause Bayern mit dem Hause Lützelburg 18.
Erchembert, s. Herumbert.
Erfurt, Reg.Bez. 59.
Erich III., 14. König von Dänemark 108.
Erich VII., König von Dänemark 108.
Erich VIII., König von Dänemark 108.
Erich X. (XIII.), Herzog von Pommern-Stolp, König von Dänemark, Schweden und Norwegen 77, 109, 175.
Erich, Bischof von Paderborn 185.
Erich II., Herzog von Pommern 77.
— — — — —, vereinigt alle Pommerschen Lande 175.
Erich X. (XIII.), Herzog von Pommern, König von Dänemark, Schweden und Norwegen 77, 109, 175.
Erich V., Herzog von Sachsen-Lauenburg 63.
Erich, Herzog von Schweden 108 Anm.
Erich IV., Herzog zu Sachsen-Lauenburg, Erbvertrag mit Braunschweig 150.
Erich VII. Glipping, König von Dänemark 108.
Erich VIII. Menwed, König von Dänemark 108.
Erich VI. Pflugpfennig, Herzog von Schleswig 108.
Eritgau, Grafen Altshausen vom 250, 253.
Ermeland 3, 6.
—, Bisthum 7.
Ermsleben an Halberstadt 188.
Ernst, Herzog von Alt-Braunschweig-Göttingen, Oberwald 89.
Ernst IV., Graf von Hohenstein, belehnt mit Lutterberg 240.
Ernst (der Bekenner), Herzog zu Mittel-Lüneburg-Celle 91.
Ernst, Herzog von Neu-Lüneburg-Celle 91.

Ernst August, Herzog von Neu-Lüneburg-Calenberg, dann Kurfürst von Hannover 91.
Ernst August König von Hannover 92.
Ernst Bogislaw, Herzog von Croy, letzter evangelischer Bischof von Kammin 203.
Ernst Kasimir, Stifter des Hauses Nassau-Dietz 220.
Ernst Kasimir, gefürsteter Graf zu Nassau, Stifter der Linie Neu-Weilburg 213.
Erwitte 61.
Erzkämmereramt des heiligen römischen Reichs (Brandenburg-Zollern) 17.
escarboucle, 126 Anm.
Eschwege (Hessen) 155.
—, Distr. des Werra-Departements eh. Kgr. Westphalen 68.
Esens; Ostfriesisches Häuptlingsgeschlecht zu — im Harlingerlande 180.
Essen, eh. Abtei, Distr. und Kanton des Rhein-Departements Grh. Berg 135. 136 (2).
—, Grfsch. (Theil) 62.
Esterna, Reichsherrschaft 214 (2), 220.
Etechenstein (Jdstein) 209.
Eu an Cleve 123.
Eytorf, eh. Kanton Grh. Berg 137.

F.

Fahnen, die im Helmkleinod der von Mansfeld 247 Anm.
Fahnenbelehnung 258.
Falkenberg (rheinisch) von Jülich erkauft 130.
— in Schlesien, Zweig der Linie zu Oppeln (Herzog Bernhard) 42.
Fehmarn, Wappen von 101 Anm.
—, Insel, s. auch Wagrien.
Felsberg, von, Dynasten in Hessen 154 Anm., 155.
Finsterwalde, Amt 21.
Fischbeck, Dorf, s. Altmark.
Florens von Egmond, Graf von Büren 170.
Florens, Bischof von Münster, erhält Stromberg 190.
Folkunger 108.
Fondi, Fürsten von (Mansfeld) 247.
Franche-Comté 168.
Frankenberg 155.
Frankenstein in Schlesien, Hr., beim Hause Podiebrad 232.
Frankfurt, Stadt, Gründung 256.
—, Hauptstadt des Ostfränkischen Reichs 256.
— —, Wahlstätte der deutschen Könige, als freie Reichsstadt bestätigt; Kaiserkrönungsstadt 257.

Frankfurt, Hauptstadt, freie Reichsstadt, Gebiet; Flächeninhalt 257.
— —, wieder freie Reichsstadt, Sitz des deutschen Bundes, — an Preußen 257.
— —, an Dalberg 257.
—, Hr. zu 256.
—, Grh. 257.
Franz, Herzog zu Mittel-Lüneburg-Gifhorn 91.
Franz Alexander, letzter Fürst von Nassau-Hadamar 220.
Franz Gundakkar, Fürst von Colloredo 248.
Franz Maximilian, Graf von Mansfeld, dann Fürst von Fondi 248.
Franz Wilhelm, Cardinal, Bischof von Osnabrück, Minden und Regensburg 201.
Franziska von Luxemburg-Roussy 210.
Frauensee, Amt, an Preußen 206.
Fredeburg 61.
Freiburg, Grafen, Besitzer von Neufchâtel 169.
Freistadt in Schlesien, Fsth. 44.
Fresen, eh. Kanton Grh. Berg 137.
Freudenberg, Amt, an Hannover 1815 92 Anm.
—, Kanton des Distr. Rinteln, Weser-, dann Aller-Departement des eh. Kgr. Westphalen 69.
Friedeberg N./M., Erwerbung von 17.
Friedeburg, Linie der Grafen von Mansfeld 247.
Friedrich III. (Graf von Beichlingen), Erzbischof von Magdeburg 112.
Friedrich, Graf von Berg, erbaut Schloß Mark 235.
Friedrich I., Herzog von Alt-Braunschweig-Göttingen 89.
Friedrich III., König von Dänemark, letzter Bischof von Bremen und Verden 199, 201.
Friedrich, Prinz von Dänemark, Bischof von Hildesheim 198.
Friedrich II., Prinz von Dänemark, Bischof von Verden 199.
Friedrich VII., König von Dänemark 98.
Friedrich von Egmond erbt Büren und Borßel-ter-Ver 170.
Friedrich, Prinz von Großbritannien, Herzog von York, letzter Bischof von Osnabrück 195.
Friedrich III., Deutscher Kaiser, 77.
Friedrich I., Herzog von Lüben und Brieg, erhält Liegnitz zurück 46.
Friedrich II., Herzog zu Liegnitz und Brieg, kauft Wohlau; Erbvertrag mit Brandenburg 46.
Friedrich III., Herzog zu Liegnitz 47.
Friedrich (der Fromme), Herzog von Mittel-Lüneburg 90.

Friedrich, Herzog von Neu-Lüneburg-Celle 91.
Friedrich III., Graf von Mörs, erhält Saarwerden 224.
Friedrich IV., Graf von Mörs 225.
Friedrich, Graf, dann Fürst von Nassau-Katzenellenbogen-Siegen 218.
Friedrich, Graf von Nassau-(Neu-)Weilburg 213.
Friedrich I., Burggraf von Nürnberg 32.
Friedrich III., Burggraf von Nürnberg, nimmt den Schildrand an 33.
Friedrich IV., Burggraf von Nürnberg, kauft das Brackenkopf-Helmkleinod 33.
Friedrich V., Burggraf von Nürnberg, nimmt den burggräflichen (Löwen-)Schild wieder an 34.
Friedrich VI. (I.), Burggraf von Nürnberg, Verweser von Brandenburg 19.
— —, Pfandherr der Mark 19.
— —, Belehnung mit der Mark Brandenburg 19.
— —, Kurfürst von Brandenburg und Erzkämmerer 19.
— — — —, dessen Wappen 34.
Friedrich III. (I.), Kurfürst von Brandenburg, König in Preußen 5.
— — — —, erhält Anwartschaft auf Ostfriesland 182.
— —, Prätendent der Oranischen Erbschaft 171.
Friedrich von Sachsen, D. O.-M. 3.
Friedrich, Herzog von Sachsen 124.
Friedrich, Herzog von Schwaben 2.
Friedrich Carl, Graf zu Stolberg-Geldern 211 Anm.
Friedrich III., Graf von Zollern 32.
Friedrich IV., Graf von Zollern, Stammvater beider Linien, Wappen 32.
Friedrich, der Erlauchte, Graf von Zollern (Friedrichs Sohn), Schwäbische Linie 33.
Friedrich junior, Graf von Zollern (Schwäbische Linie) 33.
— —, nimmt das Bracken-Helmkleinod an 33.
Friedrich August, Fürst, dann (letzter) Herzog von Nassau-Usingen 212 u. Anm.
Friedrich Heinrich, Fürst von Nassau-Oranien 171.
Friedrich Ludwig, letzter gefürsteter Graf von Nassau-(Neu-) Saarbrücken-Ottweiler, erbt Idstein und Saarbrücken 211.
Friedrich Ulrich, letzter Herzog von Mittel-Braunschweig 90.
Friedrich Ulrich, Graf von Ostfriesland 181.
Friedrich Wilhelm, Kurfürst von Brandenburg, erster souveräner Herzog von Preußen 5, 217.
— —, Verzicht auf Liegnitz ic. 47.

Friedrich Wilhelm I., König von Preußen, erhält die kaiserliche Eventualbelehnung mit Ostfriesland 182.
Friedrich Wilhelm II., Fürst von Nassau-Katzenellenbogen-Siegen 218.
Friedrich Wilhelm, Fürst zu Nassau-Weilburg 212 Anm.
— —, erhält Sayn-Hachenburg 214.
Friedrich Wilhelm I. Adolf, Fürst von Nassau-Katzenellenbogen-Siegen 218.
Fürstenau, Amt des Bisthums Osnabrück 195.
Fürstenstein (Hessen) 155.
Fürstenwalde, Vertrag von 18.
Fulda, Departement der — des eh. Kgr. Westphalen 66.
—, Kloster, gestiftet 205.
— —, Aebte, erhalten kaiserliche Würden 206.
— —, zum Bisthum erhoben 206.
— —, an Landgraf Wilhelm von Hessen verlehnt 206.
— —, säkularisirt und an den Erbprinzen von Oranien als Fstth. 206, 221.
— —, an Frankreich (Grh. Frankfurt), an Preußen, an Kurhessen; wird Grh., an Preußen 206, 257.
—, Grh. 206, 257.
Fulda als Fstth. an Preußen 205, 207, 256.
—, Fstth., Flächeninhalt 207.
— —, Titel und Wappen, deren Rangstellung im Königlich Preußischen 207.
— —, Helmkleinod 205 und Anm.
Fußspitzkreuz im Wappen von Bremen 265.

G.

Galindien 3.
Garz, Stadt, fällt an Schweden 78, 80.
Gastein, Uebereinkunft zu — (1865) 151.
Gebhard, Herr vom Pentengau, Graf von Sigmaringen 250.
Geerd der Kahle, Graf von Holstein, s. Gerhard III. der Große.
Gehmen, Hr. 62.
Gela Beninga von Manslagt 181.
Geldern, Grfsch. 130.
— —, an die Egmond 119.
— —, an Jülich 130.
— —, zum Hzgth. erhoben 120.
Geldern, Hzgth., Wappen ic. 119 ff.
— —, Rang im Preußischen Wappen 121.
— —, Oberquartier 121.
— —, niederes Quartier 121.
— —, Bestandtheil der Oranischen Erbschaft 166/167.
— —, kommt an Oesterreich 120.
Gelnhausen, Reichstag zu (1180) 61.
Genevois, Grfsch., an Villars und Savoyen 167.

Genevois, Grafen 167.
— —, Helmkleinod 167.
— —, Wappen 166, 168 Anm.
— —, Rangstellung im Königlich Preußischen 172/173.
Genferland (Gegend um Genf) s. Genevois.
Gennep 123.
Georg II., Fürst zu Anhalt-Dessau 217.
Georg der Fromme, Markgraf von Brandenburg 4.
— —, erwirbt Oderberg und Jägerndorf, Pfandherr von Beuthen, Oppeln, Ratibor 43.
Georg, Herzog von Braunschweig, Bischof von Verden 199.
Georg, Herzog von Braunschweig-Lüneburg, Bischof von Bremen und Minden, Erzbischof von Bremen 201.
Georg I., Herzog zu Brieg 46.
Georg II., Herzog zu Brieg 47.
Georg, Graf von Gleichen-Tonna, erhält Pyrmont 185.
Georg I., Kurfürst von Hannover, pfändet Bremen 117/118.
— —, Kurfürst von Hannover, erbt Lauenburg 150.
Georg II., Georg III. Könige von Großbritannien, Kurfürsten von Hannover 92.
Georg III., Georg IV., Georg V., Könige von Hannover 92.
Georg I., I. Landgraf von Hessen-Darmstadt 156.
Georg, Herzog von Neu-Lüneburg-Calenberg 91.
Georg, Graf von Nassau, Stifter der Linie Beilstein, dann Dillenburg (der Hauptlinie Katzenellenbogen), erbt Dillenburg 219.
Georg, aus dem Hause Podiebrad, König von Böhmen, Fürst zu Oels 232 (2).
Georg I., Herzog zu Pommern-Wolgast (Belehnung 1530) 78, 79, 140.
Georg, Graf zu Sayn-Hachenburg, Burggraf von Kirchberg 214.
Georg Albrecht, Fürst von Ostfriesland 182.
Georg August, gefürsteter Graf von Nassau-Jdstein 211.
— — — —, Reichsfürst 213 (2).
Georg Christian, Graf von Ostfriesland, wird Reichsfürst 181, 182.
Georg Ernst, letzter gefürsteter Graf von Henneberg-Schleusingen 229.
Georg Friedrich, Markgraf von Brandenburg 4.
Georg Friedrich, Graf, dann Fürst von Nassau-Katzenellenbogen-Siegen 218.
Georg I. Ludwig, Kurfürst von Hannover erbt Celle, König von Großbritannien 91.

Georg Ludwig, Fürst von Nassau-Dillenburg 220.
Georg Wilhelm, Kurfürst von Brandenburg 5.
Georg Wilhelm, Herzog zu Liegnitz-Brieg, der Letzte der Schlesischen Piasten 47.
Georg Wilhelm, Herzog von Neu-Lüneburg-Calenberg (bezw. Celle) 91.
Gerhard I., Gerhard III., Gerhard IV., Grafen von Geldern 119.
Gerhard I. von Schauenburg, Graf von Holstein 95, 96.
Gerhard II. (der Blinde) Herzog von Holstein, Stifter des Ploener Zweiges 96.
Gerhard III. der Große, Graf von Holstein, mit Schleswig belehnt 96.
— —, Herzog von Schleswig, König von Dänemark 108.
Gerhard VI., Graf von Holstein (Sohn Heinrichs II.), mit Schleswig belehnt 96.
Gerhard von Jülich erhält Berg und Ravensberg 130, 235.
Gerhard, Domdechant von Minden 193.
Gerhard, Bischof von Münster 190.
Gerhard I., Herr von Geldern und Wassenberg 123.
Gerlach I., Graf zu Nassau 209.
Gerlach, Graf zu Nassau, Erzbischof von Mainz 209.
Gero, Herr der Niederlausitz 164.
Geroldseck, an Nassau 210 (2).
Gerolstein, Grafschaft 51.
Gertrud, Gräfin von Mansfeld, verm. mit Hermann Burggraf von Werben 247.
Gertrude von Merenberg 210.
Geseke, Quartier 61.
Gesterode, an Preußen 206.
Gieboldehausen, Amt s. (Nieder-) Eichsfeld.
Gifhorn 88.
Gimborn (-Neustadt), Grafschaft 62.
— —, zum Grh. Berg (Theil des eh. Sieg-Departements) 135, 137.
Ginsberg, Veste 214 (2), 215.
Gisonen, Grafen von Gudensberg 154.
Glatz gefürstete Grfsch. 44, 45, 231.
— —, an Böhmen 43, 231/2.
— —, von Böhmen verpfändet 232.
— —, an Breslau 231.
— —, an Boleslaw I. von Mittel-Schlesien 231.
— —, Schlesisches Lehen 231.
— —, an Schweidnitz 231.
— —, mit Troppau-Münsterberg vereinigt (beim Hause Podiebrad) 232.
— —, zur Reichsgrafschaft erhoben 232.
— —, von Graf Hardegg erkauft 232.
— —, wird an Preußen abgetreten 47, 233.

Glatz, gefürstete Grfsch., Flächeninhalt 233.
— —, Wappen und Titel, Rangstellung im Königlich Preußischen und Markgräflich Brandenburgischem Wappen 233.
Gleiberg, Hr., (Nassau-Weilburgisch) 210, 214.
Gleichen, Grafen, Erbverträge wegen Pyrmont rc. 185/6.
Glevenrad (Clevesches Wappen) 126.
Glin, Land, s. Mittelmark.
Glogau, Fstth. 44 (2), 177.
— —, eine Hälfte an Böhmen verkauft, eine Hälfte an Sagan vererbt 44.
— —, vom Kaiser eingezogen 44.
— —, Frieden zu (1481) 146.
— —, Zweig der Niederschlesischen Piasten 44.
Gnesen, Woiwodschaft 6, 54.
—, Mjeczislaw I., Herzog zu 41.
Goch, Amt, an Cleve 123.
Göllheim, Schlacht bei (1298 2./7.) 209.
Goerlitz, Johann von 10.
Goerlitz, Stadt 162 (2).
—, fällt an Böhmen (s. auch Oberlausitz) 45.
Götterswyck, Haus 244.
Göttingen, Distr. des Leine-Departements des eh. Kgr. Westphalen 65, 67, 70.
—, Fstth. 88, 90.
Golau, Amt 112, 113 Anm.
Gollnow, Stadt, fällt an Schweden 80.
— —, fällt an Preußen 81.
Gommern, Amt 59, 112, 113 Anm.
— —, (Theil des Kgr. Westphalen, Elb-Departement) 66.
Gorm, Oberkönig von Dänemark 107.
Goslar, Distr. des Ocker-Departements des eh. Kgr. Westphalen 67.
—, freie Reichsstadt 88.
—, Stadtgebiet (Theil des Kgr. Westphalen, Ocker-Departement) 65.
—, Stadt, an Hannover (1815) 92 Anm.
Gosperode an Preußen 206.
Gottfried, Graf von Helfenstein-Sigmaringen 249.
Gottfried, Graf von Sigmaringen 249, 250.
Grafengedinge (Burggrafschaft Magdeburg) 113 Anm.
Gravesand, Hr., (Theil der Oranischen Erbschaft) 172.
Grebenstein (Hessen) 155.
Greethsyl, Häuptlinge (Ostfriesland) 180.
Greif aus Schach wachsend (Bernstein dann Wolgast bedeutend) 140.
—, der schwarze Kassubische 143.
—, der bunte Cassubisch-Wendische, früher für Tollense 140.
—, der Pommersche 73 Anm., 81/2/3.
—, mit Störschweif, früher für Land Schlawe, jetzt für Usedom 141.
—, der Neu-Stargarder 83.

Greif, der Stettiner 81/2, 140.
—, der Stettin-Pommersche 73 Anm.
—, der des Hzgth. Wenden 138/9, 144.
—, der Wendisch-Cassubische, im Kurbrandenburgischen Wappen 141.
—, der schwarze Wolgast-Barthsche, Veränderung von dessen Bezeichnung 82, 140, 144.
—, der Wolgast-Pommersche 73 Anm.
Greifenberg i./P. 262 (2).
Greifenhagen i./P., Stadt 262.
— —, fällt an Schweden 80.
Greifswald, Stadt rc., erhält Bogislaw IV. Herzog von Pommern 76.
Grenzau s. Isenburg 215.
Greven, eh. Kanton Grh. Berg 137.
Grimislaus, Fürst von Danzig und Schwetz 74.
Grimmen 264.
Grimnitz, Vertrag (26./8. 1529) 78, 262.
Grodno, Reichstag zu (1795) 55.
Gröneberg, Amt des Bisthums Osnabrück 195.
Groitzsch, Grafen, Herren der Niederlausitz 165.
Gronau, Hr. 61.
Großpolen 6, 54.
Grottkau, Fstth., an das Bisthum Breslau verkauft 46 (2).
Grubenhagen, Fstth., Gebiet des, (Theil des Kgr. Westphalen) Harz-Departement 65.
—, Linie 91 Anm.
—, Schloß 88/9.
Grund, freier 222 Anm.
Gubener Frieden 20.
Gudensberg, Grafen von; deren Erbtochter Hadewig 154.
—, Grfsch., Theile derselben 155.
Günther, Graf von Schwalenberg 184.
Günzel, Graf von Schwerin-Wittenburg, erhält Tecklenburg 243.
Gütersloh, Hr. 62.
Güterswieck, s. Götterswyck.
Gützkow, Grfsch., 77.
— —, fällt an Pommern-Wolgast 79, 175, 262.
— —, Wappen, im Pommerschen 140.
Guhrau in Schlesien, Fstth. 44.
Gummersbach, eh. Kanton Grh. Berg 137.
Gustav Adolf, gefürsteter Graf von Nassau-(Neu-)Saarbrücken-Saarbrücken 211.

H.

Hachberg, Markgrafen, Besitzer von Neufchâtel 169.
Hachenburg 222 Anm.
Hadamar, Fstth. 216.

Hadamar, Fsth, an Nassau-Dietz (Oranien) 221.
— —, Souveränetät über — des Grh. Berg, eh. zum Sieg-Departement, 136/7.
— —, an Preußen 221 Anm. (2).
— —, an Nassau 222 Anm.
— —, eh. Kanton Grh. Berg 137.
— —, Linie der Hauptlinie Nassau-Katzenellenbogen (Ottonischen Stammes) 220.
Hadamarer Mark an Nassau 214 (2).
Hadewig, Erbtochter der Grafen von Gudensberg 154, 159.
Hadeln, Land 150 u. Anm., 151.
— —, Theil des Kgr. Westphalen, Nord-Departement 68.
Hadmersleben, Grfsch. 112.
Haff, Stettiner, fällt an Preußen 81.
Hagen i. W., eh. Bez. und Kanton des Ruhr-Departements, Grh. Berg 137.
Hagen, Haus 243.
Hagen VI., König von Schweden-Norwegen, Gatte Margarethas 103.
Hagen VII., Haleggr, Herzog von Norwegen 108 Anm.
Hagenau an Nassau-Oranien, Dietz und Frankreich 221.
Haiger 222 Anm.
Haigerloch, Hr., gegen Räzüns eingetauscht, an Sigmaringen 251.
Haiger-Löhnberg, Veste 215.
Hainau i. Schl., Fsth. 46.
Hainchen, Veste 215.
Halberstadt, Bischöfe von 188.
Halberstadt, Bisthum, Errichtung und Verlegung 188.
— —, säkularisirt; als Fsth., an Kurbrandenburg; an Frankreich (Westphalen); an Preußen zurück 189.
— —, Koadjutoren 188/9.
—, Distr. des Saale-Departements eh. Kgr. Westphalen 65, 67.
Halberstadt, Fsth., Flächeninhalt 188, 189.
— —, Helmkleinod 188.
— —, Wappen und Titel, deren Rangstellung im Kurbrandenburg-Preußischen 189.
Haldensleben, Grafen von 17.
Halle 112.
—, Distr. des Saale-Departements eh. Kgr. Westphalen 65, 67.
—, Stadt 113 Anm.
—, Vogtei zu 113 Anm.
Halle'sches Grafengedinge 113 Anm.
Hallenberg, Hennebergisches Amt, an Hessen 229.
Hallermund, Grfsch. 90 Anm.
— —, von Alt-Lüneburg erkauft 88.
Halskrone, die des Preußischen Adlers 9.
Hamburg, Bisthum 117.
—, Friede zu — (1719) 118.

Hamburg, Stadt und Gebiet; Kurbraunschweigische Rechte darauf 196.
Hameln, Stadt 88.
Hamm, eh. Bezirk und Kanton des Ruhr-Departements, Grh. Berg 137 (2).
—, Reg.Bez. 60.
Hammerstein, Amt, an Nassau-Weilburg 214.
—, an Preußen 222 Anm.
Hanau, Fsth., an Frankfurt 257.
—, Gebiet (nicht zum Kgr. Westphalen gezogen) 65.
Hanau-Münzenberg, Grfsch. dann Fsth. 156.
Hannover 90.
—, Distr. des Aller-Departements des eh. Kgr. Westphalen 69.
—, Kurfürsten von, 91.
—, eh. Kgr. 88.
— —, von Preußen besetzt (1801), an Preußen abgetreten (1806–7), an Westphalen 1807, Theilung 1810 92 Anm.
— —, annektirt 92/3.
—, Provinz, Eintheilung und Wappen 93.
—, Stadt 88.
Hannover'sche Lande occupirt (1803 bis 1813) 92.
— —, zum Kgr. Westphalen geschlagen 1810 68.
Hans II., Herzog von Sagan mit der Hälfte von Glogau belehnt 147 (s. auch Johann).
Harald Blauzahn, König von Dänemark 107.
Harburg, Distr. des Nieder-Elb-Departements eh. Kgr. Westphalen 69.
—, Linie 92.
Hardegg, Grafen 232/3.
Hardegsen, Vogtei 89, 90 Anm.
Hardenberg, Herrschaft, Theil des Grh. Berg, Rhein-Departement 136.
Harheim, an Nassau-Usingen 213 Anm.
Harlingerland 181 (2).
—, an Hannover 1815 92 Anm.
Harte, Vogtei 89.
Hartwig I., Graf von Stade, Erzbischof von Bremen 117.
Harz-Departement des eh. Kgr. Westphalen 66.
Harzdorf s. Pyrmont 186.
Hasserode, Herrschaft, Theil des Kgr. Westphalen — Departement der Saale 67.
Hattenrodt, Dorf 206.
— —, s. auch Weiers 206.
Hattingen, eh. Kanton des Grh. Berg 137.
Hatzfeldt, Fürsten 52.
Hausen 257.
Havelland 17.
Hechingen, Grfsch., an Sigmaringen 251.
Heddernheim an Nassau-Usingen 213 Anm.
Hedwig von Gudensberg s. Hadewig.

Hedwig, Gräfin von Holstein, Erbin von Schleswig 97.
Hedwig, (Gemahlin des Wladislaus Odonicz), Tochter Mestwins I. von Pomerellen 74.
Heiligenstadt, Distr. des Harz-Departements, Kgr. Westphalen 66.
Heilwig, Gräfin von Tecklenburg (ältestes Haus) verm. an Otto II. Graf von Bentheim 242/3.
Heinrich der Löwe, Welf, Herzog von Sachsen 2c. 60.
Heinrich der Stolze, Welf, 60.
Heinrich der Lange, Sohn Heinrichs des Löwen 24.
— —, dessen Wappen 24.
Heinrich, Pfalzgraf (Sohn Heinrichs des Löwen) erbt Stade 117.
Heinrich II., Graf von Werl (Arnsberg), erster Bischof von Paderborn, wird Reichsfürst 185.
Heinrich II., Herzog von Brabant 155.
Heinrich (Markgraf von Brandenburg, Graf von Gardelegen) aus dem Hause Askanien 112.
Heinrich I., Herzog von Alt-Braunschweig-Grubenhagen 88, 89.
Heinrich I. (Heidekönig), Herzog zu (Alt-Braunschweig-Göttingen) Mittel-Braunschweig 90.
Heinrich der Jüngere, Herzog zu Mittel-Braunschweig-Calenberg 90.
Heinrich II. (Lappenkrieg), Herzog zu Mittel-Braunschweig-Wolffenbüttel 90.
Heinrich III., der Weiße und dessen Sohn Heinrich IV., Fürsten von Breslau 43, 44.
Heinrich IV., Herzog zu Breslau 44, 46.
— — — —, erhält Glatz 231.
Heinrich V., der Fette, Herzog zu Breslau, Liegnitz, Brieg 46.
Heinrich VI., Herzog zu Breslau, tritt dies an Böhmen ab 46.
— — — —, erhält Glatz 232.
Heinrich VIII., Herzog zu Brieg 2c. 46.
Heinrich, Herzog von Calenberg-Wolffenbüttel 89 Anm.
Heinrich VI., Herzog zu Crossen und Sagan 44.
Heinrich X, Herzog von Crossen, erbt die Hälfte von Glogau 44.
Heinrich XI., Herzog zu Crossen und Glogau 44, 146.
Heinrich von Dänemark, Herzog von Schleswig 96.
Heinrich VIII., Fürst zu Freistadt, Glogau, Crossen, erbt Sagan 44.
Heinrich VII., Fürst zu (halb) Glogau 44.
Heinrich IX., Fürst zu (halb) Glogau 44.
Heinrich III., Graf von Groitsch, Markgraf zu Lausitz und der Ostmark, zweiter Burggraf von Magdeburg 113 Anm.

Heinrich, gefürsteter Graf von Henneberg-Coburg-Schmalkalden 229.
Heinrich I., Landgraf von Hessen 155.
Heinrich II., der Eiserne, Landgraf von Hessen 155.
Heinrich III., Landgraf von Hessen, erhält Oberhessen 2c. 156.
Heinrich IV., Landgraf von Hessen-Marburg 216.
Heinrich, Bischof von Hildesheim 197 Anm.
Heinrich IV., Graf von Hohenstein, erwirbt Lohra 240.
Heinrich VIII., Graf von Hohenstein, Pfandh. von Lutterberg 240.
Heinrich I., Herzog von Holstein, Stifter des Rendsburger Zweiges 96.
Heinrich II., der Eiserne, Graf von Holstein, nimmt Schleswig in Besitz (1375) 96.
Heinrich IV., Graf von Holstein, Gerhards VI. Sohn 97.
Heinrich I. von Jlfeld, dann Stalberg (Stolberg) 239.
Heinrich I., Herzog zu Jauer, tritt Bautzen und Görlitz ab 45.
Heinrich II, Herzog zu Jauer 45.
Heinrich von Klettenberg, Abt von Jlsenburg 239/40.
Heinrich V., der Fette, Herzog von Liegnitz-Brieg 45.
Heinrich IV., Herzog von Limburg, erhält Berg 132.
— —, wechselt das Wappen 133.
Heinrich II. (aus dem Hause Longueville) Fürst von Neufchâtel 169.
Heinrich, Herzog zu Lüben 46.
Heinrich, Herzog zu (Mittel-Lüneburg-) Neu-Braunschweig-Dannenberg 91.
Heinrich (der Mittlere), Herzog zu Mittel-Lüneburg 91.
Heinrich III. von Lützelburg, dann Deutscher Kaiser, erhält Limburg abgetreten 119.
Heinrich III., Herzog von Mecklenburg 109.
Heinrich, Graf von Nassau 215.
Heinrich I., Graf zu Nassau (Sohn Ottos I.) 214.
Heinrich II., der Reiche, Graf zu Nassau 209.
Heinrich IV., Graf von Nassau-Beilstein 215.
Heinrich III., Graf von Nassau-Dillenburg 215 (2), 216.
Heinrich, Fürst von Nassau-Dillenburg 220.
Heinrich III., Graf von Nassau (-Oranien), verm. mit Claudia von Châlon 168, 171.
Heinrich, Graf von Nassau-Katzenellenbogen-Siegen 218 (2).
Heinrich, Fürst zu Nassau-Saarbrücken-Ottweiler 214.

Heinrich I., Graf von Nassau-Siegen 215.
Heinrich III., der Getreue, Fürst zu Oels, Glogau, Sprottau, erbt Guhrau und Sagan 44.
Heinrich I. von Oldenburg, 97 Anm.
Heinrich I., der Aeltere, aus dem Hause Podiebrad, Herzog von Münsterberg ɔc. erhält Glatz 232.
Heinrich II. aus dem Hause Podiebrad 232.
Heinrich Reuß von Plauen D. O.-C. 3.
Heinrich der Jüngere, Herzog von Pommern 79.
Heinrich der Stolze, Herzog von Sachsen ɔc. 60.
Heinrich IV., Herzog von Sagan, Gemahl der Mathilde von Brandenburg, verpfändet die Niederlausitz 165.
Heinrich V., Herzog zu Sagan, erbt die Hälfte von Glogau 44.
Heinrich II., der Fromme, Herzog von (Mittel- und Nieder-)Schlesien 43.
Heinrich, Waldemars II. Sohn, Herzog von Schleswig 108.
Heinrich I. von Schweidnitz verkauft die Oberlausitz 162.
Heinrich, Graf von Spanheim 123.
Heinrich, Graf von Stade 117.
Heinrich (der) Raspe 155.
Heinrich I., Graf von Veringen 253/4.
Heinrich Casimir, Fürst von Nassau-Dietz 221.
Heinrich Franz, Graf von Mansfeld, dann Fürst von Fondi 247.
Heinrich Friedrich, Graf von Nassau, Fürst von Oranien 217.
— — —, erbt Mörs 225.
Heinrich Julius, Herzog zu Mittel-Braunschweig-Calenberg 90.
Heinsberg, Philipp von, Erzbischof von Köln 61.
—, Herrschaft an Cleve 123.
Helene, Erbgräfin von Bruchhausen, verm. mit Nicolaus III. von Schwerin 243.
Helfenstein, Grafen 249.
Helm, Königlich Preußischer 27.
Helmdecken des Zollernwappens 34.
Helme, die im brandenburgischer Wappen; Art, dieselben nach ihrem Range zu zählen 237.
Helmkleinod (Holsteinisches) 104/6.
—, das — der Grafen von Zollern, Burggrafen von Nürnberg 33, 34.
Helmstädt, Distr. des Ocker-Departements des eh. Kgr. Westphalen 67.
Henne, die im hennebergischen Wappen 228.
Henneberg, Grafen, Burggrafen zu Würzburg 228.
Henneberg, gefürstete Grfsch. 59, 228.
— —, an Kursachsen 229.

Henneberg, gefürstete Grfsch., eh. Sächsischer Antheil 59.
— —, Ansprüche der Ernestinischen Linie des Hauses Sachsen 229.
— —, Theilung zwischen der Albertinischen und Ernestinischen Linie des Hauses Sachsen 229.
— —, Kursächsischer Antheil, an Preußen, dessen Flächeninhalt 229.
— —, Titel und Wappen, deren Rangstellung im Königlich Preußischen 230.
— —, Titel und Wappen mit Recht auch vom Hause Sachsen, Ernestinischer Linie geführt 230.
Henriette Catharina von Nassau-Oranien, verm.: Georg II., Fürst zu Anhalt 217.
Herborn 214 (2), 222 Anm.
—, eh. Kanton Grh. Berg 137.
—, Schloß und Amt 216.
—, Veste 215.
Herborner Mark 215.
Herbstein, s. Fulda (206).
Herford, eh. Stift 62.
Hermann I., Graf von Arnsberg und Ri(e)tberg 234.
Hermann, der Lange, Markgraf von Brandenburg 162.
— — —, erkauft die Niederlausitz 165.
Hermann II., Graf von Calvelle 234.
Hermann. Erzbischof von Coeln 64.
Hermann I., Graf von Henneberg-Coburg 229.
Hermann I., Landgraf von Hessen, Pfalzgraf zu Sachsen 155/6, 160.
Hermann II., Landgraf von Hessen 155.
Hermann, Bischof von Kammin 203.
Hermann II., Bischof von Münster 190.
Hermann, letzter Graf von Neuenahr und Mörs 225.
Hermann von Salza 2, 3, 261.
Hermann, Burggraf v. n Werben 247.
Hermann Simon, Edelherr zu Lippe-Sternberg, erhält Pyrmont verlehnt 185.
Herrenbreitungen, hennebergisches Amt, an Hessen 229.
Herrnstadt, s. Wohlau.
Hersfeld, Abtei, Gebiet der früheren, mit Fulda vereinigt 206.
—, Fstth., Distr. des Werra-Departements des eh. Kgr. Westphalen 68.
Herstall, Baronie (Theil der Oranischen Erbschaft) 172.
Heruler, Volksstamm 74.
St. Herumbert, erster Bischof von Minden 193.
Herzberg, Zweig der Linie Grubenhagen 89.
Herzeborch in Pommern 264.
Herzen im Tecklenburgischen Wappen 242.
— — —, eigentlich Seeblätter 242 Anm.

Herzogenrath 120.
Herzogshut, auf dem Kopfe des Preußischen Adlers 9.
Hessen, Hannöversches Amt, Theil des eh. Kgr. Westphalen, Departement der Saale 67.
Hessen, Grh., tritt Westphalen und Engern an Preußen ab 61.
Hessen, Landgrafen 154.
Hessen, Landgrafschaft 154.
— —, Wappen 157.
— —, fällt an Sophie, Gemahl: Heinrich II. von Brabant 155.
— —, von Thüringen getrennt 155.
— —, Landgrafschaft zum Reichsfürstenthum erhoben (1292) 155.
— —, Theilung der, 156.
— —, Oberfürstenthum 156.
— —, Theil des Kgr. Westphalen, Harz- und Leine-Departement 66, 67.
Hessen-Cassel'sche Staaten, Theil des eh. Kgr. Westphalen, Werra- und Leine-Departement 65.
Hessen-Nassau, Provinz 222.
— — — (Umfang), Wappen des Provinzialverbandes 157.
Hicken(dorfer) Grund 219, 222 Anm.
Hildesheim, Bisthum, Stiftung 197.
—, Bischöfe Siegfried und Johann IV. 89 Anm.
—, Bisthum, säkularisirt und an Preußen, an Frankreich(Westphalen), an Hannover, an Preußen 198.
— —, an Hannover (1815) 92 Anm.
Hildesheim, Fstth., Wappen 88, 197 und Anm.
— —, Ansprüche Kurbraunschweigs 196.
— —, Gebiet des —, Theil des Kgr. Westphalen, Ocker- und Leine-Departement 65, 67, 198.
— —, Flächeninhalt 198.
— —, Titel und Wappen, deren Rangstellung im Königlich Preußischen 198.
—, Landschaftswappen 197 Anm.
Hinterpommern erhält der Hinterpommersche Ast jenseits der Swine 77.
— fällt an Brandenburg (Schweden erhält Erbanwartschaft) 80, 175.
—, s. auch Pommern.
Hirsch von Sigmaringen ist ursprünglich das Wappen der Stadt d. N. 249, 251.
—, richtige Farben desselben 252.
Hirschgeweih, Helmkleinod des Hohenstein'schen Wappens 239 und Anm.
Hirschstangen, die drei im Wappen von Deringen 253.
— —, drei, im Wappen der ältesten Grafen von Sigmaringen, Deringen und Nellenburg 249, 254.
Hitzacker, Amt 88, 91.
Hochberg, Grafen, s. Hachberg.

Hochbubi, Veste 94.
Hoch- und Deutschmeister 23.
Hochheim an Nassau-Usingen 213 Anm.
Hochkreuz, das im Helmkleinod von Fulda 205 und Anm.
Hoerde, eh. Kanton Grh. Berg 137.
Höxter, Ansprüche Kurbraunschweigs 196.
—, Distr. des Departements der Fulda des eh. Kgr. Westphalen 66.
Hofheim an Nassau-Usingen 213 Anm.
Hohen-Limburg, Grfsch. 62.
Hohenlohe, Haus, erbberechtigt zu Pyrmont 186.
—, Johanna (Anna), Gräfin von, 210.
Hohenstein, Grfsch. 239.
— —, (Theil des Kgr. Westphalen) Harz- und Leine-Departement 65.
— —, (Hannöverscher Theil) 88.
— —, an Stolberg 240.
— —, die Preußische Grfsch. besteht aus Lohra und Klettenberg 240.
— —, die Preußische Grfsch., Flächeninhalt 241.
— —, Titel und Wappen, deren Rangstellung im Königlich Preußischen, 241.
Hohenstein-Schwedt, † Grafen 20.
Hohenzollern, Haus, Abstammung von den Burkhardingern 31.
—, Erbvertrag zwischen den beiden Linien des Hauses (1695/1707) 39.
—, Titel „Graf zu" — in dem der Kurfürsten von Brandenburg 39, 265.
—, Grafen und Fürsten, deren Wappen 29.
—, Grafen, vermehrtes Wappen 251.
—, Abbildung 252.
Hohenzollern, Grfsch. 31.
—, Graf Carl I. mit Sigmaringen und Veringen belehnt 250.
—, Grafen Eitel Friedrich und Christoph Friedrich mitbelehnt mit Sigmaringen und Veringen 250.
Hohenzollernsche Lande 39, 225.
— —, deren Wappen 40.
— —, an Preußen 251 Anm.
Hohnstein, Grfsch., richtigere Schreibart statt Hohenstein 90, 239.
Holland, Fürst 222.
—, Grafenhaus 243.
Holstein, Etymologie des Namens 94 Anm.
—, zur Reichsgrafschaft erhoben 95.
—, Anerkennung der Grafen von — als Herzöge von Schleswig (1386) 96.
—, östlicher Theil, s. Wagrien.
—, Herzogthum, das gesammte — wiedervereinigt 96.
—, und Wagrien zum Herzogthum des heiligen Römischen Reiches erhoben (1474) 97.
Holstein, Herzogthum, Wappen 94.
— —, an Preußen 98.
—, Herzogshut, Annahme des 106.

Holte, Familie von, deren Besitzungen ans Bisthum Osnabrück 195.
Holzapfel, Grfsch. 220 (2).
Holzkreis, Erzstift Magdeburg 112.
Homberg, (Hessen) 155.
Homburg i./Westph. Grfsch. 62, 212.
— —, zum Grh. Berg, (Theil des eh. Sieg-Departements) 135/7.
—, in Hannover, Hr. 90 und Anm. ibd.
— vor der Höhe fällt an Hessen 156.
Honnef, eh. Kanton Grh. Berg 136.
Horstmar, Hr. (Amt) von Münster gekauft; an Salm-Grumbach 190/1.
— —, 1806 bis 1810 Theil des Grh. Berg (Ems-Departement) 136/7.
Hoya, Grfsch. 88, 90, 91/2.
— —, Theil des Kgr. Westphalen, Nord- und Aller-Departement (bis 1810) 68, 69, 70.
Hoyer I, Graf von Mansfeld 247.
Hubertusburger Friede (1763) 47.
Hülchrath, Hr., an Cleve 123.
Hüttenberg, der 210.
—, Hr., an Nassau-Usingen 213 Anm.
— (zur Hälfte Nassau-Weilburgisch) 214.
Hugo I., Hugo II., Hugo III., Grafen von Montfort, aus dem Hause der Pfalzgrafen von Tübingen 250.
Hugo IV., Graf von Montfort-Bregenz, verkauft Sigmaringen 250.
Huissen, Distr. (bei Holland) 136.
Humbert von Villars, Herr von Genevois 167.
Hunnesrück, Amt 89 Anm.
— —, Amt (Theil des eh. Kgr. Westphalen, Leine-Departement) 67.
Hunteburg, Amt des Bisthums Osnabrück 195.
Huttischer Grund 206.
— —, s. auch Salmünster.

J.

Ibbenbüren 243.
—, eh. Kanton des Grh. Berg 137.
Iburg, Amt des Bisthums Osnabrück 195.
Ida, Gräfin von Arnsberg und Rietberg, verm.: Heinrich von Laufen 235.
Idzinga, Häuptlinge von Norden in Ostfriesland 180.
Idstein, Nassau-Usingensche Hr. 209 (2), 213 Anm.
—, Haus der Grafen von Nassau 213.
— an Nassau-Usingen, dann an Nassau-Weilburg 212 (2), 213.
— an den Ast Nassau-Weilburg 210.
— an Nassau-Ottweiler, dann an Usingen 211.
Ilfeld, Herren von 239.
Imagina, Gräfin von Limburg 209.

Immenhausen (Hessen) 155.
Inden, eh. Reichs-Abtei 51; s. auch Cornelius-Münster.
Ingeborg von Mecklenburg, Gemahlin Heinrich II. von Holstein 96.
Ingeburg (Schwester Margarethas), Königin von Dänemark ꝛc., verm.: Heinrich III. von Mecklenburg 109.
Ingeburg, Tochter Hagens VII. Haleggr, Erbin von Norwegen 108 Anm.
Inowraclaw, Woiwodschaft 6, 54.
Insterburg, Amt 7.
Irlich 222 Anm.
Irmgard, Erbgräfin von Berg 132.
Irmgard von Cleve (Tochter Otto's), Gemahl: Johann von Arkel 123.
Irmgard von Limburg, Erbtochter, Gemahlin Reinhalds I. von Geldern 119.
Irmgard, Erbgräfin von Zütphen, Gemahlin Gerhard IV. von Geldern 119.
Isabella Clara Eugenia de Montaut, verm. (III) an Fürst Johann Franz Desideratus von Nassau 218.
Isenburg-Grenzau fällt zur Hälfte an Nassau-Beilstein 215.
(Nieder-)Isenburg, Grfsch., Theil, an Nassau-Weilburg 214.
Iserlohn, eh. Kanton Grh. Berg 137.
Isselbach 214.
Itter, Edelherrlichkeit fällt an Hessen 155.
Itzehoe, Stadt 96.
Jägerndorf, Fsth. 43, 48.
— —, von Markgraf Georg den Frommen von Brandenburg erkauft; widerrechtlich eingezogen 43.
— —, Entschädigung Brandenburgs für 47.
Jakob II., König von Großbritannien 217.
Jan von Polanen 215.
Jaromar I., Fürst von Rügen 174.
Jaroslaw, Bischof von Breslau erbt und verschenkt Neiße 43.
Jauer Fsth. in Schlesien 45.
— —, fällt an König Karl IV., dann an Böhmen 45.
Jean II. de Châlon, souverainer Fürst von Oranien 215.
Jerichow, 112.
—, Kreis (Erzbisthum Magdeburg) 112.
Jesselbach, Vogtei 220.
Jever, Ostfriesisches Häuptlingsgeschlecht in Ostringen, Rüstringen und Wangerland 180.
Joachim I., Kurfürst von Brandenburg, Herzog in Preußen 4.
Joachim I und II., Kurfürsten von Brandenburg 34.
Joachim II., Kurfürst von Brandenburg 78, 79.
— —, kauft Crossen 147.
Joachim, Herzog von Pommern-Stettin 76.

Joachim, Graf von Zollern (Schwäbische Linie) 34.

— — — erh. Anwartschaft auf Sigmaringen und Veringen 250.

Joachim Friedrich, Kurfürst von Brandenburg (Hausvertrag) 5. 21.

— —, Markgraf zu Brandenburg, Verweser des Erzbisthums Magdeburg 113 Anm.

Jobst von Mähren, Markgraf von Brandenburg 18, 19.

Jodocus von Brenchorst-Borkeloo 191.

Johann, Pfalzgraf von Amberg 109.

Johann von Arkel-Leerdam 120. 123. 170.

Johann, König von Böhmen kauft Glatz 232.

Johann von Böhmen erhält die Oberlausitz 162.

Johann I., Markgraf von Brandenburg, aus dem Hause Askanien erhält Lehnsbrief über Pommern 75.

Johann (von Goerlitz) Markgraf von Brandenburg 18 ff.

Johann I., Markgraf von Brandenburg, aus dem Hause Askanien 17.

Johann III., Markgraf von Brandenburg 25.

Johann, Markgraf von Brandenburg (aus dem Hause Askanien), verkauft Coburg und Schmalkalden 229.

Johann VI., Markgraf von Brandenburg 165.

Johann, Markgraf von Brandenburg 4.

Johann, Marggraf von Brandenburg-Küstrin 5, 21.

— — —, erhält Crossen 2c. 147.

Johann, Herzog von Braunschweig-Lüneburg, theilt mit seinem Bruder Alt-Lüneburg 88.

Johann, der Weise, erster Graf von Châlon 168.

Johann I., Graf von Châlon-Arlay, mit Neufchâtel belehnt 168.

Johann III., Graf von Châlon-Arlay, Herr von Oranien 168 (2).

Johann von Châtillon, Graf von Blois, Herzog von Geldern 120.

Johann III., Herzog von Cleve, erwirbt Jülich, Berg und Ravensberg 123.

Johann III von Cleve, erhält Jülich, Berg, Ravensberg 130.

Johann II., letzter Graf von Cleve 123.

Johann I., der Schöne, Herzog von Cleve 123.

Johann II., Graf von Egmond 170.

Johann III., Graf und Fürst von Egmond 170.

Johann II., Graf von Egmond, Regent von Geldern 120.

Johann I., gefürsteter Graf von Henneberg-Schleusingen; s. Wittwe kauft die Hälfte von Schmalkalden 229 (2), 264.

Johann, Graf von Hohenstein, Herr zu Schwedt und Vierraden 240.

Johann II., Herzog von Holstein-Kiel (Wagrien) 96.

Johann II., Herzog zu Liegnitz 46.

Johann I., Herzog zu Lüben und Brieg 46.

Johann, Graf von Manderscheid-Virneburg 210.

Johann von Hoya, Bischof von Münster 190.

Johann III., Herzog zu Münsterberg, entsagt Schweidnitz und Jauer 45.

Johann, Sohn Friedrichs V., Burggrafen von Nürnberg 34.

Johann, gefürsteter Graf zu Nassau, Stifter der Linie Idstein 213.

Johann I., Graf zu Nassau (Sohn Ottos I.) 214.

Johann III., letzter Graf von Nassau-Beilstein 215.

Johann, Graf von Nassau-Beilstein 216.

Johann I., Graf von Nassau-Dillenburg, erwirbt ein Drittel von Hadamar 215.

Johann IV., Graf von Nassau-Dillenburg, verkauft die Niederländischen Besitzungen 215.

Johann V. Graf von Nassau-Dillenburg 215 (2), 216.

Johann, der Aeltere, Graf von Nassau, Stifter der Linie Katzenellenbogen 216.

Johann, der Mittlere, Graf von Nassau-Katzenellenbogen-Siegen 218.

Johann, der Jüngere, Graf von Nassau-Katzenellenbogen-Siegen 218.

Johann V. von Nassau (-Oranien), erheirathet Katzenellenbogen, vertauscht es gegen Dietz 171.

Johann I., Stifter des Astes Nassau-Weilburg 209/10.

— —, wird gefürsteter Graf 210.

Johann II., gefürsteter Graf von Nassau, Stifter des Zweiges Weilburg-Saarbrücken 210.

Johann IV., letzter gefürsteter Graf, zu Nassau-Weilburg-Saarbrücken 210.

Johann XI., Graf von Oldenburg 97 Anm.

Johann VI., letzter Herzog von Oppeln aus dem Oberschlesischen Hause, erbt Ratibor, 42.

Johann II., Bischof von Paderborn 185.

Johann II., Graf von Ri(e)tberg erbt das Harlingerland 181.

Johann, letzter Graf von Saarbrücken 210.

Johann I. Graf von Saarwerden 225.

Johann, letzter Graf von Saarwerden und Mörs 210.

Johann, Herzog von Sachsen 124.
Johann, Herzog von Sachsen-Lauenburg kauft die Burggrafschaft Magdeburg 1269 113 Anm.
Johann I., Stifter der Linie Sachsen-Lauenburg 62.
Johann I., Herzog zu Sagan erwirbt Priebus 44.
Johann II., Herzog zu Sagan, erwirbt die Hälfte von Glogau 44.
— — — —, verkauft Sagan 44.
Johann I. von Schauenburg, Graf von Holstein-Kiel (Wagrien) 95.
Johann, (Herzog zu Schweidnitz und Jauer) 45.
Johann, Graf von Spiegelberg erh. Pyrmont 185.
Johann, Fürst zu Steinau erbt Glogau, verkauft die Hälfte davon 44.
Johann von Tiefen, D. O.-M. 3.
Johann, Pfalzgraf von Zweibrücken 125.
Johann Ernst, Graf, dann Reichsfürst von Nassau-Weilburg 211/3.
Johann August, Graf von Sayn-Hachenburg, Burggraf von Kirchberg 214.
Johann Franz Desideratus, Graf dann Fürst von Nassau-Katzenellenbogen-Siegen 218 (2).
Johann Friedrich, Herzog von Neu-Lüneburg-Calenberg 90.
Johann Georg, Kurfürst von Brandenburg, Herzog in Preußen 4.
Johann Georg I., Kurfürst von Sachsen erhält die Lausitzen 162.
Johann Georg, Kurfürst von Sachsen Prätendent in Jülich-Cleve 124.
Johann Ludwig, letzter Graf von Gleichen-Tonna 185.
Johann Ludwig (aus dem Hause Longueville), letzter Fürst von Neufchâtel 169.
Johann Ludwig II., Graf zu Nassau 210.
Johann Ludwig, Graf, dann Fürst von Nassau-Hadamar 220.
Johann Ludwig, gefürsteter Graf von Nassau-Weilburg-Saarbrücken 210.
Johann Ludwig, gefürsteter Graf von Nassau-Neu-Saarbrücken-Ottweiler 211.
Johann Moritz, Graf dann Fürst zu Nassau-Katzenellenbogen-Siegen 218.
Johann Siegmund, Kurfürst von Brandenburg; dessen Ansprüche anf Jülich-Cleve 124/5.
— —, Markgraf, später Kurfürst von Brandenburg 5.
Johann Wilhelm, letzter Herzog von Cleve-Jülich-Berg 124.
Johann Wilhelm Friso, Fürst von Nassau-Dietz, Prätendent der Oranischen Erbschaft 171, 217.

Johanna von Geldern verm. mit Johann von Arkel 170.
Johanna von Hachberg bringt Neufchâtel ihrem Gemahl Ludwig von Longueville zu 169.
Johanna (Anna), Gräfin Hohenlohe, Erbin von Kirchheim-Bolanden 210.
Johanna von Jülich und Geldern, Gemahlin Johanns von Arkel 120.
Johanna von Wassenaër-Polanen bringt dies ihrem Gemahl Engelbert I. von Nassau-Bredá zu 170, 215.
Johanna Claudia, Gräfin von Königseck, verm. (I) an Fürst Johann Franz Desideratus von Nassau 218.
Johannesberg a./Rh. s. Fulda (206).
Joseph Niklaus II., Graf von Zollern 251.
Joseph Wenzel, Graf von Mansfeld, Fürst von Fondi 248.
Jübar, Kanton des Distr. Salzwedel, Elb-dann Nieder-Elb-Departement des eh. Kgr. Westphalen 66/9.
Jülich, Grafen von 129/130.
—, Herzöge 130.
— —, fragliche Abstammung 129.
Jülich, Hzgth. 53, 129.
— —, an Cleve 123.
— —, fällt an Pfalz-Neuburg 125, 130.
— —, fällt an Pfalz-Sulzbach, dann an Pfalz-Zweibrücken 130.
— — —, fällt an Frankreich, dann an das Grh. Berg, dann an Preußen 130.
— —, zum Grh. Berg 135.
— —, falsches Helmkleinod 129 Anm.
— —, Theile 51, 53.
— —, Titel und Wappen; deren Rang im Brandenburgisch-Preußischen 131.
— — —, Wappen - Beschreibung und Abbildung 129.
—, Umfang des Herzogthums jetzt 130.
—, Stadt 125.
Jülich-Cleve, Herzogin Maria Eleonore 4.
Jülich - Cleve'scher Erbschaftsstreit 124/5.
Jülich-Cleve-Berg, eh. Provinz 52/3, 128.
Jüterbog, eximirtes Amt 59, 111, 113.
—, Vergleich von (1611) 125.
Juliane Luise, Gräfin von Ostfriesland wird Reichsfürstin 181/2.
Julin, s. Kammin.
Julius, Herzog zu Mittel-Braunschweig. Calenberg 90.
Julius Franz, letzter Herzog von Sachsen Lauenburg 150.
Julius Franz (Erbvertrag mit Braunschweig, desgl. mit Sachsen bestätigt) 150.
Jungfrauenadler, Wappen von Ostfriesland 180 u. Anm.
Jutta, Erbgräfin von Dietz verm. mit Adolf Graf von Nassau-Dillenburg 215.

Jutta, Gräfin von Henneberg-Coburg, verm. an Otto Markgraf von Brandenburg 229.
Jutta von Hessen, verm. mit Dietrich I. Markgraf von Meißen 155, 160.
Jutta, Erb-Landgräfin von Thüringen verm. mit Graf Poppo VII. von Henneberg 228.

K.
(Vergl. auch C.)

Kalberlage, Graf 234.
Kalenberger Cent (Zehnt) 214/15.
Kalisch, Departement 56.
—, Woiwodschaft 55
Kalvelage, Graf 234.
Kamberg, Amt 221 Anm. (3).
— —, Nassau-Dietz'sches, an Nassau-Weilburg 214.
Kamenzer Vertrag (1482) 44, 146/7.
Kammin, Bischöfe 202 Anm.
— —, (Herzöge von Pommern) 203.
—, Bisthum 202.
—, säkularisirt und als Fstth. an Kurbrandenburg 203.
Kammin, Fstth. 202. 262 (3).
— —, Flächeninhalt 203.
— —, Helmkleinod 202 Anm.
— —, Titel und Wappen, Aufnahme in die von Kurbrandenburg, Rangstellung 203/4.
— —, Wappen, falsches im Markgräflich Brandenburgischen 202 Anm., 203/4.
—, Stadt, fällt an Schweden 80.
Kappenberg, eh. Propstei 61.
Karl III., Pfalzgraf, von Birkenfeld 211 Anm.
Karl, Markgraf von Burgau 125.
Karl I., König von Großbrittannien 217.
Karl IV., Kaiser 18, 45 ꝛc.
Karl, Fürst zu Nassau-Usingen 212 (2).
Karl, Fürst von Nassau-(Neu-)Weilburg 212/13.
Karl I., aus dem Hause Podiebrad, kauft Wohlau 232.
Karl XI., König von Schweden, Herzog von Bremen und Verden 201.
Karl I., Graf von Zollern, Stammvater der Fürsten von Hohenzollern, mit Sigmaringen und Veringen belehnt 250.
— — —, erbt Haigerloch, Hechingen und Werstein 251.
Karl August, Fürst von Nassau-(Neu-)Weilburg 213.
Karl Edzard, letzter Graf von Ostfriesland 182.
Karl Franz, Graf von Mansfeld, dann Fürst von Fondi 248.
Karl Heinrich Nikolaus Otto, „Prince de Nassau" 219 Anm.

Karl Ludwig, gefürsteter Graf zu Nassau-(Neu-)Saarbrücken-Saarbrücken 211.
Karl Wilhelm, Fürst zu Nassau-Usingen 212 (2).
Karoline, Gräfin, dann Reichsfürstin von Nassau-Neu-Saarbrücken-Saarbrücken 211 Anm.
Kasimir I., Herzog von Beuthen (aus dem Oberschlesischen Hause) 42.
Kasimir, Markgraf von Brandenburg 4.
Kasimir II., der Gerechte, von Masowien 2.
Kasimir, Herzog von Pommern, Bischof von Kammin 203.
Kasimir, Sohn Herzogs Wratislaw von Pommern, Fürst von Demmin 75, 262.
Kasimir I., Herzog von Pommern (dux Slavorum Pomeranorum) 138/39, 262.
Kasimir III., Herzog von Pommern-Stettin 76.
Kasimir IV., Herzog von Pommern-Wolgast 77.
Kasimir V., Herzog von Pommern-Stettin 76.
Kasimir I., Herzog von Oberschlesien 42.
Kasimir II., erster Herzog von Teschen 43.
Kassuben, s. Cassuben.
Kastel an Nassau-Usingen 213 Anm.
Katharina von Münsterberg s. Przemko von Troppau.
Katharina, Gräfin von Saarwerden und Mörs 210.
Katharina von Schlesien, Tochter Bolkos III., s. d.
Katscher, Distr. 47.
Katzenellenbogen, Grfsch. 218.
— —, Erbschaftsstreit 156, 216.
— —, Gebiet (nicht zum Kgr. Westphalen gezogen) 65.
— —, Adelheid, Gräfin von — 209.
— —, an Hessen 156.
— — (erbsrhein.) an Hr. Nassau 222 Anm.
— —, Niedergrafschaft (z. Th.) an Nassau-Usingen 156, 213 Anm.
— —, an Nassau (-Oranien), vertauscht gegen Dietz 171.
—, Hauptlinie des Hauses Nassau (Ottonischen Stammes) 218.
Kehdingen, Land 117.
Kerpen, Hr. 51.
Kirchberg, Burggrafen 214.
Kirberg 221 Anm. (2).
Kiel, Stadt 95, 96.
Kirchheim-Bolanden, Hr. 210.
— —, an Frankreich 214.
Knud der Große, König von Dänemark 107.
Knud Laward, Herzog von Schleswig 108.
Kleeberg (z. Th. Nassau-Weilburgisch) 213 Anm., 214.
Kleestängel in den Flügeln der Adler, s. Brandenburg, Preußen.

Kleeftänglein am Heffifch-Thüringifchen Helmkleinod 159.
Klein-Bandern an den Erbprinzen von Oranien 206.
Klein-Netterden, Kirchspiel 121.
Kleinpolen 55.
Klempenow, Stadt 78.
Klettenberg, Grfsch., an Hohenftein 240.
—, Grafen 239/40.
— —, f. auch Lohra-Klettenberg.
Klötze, Amt, Hannöversche Enclave der Altmark, Theil des eh. Kgr. Westphalen (Elb-Departement) 66.
— —, an Preußen (1815) 92 Anm.
Kloppenburg, von Münster gekauft, bischöfliches Amt; an Oldenburg 190/1.
Königsberg N./M., Erwerbung von, 17.
Königskrone, Preußische 1.
Königskrone, auf der Bruft des Preußischen Adlers 10.
Koenigstein, Hr., an Nassau-Usingen 213 Anm.
Koenigswinter, Kurkölnisches Amt an Nassau-Usingen 213 Anm.
—, eh. Kanton Grh. Berg 135, 136.
Koldingen, Amt 92.
Konrad, Markgraf von Brandenburg, aus dem Hause Askanien 74.
Konrad, Graf von Freiburg, erbt Neufchâtel 169.
Konrad II., Stifter der Fürftl. Schlefifchen Linie zu Glogau 43, 44.
Konrad III., Köberlein, Fürft zu Guhrau und Sagan 44.
Konrad der Salier, Deutscher Kaiser 107.
Konrad I., Bifchof von Kammin 202.
Konrad, letzter Graf von Klettenberg 239.
Konrad von Lauenrode 88.
Konrad II., Erzbifchof von Magdeburg 113 Anm.
Konrad von Masowien 2.
Konrad von Meißen, aus dem Hause Wettin, erhält die Niederlaufitz 165.
Konrad, Bifchof von Münster 190.
Konrad I., Herzog von Niederschlesien 42.
Konrad I., Fürft von Oels 45.
Konrad X., letzter Fürft von Oels 44/45.
Konrad I., Graf von Querfurt, Erzbifchof von Magdeburg 113 Anm.
Konrad von Ragze (Rätz), Burggraf von Nürnberg 32.
Konrad, Graf von Tecklenburg, aus dem Haufe Schwerin-Wittenburg, verliert Tecklenburg-Lingen 243/45.
Konrad, Graf von Württemberg, nimmt die Hirfchftangen als Wappen an 254.
Konrad, Graf von Zollern, Stammvater der fränkifchen Linie 32.
Konrad, Graf von Zollern, Burggraf von Nürnberg, nimmt den Schildrand um den Löwen im Wappen an 33.

Konftanze, Prinzessin von Polen 17.
Kornelismünster, Reichsabtei 51.
Korvey, f. Corvey.
Krakau 42.
—, Friede von 4.
—, Palatinat 48 Anm.
—, Woiwodschaft 55.
Krakow, Hr., f. Crefeld.
Kremmen, Vertrag von (1236) 76.
Kreuz, das — im Wappen von Fulda 205 und Anm. ibd.
—, das im Wappen von Kammin, deffen verfchiedene Form 202 Anm.
—, das Wappenbild von Paderborn 184.
—, das Wappenbild von Pyrmont 184.
—, im Wappen des Bisthums Verden 199/200 Anm.
Kreuzberg, Vogtei, theilweise an Preußen 206.
Krone, die auf dem Haupt des Preußifchen Adlers 10.
— der Könige von Preußen 1.
— der Preußifchen Prinzen und Prinzeffinnen 2.
—, die des Schlefifchen Adlers 41/48.
Kronenburg, Hr. 51.
Kühnsdorf 229.
Küftrin, Erwerbung von — f. auch Cüftrin 17.
—, Markgraf Johann von, und Tochter Katharina 5, 21.
Kujavien 54.
Kulmerland 3, 6.
Kunigunde, Gräfin von Naffau 209.
Kurhut, der auf dem Kopfe des Brandenburgifchen Adlers 23.
Kurkölnifche Lande 50, 53.
Kurkreis (eh.) 59.
Kurmark, Belehnung Friedrichs I. 19.
—, Beftandtheile 16.
Kurprinz von Brandenburg, deffen Wappenabzeichen (Wartfchild) 27.
Kurtrierifche Lande 50.
Kurzepter, erftes Erfcheinen im Brandenburgifchen H lmkleinod 26.
Kyrburg, f. Dillenburg (136).

L.

Labes in Pommern 262.
Labiau, Vertrag von 5, 9.
Lahr, Hr., an Naffau 210 (2).
— —, an Naffau-Ufingen 212 (2).
— —, fällt an Baden 213 Anm.
Lauban, Stadt 162.
Lauenau, Amt 92.
Lauenburg, Hzgth. 92, 98, 149 ff.
— —, Erbfchaftsftreit 150.
— —, Wappen 149 u. Anm.
— —. an Braunfchweig-Neu-Lüneburg-Celle 150.

Lauenburg, Hzgth., an Kurhannover 150.
— —, von Frankreich occupirt und zum eh. Kgr. Westphalen, dann zum Kgr. Hannover und an Dänemark, zuletzt an Preußen 60, 92 Anm., 151.
Lauenburg in Pommern, Hr. 6, 7, 143.
— —, Hr., Titel, Aufnahme in den Kurbrandenburgischen 203.
—, Stadt, vom deutschen Orden erkauft 75.
Lauenburg-Bütow, Lande 151 Anm.
Lauenrode, Grfsch., an Braunschweig-Lüneburg 88, 90 Anm.
Lauenstein, s. Homburg i. L.
Laurenburg 209.
Lausitz, Belehnung Ludwigs von Bayern mit der — 18.
Lauterberg, Grfsch. 89.
Leberecht, Fürst von Anhalt-Bernburg-Hoym 220.
Lebus, wird an Brandenburg verkauft 17, 45.
—, s. auch Neumark.
Leck, van der, Hr., (Niederlande) an Nassau-Dillenburg 215.
Leer, Amt 181.
Leerdam, Grfsch. 217.
—, Herren von, s. Arkel.
Leine-Departement des eh. Kgr. Westphalen 66/70.
Leipziger, eh. — Kreis 59.
Lenczyc, Woiwodschaft 55.
Lengerich, eh. Kanton Grh. Berg 137.
Lengsfeld, Gericht, an Preußen 206.
Lennep, eh. Kanton Grh. Berg 136.
Leobschütz, beim Hause Podiebrad 232.
Leonor von Longueville, Gräf von Neufchâtel 169.
Leopold I., Deutscher Kaiser 5.
Leopold Wilhelm, Erzherzog von Oesterreich, Coadjutor von Halberstadt 189.
Lesko, König von Polen 2.
Lesko, letzter Herzog von Ratibor (aus dem Oberschlesischen Hause) 42.
Leuthold von Regensberg 33.
Leutizia (Theil Pommerns) 262.
Leyen'scher Distrikt 53.
Lichtenberg, Fstth. 53.
Liebenscheid, Burg 215/6.
Liechtensteinsche Geldforderung, s. Ostfriesland.
Liegnitz, Zweig der Schlesischen Piasten 45.
—, Fstth. 45/46.
— —, widerrechtlich von Böhmen eingezogen und zurückgegeben 46/47.
Liegnitz-Brieg, Fürstliches Haus 46.
— —, Linie zu 45.
Liemar, Erzbischof von Bremen 117.
Ligne, Haus 51.
Lilienhaspel (Clevisches Wappen) 126.
Limburg, Imagina, Gräfin von — 209.

Limburg a. d. Lahn, Grfsch., kurtrierisches Amt, an Nassau-Weilburg 213 Anm., 214.
— — —, Grfsch., Theil des Ruhr-Departements eh. Grh. Berg 137.
Limburg a. d. Lenne, s. Hohen-Limburg.
Limburg a. d. Maaß, Hzgth., Theil 51.
Lindau, Amt, s. (Nieder-)Eichsfeld.
Lindlar, eh. Kanton Grh. Berg 136.
Lingen, Hr., an Schwerin-Wittenburg 243.
— —, wird Reichsgrafschaft 244.
Lingen, Grfsch., 242.
— —, 62, 217.
— —, Bestandtheil der Oranischen Erbschaft 166/7.
— —, an Maximilian (Egmond), Graf von Büren 170, 244.
— —, an Oranien, an Großbritannien, an Preußen 172, 244.
— —, (Preußischer Antheil) 62.
—, Niedergrafschaft, an Hannover (1815) 92 Anm.
—, Grfsch. (Hannöverscher Theil) 88.
— —, 1806—1810 Theil des Grh. Berg (Ems-Departement) 135/7.
— —, Bestandtheile 243.
— —, Flächeninhalt 244.
— —, Titel und Wappen von Nassau-Dietz geführt, dann laut Vergleich mit Preußen abgelegt 225.
— —, Titel und Wappen, Rangstellung im Königlich Preußischen 244, 246.
Linz a. Rhein, Kurkölnisches Amt, an Nassau-Usingen 213 Anm.
— —, an Preußen 222 Anm.
Lippehne, Erwerbung des Landes 17.
Lipporn, s. Miehlen.
Lippstadt, Stadt 62.
— —, Theil des Ruhr-Departements eh. Grh. Berg 137.
Lisberg, halbe Hr., fällt an Hessen 156.
Litthauen, Großfürstenthum 7.
—, polnisches 7.
—, preußisches 7.
Liubesow, Fürst von, s. Sambor II. 74.
Loburg, Amt 114.
Loebau, Stadt 162.
Löcknitz, Stadt 78.
— —, Schweden erhält Erbanwartschaft auf — 80.
Löwe, der Bergische 132, 235.
—, der Geldernsche 119.
—, der Jülich'sche 129.
—, der Hessische 154, 157, 159.
—, der Lüneburgische steht für Hannover im Königlich Preußischen Wappen 87.
—, der Nassauische 208.
—, der Burggräflich Nürnbergische, s. Nürnberg, Wappen.
—, der im Rügischen Wappen 174—8.
—, der Thüringische 157.

Löwe, der Thüringische, Unterscheidung vom Hessischen 154, 159.
Löwen, die, im Schleswigschen Wappen 107.
Loewenstein-Wertheim, Grafen 51, 257.
Lohra an Hohenstein 240.
Lohra-Klettenberg von Braunschweig occupirt, dann an Stolberg und Schwarzburg, Halberstadt und Kurbrandenburg, an Sayn verliehen, zurückgekauft, zur Grfsch. Hohenstein erhoben, dann an Westphalen und an Preußen zurück 240/1.
Loitz, 264.
Lommersum, Hr. 51.
Longueville, Haus, Besitzer von Neufchâtel 169.
Looz-Corswarem, Besitzungen des Herzogs von 61.
Lothringen, Hzgth., Theil 52.
Louise von Coligny, Gemahl: Wilhelm I. von Nassau-Oranien 171, 217.
Luckau, Vertrag von 18.
Luckenwalde-Zinna (Erzbisthum Magdeburg) 112.
Ludolf, Erzbischof von Magdeburg 112.
Ludwig der Aeltere von Bayern 18.
Ludwig von Bayern mit Brandenburg belehnt 18.
— —, tritt Brandenburg seinen Brüdern ab 18.
Ludwig der Römer, Markgraf von Brandenburg 18.
Ludwig, Herzog von Alt-Braunschweig-Göttingen-Braunschweig 89.
Ludwig I., III., Herzog zu Brieg, Ohlau, Hainau, Lüben 46.
Ludwig II., Herzog zu Brieg, erbt Liegnitz 46.
Ludwig I., Landgraf von Hessen 155.
Ludwig II., Landgraf von Hessen 156.
Ludwig III., Landgraf von Hessen erhält Cassel 2c. 156.
Ludwig IV., Landgraf von Hessen und Thüringen 155, 159.
Ludwig IV., Landgraf von Hessen-Marburg 156.
Ludwig der Bärtige, Landgraf von Hessen und Thüringen 154.
Ludwig, Graf zu Hohenlohe-Langenburg 211 Anm.
Ludwig, letzter Edelherr von Lohra 240.
Ludwig, Graf von Longueville erhält Neufchâtel 169.
Ludwig, Fürst zu Nassau-Saarbrücken-Ottweiler 212 (2).
Ludwig II., gefürsteter Graf zu Nassau-Weilburg-Weilburg vereinigt wieder alle Besitzungen Walramschen Stammes 211.
Ludwig, Graf von Sigmaringen (-Spitzenberg) 249.
Ludwig I., Landgraf von Thüringen 154, 159.

Ludwig, Graf von Vinelz, Herr von Neufchâtel 168, 169.
Ludwig Crato, gefürsteter Graf zu Nassau (Neu)-Saarbrücken-Saarbrücken 211.
Ludwig Heinrich, Graf, dann Fürst zu Nassau-Dillenburg 220.
Ludwig Heinrich Moritz, Pfalzgraf zu Simmern 217.
Lübbecke an das Bisthum Minden 194.
Lüben i. Schl., Fstth. 46.
Lüchau, Grfsch., Theil des Bisthum Verden 199.
Lüchow, Amt 88, 91.
Lüdenscheid, eh. Kanton Grh. Berg 137.
Lüder, I. Graf von Stade 117.
Lüder Udo, Graf von Stade 117.
Lüdinghausen, eh. Kanton Grh. Berg 137.
Lügde, Stadt, s. Pyrmont 186.
Lüneburg, Hzgth., Wappen, 87, Bestand 88.
— —, Distr. des Nieder-Elb- und Aller-Departements, eh. Kgr. Westphalen 69/70.
—, Fstth. 88/90.
—, s. auch Alt-, Mittel- und Neu-Lüneburg.
Lüneburg'sche Lande, Wiedervereinigung sämmtlicher 92.
Lützelburg, Haus 119, 243.
—, Erbvertrag mit den Markgrafen von Brandenburg aus dem Hause Bayern und Abtretung der Mark 18.
Luise, Gräfin, dann Reichsfürstin von Nassau-(Neu-)Saarbrücken-Saarbrücken 211, Anm.
Luise Henriette, Prinzessin von Nassau-Oranien, Gemahl: Kurfürst Friedrich Wilhelm von Brandenburg 171/217.
Luise Isabella Alex. Auguste, Erb-Gräfin von Sayn-Hachenburg 214.
Lurenburg verkauft 220.
Lutter a. B. 89.
Lutterberg an Hohenstein, dann an Braunschweig 240.
Luxemburg, Großherzog 222.
— Hzgth., Theil 51.
— Haus, s. Lützelburg.
Luxemburg-Roussy, Franziska, Gräfin von 210.
Lymers, die — an Nassau-Oranien 221 Anm.

M.

Magdalena von Jülich-Cleve 2c. 128.
Magdalene von Nassau, Erbin von Roussy, verwittwete Gräfin von Manderscheid 210.
Magdeburg, Burggrafenthum 59, 112 und Anm., 113 und Anm.
Magdeburg, Erzbisthum, Gründung, Säkularisation 111, 113.
Magdeburg, Hzgth. 111.

Magdeburg, Hzgth., an das Kgr. Westphalen und an Preußen zurück 114.
— —, Distr. des Elb-Departements des Kgr. Westphalen 66/70.
— —, linkselbisch (Theil des Kgr. Westphalen), — Departement der Elbe und Saale — 65/67.
— —, Helmkleinod (Pelikan) erfunden 111, 115.
— —, Wappen, Rangstellung im Kurbrandenburg-Preußischen 115.
—, Reg.Bez. 59.
—, Schultheißenamt 113, Anm.
—, Stadt 112, 113 Anm., 114.
Magnus I., Herzog von Alt-Braunschweig-Göttingen-Braunschweig 89.
Magnus II. Torquatus, Herzog von Alt-Braunschweig-Göttingen 89.
Magnus, Herzog zu Sachsen-Lauenburg (Wappenstreit) 63.
Magnus III. Smek, König von Schweden und Norwegen 108 Anm.
Mainz, Erzbisthum 257.
Malburg (en) Distr. bei Holland 136.
Malchin, Land 262.
Malmedy, eh. Reichsabtei 51.
Manderscheid, Johann Graf von Manderscheid-Virneburg 210.
Mangold I., Graf von Veringen 253.
Mangold II., Graf von Veringen, erbt Nellenburg 254.
Mangold III., Stammvater der Grafen von Nellenburg 254.
Mangold, Graf von Sigmaringen 249.
Mansfeld, Grafen, aus dem Hause Querfurt, 113 Anm.
—, Grafen 247.
— —, Helmkleinod der ältesten 247 Anm.
Mansfeld, Grfsch. 247.
— —, an Frankreich, beziehungsweise Westphalen (Departement der Saale) 67, 248.
— —, an Kursachsen, beziehungsweise Preußen 248.
— —, auch der Sächsische Antheil an Preußen 248.
— —, Flächeninhalt 248.
— —, Titel und Wappen; Rangstellung im Königlich Preußischen 248.
Manslagt, Ostfriesisches Häuptlingsgeschlecht (Beninga) von — 180/1.
Marburg (Hessen) 155/156.
—, Distr. des Werra-Departements eh. Königreich Westphalen 68.
Margaretha, Erbin von Berg und Ravensberg 133.
Margarethe, Gräfin von Cleve, Gemahlin Adolph II. von der Mark 123.
Margaretha, Tochter Waldemars II. Atterdag, Königin von Dänemark Schweden und Norwegen 108/9.

Margarethe, Erbgräfin von Mörs, verm. an Wilhelm III., Graf von Wied-Isenburg 225.
Margaretha, Erbgräfin von Ravensberg, verm. Gerhard Graf von Jülich 235.
Margaretha, Erbfürstin von Rügen 77. 175.
Maria von Arkel-Leerdam, Gemahlin Johann II. Grafen von Egmond 120. 170.
Maria de Baur, Erbfrau von Oranien, verm. an Johann III. von Châlon-Array 168 (2).
Maria von Brabant, Wittwe Reinhards III. von Geldern 120.
Maria von Burgund 123.
Maria, Erbherzogin von Geldern, Gemahlin Wilhelms von Jülich 120, 130.
Maria von Genevois 167.
Maria II. von Großbritannien, verm.: Wilhelm III. von Nassau-Oranien 217.
Maria (Stuart), Tochter Karl I., König von Großbritannien, verm.: Wilhelm II. von Nassau-Oranien 217.
Maria, Erbin von Jülich 2c. (Gemahl: Johann III. von Cleve) 123, 130.
Maria von Longueville, verwittwete Herzogin von Nemours, Erbin von Neufchâtel 169.
Maria von Mecklenburg, Gemahlin Wartislaws VII. von Pommern 77.
Maria von Nassau-Oranien, verm.: Ludwig Heinrich Moritz Pfalzgraf zu Simmern 217.
Maria von Oettingen, Tochter Friedrichs III. von Zollern, wird mit der Burggrafschaft Nürnberg belehnt und geht dessen verlustig 33.
Maria Eleonore, Erbherzogin von Jülich-Cleve 2c., verm.: Herzogin von Preußen 33, 124.
Marie Elisabeth, Erbgräfin von Limburg-Styrum-Wisch 218.
Maria Elisabeth, Erbin von Mansfeld, verm.: Gräfin Colloredo 248.
Marienburger Land 3, 6.
Marienstadt, Abtei an Nassau-Weilburg 214.
Marienwerder, Kreis 6.
Mark, Edle von der 254.
Mark, Grafen zu der 51.
Mark, Grfsch. 53, 134.
— —, an Cleve zurück 123.
— —, an Heinrich von Laufen und Adolf II., Graf von Berg 235.
— —, Theil der Jülich-Cleve-Bergschen Erbschaft 235.
— —, an Kurbrandenburg, an Frankreich, an Berg, an Preußen 125, 236.
— —, Theil des Ruhr-Departements des Grh. Berg 135/7.
— —, (Theil der Rheinprovinz) 53.

Mark, Grfsch., Flächeninhalt 236.
— —, Helmkleinod 235 Anm.
— —, deren Wappen-Schachbalken im Cleveschen Helmkleinod 122 Anm. II.
— —, Titel und Wappen, Rangstellung im Kurbrandenburgisch-Preußischen und Markgräflich-Brandenburgischen 236 ff.
Mark, nordsächsische 16.
Mark, Schloß 235.
Marken, Untheilbarkeit der 21.
Markward, Graf von Veringen 253/4.
Martin, letzter Graf von Hohenstein-Schwedt-Vierraden 240.
Masowien, Konrad von 2.
—, Woiwodschaft 55.
Massow i. Pommern fällt an Brandenburg 80.
Mathilde von Brandenburg erbt die Niederlausitz 165.
Mathilde von Dinslaken, Gemahl: Dietrich V. von Cleve 123.
Mathilde von Geldern, Gemahl: Johann von Châtillon 120.
Mathilde, Tochter des letzten Herzogs von Alt-Lüneburg 89.
Mathilde von Tecklenburg, s. Heilwig.
Matthias Corvinus erhält die Lausitzen, nach ihm sein Sohn 162.
Mauer, im Wappen der Oberlausitz 161.
Maximilian von Bourgogne, Erbe von ter-Ver und Vließingen 171.
Maximilian von Egmond, Graf von Büren, erhält Lingen 170.
Maximilian Wilhelm Adolph von Nassau-Siegen, Graf von Sénarpont 219 Anm.
Mechtild, Gräfin von Geldern 209.
Mechtilde von Meißen bringt ihrem Gemahl Albrecht von Brandenburg die Oberlausitz zu 162.
Mecklenburg, Fürsten, Erbvertrag mit Kurbrandenburg (1482) 152.
Mecklenburg, Hzgth. 152.
— —, Wappen 152.
— —, Aufnahme ins Königlich Preußische, dessen Rangstellung 153.
Meile, die dritte (Bremen) 68.
— —, Theil des eh. Kgr. Westphalen (Departement der Niederelbe) 69.
Meinhard, Sohn Ludwig des Aelteren von Bayern 18.
Meinher I., Burggraf von Werben (Meißen) 247.
Meisenheim, Amt 53.
Meißen, Markgrafen, werden Herzöge von Engern und Westphalen 63.
Meißner, eh. — Kreis 59.
Melle an Bisthum Osnabrück 195.
Melsungen (Hessen) 155.
Memel, Amt 7.
Mengerskirchen 216, 222, Anm.

Mengerskirchen, Burg 215.
—, Kirchspiel, 214.
Mensfelden, Dorf, 221, Anm. (2).
— —, an Nassau-Weilburg 214.
Meppen, von Münster gekauft, bischöfliches Amt; an Arenberg 190/1/2.
Meran, Otto von — und Tochter Elisabeth 33.
Merenberg, Hr. 210.
— —, Nassau-Weilburgisch 214.
Merseburg, Reg.-Bez. 59.
—, eh. Stift 59.
Mesmerode, Amt 92.
Mestwin I., Fürst von Pomerellen 74, 261.
Mestwin II., Sohn Swatopluks 74, 261.
Mettingen 243.
Mettmann, eh. Kanton Grh. Berg 136.
Meurs, Grfsch., s. Mörs.
Michelau 6.
Miehlen, Amt (Nassau-Weilburgisch) 214.
Miesko, Piast 41.
— —, s. auch Mieczislaw I.
Milow 112.
Mimigardevord, s. Münster.
Minden, Bischöfe 193/4.
— — s. auch Verden.
—, Bisthum 193.
— —, säkularisirt und an Kurbrandenburg 194.
—, Diözese 61/2.
Minden, Fstth. 62, 193.
— —, an Frankreich (Westphalen) und an Preußen zurück 194.
— — (Theil des Kgr. Westphalen — Weser-Departement — bis 1810) 65/68/70.
— —, Flächeninhalt 194.
— —, Helmkleinod 193.
— —, Wappen und Titel; Rangstellung im Brandenburgisch-Preußischen 194.
—, Graf Albrecht von der Hoye, Bischof von 90.
—, Reg.-Bez. 64.
Mittel-Braunschweig, Ast 90.
— —, s. auch Braunschweig.
Mittel-Lüneburg, Ast 90.
— —, s. auch Lüneburg.
Mittelmark, Bestandtheile 20.
Mittelmark, Belehnung Friedrichs I. 19.
— Benennung der 18.
Mittelschlesien 43.
Mjeczislaw I., Herzog zu Gnesen 41/2.
Mieczislaw, Herr zu Lebus 45.
Mjeczislaw, Herzog von Oberschlesien 42.
Mörs, Grfsch., Bestandtheil der Oranischen Erbschaft 166/7, 225.
— —, an Wied-Isenburg 224.
— —, an Neuenahr und Nassau-Oranien 171, 225.
— —, an Preußen und zum Reichsfstth. erhoben 172, 225.
Mörs, Fstth. 224.

Mörs, Fstth., an Frankreich bezw. Berg, an Preußen zurück 226.
— —, Fstth., Theil der Rheinprovinz 53.
— —, Flächeninhalt 226.
— —, Wappen und Titel von Nassau-Dietz geführt, dann laut Vergleich mit Preußen abgelegt 225/6.
— —, Titel und Wappen, Rangstellung im Königlich Preußischen und Markgräflich Brandenburgischen Wappen 226.
Montabaur, kurtrierisches Amt, an Nassau-Weilburg 214.
Montfort, Hr., Theil der Oranischen Erbschaft 172.
Montfort, Grfsch. 250.
Montpellier, Haus im Besitz von Oranien 167.
Moormerland 181.
Moritz Graf von Nassau, Fürst von Oranien, erbt Mörs 225.
Moritz I., Graf von Oldenburg 97 Anm.
Moritz, Graf von Schwalenberg 184.
Moritz Heinrich, Fürst von Nassau-Hadamar 220.
Mühlhausen, Stadt (Theil des Kgr. Westphalen) — Harz-Departement — 65.
Mühlheim a. Rh., eh. Distr. und Kanton des Rhein-Departements Grh. Berg 136 (2.)
Münden (Hannöversch·) Theil des Kgr. Westphalen (Fulda-Departement) 66.
Münster, Bisthum, Stiftung 190.
—, Diözese 61.
Münster, Fstth. 190.
— als Fstth. an Preußen, an Frankreich (Berg), dann Preußen, bezw. Hannover 137, 191/2.
— —, (nördlicher Theil) an Hannover (1815) 92 Anm.
— — (Hannöverscher Theil) 88.
— — (Preußischer Antheil) zum Grh. Berg 1806—1810 (Theil des Ruhrbezw. Ems-Departements 135/6/7.
— —, Flächeninhalt 192.
— —, Wappen und Titel im Kgl. Preußischen 192.
—, eh. Kanton Grh. Berg 137.
—, Reg.Bez. 64.
—, eh. Stift (Theil) 61.
Münsterberg, Herzog von, erbt Oels 45.
— —, beim Hause Podiebrad 232 (3).
—, Zweig der Linie zu Schweidnitz 45.
Murat, Großherzog von Berg, dann König beider Sizilien 135.
Mylendonk, Herrschaft 51.

N.

Nadrauen 3.
Nägel, die drei im Holsteinischen Wappenbild 102.

Nagelspitzkreuz, das, im Wappen von Verden 199/201.
Napoleon, Louis, Großherzog von Berg 135.
Nassau, Fstth. 208.
— —, Flächeninhalt 222.
— —, Helmkleinod 208 Anm.
— —, Titel und Wappen, Rangstellung im Königlich Preußischen 222.
—, Burg und Gebiet 221 Anm. (2).
—, Haus 209.
— —, erhält den Reichs-Versammlungssitz 212.
— —, Walramische Linie 209.
— —, Walramischer Stamm, Wappen 208.
— —, Weilburger Ast 210.
— —, Wiesbadener Ast 209.
— —, Erblande (Theil) 62.
— —, eh. Nassau-Oranische Gebietstheile 52.
Nassau-Oranien, Haus, erbt Büren und Borßel-ter-Ver 170.
— —, Erblande (Theile) 52, 223.
Nassau-Usingen, Haus, erbt Ottweiler, Jdstein, Wiesbaden und Lahr 212.
Nassau-Weilburg, Haus, beerbt Nassau-Usingen (1816) 213.
Natangen 3.
Naugard i. Pommern, Amt, fällt an Kurbrandenburg 80.
Naumburg-Zeitz, eh. Stift 59.
Neisse, Fstth. 48.
— —, fällt an das Bisthum Breslau 43.
Nellenburg, Grafengeschlecht 250, 254.
Nessau, Zweiter Thorner Friede zu 3.
Nesselberg a. d. Weser, s. Burg Schauenburg.
Nesselblatt, das Holsteinische, ein Schildrand, von Ihrer Majestät der Deutschen Kaiserin wieder richtig angenommen; im Königlich Preußischen Wappen und dem Schleswig-Holsteinischen Provinzialwappen noch in der unrichtigen Darstellung 99, 101, 110.
Nesselrode, Grafen 51.
Netphen, eh. Kanton Grh. Berg 137.
Netzedistrikt 6, 54/5/6.
Neu-Braunschweig-Dannenberg, Zweig (Herzoglich = Braunschweigisches Haus) 91.
Neuchâtel, s. Neufchâtel.
Neuenburg, s. Neufchâtel.
Neuengleichen, Amt, fällt an Hessen 156.
Neuenrade, eh. Kanton Grh Berg 137.
Neuerburg 51.
Neufchâtel, Grfsch., 68.
— —, unter eigenen Grafen 168.
— —, an Châlon 168.
— —, an die Grafen von Freiburg 169.
— —, an die Grafen von Hachberg 169.

Neufchâtel, Grfsch., an die Grafen von Nidau 169.
— —, an Haus Longueville 169.
— —, Bestandtheil der Oranischen Erbschaft 166.
— —, an Großbritannien bezw. Brandenburg-Preußen 169.
— —, an Berthier 169.
— —, Wappen, Helmkleinod 169, 172/3.
Neuhaldensleben, Distr. des Elb-Departements des eh. Kgr. Westphalen 66/70.
Neuhaus, Hannöversches Amt 151.
Neu-Lüneburg-Celle (Königlich Hannöversches Haus) 91.
— — —, Zweig, erbt Grubenhagen 91 Anm.
Neumark, Benennung der 17.
—, Schicksale und Bestandtheile 20, 21.
—, Schweden erhält Erbanwartschaft 80.
—, s. auch Neu=Stargard.
Neunkirchen, Amt (Nassau) 221 Anm.
— —, 222 Anm.
Neuostpreußen, eh. Preußische Provinz 55.
Neu-Schlesien, eh. Preußischer Landestheil 48, 55.
Neu-Schwerin i. Pommern 262.
Neustadt a. O., eh. Kreis 59.
Neustadt a. R., s. Wölpe.
Neu-Stargard, (Neumark) Wappen 83, 144.
— —, s. auch Stargard (262).
Neustettin i. P. 262.
Neuvorpommern fällt an Preußen 81, 175.
Nevers an Cleve 123.
Nicolaus III., V. u. VI., Grafen von Tecklenburg, aus dem Hause Schwerin-Wittenburg 243.
Nicolaus II., Herzog von Troppau, erbt Ratibor 42.
Nidau, Grafen, Besitzer von Neufchâtel 169.
Nidda, Grfsch. fällt an Hessen 156.
Nieder-Elbe, Departement der — s. Elbe.
Niederhessen, dynastische Grafen von 154 Anm.
—, Theil von — zum Fulda-Departement des eh. Kgr. Westphalen 66.
—, Theil des eh. Kgr. Westphalen — Departement der Werra 68.
Niederlande, Erbstatthalter 221.
—, König 222.
Niederlausitz, Markgrafschaft 59, 164/5.
—, früher unter Lausitz verstanden, an Gero verliehen, gehörte zur Ostmark 164/5.
—, unter verschiedenen Herren bis 1135 165.
—, beim Hause Wettin 165.
—, an Brandenburg 163, 165.
—, an Böhmen, Sachsen und Preußen 162, 165.
Niederlausitz, Flächeninhalt 165.

Nieder-Lotharingien, Herzöge, Haus 119, 155.
Niederpreußen 1.
Niederrad 257.
Niederrhein, Grh., 50 ff.
—, Bestandtheile und Wappen 50.
—, Provinz, 52/3, 133.
Niedersachsen, Wappen 93 Anm.
Niederschlesien 43.
Niederschlesische Fürstenthümer, s. Schlesische Fürstenthümer.
Niederstift des Bisthums (Fstth.) Münster an Hannover 192.
Niederursel 257.
Nienburg, Distr. des Aller-Departements eh. Kgr. Westphalen 69.
Nord-Departement des eh. Kgr. Westphalen 68.
Nord-Engern, s. Engern.
Nordhausen, Distr. des Harz-Departements eh. Kgr. Westphalen 65, 66.
Nordhorn, eh. Kanton Grh. Berg 137.
Nordjütland 96.
Nordmark, Markgrafen der 117.
—, 16, 17.
—, deren Umbenennung in Altmark 17.
Nürnberg, älteste Burggrafen von 32.
—, Burggraf von —, Führung des Titels 39.
—, Burggrafen, Annahme der Schildeinfassung 33.
—, Burggraf Friedrich III. legt das Burggrafenwappen ab 33.
—, Burggraf Friedrich III. führt die Hälfte des Oettingischen Helmkleinods 33.
—, Burggrafen Conrad, Friedrich III., IV. und V., und Johann 33/4.
—, Burggraf Friedrich V. 34.
—, Friedrich VI. Burggraf von, Kurfürst 19.
Nürnberg, Burggrafthum 31.
— —, Gebiet 32.
— —, Helmkleinod, erstes Vorkommen 34.
— —, Entstehung und erstes Vorkommen des Wappens 32/3.
— —, Titel und Wappen, deren Rangstellung im Brandenburgisch-Preußischen Wappen 35.
— —, Wappen, dessen verschiedene Darstellung 36/7.
Nyborg, Friede von (1386) 96.
Nymwegen, Friede von (1679. 5. II) 80.
Nystädt, Friede zu (1721 10. IX.) 81.

O.

Oberbonsfeld, Gemeinde 55.
Oberharz, s. Grubenhagen.
Oberhessen 156.
—, Theil des eh. Kgr. Westphalen, Werra-Departement 68.
Oberlahnstein an Nassau-Usingen 213 Anm.

Oberlausitz, Mgfth. 45, 59, 161.
— —, erstes urkundliches Vorkommen, Theil der Mark Meißen 161.
— —, mit Niederlausitz vereinigt 162.
— —, an Schweidnitz 162.
— —, an Brandenburg 17, 162.
— —, an Böhmen und Habsburg-Oesterreich 162.
— —, an Kursachsen 162.
— —, an Preußen 162/3.
— —, Titel und Wappen, Rangordnung im Königlich Preußischen 163.
— — — —, vom Erzhause Oesterreich fortzuführen 162.
— —, Umfang, Zutheilung zu Schlesien 163.
Obernkirchen, Kanton des Distr. Rinteln Weser-, dann Aller-Departements eh. Kgr. Westphalen 69.
Oberpreußen 6.
Oberrad 257.
Oberschlesien, Hzgth. 42, 43.
—, Wappenadler von — 42/3.
Oberschlesische Fürstenthümer, deren widerrechtliche Einziehung 43.
Oberursel an Nassau-Usingen 213 Anm.
Ochtrup, eh. Kanton Grh. Berg 137.
Oderberg, Hr. 43, 47, 48.
— —, von Markgraf Georg den Frommen von Brandenburg erworben; fällt an Böhmen 43.
Odersbach, Dorf 315.
Odermündungen und Oderstrom fallen an Schweden 80/81.
— — —, s. auch Pommern.
Oderufer, das östliche fällt an Brandenburg 80.
Odolow, Sohn Kasimirs I. von Pommern 262.
Odonicz Wladislaus, Herzog von Kalisch und Posen 74.
Oebisfelde a. d. Aller 112.
Oelde, eh. Kanton Grh. Berg 137.
Oels, Fstth. 44.
— —, fällt an Böhmen, dann an Münsterberg 45.
— —, beim Hause Podiebrad 232 (3).
—, Linie der Schlesischen Piasten 45.
Oesterhout, Hr. (Niederlande), an Nassau-Dillenburg 215.
Oettingen, Graf Ludwig von, und dessen Gemahlin Maria von Zollern 33.
—, die Grafen, Helmkleinod; Streit um das Brackenhaupt 33, 34.
Ohlau, Fstth. 46.
Okriftel, Isenburgsches Dorf, an Nassau 213 Anm.
Olaf, König von Dänemark, Schweden und Norwegen 109.
Oldenburg, Fürstenthum, s. Wagrien.
Oliva, Frieden von 5.

Onna von Esens 181.
Opladen, eh. Kanton Grh. Berg 136.
Opole, s. Oppeln.
Oppeln, Fstth. 42.
—, Linie der Oberschlesischen Herzöge 42/3.
—, Zweig der Linie gleichen Namens 42.
— an Markgraf Georg den Frommen von Brandenburg verpfändet 43.
Orange, s. Oranien 167.
Orangepolder, Hr., Theil der Oranischen Erbschaft 172.
Oranien, Grfsch., unter Feudalherren 167.
— —, an Haus Montpellier, den Johanniterorden und das Haus de Baur 167.
— —, an das Haus Châlon-Arlay 168.
— —, an Frankreich 172.
— —, an Nassau 168.
— —, an Nassau-Dillenburg 216.
—, Haus (Nassau-Dietz) 221.
—, Hauptlinie des Hauses Nassau (Ottonischen Astes) 217.
Oranien, Fstth., vollständiges Wappen 166 und Anm.
— —, Erbschaftsstreit 217.
Oranische Erbschaft, deren Bestandtheile 166, 217.
— —, Prätendenten 171.
— —, Theilungsvergleich vom 6. Juni 1732: 225.
— —, Vergleich, Wappen und Titel Preußen zugesprochen 172.
— —, Wappen von deren Landen im Preußischen Wappen und Titel 172.
Orden, deutscher · 2.
Oringen, s. Oranien.
Osnabrück, Bischöfe 195.
—, Bisthum, Stiftung 2c. 195.
— —, säkularisirt 195.
—, Diöcese 61.
— als Fstth. an Kurbraunschweig (Hannover) 196.
Osnabrück, Fstth. 88, 92, 195.
— —, Distr. des Weser-Departements eh. Kgr. Westphalen 65, 68/70.
— —, an Westphalen, an Frankreich, an Hannover, an Preußen 196.
— —, Flächeninhalt 196.
— —, Wappen und Titel, Rangstellung im Königlich Preußischen 196.
Ostein, Grafen 51.
Ostems, Departement der — (Ostfriesland) 182.
Osterode a. H., Distr. des Harz-Departements eh. Kgr. Westphalen 66.
—, Zweig der Linie Grubenhagen 89.
Ostfriesland, Fstth. 88, 180.
— —, wird dem Hause Cirksena verliehen und zur Grafschaft erhoben 181.
— —, Eventualbelehnung an Kurbrandenburg 182. Liechtensteinsche Geldforderung 47.

Ostfriesland, Fstth., an Hannover (1815) 92 Anm.
— —, von Preußen in Besitz genommen, desgl. nach Napoleons Sturz 182.
— —, an das Kgr. Holland und an Frankreich 182.
— —, an Hannover, dann wieder an Preußen 182.
— —, Erbverbrüderung mit Braunschweig-Lüneburg 182.
— —, Flächeninhalt 182.
— —, completes Fürstliches Wappen 183.
— —, Wappen, Rangstellung im Königlich Preußischen Wappen und Titel 183, 264.
Ostmark, Bestandtheile 165 Anm.
Ostpommern 261.
Ostpreußen 1 ff.
—, Helmkleinod 11.
—, Wappen 7.
—, Wappen der Provinz 12.
—, Provinzialfarben 13.
Ostringen 181.
Otto der Reiche, Graf von Ballenstädt 24.
St. Otto, Bischof von Bamberg 203.
Otto II., Otto III., Otto V., Otto VI., Grafen von Bentheim aus dem Hause Holland 243.
Otto I., Markgraf von Brandenburg aus dem Hause Askanien 75.
Otto II., Markgraf von Brandenburg, aus dem Hause Askanien, mit der Altmark belehnt 112, 261.
Otto III., Markgraf von Brandenburg 17, 25, 45.
— — — —, erhält Lehnsbrief über Pommern 75.
— — — —, dessen Wittwe Beatrix 45.
Otto IV., Markgraf von Brandenburg 26.
Otto V., der Lange, Markgraf von Brandenburg, aus dem Hause Askanien, erhält Coburg und Schmalkalden 229.
Otto V., der Faule, Markgraf von Brandenburg, aus dem Hause Bayern 18.
Otto I., der Knabe, Herzog von Braunschweig und Lüneburg 88.
Otto II., der Quade, und Otto III., Herzöge von Alt-Braunschweig-Göttingen Oberwald 89.
Otto II., Herzog von Alt-Braunschweig-Göttingen-Braunschweig 89.
Otto II., Graf von Geldern 209.
Otto, Landgraf von Ober- und Niederhessen 155.
Otto IV., römischer König, Wappen 24/5.
Otto der Große, deutscher Kaiser 107, 111.
Otto II., Bischof von Münster 190.
Otto I., Bischof, Graf von Nassau 170.
Otto, Graf zu Nassau 209.
Otto I., Graf von Nassau, erhält Hadamar 214.

Otto II., Graf von Nassau-Dillenburg, erbt Beilstein, erhält die Hälfte von Vianden 215.
Otto II., Graf von Nassau-Siegen 215.
Otto II., Herzog von Alt-Lüneburg 88.
Otto III. (der Lahme), Herzog von Mittel-Lüneburg 90.
Otto (der Aeltere), Herzog zu Mittel-Lüneburg-Harburg 91.
Otto II., Graf von Oldenburg-Delmenhorst 97 Anm.
Otto III., Graf von Oldenburg 97 Anm.
Otto I., Graf von Ravensberg 235 und Anm.
Otto IV., Graf von Ravensberg 133.
Otto von Rheineck aus dem Hause Lützelburg 243.
Otto III., Graf von Ritberg 181.
Otto I. (Herzog von Pommern), dux Slavorum et Cassubiae(orum) 76, 144, 262.
Otto II., Herzog von Pommern-Stettin 76.
Otto III., letzter Herzog von Pommern-Stettin 76.
Otto I., Otto II., Graf von Tecklenburg (ältestes Haus) 242.
Otto VI., Graf von Tecklenburg, aus dem Hause Schwerin-Wittenburg, erhält Rheda und Lingen 243 (2).
Otto VIII., Graf von Tecklenburg, aus dem Hause Schwerin-Wittenburg 243.
Otto, letzter Graf von Tecklenburg, aus dem Hause Schwerin-Wittenburg 244.
Otto von Villars verkauft Genevois 167.
Ottonische Hauptlinie des Hauses Nassau 214.
Ottweiler, Linie der Grafen von Nassau (Neu-)Saarbrücken 211 (2).
— an Nassau-Usingen 212 (2).

P.

Paderborn, Bisthum, säkularisirt, an Preußen, Frankreich (Westphalen) 185, wieder an Preußen 186.
— —, Stiftung; erster Bischof 184/5.
— —, Diözese 61.
Paderborn, Fstth. 62, 184.
—, Theil des eh. Kgr. Westphalen (Departement der Fulda) 65.
—, Distr. des Departements der Fulda des eh. Kgr. Westphalen 66.
— —, Flächeninhalt 184.
— —, Wappen und Titel, deren Aufnahme und Rangstellung im Königlich Preußischen 186/7.
Pariser Frieden 6 ꝛc.
Pasewalk 262.
—, Erbrecht an Brandenburg abgetreten 76.
—, s. auch Uckermark.
Patto Pacificus, erster Bischof von Verden 199.

Peitz, Hr. 47.
— —, an Brandenburg 165.
— —, Böhmischer Lehnsnexus aufgehoben 47.
— —, s. auch Neumark.
Pelikan, als Helmkleinod des Magdeburgischen Wappens erfunden 115.
Pentengau, Graf Gebhard, Graf zu Sigmaringen 250.
Peter, Graf von Genevois 167.
Peter Ernst, Graf von Mansfeld, dann Fürst von Fondi 247.
Peter Melander, Graf von Holzapfel 220.
Petersburger Theilungstractat (Polens) von 1772: 56.
Pfalz-Neuburg und Zweibrücken, Erbprätension auf Jülich-Cleve 125.
Pfalz-Sachsen 62.
Pfau, radschlagender, als Helmkleinod des Tecklenburgischen Wappens 242.
Pferdekopf, der Hzgth. Lauenburgische, dessen verschiedene Tingirung 149.
Pfullendorf, Grafen 250 Anm.
Philibert de Châlon-Arlay, souveräner Prinz von Oranien 168, 215.
Philipp II., letzter Herzog von Alt-Braunschweig-Grubenhagen-Herzberg 89.
Philipp, letzter Graf von Hachberg 169.
Philipp, der Großmüthige, Landgraf von Hessen 156.
Philipp II., Landgraf von Hessen-Rheinfels 156.
Philipp II., Graf von Isenburg-Grenzau 215.
Philipp I., Graf von Katzenellenbogen-Dietz 216.
Philipp, Edelherr zur Lippe-Sternberg 185.
Philipp I., Graf von Nassau 209.
Philipp II., Graf von Nassau 210.
Philipp, Graf von Nassau-Beilstein 215.
Philipp I., gefürsteter Graf von Nassau-Weilburg, erbt Saarbrücken 210.
Philipp II., gefürsteter Graf von Nassau (Stifter des Zweiges Weilburg-Weilburg) 210.
Philipp IV., gefürsteter Graf von Nassau-Weilburg-Weilburg 210/11.
Philipp I., Herzog von Pommern; Nachkommen führen vermehrtes Wappen 141.
Philipp, letzter Graf von Spiegelberg 185.
Philipp von Weinsberg, Erbkämmerer des heiligen Römischen Reiches 29.
Philipp Ludwig, Pfalzgraf von Neuburg 125.
Philipp Wilhelm, Graf von Nassau, Fürst von Oranien, erbt Mörs 225.
Philippine Henriette, gefürstete Gräfin, dann Reichsfürstin zu Nassau-Neu-Saarbrücken-Saarbrücken, geb. Gräfin Hohenlohe 211 Anm.

Pinneberger Zweig der Herzöge von Holstein 96.
Plate i. P. 262.
Plesse, Amt, an Hannover (1815) 92 Anm.
Plock, Woiwodschaft 55.
Plön, Amt, s. Wagrien.
Ploener Zweig der Herzöge von Holstein 96.
Podiebrad, Haus 232.
Podlachien, Woiwodschaft 55.
Pogesanien 3.
Polanen-Bredá, Hr. (Niederlande), Bestandtheil der Oranischen Erbschaft 166.
— —, an Nassau-Dillenburg 215.
Polen, Könige von 2.
—, Initialen der Könige von — auf der Brust des Preußischen Adlers 8.
—, König Boleslaw I., Chrobry 41.
—, König Boleslaw II., Krzywusti 41.
—, König Sigmund 4.
—, Kgr., Theilungen 6, 54/55.
—, Prinzessin Konstanze von 17.
Pomerania 262.
Pomeraniae, Pomeranorum dux 139.
Pomerellen, Land 6, 74, 261.
—, Wappen 81/2.
Pomerellischer Erbschaftsstreit 74/5.
Pomesanien 3.
Pommern, Herzogliches Haus, Erbvertrag mit Kurbrandenburg (1466 21./1.) 175.
— — —, Theilung in die Linien Stettin und Wolgast 76.
— — —, Vorpommerscher Ast (diesseits der Swine) 77.
— — —, Hinterpommerscher Ast (jenseits der Swine) 77.
— — —, erlischt 79.
—, Herzöge der — 139.
— —, deren Lehnsunterthänigkeit, Anerkennung als Reichsfürsten und Brandenburgische Oberhoheit über sie 75.
— —, als Bischöfe von Kammin 203.
Pommern, Hzgth. 73, 78/9.
— —, Dänische Ansprüche auf 76.
— —, Gebiet 75, 262.
— —, Streit über die Brandenburgische Lehenshoheit 76.
— —, Brandenburgisches Handlehen 78.
— —, Helmkleinod 84/5, 261.
— —, Schildhalter 85.
— —, Wappen von (1474—1523) 140.
— —, Führung von Titel und Wappen Seitens Kurbrandenburgs und dessen Mitbelehnung 78 Anm., 79.
— —, Wappen und Titel führt Brandenburg fort 80.
—, Provinz, Eintheilung, Farben und Wappen 86.
—, Stettiner Erbschaftsstreit, s. Stettin.

Pommern (Schwedisch — oder Neu-Vor- — fällt an Preußen) 81.
—, s. auch Vorpommern und Hinterpommern.
Pommern-Stettin, Linie 76.
Pommern-Wolgast, Linie 77.
— —, Theilung in den Vor- und Hinterpommerschen Ast (diesseits und jenseits der Swine) 77.
Pomorzanen, Volksstamm, s. Pommern 74.
Poppo I. und VII., Grafen von Henneberg 228.
Poppo VII., Graf von Henneberg, erhält Schmalkalden 228.
Poppo VIII., letzter Graf von Henneberg-Coburg 229.
Posen, Departement 56.
Posen, Grh. 54.
— —, (Wappen) 57.
—, Provinz 56.
—, Woiwodschaft 6, 54.
Prenzlau, Vertrag von (1448) 76.
—, Vergleich von — (Juni 1472) 78.
—, Erneuerung des Vergleichs (1479) 78.
Preußen, polnisches 6, 11.
—, Hzgth., Huldigung Herzog Albrechts 5.
— —, wird souverain 5.
— —, Wappen 7, 8.
— —, Vereinigung mit Brandenburg 5.
— —, Verzichtleistung Polens auf die Oberhoheit über — 5.
—, Herzog Albrecht 4.
—, Herzog Albrecht Friedrich 4, 5.
—, Herzogin Anna 5.
—, Christian I., Bischof von 2.
—, Herzogin Eleonore 5.
Preußen, Kgr. 1.
— —, Wappenabbildung 1.
—, Kurfürst Friedrich (III.) wird König in — 5.
—, Abänderung des Titels König in, in König von: 6.
Preußisches Wappen, Zählung der Felder stets nach ihrem Range von der Mitte aus 35.
Pribislaw, Fürst der Priegnitz 17.
Priebus mit Sagan vereinigt 44.
Priegnitz 17.
—, Belehnung Kurfürst Friedrichs I. mit der — 19.
Primas, Fürst- — (Dalberg) 257.
Prinzenkrone, Preußische 2.
Provinzen, allgemeine Verordnung, betreffend die Wappen der Central- und Unterorgane der Preußischen — 12.
Provinzialfarben der Preußischen Provinzen, Bestimmung über die — 13.
Provinzialwappen Preußische, Abbildung des allgemeinen Typus der 14, 15.
Przemisl Ottokar II., König von Böhmen, Wappen 25.

Przemislaw, Fürst zu Glogau 44.
Przemislaw II., Herzog von Gnesen, dann König von Polen, Fürst von Pomerellen 74.
Przemislaw I., Herzog von Ratibor (aus dem Oberschlesischen Hause) 42.
Przemko, Herzog zu Troppau, erbt Münsterberg 45.
Pyritz i. P. 262.
—, Vertrag von — (1493) 78, 262.
Pyrmont, Grfsch. (jetzt Frstth.) 184, 186.
— —, an die Grafen von Gleichen-Tonna 185.
— —, an Lippe verlehnt 185.
— —, an die Grafen Spiegelberg 185.
— —, an Paderborn 186.
— —, Wappen und Titel, dessen Aufnahme und Rangstellung im Königlich Preußischen 186/7.

Q.

Quadt, Grafen 51.
Quedlinburg, Fstth., Gebiet (Theil des Kgr. Westphalen) — Harz-Departement — 65.
Querfurt, eximirtes Amt, Fstth. gebildet 112/13.
— — 21, 59.

R.

Raciborz, s. Ratibor.
Rad im Wappen von Osnabrück (verschiedene Darstellung) 195/6.
Rätz, Grafen, s. Ragze.
Räzüns 251.
Ragnit, Amt 7.
Ragze (Rätz), Graf Conrad, Burggraf von Nürnberg 32.
Rahnis, Amt 112, 113 Anm.
Raimund von Baur, Fürst von Orange, führt Wappen von Genevois fort 167.
Raimund I. und IV. von Baur, Herren von Oranien 167/8.
Ratibor (Sohn Mestwins I. von Pomerellen), Fürst von Belgard 74, 261.
Ratibor, Hzgth. 42.
— —, geht an Troppau über, desgl. an Oppeln 42.
— —, an Markgraf Georg den Frommen von Brandenburg verpfändet 43.
— —, Linie der Oberschlesischen Herzöge 42.
Ratiborer Grenzrezeß (1742) 48.
Ratingen, eh. Kanton Grh. Berg 136.
Ratzeburg, Fstth., Wappen entfällt aus dem Königlich Preußischen 153.
Raudten, s. Wohlau.
Rautenschach im Wappen des Grafen von Mansfeld 247.

Ravensberg, Grafen 234.
Ravensberg, Grfſch. 62, 234.
— —, an Cleve 123, 130, 235.
— —, an Brandenburg 125/6, 235.
— —, an Jülich 130, 133, 235.
— —, fällt an Pfalz Neuburg 130.
— —, fällt an Pfalz-Sulzbach, dann an Pfalz-Zweibrücken 130.
— —, an Frankreich, an Westphalen (Weſer-Departement) 65.
— —, an Frankreich 235, an Preußen 236.
— —, Flächeninhalt 236.
— —, Helmkleinod 234/5 Anm., 258.
— —, Titel und Wappen, Rangſtellung im Kurbrandenburg-Preußiſchen und Markgräflich Brandenburgiſchen 236 ff.
Ravensberg'ſche Erbgüter in Oſtfriesland, von Münſter gekauft 190.
Ravenſtein, Hr. 123.
— —, an Pfalz-Neuburg 126.
Rawa, Woiwodſchaft 55.
Recke 243.
Reck(en)berg, Amt 62.
— —, des Bisthums Osnabrück 195.
— —, (Theil des Kgr. Weſtphalen, Fulda-Departement) 66.
— —, an Preußen (1815) 92 Anm.
Recklinghausen, Grfſch. 62.
— —, eh. Biſchöflich Münſterſches Amt; an Arenberg (Berg), an Preußen 191/2.
—, Veſte ſeit 1810 Theil des eh. Grh. Berg 136.
Rees, eh. Kanton Grh. Berg 136.
Regalien, Bedeutung der —, ihr älteſtes Vorkommen 258.
—, im Kurbrandenburg-PreußiſchenWappen 259.
—, Helmkleinod 259.
—, in den Wappen deutſcher Fürſten — erſtes Vorkommen 259.
—, im Pommerſchen Wappen 141.
Regensberg, Leuthold von — verkauft ſein Helmkleinod 33.
Regensburg, Fſtth. an Dalberg, an Bayern 257.
Regenſtein, Gfſch. 90.
Regenwalde i. P. 262.
Rehburg, ſ. Wölpe.
Reichelsheim (Wetterau) Hr. (Naſſau-Weilburgiſch) 210, 214.
Reichenbach, dynaſtiſche Grafen von — (in Heſſen) 154 Anm.
Reichenſtein, Hr. 51.
Reichsapfel, Königlich preußiſcher 2.
Reichsapfel im Fang des Preußiſchen Adlers angenommen 10.
Reichsritterſchaftliche Aemter Quartier von Buch, ſ. Buch.
Reifferſcheid, Grfſch. 51, 53.
Reineck, Burggrafthum 51.
Reinfeld, Amt, ſ. Wagrien.

Reinhald I., Graf von Geldern, Herzog von Limburg, dann Reichsfürſt 119.
Reinhald II., erſter Herzog von Geldern und Zütphen 120.
Reinhald III., Herzog von Geldern 120.
Reinhald IV., letzter Herzog von Jülich und Geldern 120, 130.
Reinhald IV., Herzog von Geldern 170.
Reinhauſen, dynaſtiſche Grafen von — 154 Anm.
Reinhold IV., letzter des Hauſes Montpellier, Herr von Oranien 167.
Remagen 130.
Rembert, Biſchof von Paderborn 185.
Renatus, Graf von Naſſau, Erbe von Oranien 216.
Renatus, Graf von Naſſau, Erbe von Oranien 216.
Renatus, Graf von Naſſau-Oranien, Herr von Bredá, ultimus lineae 171.
Rendsburg, Stadt 96.
Rendsburger Zweig der Herzöge von Holſtein 96.
Rennerod, eh. Kanton Grh. Berg 137.
Rethem, Lüneburgiſches Amt, Theil des eh. Kgr. Weſtphalen, Nord-Departement 68.
Rethwiſch, Amt, ſ. Wagrien.
Rettert, ſ. Miehlen.
Reuß von Plauen, Heinrich D. O.-Komthur 3.
Rheda, Hr. 62.
— —, an Haus Schwerin-Wittenburg 243.
— —, Theil des Ruhr-Departements eh. Grh. Berg 137.
Rheina, eh. Biſchöflich Münſterſches Amt an Loos-Corswarem (Preußen) 191/2.
Rheina-Wolbeck, 1806 bis 1810 Theil des Grh. Berg (Ems-Departement) 136/7.
Rheine, eh. Kanton Grh. Berg 137.
Rheineck, Grfſch. 257.
—, Geſchlecht, aus dem Hauſe Lützelburg 243.
— ſ. auch Reineck.
Rheinpfalz, Theile 51.
Rheinprovinz, Beſtandtheile, Farben 52/3.
—, Wappen 53.
Rhein's, Departement des (Grh. Berg) 136.
Richrath, eh. Kanton Grh. Berg 136.
Rietberg, Grafengeſchlecht, Grfſch. 62, 180/1.
— Grafen, ſ. auch Arnsberg.
Rietberg-Kaunitz, Grfſch. (Theil des eh. Kgr. Weſtphalen) — Departement der Fulda — 65.
Ringelberg, Hr. 123.
Ringenberg, eh. Kanton Grh. Berg 136.
Rinteln, Diſtr. des Weſer-Departements, eh. Kgr. Weſtphalen (1808—1810) 65, 68.
Ritberg, Grafen, Rittberg, Grfſch., ſ. Rietberg.
Ritterorden von Dobrin 2.

Rixa, Tochter Dodos von Ditmarsen, verm. Egilmar von Ammer 97 Anm.
Robert, Graf von Genevois (Papst Clemens VII.) 167.
Rodenberg, Kanton des Distr. Rinteln, Weser- dann Aller-Departements, eh. Kgr. Westphalen 69.
Rogätz 112.
Rogoczno, Schlacht (6./II. 1296) 74.
Romersdorf an Nassau 213 Anm.
Ronsdorf, eh. Kanton Grh. Berg 136.
Roosendael, Hr. (Niederlande) an Nassau-Dillenburg 215.
Rose im Wappen von Altena 235.
Rostock, Hr., Wappen entfällt aus dem Königlich Preußischen 153.
Roß, laufendes Wappen von Niedersachsen (Provinz Hannover) 93 und Anm.
Roßdorf, Edle 89.
Rotenburg (Hessen) 155.
Roussy, Hr., 210.
Rudbrecht, Herzog zu Liegnitz 46.
Rudgar, erster Herr von Cleve 122.
Rudolf III. und V., Markgrafen von Hachberg, Herren v. Neufchâtel 169.
Rudolf IV., Graf von Nidau, Herr von Neufchâtel 169.
Rudolf I. und II., Grafen von Pfullendorf und Sigmaringen 250 Anm.
Rudolf I., Herzog zu Sachsen (Sohn Albrechts II.) aus dem Hause Astanien 62.
Rudolf, Herzog von Sachsen-Wittenberg 18.
Rudolf, Graf von Stade 117.
Rudolf IV., Graf von Vinelz, tritt Neufchâtel an das Reich ab 168.
Rüdenrumpf im Jülichschen Helmkleinod, irrig als Wolfs- oder Greifenrumpf dargestellt 127.
Rüdenrumpf als Helmkleinod des Wappens von Mörs 224.
Rüdesheim an Nassau-Usingen 213 Anm.
Rügen, Fstth., 79, 174, 176.
— —, Wappen 264.
— —, fällt an Pommern 77, 175, 262.
— —, fällt an Schweden 80, 175.
— —, an Preußen (gegen Lauenburg eingetauscht 1815) 81, 92, 175 Anm.
— —, Flächeninhalt 175.
— —, Helmkleinod 174 u. Anm., 178.
— —, Titel und Wappen verschwindet aus dem Kurbrandenburgischen zufolge Bestimmung des Westphälischen Friedens 80, 177.
— —, sie werden wieder aufgenommen in das Königlich Preußische 178.
— —, Rangstellung des Titels und Wappens im Kurbrandenburg-Preußischen Wappen 177.
— —, Wappen im Pommerschen 140.
— —, Fürstliches Haus, Erbvertrag mit Pommern 264.

Rügen, Insel 77 Anm., 78 Anm.
—, Festland von — 264.
Rügenwalde i. Pommern, Stadt 75, 262 (2).
Rüstringen 181.
Rüthen, Quartier 61.
Rützen, s. Wohlau.
Rugier, Volksstamm 74.
Ruhland 161.
Ruhr, Departement der (Grh. Berg) 136.
Rummelsburg i. Pommern 262.
Runkel, Hr., Souveränctät des Grh. von Berg über —; dann eh. Theil des Sieg-Departements 136/7.
Rupert, Graf von Lurenburg 209.
Rupert, Graf von Nassau zu Sonnenberg 209.
Rupert II., der Streitbare, Graf von Nassau 209.
Ruppin, Grfsch., s. Mittelmark.
Ruremonde, Quartier von 120.

S.

Saale-Departement des eh. Kgr. Westphalen 67.
Saalhof 256.
Saalkreis (Erzbisthum Magdeburg) 112.
—, Theil des eh. Kgr. Westphalen, Departement der Saale 67.
Saarbrücken, Grafen 210.
—, Grfsch. 51.
— —, an Nassau-Ottweiler, dann an Usingen 211.
— —, Nassau-Usingensche, fällt an Frankreich 213 Anm.
— (Neu-), Linie des Hauses Nassau 211 (2).
—, Zweig des Weilburger Astes, Hauses Nassau 210.
—, Stadt 52.
Saarlouis, Stadt 52.
Saarwerden, Grfsch. 212.
— —, an Mörs 224.
— —, an Lothringen und Nassau 210, 225.
— —, Nassau-Usingensche, fällt an Frankreich 213 Anm.
— —, der dritte Theil an Frankreich 214.
Saarwerden und Mörs, Grafen 210.
Sachsen, Friedrich von, D.O.M. 3.
—, Fürsten Askanischen Stammes 62/3.
—, Haus, Erbanwartschaft auf Berg-Jülich, dann auf Cleve 124.
Sachsen, Hrzth. 58.
— —, Bestandtheile 59.
Sachsen, Provinz (Wappen, Farben, Bestandtheile) 59.
Sachsen-Lauenburg, Haus 63.
— —, nimmt das Wappen von Westfalen und Engern an, Wappenstreit mit Sachsen-Wittenberg 63.

Sachsen-Wittenberg, Haus, macht Ansprüche auf Brandenburg 18.
— —, Erbvertrag mit Lauenburg, verkauft seine Ansprüche, behält sich Führung des Wappens und Titels von Engern und Westphalen vor 150.
— — — 62.
— — —, Rudolf Herzog von 18.
— — und Lauenburg, Theilung 63.
Sachsenhagen, Kanton des Distr. Rinteln (Elbe-, Weser-, dann Aller-Departement des eh. Kgr. Westphalen) 69.
Sachsenhausen 256.
Sagan, Hzgth. 44.
—, an Sachsen verkauft 44.
Sagan-Glogau-Crossen, Linie der Schlesischen Piasten 44.
Saint-Germain (en Laye), Frieden von (1679, 29. IV.) 80.
Salm (Nieder-), Grafen 51.
Salm-Horstmar'sche Besitzungen 61.
Salm-Kyrburg'sche Besitzungen 61.
Salm-Salm'sche Besitzungen 61.
Salmünster, Distrikts-Amt, an Hessen, mit Fulda vereint 206.
Salza, Hermann von, D. O.-M. 23.
Salzderhelden, Zweig der Linie Grubenhagen, Hauses Braunschweig 89.
Salzwedel, Distr. des Elb- dann Nieder-Elb-Departements des eh. Kgr. Westphalen 66.
—, Kanton des Distr. Salzwedel, Elb-, dann Nieder-Elb-Departement des eh. Kgr. Westphalen 66/9.
Sambor I., Fürst von Pomerellen 74, 261.
Sambor II. (Sohn Mestwins I) Fürst von Liubesow 74, 261.
Samland 3.
Samogitien, Woiwodschaft 7, 55.
Sanct Anscharius, Bischof von Bremen 116.
Sanct Johann, Stadt 52.
Sanct Mauritz, eh. Kanton Grh. Berg 137.
Sanct Vieth 51.
Sandhof, s. Zantoch.
Sandow 112.
Sangerhausen, Amt, Theil des eh. Kgr. Westphalen — Departement der Saale — 67.
Sannerz 206.
—, s. auch Salmünster.
Santersleben, Edle von, s. Schauenburg.
Sarstedt, eh. Kanton des Distr. Hildesheim, Aller-Departement des eh. Kgr. Westphalen 69.
Sassenberg, Hr. 123.
— —, eh. Kanton Grh. Berg 137.
Sauerland 61.
Sayn, Grfsch. 52, 62.
— —, an Nassau 213 Anm.

Sayn-Altenkirchen, Grfsch., Ansprüche Kurbraunschweigs 196.
— — —, an Nassau 213 Anm.
— — —, an Preußen 222 Anm.
Sayn-Hachenburg, Burggrafschaft, an Nassau 214.
Schach des Gräflich Hohensteinschen Wappens 239 und Anm.
Schachbalken im Wappen der Grfsch. Mark 122 Anm., 234/5.
Schadeck, Hr., eh. Theil des Sieg-Departements des Grh. Berg 137.
Schaesberg, Grafen 51.
Schalauen 3.
Scharnbeck, Amt 91.
Schauenburg, von, Dynasten in Hessen 154 Anm.
—, Grafen — Erlöschen 92.
—, Grfsch., fällt an den Pinneberger Zweig (s. d.) 96.
—, Haus und Burg 95.
—, Haus, ältestes Siegel (Löwe) 98.
— —, s. auch Schaumburg.
Schaumburg, Grfsch., Theil des eh. Kgr. Westphalen, Weser-Departement 65/70.
— —, s. auch Schauenburg.
—, Hr. 220 (2).
Schildberg, Erwerbung des Landes 17.
Schildbuckel, Clevesches Wappenbild 127.
Schildrand, ältestes Wappenbild des Hauses Holstein-Schaumburg 98.
Schindeln, die im Nassauischen Wappen 208 Anm.
Schivelbein, Kreis 143.
Schladen, Grfsch., an das Bisthum Hildesheim 197.
Schlawe i. P., Land, Erwerbung 77, 262 (3).
— —, Wappen 141.
— —, Stadt 75.
Schleiden, Grfsch. 51, 53.
Schlesien, souveränes Hzgth. 41.
— —, wird an Preußen abgetreten 47.
— —, Adler, Aufnahme in das Kgl. Preußische Wappen, dessen Stellung und Aenderungen, dessen Krone 2c. 48.
— —, Titel von 48.
— —, Provinz, Wappen, Farben 49.
— —, Grenzregulirung mit Oesterreich und Polen 48.
— —, s. auch Neu-Schlesien.
Schlesische Fürstenthümer, Ervertrag wegen derselben zwischen Liegnitz und Brandenburg 46.
— —, s. auch Oberschlesische Fürstenthümer.
— —, Brandenburg verzichtet darauf 47.
Schleswig 98.
Schleswig, Ableitung des Worts 108.
Schleswig, Hrzth. 107.
— —, verlehnt an Gerhard III. von Holstein (1326 15. VIII.) 96.

Schleswig, Hzgth., soll mit Dänemark nicht einherrig sein 108.
Schleswig-Holstein, Herzogthümer, Untheilbarkeit derselben 98.
— —, Provinz, deren Umfang und Wappen 98/109 ff.
— —, Herzogliche Krone 202.
Schleusingen 229.
Schlüssel, die im Herzogthum Bremischen Wappen, irrig mit Kreuz vermehrt 116/7.
—, die, im Wappen von Minden 193/4.
Schmalkalden, Grfsch., an Brandenburg dann an Henneberg-Schleusingen 229.
— —, hennebergisches Amt, an Hessen 229.
— —, Unrecht erwirbt Hessen 156.
— —, Hälfte fällt an Hessen 155.
— —, Theil des eh. Kgr. Westphalen (Werra-Departement) 63.
— —, mit Fulda vereinigt 206.
Schönau, Abtei, dann Vogtei (Nassau-Weilburgisch) 214.
Schönberg, s. Schoneberg.
Schöneberg, s. Hachenburg.
Schönhausen, Dorf, s. Altmark.
Schönstein, Amt 52.
Schoneberg, dynastische Grafen Hessens 154 Anm., 156.
Schwaben, Friedrich, Herzog von 2.
Schwalenberg, Grafen 184 und Anm.
Schwarzenberg, Graf Adam von 9.
Schwedisch-Pommern fällt an Preußen 81.
Schwedt, Hr.; Schweden erhält Erbanwartschaft 80.
— an Graf Hohenstein, dann an Kurbrandenburg 240.
— —, s. auch Uckermark.
Schweidnitz, Fstth., fällt an Kaiser Karl IV., dann an Böhmen 45.
—, Linie der Schlesischen Piasten 45.
Schwelm, eh. Kanton Grh. Berg 137.
Schwerin, Fstth., an das Haus Mecklenburg 243.
— —, Wappen entfällt aus dem Preußischen 153.
—, Grfsch., Wappen entfällt aus dem Preußischen 153.
Schwert im Fang des Brandenburgischen Adlers 234.
Schwetz, Fürst von, s. Grimislaus.
Schwetz kommt an den deutschen Orden 75.
Schwiebus, Kreis 22, 147.
— —, fällt an Brandenburg, als Entschädigung 47.
Seeblätter im Tecklenburgischen Wappen 242 Anm.
Seehausen, Grfsch. 112.
Selbacher Grund 219.
Senftenberg, Amt 21.
Serrey, Hr. 55.

Sevenar, Distr. (bei Holland) 136.
Severien, Hzgth. 48.
Sibylla von Jülich, Cleve rc. 125.
Sichem, Stadt und Schloß (ertauscht gegen die niederländischen Besitzungen) an Nassau-Dillenburg 215.
Sidonia, aus dem Hause Podiebrad, verm.: Ulrich Graf von Hardegg 232.
Sieg, Departement der — (Grh. Berg) 136.
Siegburg, eh. Kanton Grh. Berg 136.
Siegel der Central- und unteren Organe der Preußischen Provinzen 12.
Siegen, Fstth. 62, 214 (2), 215, 218, 221 Anm. (2), 222 Anm.
— —, an Nassau-Dietz (Oranien) 221.
— —, Souveränetät des Grh. von Berg über — eh. Theil des Sieg-Departements 136/7.
— —, an Preußen 223.
—, Linie des Hauses Nassau(-Katzenellenbogen) 218.
Siegismund, Sigmund, s. Sigismund.
Sieradz, Woiwodschaft 55.
Sigismund, Kaiser, Herr der Mark Brandenburg 18 ff.
— —, verzichtet auf das Wiedereinlösungsrecht der Marken 19.
— —, erbt die Oberlausitz 162.
Sig(is)mund, König von Polen 4.
Sigmaringen, älteste Grafen von 249.
Sigmaringen, Grfsch. 249.
— —, in Württembergischer Pfandschaft (1325) 99.
— —, im Besitz der Grafen Helfenstein 249/50.
— —, im Besitz der Grafen von Montfort-Bregenz 250.
— —, an Oesterreich verkauft, dann an Montfort zurück 250.
— —, an Hohenzollern 250.
— —, im Besitz der Grafen von Pfullendorf 250 Anm.
— —, Flächeninhalt 255.
— —, Titel und Wappen, Rangstellung im Königlich Preußischen 252.
Sigmaringer Niederland 255.
Sigmaringer Oberland 255.
Simon, Graf von Salm 123.
Simon, Bischof von Paderborn, zieht Pyrmont ein 185.
Simon, Graf von Sponheim, Herr von halb Vianden 215.
Sinzig 130.
Slaven, Herzöge der — 138.
Slavenland, Herzöge (Fürsten) des — es 139.
Slavia 138.
Slaviae, dux 139.
Slavorum, dux 138.
Sobieslaw I., II., Fürsten von Pomerellen 74.

Soden, Reichsdorf, an Nassau 213 Anm.
Soest, eh. Kanton Grh. Berg 137.
—, Stadt 123.
Soester Börde 123.
Soldin, Erwerbung von — 17.
—, Vertrag von (1510) 75.
— — —, (1466 21./1.) 77 ff.
Solingen, eh. Kanton Grh. Berg 136.
Solms, Grfsch. 52.
Sommerfeld, Hr., fällt als Böhmisches Pfand an Brandenburg 44.
— —, an Brandenburg 147.
— —, s. auch Neumark.
Sommerschenburg, Grafen 112.
Sonnenberg, Hr. 209.
Sonnewalde, Hr. 59.
Sontra (Hessen) 155.
Sophia, Tochter König Waldemars II. von Dänemark 76.
Sophia, Erbgräfin von Henneberg-Coburg-Schmalkalden, verm.: Albrecht, Burggraf von Nürnberg 229.
Sophia, Landgräfin von Hessen, verm.: Heinrich II. von Brabant 155.
Sophia, Erbgräfin von Mansfeld, verm.: Burghard von Querfurt 247.
Sophia von Pommern, verm.: Pfalzgraf Johann von Amberg 109.
Sophia von Rheineck, Erbin von Bentheim, verm.: Otto VI. von Bentheim 243.
Sophia, Pfalzgräfin zu Sachsen 155.
Sophia Wilhelmine, Gräfin von Ostfriesland, wird Reichsfürstin 182.
Spangenberg, Schloß fällt an Hessen 155.
Sparren, die im Ravensberger Wappen 234.
Spitzenberg, Graf 249.
Sprottau, Fstth. 44.
Spiegelberg, die Grafen — erhalten Pyrmont als Lehen, erlöschen 1557: 185.
Stabkreuz im Wappen des Herzogthums Bremen, ein Falsum: 116 Anm.
Stade, Distr. des Nord-Departements eh. Kgr. Westphalen 69.
—, Grafen von 17.
—, Grfsch. und Grafen von, Markgrafen der Ostmark 117.
Stargard i. Mecklenburg, Land 17.
— —, Brandenb. Lehenshoheit über 18.
— —, an Brandenburg abgetreten (bestätigt) 76.
— —, Wappen entfällt aus dem Preußischen 153.
Stargard i. Pommern (Hr. Schlawe), erhält der Herzoglich Pommersche Ast jenseits der Swine 77, 262.
Stauf, Hr. 210.
Stedesdorf, Ostfriesisches Häuptlingsgeschlecht zu —, im Harlingerlande 181.
Steenberghen, Hr. (Niederlande) an Nassau-Dillenburg 215.

Steinau, Fstth., in Schlesien 44.
— —, s. auch Wohlau.
Steinfurt, Grfsch. 62.
— —, 1806 bis 1810 Theil des Grh. Berg (Ems-Departement) 136/7.
Stendal, Distr. des Elb-Departements des eh. Kgr. Westphalen 66/70.
Stephan III. (aus dem Hause Hochburgund), Gemahl der Erbgräfin von Châlon 168.
Stephan, Herzog von Niederbayern 18.
Sternberg, Grafen von 51.
—, Erwerbung des Landes 17.
—, s. auch Neumark.
Stettin, Burg 262.
—, Grenzvertrag (1653 4. V.) 80.
—, Hzgth. 78 Anm., 79, 262 (2).
— —, Brandenburg. Lehenshoheit über 18.
— —, fällt an Preußen 81.
— —, Veränderung der Schildfarbe 79 Anm.
— —, Wappen von, entfällt aus dem Preußischen Wappen 83.
—, Linie der Herzöge von Pommern 76.
—, Stadt 262.
— —, fällt an Schweden 80.
Stickhausen, Amt 181.
Stier, Wappen der Niederlausitz, 164 Anm., 165.
Stierkopf, der, im Clevischen Helmkleinod 122.
Stockholm, Friede von (1720 1. II.) 81.
Stoislaw, Ahnherr der Fürsten Putbus 174.
Stolberg, Grfsch. 59.
Stolberg-Wernigerode, Grfsch. (Theil des eh. Kgr. Westphalen) 65.
Stolp i. Pommern, Erwerbung 262 (2).
— —, erhält der Herzoglich Pommersche Ast jenseits der Swine 77 (s. auch Schlawe).
— —, Stadt 75.
Stolpe, Uckermark, Amt, fällt an Brandenburg 80.
— —, s. auch Uckermark.
Storkow, Böhmischer Lehnsnexus über — aufgehoben 47.
— —, s. auch Mittelmark.
Stormarn (Grenzen von) 95.
Stralsund, Stadt 264.
— —, fällt an Schweden 80.
Strehlitz in Schlesien, Linie der Herzöge von Oppeln, zu — 42.
Stromberg, Burggrfsch., an Münster, Titel und Wappen angenommen 190.
Stufengiebel, Wappen von Rügen 176/7.
Styrum, Hr. (Amt) 62.
— —, Theil des eh. Grh. Berg, Rhein-Departement 136.
Subislaw, s. Sobieslaw.
Süd-Engern, s. Engern.
Süderland, s. Sauerland.
Südpreußen (eh. Königlich Preußische Provinz) 55/6.

Suhl 229.
Sulzbach, Reichsdorf, an Nassau 213 Anm.
Swantepolk, Sohn Swantibors von Pommern, Fürst von Pomerellen 74, 261.
Swantepolk, s. auch Swatopluk.
Swantibor, Herzog von Pommern 73.
Swantibor I., Herzog von Pommern-Stettin 76.
Swatopluk, Fürst von Danzig 74.
Syke, Amt 68.

T.

Tannenberg, Schlacht von 2, 3.
Tecklenburg, Grafen, ältestes Haus 242.
Tecklenburg, Grfsch. 62, 242.
— —, an Schwerin-Wittenburg 243.
— —, an Bentheim-Holland 242/3.
— —, an Solms-Braunfels 245.
— —, an Preußen, an Berg, an Frankreich, an Preußen 245.
— —, 1806 – 1810 Kanton des eh. Grh. Berg (Ems-Departement) 135/7.
— —, Flächeninhalt 244.
— —, Helmkleinod 243 Anm.
— —, Titel und Wappen, Rangstellung im Königlich Preußischen 244, 245.
Tecklenburgischer Erbschaftsstreit 245.
Tekeneburg, s. Tecklenburg.
Teltow, Erwerb des 17.
— s. auch Mittelmark.
ten Brook, Ostfriesisches Häuptlingsgeschlecht im Brookmerlande 180/1.
ter Ver s. Borßel.
Teschen, Fstth. 42, 48.
— —, fällt an Böhmen 43.
— —, Linie der Oberschlesischen Herzöge 42/3.
Teupitz, Land, Böhmischer Lehnsnexus über — — aufgehoben 47.
— —, s. auch Mittelmark.
Theda Ukena, verm.: Ulrich I. von Ostfriesland 181.
Thedinghausen, Braunschweigisches Amt, Theil des eh. Kgr. Westphalen — Weserdann Nord-Departement — 68/9.
Thorn, I. Frieden von — 2, 3, II. Frieden (Nessau) 3.
—, Stadt 2c. 6, 55.
Thüringen, Landgrafen, Wappen 157.
Thüringen, Landgrfsch. 159/160.
— —, fällt an Meißen 155.
— —, Wappen und Titel 159 und 263 Nachtrag.
— —, eh. Kreis 59.
— —, fällt an Preußen 160.
Tiburtia I., Erbtochter von Oranien, bringt dies ihrem Gemahl Wilhelm von Montpellier zu 167.
Tiburtia II., Erbfrau von Oranien, bringt es ihrem Gemahl Bertram de Baux zu 167.

Tiefen, Johann von, D. O.-M. 3.
Tilsit, Amt 7.
—, Frieden von 6 2c.
Tollenser Wappen (Bunter Greif) 141.
Tollenze i. P. (Wenden), Land 262.
Torgelow, Erbrecht an Brandenburg abgetreten 76.
—, erhält Brandenburg 78.
— s. auch Alten-Torgelow.
Travendahl, Amt, s. Wagrien.
Treffurt 59.
Treptow a. d. R., 262.
Treptow a. d. T. 262.
Trier, Reg.Bez. 53.
Triebsees 264.
Tripartit (Theilungsvertrag 1550) 114.
Troki, Woiwodschaft 7, 55.
Troppau, Hrzth. 45, 48.
— —, beim Hause Podiebrad 232 (2).
—, Nicolaus II., Herzog von — erbt Ratibor 42.
Truchseß von Wetzhausen, D. O.-M. 3.
Tschallun s. Châlon.
Tübingen, Pfalzgräfliches Haus 250.
Turne, Erwerbung von 17.
Turnhout, Hr. (Theil der Oranischen Erbschaft) 172.
Curzo, Freiherr 46.

U.

Uckermark 17, 262.
—, Bestandtheile 20
— an Brandenburg abgetreten 76.
—, Streit über den Brandenburgischen Besitz der — 76.
Udo II., Graf von Stade 117.
Uechte, Amt, an Hannover (1815) 92 Anm.
Uerzell 206.
—, s. auch Salmünster.
Ukena, Ostfriesisches Häuptlingsgeschlecht im Moormerlande 180/1.
Ulrich, Graf von Helfenstein (Sigmaringen) 249, 250.
Ulrich I., Graf von Idstein 209.
Ulrich I., Graf von Montfort-Bregenz, Graf von Sigmaringen 250 (2).
Ulrich I., Cirksena, Graf von Ostfriesland, als Oberhäuptling bestätigt und mit Ostfriesland belehnt 180/1.
Ulrich II., Graf von Ostfriesland (Wappenvermehrung) erhält das Prädikat: Hoch- und Wohlgeboren 181.
Ulrich, Graf von Sigmaringen 249.
Unna, eh. Kanton Grh. Berg 137.
Ursula II., Gräfin von Schwalenberg, Erbin von Pyrmont 185.
Ursula II., Erbgräfin von Spiegelberg 185.
Usedom, Insel 262 (3).
— —, erhält Bogislaw IV. von Pommern 76.

Usedom, Insel, fällt an Schweden 80.
— —, fällt an Preußen 81.
— —, Wappen 141.
Usingen, Grfsch. 213 Anm.
—, Haus der Grafen von Nassau 213 Anm.
—, Linie der Grafen von Nassau-(Neu-)Saarbrücken 211.
Usingensche Lande an Weilburg 214.
Uscz, Erwerbung von — 17.
Utrecht, Balley des Deutschordens 3.

V.

Vacha, Stadt und Amt, an Preußen 206.
Valangin mit Neufchâtel vereinigt 169.
Valendis, s. Valangin.
Vallendar 222 Anm.
Vechta, Grfsch., von Münster gekauft, Bischöfliches Amt; an Oldenburg 190/1.
Vehre, Marquis zur — und Vließingen, Titel und Wappen, von Preußen laut Vergleich mit Nassau (1732) abgelegt 226.
Velbert, eh. Kanton Grh. Berg 136.
Verden, Bischöfe 199/200.
—, Bisthum 199.
— —, säkularisirt und schwedisches Hzgth. 117, 200.
—, Hzgth. 92.
— —, an Kurhannover 200.
— —, an Westphalen, an Hannover, an Preußen (als Fstth.) 200.
Verden, Fstth. 88, 199.
— —, Theil des eh. Kgr. Westphalen, Distr. des Nord-Departements u. Departements der Niederelbe 68/69.
— —, Flächeninhalt 200.
— —, Titel und Wappen, Rangstellung im Königlich Preußischen 200.
— —, Berichtigung des ihm im Königlich Preußischen Staatswappen fälschlich gegebenen Wappens 200 Anm.
Verena von Vinelz, verm. Gräfin Freiburg 169.
Veringen (Alt-), Burg 254.
—, Grafen 250.
Veringen, Grfsch. 253.
— —, an Montfort 250.
— —, an Hohenzollern 250.
— —, Flächeninhalt 255.
— —, Titel und Wappen, Rangstellung im Königlich Preußischen 255.
Vianden, Grafen 224.
—, Grfsch., an Nassau-(Oranien) 170, 218.
— —, halbe, an Nassau-Dillenburg 215.
Victor Amadeus, Prinz von Anhalt-Bernburg-Hoym, Erbe von Holzapfel 220.
Victorin, aus dem Hause Podiebrad, Herzog von Troppau 232.
Vierraden, Hr., Schweden erhält Erbanwartschaft auf — 80.

Vierraden, Hr., an Graf Hohenstein, dann an Kurbrandenburg 240.
— —, s. auch Uckermark.
—, Stadt 78.
Vilich, s. Villich.
Villich, Kurkölnisches Amt, an Nassau-Usingen 213 Anm.
— — —, zum Grh. Berg (Rhein-Departement) 135/6.
Vincenz, Graf von Mörs 225.
Vinelz, Grafen, Herren von Hasenburg und Neufchâtel 168.
Virneburg, Grfsch. 51.
Vitzerode, an Preußen 206.
Vließingen, Grfsch., dann Marquisat, von Nassau erkauft 171.
Vörden, Amt des Bisthums Osnabrück 195.
Voisfelde 89.
Volrad, gefürsteter Graf, dann Reichsfürst von Nassau-(Neu-)Saarbrücken-Usingen 211.
Vorpommern 262.
— erhält der Herzoglich Pommersche Ast diesseits der Swine 77.
— fällt an Schweden 80, 175.
— fällt an Preußen 81.
—, s. auch Pommern.

W.

Wachtendonk, Amt, an Cleve 123.
Wälsch-Neuenburg, s. Neufchâtel.
Wagrien (Grenze von) 95.
Wahrendorf, eh. Kanton Grh. Berg 137.
Walbeck, Grafen von 17.
Walburg, Gräfin von Neuenahr-Mörs, verm. an Graf Adolf von Neuenahr 225.
Walburg, Erbgräfin von Ritberg 181.
Walburg, Erbgräfin von Saarwerden, verm. an Friedr. III., Graf von Vianden 224.
Walburg, Gräfin von Mörs 170.
Walburg, Gräfin von Spiegelberg 185.
Waldbroel, eh. Kanton Grh. Berg 137.
Waldeck, Haus, erbberechtigt zu Pyrmont; erhält es 186.
Waldemar II., Atterdag (Christophs II. Sohn), König von Dänemark 96, 108.
Waldemar II. (Erichs II. Sohn) König von Dänemark, Herzog von Schleswig 108.
Waldemar I. und Sohn: Waldemar II., Herzöge von Schleswig 108.
Waldemar II. (V), Herzog von Schleswig 108.
Waldenstein, von, Dynasten in Hessen 154 Anm.
Walkenried, Braunschweigisches Amt, Theil des eh. Kgr. Westphalen — Harz-Departement — 66.
Wallenfels, Veste 215.

Walrad, Fürst von Nassau-Saarbrücken, protestirt gegen die Preußische Besitzergreifung von Mörs 225 Anm.
Walram V., letzter Herzog von Limburg 119.
Walram I., Graf von Lurenburg 209.
Walram I., Graf zu Nassau 209 (2).
Walsrode, Lüneburgisches Amt, Theil des eh. Kgr. Westphalen, Nord-Departement 68.
Walthausen, Dorf 215.
Walther von Cronberg 2.
Wangerland 181.
Wappen, großes, mittleres, kleines der Central- und unteren Organe der Preußischen Provinzen 12.
Wappenfelder im Kurbrandenburgisch-Preußischen Wappen, Art, dieselben nach ihrem Range zu zählen 35, 236.
Warschau, Grenzvergleich (1776) 6, 54.
—, Hrzgth. 6.
—, dessen Bildung und Eintheilung (Bestandtheile) 55.
—, Schlacht (1656) 261.
—, Stadt 55.
Wartislaw, Sohn Swatopluks 74.
Wartislaw I. (Sohn Swantibors), Herzog von Pommern 75, 262.
Wartislaw, dux Slaviae (Herzog von Pommern-Demmin) 139.
Wartislaw III., Fürst von Pommern-Demmin 75.
Wartislaw III., dux Slaviae (Herzog von Pommern) 139.
Wartislaw IV., Herzog von Pommern-Wolgast 77.
Wartislaw IV. (Herzog von Pommern), Slaviae, Cassubiae, Pomeranorum dux 144.
Wartislaw IV., Herzog von Pommern erbt Rügen 175, erwirbt Schlawe und Stolp 262.
Wartislaw V. Herzog von Pommern 262.
Wartislaw VI., Herzog von (Vor-) Pommern 175.
Wartislaw VII., Herzog von Pommern-Stolp 77, 109.
Wartislaw VIII., Herzog von Pommern, zu Barth und Rügen 175.
Wartislaw X., Herzog von Pommern, zu Barth 140, 175.
Wartschild, heraldisches Abzeichen der Kurprinzen von Brandenburg 27.
Wassenberg, Edle Herren von 122.
—, Hr., 119/20.
Wateringen, Hr. (Theil der Oranischen Erbschaft) 172.
Weferlingen, Amt, an Halberstadt 188.
Wehen, Nassau-Usingensches Amt 213 Anm.
Wehlau, Vertrag von 5, 9.

Wehrheim, Nassau-Dietz'sches Amt, an Nassau-Weilburg 214, 221 Anm. (2).
— — —, s. auch Dillenburg (136), 137.
Weiberfelden 213 Anm.
Weiers, Distriktamt an Oesterreich 206 (2).
Weilburg, Grfsch. (Nassau-Weilburgisches Amt) 209 (2), 214.
(Neu-)Weilburg, Haus der Grafen von Nassau 213.
Weilburger Zweig des Weilburger Astes des Hauses Nassau 210 (2).
Weilmünster (Nassau-Weilburgisch) 214.
Weilnau, Hr. (Amt) 210, 216.
—, Stadt, Burg und Herrschaft 209.
Weingarten Reichsabtei, an Nassau-Oranien-Dietz, dann an Frankreich 206, 221.
von Weinsberg (Philipp), ältester Erbkämmerer des heiligen römischen Reichs 29.
Weißrußland 7.
Welmich, kurtrierisches Amt, an Nassau-Weilburg 214.
Welters, Dorf 206.
— —, s. auch Weiers.
Wenden in Mecklenburg, Fstth. (eh. Theil des Herzogthums gleichen Namens) 139.
— —, Wappen entfällt aus dem Preußischen 153.
Wenden i. Pommern (Land Collenze), Hzgth. 75, 78 Anm., 79, 138, 139, 144, 202.
— —, Bestandtheile und Flächeninhalt 139.
— —, Helmkleinod 142, 263.
— —, Erfindung des Wappens 73 Anm.
— —, Titel und Wappen, deren Rangstellung im Brandenburgisch-Preußischen 141.
Wendland 138.
Weningentoft an Preußen 206.
Wenzel, König von Böhmen, Wappen 25.
— — — —, erbt die Oberlausitz 162.
— — — —, Herr der Mark Brandenburg 18 ff.
Wenzel, Fürst zu Liegnitz und Goldberg 46 (2).
Werden, eh. Abtei und Grfsch., zum Grh. Berg (Rhein-Departement) 135/6.
—, 62.
Werder, Dorf, s. Altmark.
Werl, Quartier 61.
Wermelskirchen, eh. Kanton Grh. Berg 136.
Werne, eh. Kanton Grh. Berg 137.
Wernigerode, Grfsch., Brandenburgische Lehnshoheit über die — 18, 20.
— —, fällt an Brandenburg 112.
Werra-Departement des eh. Kgr. Westphalen 68.
Werralandschaft, Theile derselben 155.
Werstein, Hr., an Sigmaringen 251.
Werth, Hr. 61.
Wertheim, Amt 216.

Wesel, Stadt 123.
— — und Gebiet (bei Frankreich) 136.
Weser-Departement des eh. Kgr. Westphalen 68/70.
Westen, Amt (s. Grfsch. Hoya) 68.
Westerburg, Hr., eh. Theil (Kanton) des Sieg-Departements des Grh. Berg 137.
Westerhofen, Amt 92.
Westerwald, der — 215.
—, Hr. 214 (2).
Westfalen, Hzgth. 60 ff.
— —, Theilung des alten — 61.
— — (Kölnischer Antheil) 61.
— — (Sächsischer Antheil) 62.
— —, den Kölnischen Antheil erhält der Großherzog von Hessen und tritt ihn an Preußen ab 61.
— —, Wappenstreit 63.
— —, Wappen und Titel ins Kursächsische Wappen 150.
—, Provinz, Eintheilung, Wappen und Farben 64.
West-Westfalen, s. Grfsch. **Mark**.
Westphalen, eh. Kgr. 114.
— — — (dessen Eintheilung in Departements) 65.
Westpreußen, Hzgth. 6, 11, 54/6.
—, Provinz 7, 14, 15.
— —, Provinzialfarben 15.
— —, Provinzialwappen 14.
Wettin, Schlacht von (1263) 155.
Wetzlar, Grfsch. 52, 257.
Wichmann, Erzbischof von Magdeburg 111.
Wickerad, Hr. 51.
Wied, Grfsch. 52.
Wied'sche Lande 52.
Wiedenbrück an Preußen (1815) 92 Anm.
Wielun, Land 55.
Wien, Friede zu — (1864) 151.
Wiener Kongreßakte 6 2c.
Wiesbaden, Herrschaft (Amt) 209.
— —, an den Ast Nassau-Weilburg 210.
— —, an Nassau-Usingen 212 (2).
— —, Nassau-Usingisch 213 Anm.
—, Bezirksverband, Wappen und Farben 158.
Wiesbadener Ast des Hauses Nassau 209.
Wigmodia, Gau 117.
Wiho, Bischof von Osnabrück 195.
Wildenburg, Grfsch., zum Grh. Berg (Theil des eh. Sieg-Departements) 135, 137.
Wildeshausen, Amt, von Kurbraunschweig abgetreten 116.
— — an Bremen (1270) 117.
Wilhelm IV. u. V. de Baux, Herr von Oranien 167.
Wilhelm, Herzog von Alt-Braunschweig-Braunschweig 88.

Wilhelm I., Herzog zu Mittel-Braunschweig-Calenberg 90.
Wilhelm, Herzog von Braunschweig, Erbvertrag (1369) 150.
Wilhelm V., Herzog von Cleve-Jülich, erhält Geldern, verzichtet 120.
Wilhelm V., Herzog von Cleve-Jülich, Berg und Geldern 124.
Wilhelm III., König von England, erbt Mörs 225.
Wilhelm von Egmond, Herr zu Herpen 170.
Wilhelm, König von Hannover 92.
Wilhelm V., gefürsteter Graf v. Henneberg-Schleusingen, Erbvergleiche 229.
Wilhelm, Landgraf von Hessen, Fürst von Buchen (Fulda) 206.
Wilhelm II., Landgraf von Hessen, kauft die Hälfte von Epstein, erhält Homburg 156.
Wilhelm III., Landgraf von Hessen, erhält Katzenelnbogen 156.
Wilhelm IV., (I.) Landgraf von Hessen-Cassel 156.
Wilhelm IX., (I.) Landgraf, dann Kurfürst von Hessen 156.
Wilhelm I. u. II., Grafen von Jülich (ältesten Stammes) 129.
Wilhelm, Graf von Jülich, erhält 1336 das Oesterreichische Helmkleinod 129 Anm.
Wilhelm III., Graf von Jülich 130.
Wilhelm, Graf von Jülich, erbt Berg und Ravensberg 133.
Wilhelm, Herzog von Jülich und Geldern 120.
Wilhelm IV., letzter Herzog von Jülich 123.
Wilhelm I., (V.) Graf, dann Markgraf und Herzog von Jülich 130.
Wilhelm II., Herzog von Jülich, erhält Geldern 130.
Wilhelm II., Herzog von Jülich und Geldern 120.
Wilhelm von Jülich, Herzog von Berg, Graf von Ravensberg 130.
Wilhelm IV., Herzog von Jülich und Berg, Graf von Ravensberg (ultimus) 130.
Wilhelm I., Bischof von Kammin 203.
Wilhelm III., Graf von Katzenellenbogen-Dietz 216.
Wilhelm von Leuchtenberg, Pfandherr von Glatz 232 (2).
Wilhelm, Herzog von Lüneburg 87.
Wilhelm, Herzog von Lüneburg, nimmt einen Theil des dänischen Wappens an 87 Anm.
Wilhelm, Herzog von Alt-Lüneburg 88/9.
Wilhelm (der Jüngere), Herzog zu (Mittel-Lüneburg-)Neu-Lüneburg-Celle 91.
Wilhelm I. u. III. von Montpellier, Herr von Oranien 167.

Wilhelm I., Graf von Nassau-Dillenburg. Erbe von Oranien 216.
Wilhelm, Graf von Nassau-Katzenellenbogen-Siegen 218.
Wilhelm I., Graf von Nassau, Stifter der Linie Oranien 216/7, 225.
Wilhelm I. von Nassau-Dietz, Herr von Oranien, kauft ter-Ver und Vließingen 170/1.
Wilhelm, Fürst von Nassau-Oranien, erbt Lingen 244.
Wilhelm II., Graf von Nassau, Fürst von Oranien 217.
Wilhelm II., Graf von Nassau, Fürst von Oranien, erbt Mörs 225.
Wilhelm III., Fürst von Nassau-Oranien, König von Großbritannien 171, 217.
Wilhelm, Erbprinz von Nassau-Oranien, erhält Fulda 2c. 206.
Wilhelm I., Fürst von Nassau-Dietz-Oranien, Fürst zu Fulda, Fürst von Holland, König der Niederlande 221/22.
Wilhelm III., letzter König der Niederlande und Sprosse des Hauses Nassau-Oranien 222.
Wilhelm, Fürst, dann Herzog von Nassau 214.
Wilhelm, Graf von Neuenahr, erhält Mörs 225.
Wilhelm III., Graf von Wied-Jsenburg, erhält Mörs 225.
Wilhelm V., Batavus, Fürst von Nassau-Dietz-Oranien, Erbstatthalter der Niederlande 221.
Wilhelm Friedrich, Graf, dann Fürst von Nassau-Dietz 217, 220.
Wilhelm Friso, Fürst von Nassau-Dietz, Prinz von Oranien, erbt Siegen, Dillenburg, Hadamar 221.
Wilhelm Heinrich II., Fürst zu Nassau-Saarbrücken-Ottweiler 212.
Wilhelm Heinrich, Fürst zu Nassau-Usingen 212.
Wilhelm Hyazinth, letzter Fürst von Nassau-Katzenellenbogen-Siegen 219.
Wilhelm Ludwig, gefürsteter Graf zu Nassau, Stifter der Linie (Neu-)Saarbrücken 211.
Wilhelm Ludwig, Graf zu Nassau-Dillenburg 219.
Wilhelm Moritz, Graf, dann Fürst zu Nassau-Katzenellenbogen-Siegen, erbt Wisch 218.
Wilhelm Otto, Graf von Nassau-Katzenellenbogen Siegen 218.
Wilhelm der Aeltere, genannt der Reiche, Graf von Nassau-Dillenburg, erhält ein Viertel von Dietz, erkauft den anderen Theil 216.
Wilna 7.
Windeck, Amt, eh. Theil des Sieg-Departements des Grh. Berg 136.

Winendael, Hr., s. Ravensberg.
Winneburg, Hr. 31.
Winrich von Kniprode, D. O.-M. 261.
Winsen a. A., Schlacht bei — (1388) 89.
Winzislavus s. Wizslaw.
Winzig s. Wohlau.
Wipperfürth, eh. Kanton Grh. Berg 136.
Wiprecht, Graf von Groitsch, I. Burggraf von Magdeburg 112 Anm.
Wisch, Hr., an Nassau-Katzenellenbogen-Siegen 218.
Wisislaw s. Wizslaw.
Witlage, Amt des Bisthums Osnabrück 195.
Wittenberg, eh. Kreis 59.
Wittgenstein, Grfsch. 61/2.
Wittmund, Ostfriesisches Häuptlingsgeschlecht 180/1.
Witzenhausen (Hessen) 155.
Wizslaw I., Fürst von Rügen 174 Anm.
Wizslaw III., letzter Fürst von Rügen 77. 174/5.
Wladislaw I., Herzog von Oberschlesien 42.
Wladislaw III., Herzog von Schlesien und Krakau 42.
Wladislaw III., Sohn Boleslaws II., erster Herzog von Schlesien 42.
Wladislaw IV., Herzog von Pommern-Wolgast, erhält Schlawe, Stolp, Rügenwalde 75.
Wladislaw I., Lokjetek 75.
Wladislaus Odonicz, Herzog von Kalisch und Posen 74.
Wölflin, letzter Graf von Veringen, verkauft Veringen 254.
Wölpe, Grfsch. 88.
Wohlau i. Schl., Fstth. 46.
— —, vom Kaiser eingezogen 47.
— —, an das Haus Podiebrad 232.
Wolbeck, eh. Bischöflich Münstersches Amt, an Loos-Corswarem (Preußen) 191/2.
—, Gemeinde, 1806—10 Theil des Grh. Berg 136.
Wolffenbüttel, Fstth. 88, 91 Anm.
— —, Theil des eh. Kgr. Westphalen — Ocker-Departement — 67.
Wolfgang Wilhelm, Pfalzgraf von Neuburg 125
Wolfhagen (Hessen) 155.
Wolfrad, Graf von Veringen, erbt Nellenburg 254.
Wolfrad III., Graf von Veringen 254.
Wolfrat, Graf von Altshausen, erhält die Grfsch. Eritgau 253.
Wolgast, Hr. (Hzth.), 175, 262 (4).
— —, von Barnim I. von Pommern an sich gerissen und behalten 76.
— —, erhält den Bernsteinschen Greifen als Wappen 140.
—, Stadt 2c. erhält Bogislaw IV. von Pommern 76.

Wolgaſt, Linie der Herzöge von Pommern 77.
Wolgaſt-Barth'ſcher Greif 144.
Wolkenburg, zum Grh. Berg (Rhein-Departement) 135/6.
Wolkersdorf, Hr., fällt an Heſſen 156.
Wollin, Inſel, erhält Bogislaw IV. von Pommern 76, 262 (3).
— —, fällt an Schweden 80.
— —, fällt an Preußen 81.
— —, ſ. auch Kammin.
Wolmirſtedt 112.
Wratislaw, Herzog von Böhmen, Herr der Niederlauſitz 165.
Wratislaw, ſ. auch Wartislaw.
Wunſtorf, Grfſch. 90, 90 Anm.
Wurſten, Land 117.
Wuſterhauſen, Hr. 20.
Wuſtrow, ſ. Stargard i. M. 76.
Wykradt, ſ. Wickerad.

X.

Xanten, Vergleich von (1614) 125.

Z.

Zanow i. P. 262.
Zantoch, Erwerbung von 17.
Zator, Hrzth. 42 (2).
Zauche, die 17.
—, Brandenburgiſche Lehnshoheit über die 112.
—, ſ. auch Mittelmark.
Zepter im Fang und Bruſtſchild des Brandenburgiſchen Adlers 23/4.
Zepter des Erzkämmereramts 26, 28 ff.
Zepter, Preußiſches 2.
— —, im Fang des Preußiſchen Adlers angenommen 10.
Ziegenhayn, dynaſtiſche Grafen von —, in Heſſen 154 Anm.
—, Grfſch., fällt an Heſſen 156.
—, Grfſch., Theil des eh. Kgr. Weſtphalen Werra-Departement 68.

Ziegenrück 59.
Zierenberg (Heſſen) 155.
Zinna, Amt 22, 114.
—, Grenzregulirungsvertrag (1449) 112.
Zittau, Stadt 162.
Zollern, Erbvertrag zwiſchen der Fränkiſchen und Schwäbiſchen Linie 39.
—, Graf Conrad, Stammvater der Fränkiſchen Linie 32/33.
—, Graf Eitel Friedrich 29.
—, Graf Friedrich, Stammvater der ſchwäbiſchen Linie 32.
—, Graf Friedrich III., I. Burggraf von Nürnberg 32/33.
—, Graf Friedrich III., Burggraf, Wappenänderung 33.
—, Graf Friedrich IV., Burggraf, kauft ſich ein neues Helmkleinod 33.
—, Graf Friedrich V., Burggraf und deſſen Sohn Johann 34.
—, Graf Friedrich der Erlauchte (Schwäb. Linie) 33.
—, Grafen Friedrich und Conrad, Stammväter der beiden Linien 32.
—, Joachim Graf von —, (Schwäbiſche Linie) 34.
—, Grafen, das Helmkleinod wird gewechſelt 33.
— —, Wappen, deſſen Helmdecken 34.
— —, deren Wappen wird von den Burggrafen von Nürnberg ſtatt des Löwen angenommen 33.
— —, deren Titel und Wappen; Rangſtellung derſelben im Brandenburgiſch-Preußiſchen Wappen 37—39.
—, ſ. auch Hohenzollern.
Zollern-Hohenberg, Wappen 32.
Zoſſen, Hr. 47.
Zoſſen, ſ. auch Mittelmark.
Züllichau, Hr., an Brandenburg pfandweiſe, dann definitiv 44, 146/7.
—, ſ. auch Neumark.
Zütphen, Erbgräfin Irmgard 114.
Zweibrücken, pfalzgräfliches Haus, Erbprätenſion auf Jülich-Cleve ꝛc. 125.

Zu Sachsen.

Herzöge, Kurfürsten und Könige von Sachsen aus Wettinschem Stamme.

Dietrich I. von Wettin, im Gau Zwibice 953–982, † 982.

Dedo III. (II.) von Wettin 982–1009, † 1009. Friedrich I. von Wettin 982–1012, † 1017.

Dietrich II. (I.) von Wettin 1009–1034, von Eilenburg 1012, in der Lausitz (Markgraf der Ostmark) 1031, † 1034 19. November.

Dedo III. (II.) in der Lausitz 1034–1025, † 1025. Friedrich, Bischof von Münster 1064, † 1084. Ehimo von Brehna 1034–1103, Markgraf von Meißen 1046–1103, † 1103.

Heinrich I. in der Lausitz 1025–1103, in der Lausitz 1075–1103, in Meißen 1089, † 1103.

Konrad I. der Große, von Wettin 1103–1156, erblicher Markgraf von Meißen 1123, von der Lausitz 1135, resigniert 1156, † 1157. Heinrich II. in der Lausitz 1103–1123, in Meißen 1103–1123, † 1123.

Dietrich IV. von Landsberg in Meißen 1156–1190, † 1190. Otto, der Reiche, in Meißen 1156–1190, † 1190. Friedrich I., 1181–1220, in Brehna, † 1181. Friedrich II., 1181–1220, in Wettin 1217, Tempter 1221, † 1221. Dietrich VI., Bischof von Merseburg 1201, † 1215. Konrad III., 1185, † 1125.

Albrecht, der Stolze, 1190–1195, † 1195. uxor: Jutta, Landgräfin von Thüringen. Dietrich, der Bedrängte, in Meißen 1190, in Landsberg 1195–1221; in Thüringen 1217; † 1221. Dietrich III. (I.), der Erlauchte, 1221–1288. Heinrich III. (II.), der Erlauchte 1243, † 1222. Dietrich, Bischof von Naumburg 1242, † 1272.

Heinrich IV. (III.), der Erlauchte 1224, † 1288. Albrecht der Entartete, Mitregent in Thüringen 1265–1314, verkauft 1288 Landsberg und 1291 die halbe Pfalz Sachsen an Brandenburg, seine Anfprüche an das Reich 1292, † 1314. (I.) Gem.: Margaretha von Staufen. Dietrich I., der Weise, in Landsberg und dem Osterland 1265–1285. Friedrich, der Stammler, 1283–1291, † 1291.

Konrad II. 1228–1285, † 1285. Otto IV. 1285–1290, † 1290. Heinrich III. 1285–1286, † 1286. Friedrich I., Tuta, † 1270, erhielt 1255 das Land Pleißen.

Friedrich II. mit der gebissenen Wange, Pfalzgraf von Sachsen seit 1291, in Thüringen seit 1291, in Meißen von Sachsen seit 1324, von Thüringen 1324. † 1324. Dietrich II. (Diezmann) im Pleißnerland, Markgraf von Osterland 1293–1307, † 1307.

Heinrich IV. (II.), der Entartete, im Pleißnerland 1324, † 1286. Friedrich III. (IV.), der Streitbare in Meißen 1323–1328, Kurfürst von Sachsen 6. Januar 1423–1428, † 1428. Wilhelm II., der Reiche in Altenburg 1323–1425, † 1425. Georg in Coburg 1381–1402, † 1402.

Balthasar in Thüringen 1349–1406, teilt 1326. † 1406. Friedrich III., der Strenge, in Meißen, Landsberg in Osterland 1349–1381, † 1381. Wilhelm I., der Einäugige, in Ober-Meißen 1349 bis 1407, teilt 1382. † 1407. Ludwig, Bischof von Halberstadt 1358, Bischof von Bamberg 1365, Erzbischof von Magdeburg 1382. Friedrich IV. der Friedfertige 1406–1440, † 1440.

Wilhelm III. in Thüringen 1440–1444, † 1444. Friedrich II., der Sanftmütige, Kurfürst 1428–1464, † 1464. Sigmund II., Bischof von Würzburg 1440–1444, † 1444.

Ältere (Ernestinische) Linie.   ### Jüngere (Albertinische) Linie.

Ernst, Kurfürst in Sachsen 1464–1486, † 1486. Albert (Albrecht), der Beherzte, Herzog von Sachsen 1464–1500, † 1500.

Friedrich der Großmütige, Kurfürst 1486, † 1525. Johann I., der Beständige, Herzog in Sachsen 1486, Kurfürst 1525, † 1532. Georg, der Bärtige, der Reiche, Herzog 1500–1539, † 1539. Heinrich I., der Fromme, Herzog 1539–1541, † 1541.

Johann Friedrich der Großmütige, Kurfürst 1532–1547, dann Herzog von Weimar, † 1554, Stammvater der Großherzöge u. Herzöge von Sachsen. Moritz, Herzog 1541–1547, Kurfürst 1547 4. Juni bis 1553, † 1553. August (I.) Kurfürst 1553–1586, † 1586.

Alexander, Administrator zu Merseburg 1561; zu Naumburg 1564, † 1565. Christian I., Kurfürst 1586–1591, † 1591.

Christian II., Kurfürst 1591–1611, † 1611. (Administrator für ihn: Friedrich Wilhelm von Weimar-Altenburg 1591–1601.) Johann Georg I., Kurfürst 1611–1656, † 1656.

Weißenfels.   ### Merseburg.   ### Naumburg-Zeitz.   ### Kur-Sachsen.

August in Weißenfels und Halle 1656–1680 (Erzbischof von Magdeburg 1628–1648). † 1680. Christian I., der Ältere, in Merseburg 1656–1691, † 1691. Moritz I. in Naumburg und Zeitz 1656 bis 1681, † 1681. Johann Georg II., Kurfürst 1656–1680, † 1680.

Johann Adolf I. von Weißenfels 1680–1697, Kurfürst 1680–1691. Heinrich von Barby 1680 bis 1691. † 1691. Christian II., der Jüngere, in Eisenberg, Bischof von Lübeck 1691, geistlich 1218, Bischof von Zeitlitz † 1238. August in Merseburg 1691–1691, Landstadt, Görlitz 1691 bis 1215, † 1215. Philipp in Merseburg, † 1690. Heinrich in Spremberg 1691–1738, † 1738. Moritz Wilhelm in Zeitz und Naumburg bis 1681 bis 1718, † 1718. Christian August, Bischof und Cardinal von Raab 1696; Großmeister von Neustadt und Pegau und Zeithain 1681 bis 1725, † 1725. Moritz Adolf Karl, geistlich 1218, Bischof von Leitmeritz 1694–1694, † 1694. Johann Georg III., Kurfürst 1680–1691, † 1691. Johann Georg IV., Kurfürst 1691 bis 1694, † 1694. Friedrich August I. Kurfürst als August II. König von Polen 1697, 27. Juni 1697, † 1733.

Xaver, Graf von Lausitz, Regent in Sachsen 1763–1768, † 1806. Karl, Herzog von Kurland 1759, † 1796. Friedrich Christian, Kurfürst von Sachsen 1763 5. Oktober bis 17. Dezember, † 1763. Albert, Herzog von Sachsen-Teschen 1763, † 1822. Clemens Wenzel, Bischof von Freising und Regensburg und Erzbischof von Trier 1768, † 1812. Friedrich August III. König von Sachsen 1763–1806, Kurfürst 1763–1806, König von Sachsen als Friedrich August I. 20. Dezember 1806–1827, Herzog von Warschau 1807–1815, † 1827. Anton, König 1827–1836, † 1836. Maximilian, Herzog zu Sachsen, † 1838.

Friedrich August II., Mitregent 1830, König von Sachsen 1836–1854, † 1854. Johann, König von Sachsen 1854, † 1873.

Albert, König von Sachsen seit 1873. Georg.

Grafen und Fürsten von Hohenzollern.

In Hohenzollern.*)

Burkhard I. de Zolorin, Graf des Scheragaues, gefallen 1040 in König Heinrichs III. Böhmischem Kriege, uxor: Bimmiltrut, Tochter Werners, Grafen von Oltersburg im Elsaß.

Wezilo I. † 1061.

Burkhard I., comes de Zolra, 1098—1114, † 1125, uxor: Uzlilhilt, Gräfin von Strab.

| Friedrich II. Reichenau 1125—1135. | Ulrich, Abt von Reichenau 1125—1137. | Gottfried von Zimmern 1134. | Egino de Zolre 1134—1158 dominus. | Burkhard II. 1125—1135 von Hohenberg, Stifter der Grafen von Zollern-Hohenberg. | Albrecht, Mönch in Hohenberg, dann Abt von Bwyfalten, Graf von Zollern-Hohenberg 1130. | uxor: Sophia, Erbtochter Conrads, Grafen von Rös (Ragge). | Burggrafen von Zürnberg. | Adalbert II. 1141—1146, 1152 Uber de Heigerooch. | Bertold II., comes de Zolre (Zolra, Zolren) 1160—1191. | Wezilo II. von Sofra, Graf von Haigerloch 1115—1141. | Bruno, 1096 Hannoffer, 1100—1125 Dompropst in Straßburg, 1112—1122 deutscher Reichskanzler. | Friedrich I., comes de Sofra, Graf von Haigerloch und Ulferried 1080, 95—1100, uxor: Udilhilt als Mönch. | Johann Baptist Oswald Franz Josef † 1281. |

Hohenzollern (Schwäbische Linie).   **Zürnberg (Fränkische Linie).**

Konrad II. (I.), Burggraf von Zürnberg 1210, † 1261, uxor: Elisabeth von Habsburg, Erbin von Bayreuth, Burg, Creußen 2c. 1251.

Friedrich IV. (II.) 1205 Graf von Zolre, 1210—1214, Burggraf von Zürnberg, † c. 1266, alias ert 1297. | uxor: Clementine von Habsburg, Erbin der Grafschaft Uberberg im Nordgau.

Friedrich III. (II.), † 1249, Burggraf von Zürnberg 1262—1297, † 1297. | uxor: Elisabeth von Stern, Erbin von Hof, Bayreuth.

Friedrich V. (III.), mit dem Löwen, in Hohenzollern 1226—1248, † c. 1251. | Friedrich VI. (IV.) 1241—1268, resign.; † 1289. | Konrad IV. der fromme, von Uberberg und Dietersberg † 1314. | Konrad III. (II.), 1262.

Friedrich VII. (V.) von Hohenzollern 1268—1288, Probst in Augsburg 1260, † vor 1298. | Friedrich VIII. 1281. | Friedrich IX. von Schalkburg und Uterberg 1288, † c. 1302. | Johann I., Burggraf 1297, † c. 1298. | Friedrich IV., Burggraf 1298—1332, † 1332.

Friedrich X. 1298, † c. 1361. | Friedrich XI. (VI.) (Ortzag I.) 1298—1333, † 1333. | Friedrich XII., Dirrhum zu Konstanz 1335. | Friedrich XIII. 1302, † 1319. | Johann II., Burggraf 1332—1357, † 1357. | Friedrich V. 1357—1398, † 1398.

Friedrich XV., der alte Ritter 1333 † 1329. | Friedrich XVI. Chorherr in Augsburg 1322, † vor 1376. | Friedrich XVII. (VII.) der Schwabgraf 1333 bis 1365, Straßburger Doms-Herrs Prior 1344, † c. 1400. | Friedrich XVIII. (VIII.) Johannes-Ordens 1329. | Friedrich XIX. (IX.) Straßburger 1333—1365. | Friedrich XX. (X.) der Bliere 1367—1401, Kanonicus in Straßburg 1329. | Friedrich XXI. (Ortzag II.) 1335 jung. | Friedrich XXII. Kanonikus in Straßburg 1329. | Friedrich XXIII. Abt in Reichenau 1398—1410. | Friedrich XXIV. der junge Ritter 1402, † 1410. | Friedrich XXV. (VIII. zählt) 1326—1398, verhaufs sein Theil 1403, † 1408. | Friedrich XXVI. der Oettinger † c. 1422. | Schwatzgart, 1329—1412. | Eitel Friedrich I., 1401—1439, † 1439. | uxor: Ursula, Erbin von Räppis. | Friedrich XXVII. (Vertag IV.) † 1429. | Johann III., 1398—1420, Schwabgraf von Brandenburg 1411; † 1420 ohne Söhne. | Albrecht † 1313. | Friedrich XXVIII. Deutschordenskomtur 1386, † 1416. | Jodl Zinfofaus I. 1439—1488, † 1488. | Friedrich XXIX. (VII.) der Oettinger, † 1443. | Friedrich I. 1415—1440, Kurfürst des Preußischen Königshauses (f. bei Brandenburg.) | Friedrich XXX. (Zeppli.) Dombherr in Straß- burg in Räppis. | Friedrich XXXI. (Steill) Mönch in Reichenau 1410. | Heinrich, geistlich † 1438. | Friedrich XXXII. Mönch in Konstanz 1434. | Franz 1434. † 1436. | Friedrich XXXIII. † 1453. | Friedrich XXXIV. † 1483. | Johann † 1483. |

Friedrich XXXV. Bischof von Augsburg 1486, † 1505. | Eitel Friedrich II., 1488—1512, Reichshauptmännerei 1504, 1505 Reichshauptmann über Hohenberg, erhielt einen Theil von Haigerloch gegen Räumis und Werstein 1497, † 1512. | Franz Wolfgang 1512—1517, als Reichshauptmann über Hohenzollern 1515 6/12, † 1517. | Eitel Friedrich III., in Hohenzollern 1512—1525. | Franz Joachim 1525—1538 in Hohenberg. | Joseph Zinfofaus II. 1538—1558 zu Hechingen und Werstein, 1538 18/3. als Reichshauptmann über Hohenberg befehlt; † 1558. | Karl I. 1525—1576, befehlt mit Sigmaringen und Veringen 1534 14/4, † 1526. | Eitel Friedrich IV. (V.), † 1544. | Christoph Friedrich, Herr zu Haigerloch. | Christoph Friedrich 1512—1535, † 1535. | Johann † 1483. |

Hechingen.   **Sigmaringen.**

Eitel Friedrich V. (VI.) in Hechingen 1526—1605, † 1605. | Christoph in Haigerloch 1526—1601, † 1601. | Karl II. in Sigmaringen 1526—1606, † 1606. | Joachim in Sigmaringen 1526—1587, † 1587. | Jobst II. † 1556.

Eitel Friedrich V. (VI.) in Hechingen 1526—1605, † 1603. | Philipp Christoph Friedrich 1660—1623, Reichshofrat 2c. † 1623. | Georg Friedrich 1601—1623, † 1623. | Johann Christoph 1601—1623, † c. 1623. | Karl III. 1601—1630, † 1630. | Johann III. 1606—1638, Bischof von Osnabrück 1623, † 1625. | Eitel Friedrich VII. (VIII.) Reichs- stift 1625 28/3, † 1638. | Ernst Georg, jung. | Johann Georg. | Johann Georg II. 1582—1602, † 1602. | Friedrich II. † 1556.

Hermann Friedrich von Arzberg 1535 † 1535. | Leopold Friedrich † 1686. | Meinrad Friedrich † 1623. | Karl Heinrich, Dom- herr in Köln. | Albert Sturz, Dom- herr in Köln 1685—1714. | Joseph Heinrich in Hohenberg † 1719. | Franz Albrecht 1689—1689. | Ferdinand Franz, Dombherr in Köln. | Maximilian in Sigmaringen † 1689. | Leopold † 1633. | Franz Anton, Dombherr in Köln. | Max Leopold Sibonius, jung. | Joachim jung. | Ferdinand Leopold Anton 1702—1750, † 1750. | Franz Anton 1702—1757, † 1757. |

Friedrich Ludwig 1726—1750, † 1750. | Josef Withl. hem Eugen 1750—1798, † 1798. | Hermann Friedrich von Arzberg † 1733. | Friedrich Anton † 1686. | Johann Karl † 1803. | Meinrad Friedrich, erhält 1802 20/8, die (österr.) Ent- schädigung Reichsritterbundes † 1812. | Karl Friedrich 1724—1785, Bischof von Kulm 1785, † 1803. | Albert Ztrard Dom- herr in Köln und Straßburg † 1766. | Karl, † 1731. | Josef Friedrich Graf † 1749, jung. | Franz Anton Leopold 1250—1252, jung. | Franz Xav. Dombherr in Straßburg. | Max Anton † 1750. | Johann Sionius, jung. | Joachim Friedrich † 1731. | Karl jung. | Franz Wilhelm, Stift von Hohenzollern-Berg † 1737. |

Friedrich Hermann Otto 1798—1810, erhält d. d. Wien 30/12, 1800 die Ausdehnung des Reichsfürstenhauses. | Friedrich Franz Xaver von Zittra-Appellte und Zittra-Dögge) erhält d. d. Wien 1802 20/8, die (österr.) Ausdehnung des Reichsfürstenhauses † 1844. | Josef Wilhelm Friedrich, Bischof von Ermeland 1818, † 1836. | Hermann † 1822. | Johann Karl † 1829. | Karl † 1769. | Josef Friedrich Graf 1715—1769, † 1769. | Karl Friedrich 1769—1785, † 1785. | Anton Aloys 1785—1831, † 1831. | Karl Anton Friedrich 1831—1848 (resign.), † 1853. | Johann Baptist Oswald Franz Josef † 1281. |

Friedrich Hermann Otto 1810—1838, † 1838. | Friedrich Franz Anton † 1842 13./12, ohne Erben. | Friedrich Adalbert † 1819. | Die Fürstenhäuser Hohenzollern wurden an Preußen abgetreten durch Staatsvertrag von 1849 2/12. | Karl Anton 1848—1849 2/12, † 1885 2/6. | Leopold (geb. 1835 22./9.).

Friedrich Wilhelm Hermann Konstantin Ghaßillo 1838—1849 2/12, † 1869 3/9, ohne successionsfähige Nachkommenschaft.

*) Es sind auch in dieser Tafel zumeist nur die Stammhalter der einzelnen Zweige; eine vollständige Tafel des Gesamthauses Hohenzollern in allen ihren Gliedern folgt in einem späteren Werke.

Zu Schlesien.

II.

Beiträge von Schlesien aus Piastischem Stamme (B. Ober-Schlesien).

Mesko oder Mieczislav I. (f. Zieber-Schlesien) in Ratibor und Gelschen 1163—1203, in Auschwitz und Ober-Beuthen 1177, in Oppeln 1201—1211, † 1211.

Kasimir I. 1211—1230, † 1230.

Wladislav I. in Oppeln und Croppau (1246 an Böhmen cedirt) 1230—1246, † 1246.

Gelschen (Ratibor). | **Oppeln.**

Przemyslav in Gelschen 1280—1288; in Ratibor 1280—1289; in Ratibor 1288—1306, † 1306. | Mesko I. (Kasimir) in Beuthen 1288—1306; in Gelschen und Auschwitz 1295, † 1306. | Boleslav I. (Bolko) in Oppeln 1288—1313, † 1313, 14./5. | Albrecht in Streliz 1288—1313.

Lesto in Ratibor 1295—1336, † 1336. | Wladislav (in Auschwitz) zwischen 1321 und 1324. Ratibor an Troppau 1336. | Wladislav II. in Kofel und Freystadt 1316—1351, † 1351. | Wladislav III. in Beuthen 1306—1355, † 1355. | Kasimir I. in Gelschen und Beuthen 1306—1358, † 1358. Gem: Eufaris 1351—1358. Beuthen an Gelschen. | Boleslav II. in Falkenberg 1315—1365, † 1365. | Albrecht in Streliz 1313—1366, † 1366. | Boleslav III. (Bolko II.) in Oppeln 1313—1356, † 1356, 21./6. | Boleslav IV. 1313—1356, Streliz an Oppeln 1361. 1365—1382, Herzog von Ruthingen 1370—1382, † 1382. | (Bolko III.) in Oppeln und Streliz 1368—1382, † 1382, 21./9.

Johann II. † 1405 finibrios. | Przemyslav II. in Auschwitz und Zator 1400—1407, † 1407, 1./1. | Boleslav I. in Gelschen 1400—1431, † 1431, 6./5. Gem: Euphemia (Offa) von Littauen 1426 bis vor 1447. | Johann I. Kropidto in Streliz und Oppeln 1382—1421; Erzbischof von Gnesen 1382—1398, † 1421, 3./3. | Boleslav | Heinrich 1365—1382, b. J., † c. 1362. | Boleslav V. Beuthen = Streliz 1382—1437, † 1437, 6./5. | Bernhard (Bolko IV.) in Oppeln 1382—1437, † 1437. | Nikolaus I. 1437—1460, 20./5. (sein Sohn Wazlav starb 1433.)

Johann III. 1426—1432, † 1432 27. Mäz, als letzter seiner Linie. | Boleslav VI. (Bolko V.) 1437—1460, † 1460, 29./5. † 1426, 3./2.

Oppeln an Brandenburg 1532—1543. Georg Friedrich von Brandenburg 1543—1549. Ferdinand von Oesterreich 1549—1551. Isabella Zapolya 1551—1556. Georg Friedrich von Brandenburg-Ansbach, widerum 1556—1558. An Oesterreich 1558—1592. Siegmund Bathory 1592—1598. An Oesterreich 1598—1615. Stefan Bethlen 1615—1624. Ferdinand von Oester- reich 1624—1630. Karl Ferdinand von Polen 1630—1645, † 1655. Marie Chrétienne Johanna Josefa von Polen 1645—1647. Wladislav von Polen 1645—1648. Siegmund Kasimir von Polen 1648—1664. Johann Kasimir von Polen 1648—1664. An Oesterreich 1664—1740. An Preußen 1742.

Kasimir in Zator 1401—1433, 7./4. | Przemyslav III. in Auschwitz 1435—1453; in Zator (verk. 1457) Auschwitz an Jägerndorf 1453. | Johann III. (Janusch) Zator 1435—1483; in Gosz 1453—1493; (Auschwitz) verk. 1494). † 1483, † 1495/97. | Wenzel III. 1435—1465, An Oesterreich 1722. † 1465.

Przemyslav IV. Canonicus in Glogau, in Freystadt 1424—1427, † 1427. | Wenzel II. in Gelschen in Freystadt 1455—1462, † 1462. | Wladislav in Gelschen, Glogau 1426—1459. Gem: Margaretha von Cilly † 1459, † 1480. | Kasimir II. in Gelschen 1468—1528; in Schlewior 1462—1477, † 1477, 11./3. | Boleslav II. 1426—1452. † 1452, 8./10.

Johann IV. in Gleiwitz 1452—1513, † 1513, 12./8. | Wenzel II., † 1524, 12./11. Friedrich, Propst zu Breslau, † 1507. | Wenzel III., Posthumus, in Gelschen 1524—1529, † 1529, 4./11. Gem: 1562 Katharina Sidonia von Saganburg in Gelschen 1529—1594, † 1594. | Johann V., † nach 1513, finibrios. Bolko, † vor 1508 finibrios.

Friedrich Kasimir in Freystadt, † 1571, 4./5. | Adam Wenzel in Freystadt, † 1617, 13./2.

Friedrich Wilhelm 1612—1625, 9./11. | Elisabeth Lucretia, Züchnigerin 1625—1653, 1653, 19./5. Gem: Gundakar Fürst von Liechtenstein, † 1641. Gelschen an Oesterreich 1625 (1641) — 1722.

Leopold Joseph Karl von Lothringen 1722, 12./5 bis 1729, † 1729.

Franz Stefan 1723—1765; Kaiser 1745, † 1765.

Joseph (II.), Kaiser, † 1792, 1./3. | Leopold (II.), Kaiser, † 1792. | Maria Antonie Johanna Josefa 1765—1798, † 1798. Gem: 1768 Albrecht Moritz Kasimir von Sachsen-Gelschen 1768—1822, † 1822.

Karl Ludwig Johann Josef Lorenz von Oesterreich 1822—1847, † 1847, 30./4.

Albrecht Friedrich Rudolf 1847 bis dato.

Zu Schlesien.

I.

Herzöge von Schlesien aus Piastischem Stamme (A. Nieder-Schlesien).

Wladislaw II., Herzog von Polen, † 1159.

Nieder-Schlesien.   ### Ober-Schlesien.

Boleslaw I., der Hohe, in Breslau und Liegnitz (Zuteter-Schlesien seit 1179) 1163–1201;   Mieſto (Mieciſlaw I.), in Ratibor und Tesſchen (Ober-Schlesien) 1163–1211; in Oppeln 1163–1195, † 1201, 2./12.
in Oppeln 1163–1201.   Ruthwig und Ober-Beuthen 1177, † 1228.

Heinrich I., der Bärtige, in Breslau 1201–1238.   Konrad in Glogau, Sagan und Schiedſitz 1163–1178, † 1190.   Jaroslaw in Oppeln und Wittmachau (Neiſſe) 1179–1198; Biſchof von Breslau 1198, † 1201, 22./3.
† 1238, 19./3.   An Nieder-Schlesien 1178.

Heinrich II., der Fromme, in Breslau 1238–1241, † 1241, 9./4.   Gem.: Anna von Böhmen, in Ößen, in Löbau 1241–1265.

Heinrich III., der Weiße, in Breslau 1251–1266,   Boleslaw II., der Kahle, in Liegnitz † 1278, vertauft 1258 Lebus, † 1278.   Wladislaw, Biſchof von Salzburg, † 1270, 24./4.   Konrad I., in Glogau, Sagan und Croſſen 1251–1273, † 1273.   Boleslaw I., † 1213.
† 1266, 1./12.

Breslau.   ### Liegnitz.   ### Sagan-Glogau.   ### Oels.

Heinrich IV., der Gerechte, Herr zu   Boleslaw III. (Wolfo I.), Jauer und Fürſtenberg 1290–1301, erbt 1290   Bernhard I., Konrad II., Kohlteyn,   Przemyslaw I. (Primko)   Heinrich III., der Treue, Herr zu
Breslau 1266–1290, von Krakau 1288,   Schweidnitz, Jauer und Fürſtenberg 1290–1301, erbt 1290   in Fürſtenberg und Landsh.,   Glogau 1274–1309, Erbe   von Polen, Herzog von   Glogau 1274–1309, † 1309, 9./12.   Oels an Liegnitz 1290.
Glaß ſeit 1278, † 1290, 23./6.   Glaß, † 1301, 9./11. Gem.: Beatrix von Brandenburg, Erbin   hat 1278–1286,   in Sagan, Steinau, Sproſtau   Böhmen, Herzog von   Kalisch 1306, † 1309, 9./12.   Breslau an Liegnitz 1290.
                                                                                                                                       von Görlitz und Bauzen.   † 1286, 25./4.   1274–1304, † 1304, 11./10.   Polen 1306, † 1306.   † 1296, 23./5.
   ererbt Breslau an Liegnitz 1290.
   Breslau an Liegnitz 1290, † 1296, 22./2.

Boleslaw IV. (Wolko II.),   Heinrich IV. (I.),   Bernhard II.,   Heinrich V., Herzog IV. (II.), Johann in Steinau 1309–1361; in halb   Przemyslaw II. in Oels, Konrad I. in Namslau 1309;
in Münsterberg 1301–1341, ver-   in Jauer 1301 bis   Schweidnitz 1301 bis   1326–1346. Gem.: Agnes von   † 1342, 22./1.   in Sagan 1329–1331; nach 1361; † nach 1361;   Glogau 1329–1329, Oels 1322–1366, † c. 1322.
tauſcht 1329 Münsterberg 1301–1341. –   1346, 6./5. trat   Görlitz   Tochter: Anna, Erbin   † 1351. 1342, 22./1.   1/2 Glogau an Sagan 1329–1342,   1309–1322, † 1322.   † 1366, 22./12.
Glaß 1341. Gem.: Agnes von   Schweidnitz   an Böhmen ab,   von Schweidnitz   1326, † 1342.   † 1342, 22./1.   1/2 Glogau an Polen,   † 1366, 22./12.
Böhmen 1341, † 1352.   1301 bis 1319 Bauzen,   1320 Görlitz   und Jauer, vermählt   1/2 Glogau an Böhmen.
                                                                    † 1346.   mit Kaiſer Karl IV.

Nikolaus I., der Kleine,   Boleslaw V. (Bolko II.),   Heinrich II.,   Heinrich V.,   Heinrich VIII., der Sperling,   Heinrich VII., Rumpold,   Heinrich IX. Konrad VIII., Konrad VI., Konrad VII., Konrad V., in Bern,
1341–1358, † 1358, 29./2.   1326–1368; erbt 1343   1326–1369, verliert 1345   1342–1369,   in Kemperg, Sproſtau   in 1/2 Glogau,   Guhrau, Steinau   Deutſchkor enmeiſter   Dekant der Weißen, in Oels,   in Kenth 1413–1439,   1412–1439; † 1439.
Gem. Agnes von   Schweidnitz und Jauer   Franfurth an Polen, vermählt   1342–1349.   und Grünberg Sproſtau   1313–1352.   Gofel und Wartenberg 1442, 8./10. in Oels, 1394–1424,   † 1452, 3./9.   1413–1439, in Steinau,   von Breslau,   † 1419.
Münſterberg 1341, † 1353.   1/3 Glogau 1351: halb   mit Tochter Anna, Erbin   † 1342, 1394,   † 1394.   † 1394.   1364,   24./12.   in Glogau.   in Oels. † 1442, 11./11.   † 1452.   † 1452.

Johann I., in Jauer   Johann, der Hofe, in Prießbus   Heinrich XI., 1461–1476, † 1476,
Münſterberg 1443–1443; an   Jäger, Trſch Ober-Schi 1422–1425, und im Glogau   22./2.
Croſſau 1443–1464; an Böhmen ver-   1429, † 1439.   Dietelnberg 1481, 4./9. Gem.: Barbara von Brandenburg, in
einiget, † 1462.   bis 1467 und 1482 bis   Saga, Polkin und Böhmen 1458 an   † 1488.   Billindau und Croſſau 1426–1515, † 1515, 4./9.
                                                       Peldingen fürſt, † 1504.   1476, aus Preußen 1242,   (Erbifen rc. an Brandenburg 1482; Peldingen 1510.)
(Strenlich an Sachſen 1554–1549,   1422, 22./9.   Glogau belehnt 1504, 1539 bis 1475 beliehen 1504, 1542 bis 1467 und 1481 auf Saga an Oeſterreich 1549.)   1488.

Liegnitz.   ### Brieg.

Heinrich VI., in Breslau 1311 (1335) — und Neumartt 1322 (verſtarb 1322)   Boleslaw III. der Freigebige, in Brieg 1311 – 1348; in Breslau 1335; † 1348, 20./4. Gem.: Kathrina, in Brieg und Ohlau 1348–1358. † 1358.
† 1335, 24./11., nur Töchter hinterlaſſend.   vertausch 1344 Großtrau; † 1352. Wladislaw, Stoffte (1311) –1338 † c. 1353.

Wenzel I., in Liegnitz 1348–1364, † 1364, 2./6.   Ludwig I., in Brieg und Ohlau 1348–1398; † 1398.

Ruprecht I. 1364–1409, † 1409, ohne Söhne.   Heinrich VII. (VIII.), mit der Schramme, 1358–1399, † 1399, 11./2.   Wenzel II. 1382–1412; Biſchof von Breslau 1382–1417,   † 1419, 30./12.   In Brieg 1420.

Ludwig II., in Brieg 1399–1436; in Oels 1420, 30./4. † 1420, ohne Erben. 1418 Eliſabeth von Brandenburg in Liegnitz 1436–1446; † 1436.   Heinrich IX. in Liegnitz 1420, 31./10. † 1420, 10./2.

Ludwig III. 1420–1441; in Brieg 1436–1441 und Oels ſeit 1420, † 1441. Gem.: 1418 Margaretha von Oppeln, in Ohlau und Zinnsfiſch 1441, † nach 1453.

Johann I. in Ohlau 1446–1453; in Oels 1453. Gem.: Hedwig von Liegnitz, erbt Liegnitz in Brieg 1453–1453, † 1453.   Heinrich X. in Goldberg 1441–1452, † 1452.   † 1452.

Friedrich I. in Liegnitz 1453; in Brieg 1435; 1488, 9./5. † 1488. Gem.: 1424 Ludmilla Podiebrads, in Ohlau 1488–1503, † 1503, 20./1.

Johann II. 1488–1495.   Friedrich II. in Liegnitz 1495–1547; 1547 Brieg und Ohlau 1524, 12./9. Erbvertrag mit   Georg I. in Liegnitz und Ohlau 1521, † 1521, 30./6. Gem.: 1515 Anna von Pommern in Süßen   † 1495, 6./3.
† 1495.   Kurbrandenburg 1537.   1495–1521, † 1547, 2./9.

Friedrich III. in Liegnitz 1547–1551, † 1570 — 1586, † 1586, 7./5.   Georg II. in Brieg 1542 — 1586, † 1586, 7./5.

Friedrich IV. in Liegnitz 1551 und 1556 und Friedrich X. in Liegnitz 1551. 1/6 April 1596.   Joachim Friedrich in Brieg 1586–1602; in Liegnitz 1596–1602.   Johann Georg in Ohlau   † 1592, 6./2.
Ohlau 1556–1596, † 1596. Gem.: 1594 Anna von Württem-   berg; in Haynau 1594–1616, † 1602, 14./11.   1602–1605, † 1605, 14./11. Gem.: 1592 Anna Maria von Anhalt, 1577 ohne Söhne   1602–1608, 3./3. Gem.: 1602 Anna Maria von Anhalt, 1577   zu hinterlaſſen.   1570–1586 und Ohlau 1586–1592.
berg; Liegnitz an Brieg 1596.   † 1596, 7./2. ohne Söhne.

Friedrich V. in Liegnitz 1542 † 1547, 7./5.

Georg III. in Brieg 1639–1664, † 1664, 4./7.   Ludwig IV. in Liegnitz 1653–1663, † 1663, 24./11. ohne Kinder.   Christian in Wohlau 1639–1672; in Liegnitz 1663; in Brieg 1669, † 1672, 28./2.   Johann Chriſtian in Brieg 1602–1639, † 1639, 25./12.   Georg Rudolf in Liegnitz 1602 und Goldberg 1602–1653, † 1653, 14./1.
ohne Söhne.   Gem.: 1649 Anna Sophie von Mecklenburg in Parchwitz 1663–1669, † 1669, 10./2.   Gem.: 1648 Luiſe von Anhalt in Ohlau 1672–1680, † 1680, 28./4.

Georg Wilhelm in Liegnitz, Brieg und Wohlau als letzter Schleſiſcher Piaſt, 1672–1675, † 1675 21., November als letzter Schleſiſcher Piaſt.

Liegnitz, Brieg und Wohlau an Oeſterreich 1675, an Preußen 1742.

Zu Nassau.

Grafen, Fürsten und Herzöge von Nassau.

Ulrich I., Graf von Etechenstein (Idstein), † c. 1124.

Arnold I., † vor 1151. Ruprecht I., Graf von L(a)urenburg 1124—1151, † vor 1158.

Walram I. 1151—1198; von Nassau 1158/9, † 1198.

Heinrich II., der Reiche, 1198—1249, † vor 1251.

Ottonische Linie.

Otto I. 1247; in Dillenburg, Beilstein und Siegen seit 1255—1289, † c. 1290.

Hadamar. | **Dillenburg.** | **Siegen.**

...amar 1290—1334, † 1334. | Johann in Dillenburg 1290, † 1328. | Heinrich I. in Siegen 1290—1343, dann in Dillenburg, † 1343.

—1359, | Johann 1334—1365, † 1365. | **Beilstein.** Heinrich I. in Beilstein 1343—1380, † 1380. | **Dillenburg.** Otto II. in Dillenburg 1343—1351, † 1351.

—1394, † 1394. | Heinrich 1365—1369, † 1369. Siegen-Dillenburg. | Heinrich II. 1388—1412, † vor 1412. | Reinhard 1398—1412. | Johann I. 1351—1416, erwirbt ein Drittel von Hadamar, † 1416.

..., † vor 1473. | Heinrich III. 1411—1477, † 1477. | Adolf I. 1416—1420, erhält Dietz, † 1420, ohne Söhne. uxor: Jutta, Erbgräfin von Dietz. | Johann II., mit der Haube, zu Vianden 1420—1443, † 1443. | Engelbert I. zu Vianden 1420 bis 1442; Herr zu Bredá 1404, erhält die Hälfte von Dietz, † 1442. uxor: Johanna von Wassenäer-Polanen, Erbin von Bredá. | Johann III. 1420 bis 1429, † vor 1430. | Heinrich 1401.

| | | Johann IV. 1442—1475, † 1475.

..73—1499, ...99. | | Johann V. 1475—1516, erbt 1504 die Niederländischen Güter, † 1516. uxor: Elisabeth von Hessen, Erbin von Katzenelnbogen. | Engelbert II. in den Niederlanden 1475—1504, † 1504, ohne Kinder.

—1513, † 1513. | | | | |

..., † 1513—1561. ...12. in Dillenburg. | Wilhelm I., der Reiche (der Aeltere) 1516—1559, erhält statt Katzenelnbogen ein Viertel von Dietz 1557, † 1559. | Heinrich III. von Bredá 1516—1538, † 1538. uxor: Claudia von Châlon, Erbin von Oranien. | Johann 1491, † jung.

Oranien. | **Katzenellenbogen.** | | **Oranien.**

..., der Schweigende, von Oranien, ...584. uxor I: Anna von Egmond-Büren, † 1580. | Johann (VI.), der Aeltere, in Dillenburg 1559—1606, † 1606. | Adolf II. 1559, † 1568. | Heinrich IV. 1559, † 1574. | Renatus 1538—1544, Fürst von Oranien 1530, † 1544 (s. Oranien).

Dillenburg. | **Hadamar.** | **Siegen.** | **Dietz.**

Moritz ...618—1625; Statthalter der Niederlande ...7, † 1625. | Heinrich Friedrich in Oranien, Statthalter der Niederlande 1625—1647, † 1647. | Wilhelm Ludwig, Statthalter in Friesland 1587—1609, † 1609. | Georg in Beilstein 1606, in Dillenburg seit 1620 bis 1623, † 1623. | Philipp, † 1595. | Johann Ludwig in Hadamar 1606 bis 1653; Fürst 1650 8./10., † 1653. | Ludwig Günther † 1604. | Johann I., der Mittlere, in Siegen 1606—1623, † 1623. | Ernst Kasimir in Dietz 1606—1632, Statthalter von Friesland 1620, † 1632.

 | Wilhelm II. 1647—1650, † 1650. | | Ludwig Heinrich 1623—1662; Fürst 1652 25./11., † 1662. | | Moritz Heinrich 1653—1679, † 1679. | **Katholische Linie.** Johann II., der Jüngere, 1632—1638, † 1638. | Johann Moritz, Fürst 1652 25./11., Heermeister zu Sonnenburg 1652, † 1679. | **Evangelische Linie.** Georg Friedrich, Fürst, 1674, † 1652. | Heinrich 1611 bis 1652. | Heinrich Kasimir I. 1632—1640, † 1640. | Wilhelm Friedrich, Fürst 25./11., † 1664.

...Oranien 1650—1702; Statthalter ...1674; König von England 1689, † 1702 18./3. | | Georg Ludwig † 1656. | Adolf von Schaumburg 1653—1676, † 1676, ohne Söhne. uxor: Elisabeth Charlotte Melander, Gräfin von Holzapfel, Erbin von Schaumburg 1648—1707. | August Philipp Heinrich † 1657. | Franz Alexander 1679—1711, † 1711 28./5. Hadamar fällt an Dillenburg. | Johann Franz Desideratus, 1638—1699, Fürst 1652 25./11., † 1699. | Wilhelm Moritz 1652—1691; Fürst 1664 6./5., † 1691. | Heinrich Kasimir II. 1664—1696, 1672 Erbstatthalter von Friesland, † 1696.

Heinrich 1662—1701, † 1701. | | | Wilhelm Hyacinth 1699—1708 (entsetzt), † 1743 18./2. Siegen fällt an Dietz 1734 und 1739—1814; an Preußen 1814. | Alexius Anton Christian, Kanonikus zu Köln, † 1735. | Franz Hugo † 1735. | Emmanuel Ignaz † 1735. | Friedrich Wilhelm I. Adolf 1691—1722, † 1722. | Karl Ludwig Heinrich † 1694. | **Oranien.** Johann Wilhelm Friso 1696—1711, erbt 1702 Oranien, † 1711.

..., † 1724. | Christian in Hadamar seit 1711; in Dillenburg 1724—1739, † 1739 27./8. Beide fallen an Dietz. | | | | | Friedrich Wilhelm II. 1722—1734, † 1734, ohne Söhne. | Wilhelm IV. Karl Heinrich Friso 1711—1751; Statthalter von Geldern 1722; Erbstatthalter der Niederlande 1748—1751.

Wilhelm V. Batavus 1751—1806; Statthalter 1751—1795; in Fulda 1802, † 1806.

Walramische Linie.

Walram I. 1247; in Idstein, Wiesbaden und Weilburg 1255—1276, † 1276.

Diether, Erzbischof von Trier 1229, † 1307. | Richard †. | Adolf I. 1276—1298; König 1292, † 1298.

Gerlach I. 1298—1361, erwirbt 1361 die Hälfte von Weilnau, † 1361. | Ruprecht 1298, † 1304.

Wiesbaden-Idstein. | | | | **Weilburg.**

Adolf II. (I.) 1361—1370, † 1370. | Rupert, Herr zu Sonnenberg, † 1390, kinderlos. | Gerlach, Erzbischof von Mainz 1353, † 1371. | Johann I. 1361—1371; gefürsteter Graf 1366 25./9., erheirathet Merenberg ꝛc., † 1371.

Gerlach II. 1370—1380. | Walram II. 1370 bis 1393. | Adolf, Bischof von Speyer 1372; Erzbischof von Mainz 1373, † 1388. | Johann, Erzbischof von Mainz 1395, † 1417. | Philipp I. 1371—1429, erbt 1386 Saarbrücken, kauft 1405 die Hälfte von Weilnau, † 1429.

Adolf III. (II.) 1393—1426, † 1426. | **Saarbrücken.** Johann I. (II.) 1429—1472, erhält Saarwerden ꝛc., † 1472. | Philipp, † 1416. | **Weilburg.** Philipp II. 1429—1492, † 1492.

Johann 1426—1480, † 1480. | Johann Ludwig 1472—1545, † 1545. | | Johann III., † 1480.

Adolf IV. (III.) in Wiesbaden 1480—1511, † 1511. | Philipp II. 1545—1554, † 1554, erblos. | Adolf 1554—1559 (in Saarwerden und Lahr 1545), † 1559. | Johann II. (IV.) (in Ottweiler 1545) 1559—1574, † 1574. Saarbrücken ꝛc. fällt an Weilburg. | Ludwig I. 1492 bis 1523, † 1523.

Philipp II. (I.) 1511—1558, † 1558. | | | | Philipp III. 1523—1559, † 1559.

Philipp III. (II.) 1558—1566. | Balthasar 1566—1568, † 1568. | Albrecht in Weilburg (und Ottweiler-Saarbrücken seit 1574) 1559—1582, † 1582. | Philipp IV. in Saarbrücken 1574—1602, † 1602.

Johann Ludwig I. 1568—1596, † 1596. | Ludwig II. (in Wiesbaden seit 1605) 1582—1625, erbt Saarbrücken ꝛc. 1602, † 1625. | Wilhelm, † 1597. | Johann Kasimir, † 1602.

(Neu-) Saarbrücken. | | **Idstein.** | **Neu-Weilburg.**

Wilhelm Ludwig in Saarbrücken 1629—1640, † 1640. | | Johann in Idstein 1629—1677, † 1677. | Ernst Kasimir in Weilburg 1629 bis 1655, † 1655.

Johann Ludwig II. 1596—1605, † 1605 5./6. Wiesbaden fällt an Weilburg. | **Saarbrücken.** Wilhelm Ludwig in Saarbrücken 1629—1640. | **Usingen.** Gustav Adolf in Saarbrücken 1642—1677, † 1677. | **Ottweiler.** Vollrad in Usingen 1642—1702; Fürst 1688 4./8, † 1702. | Johann Ludwig in Ottweiler 1642 bis 1690, † 1690. | Georg August Samuel 1677—1721; Fürst 1688 4./8., † 1721. Idstein fällt an Saarbrücken 1721; an Ottweiler 1723; an Weilburg 1728. | Friedrich 1655—1675, † 1675.

Ludwig Krato 1677—1713, † 1713. | Karl Ludwig 1713—1723, † 1723 6./12. | Gustav Adolf, † 1693. | Wilhelm Heinrich I. 1702—1718, † 1718. | Friedrich Ludwig 1690 bis 1728, erbt 1721 Idstein, 1723 Saarbrücken, † 1728 25./5. Ottweiler fällt an Usingen. | Friedrich Wilhelm I. in Weilburg 1675 bis 1719, † 1684. | Johann Ernst in Wiesbaden 1675 bis 1719; Fürst 1688 4./8., † 1719.

Wilhelm Heinrich II. 1728—1768 zu Saarbrücken, Ottweiler, Saarwerden und Homburg, † 1768. | | Karl 1718—1775 zu Usingen, Idstein, Lahr, Wiesbaden, † 1775. | Karl August 1719—1753; Fürst (Anerk.) 1737 9./9., † 1753.

Ludwig 1768—1794, † 1794 1./3. | | Karl Wilhelm 1775—1803, † 1803. | Friedrich August 1805 bis 1816; Herzog 1806 30./8., † 1816 24./3. Usingen ꝛc. fällt an Weilburg. | Karl Christian 1753—1783, † 1783.

Heinrich Ludwig Karl Albrecht 1794—1797, † 1797 27./4. Saarbrücken fällt an Usingen 1797, an Preußen 1814. | | | | Friedrich Wilhelm II. 1783—1816; Herzog 1806, † 1816.

Zu Lauenburg.

Herzöge und Kurfürsten von Sachsen und Herzöge von Sachsen-Lauenburg aus Askanischem Stamme.

Albrecht der Bär, der Askanier, von Ballenstädt, Herzog von Sachsen 1138—1153, † 1170 (s. auch Brandenburg).

Bernhard I. (III.) von Sachsen, Herzog 1180 7. April bis 1212, † 1212.

Albrecht I. 1212—1260, † 1260.

Sachsen-Wittenberg.   **Sachsen-Lauenburg.**

Albrecht II. in Sachsen, zu Wittenberg 1260—1297, † 1297.   Johann I. in Sachsen-Lauenburg 1260—1285, † 1285.
Kauft 1269 die Burggrafschaft Magdeburg, erhält 1288 die Hälfte der Pfalz Sachsen als Reichslehen und 1290 Brehna.

| Rudolf I. 1297—1356; Kurfürst 1355, † 1356, 27./12. | Wenzel, † 1327. | Albrecht, Bischof von Passau 1320, † 1342. | Albrecht III. in Ratzeburg und Lauenburg 1285—1308, † 1308. | Johann II. in Mölln und Bergedorf 1305—1321, † 1321. | Erich I. in Lauenburg (Ratzeburg) 1308—1361, † 1361. |

| Rudolf II. 1356—1370, † 1370, Herzog von Lüneburg durch kaiserl. Belehnung seit 1369. | Otto I., † 1350, uxor Elisabeth, Herzogin von Braunschweig-Lüneburg. | Wenzel 1370—1388, † 1388. | | Johann III. in Mölln 1344, † vor 1359. | Albrecht III. (IV.) in Bergedorf 1344, † vor 1370. | Albrecht IV. (III.) 1321—1344, † 1344. | Erich II. 1361—1368, † 1368. | Johann, Bischof von Kammin 1343, † 1373. |
| | Albrecht, † 1385, Herzog v. Lüneburg. | Rudolf III. 1388 bis 1419, † 1419. | Albrecht III. (V.) 1419—1422, † 1422, 27. Novbr. Wittenberg und die Kur an Wettin 1422. | | | Erich III. 1370—1401, † 1401. | Erich IV. 1368—1412, † 1412. | |

Bernhard II. (IV.) 1436—1463, † 1463.   Erich V. 1412—1436, † 1436.   Magnus I. Bischof von Kammin 1395; Bischof von Hildesheim 1423, † 1452.

Johann IV. 1463—1507, † 1507.

Magnus II. (I.) 1507—1543, † 1543.   Erich VI., Bischof von Hildesheim 1503—1504; Bischof von Münster 1508, † 1522.   Bernhard, Domherr, † 1524.   Johann V., Bischof von Hildesheim 1504—1527, † 1527.

Franz I. 1543—1581, † 1581.

Franz II. 1603—1619, † 1619.   Heinrich, Erzbischof von Bremen 1567; Bischof von Osnabrück 1574; Bischof von Paderborn 1577, † 1585.   Magnus III. (II.) 1581—1603, † 1603, ohne Hinterlassung von Söhnen.

August von Lauenburg 1619—1656, † 1656.   Julius Heinrich von Lauenburg 1656—1665, † 1665.

Franz Erdmann 1665—1666, † 1666.   Julius Franz 1666—1689, † 1689, 30. September.

Zu Lüneburg.

Herzöge von Braunschweig und Lüneburg, Kurfürsten und Könige von Hannover.

Heinrich, der Schwarze, Herzog von Bayern 1120—1126, † 1126. Gem.: Wulfhild von Sachsen, † 1126.

- Adalbero, Abt von Korvey 1138, † 1144.
- **Heinrich I., der Stolze, Herzog von Bayern 1126—1139; Herzog von Sachsen, zu Braunschweig und Lüneburg 1127—1138, † 1139. Gem.: 1127 Gertrud von Supplinburg, † 1143.**
- Konrad, geistlich, † 1126.

Heinrich II., der Löwe, in Braunschweig 1139—1195; Herzog von Sachsen 1153—1180; Herzog von Bayern 1156—1180, † 1195. Gem.: Mathilde von England.

- Otto in Braunschweig und am Unterharz 1195—1218; Kaiser 1198—1215, † 1218.
- Wilhelm I. in Lüneburg und am Oberharz, 1195—1213, † 1213. Gem.: Helene von Dänemark.
- Heinrich III. in Ditmarschen, Hadeln, Stade, Hannover und Göttingen 1195—1227; Pfalzgraf am Rhein 1195—1211, † 1227.

Otto I., das Kind (der Knabe) 1213—1252, Herzog von Braunschweig und Lüneburg seit 1235 21./8., † 1252.

Heinrich IV., Pfalzgraf 1211—1214, † 1214.

Alt-Lüneburg.   Alt-Braunschweig.

- Johann in Lüneburg 1252—1277, † 1277.
- Albrecht I., der Große, in Braunschweig 1252—1279, † 1279.

Grubenhagen.   Göttingen.

- Otto II., der Strenge 1277—1330, † 1330.
- Heinrich I., der Wunderliche, in Grubenhagen 1279—1322, † 1322.
- Wilhelm II. in Braunschweig 1279—1292, † 1292.
- Albrecht II., der Fette, in Göttingen 1279—1318; in Braunschweig 1292, † 1318.

- Otto IV. (III.) 1330—1352, † 1353.
- Ludwig, Bischof von Minden 1324, † 1346.
- Wilhelm III. 1330—1369, † 1369 23./11. (Hatte nur 2 Töchter.)
- Ernst II. (I.) in Osterode, Salzderhelden und Eimbeck, 1322 bis 1361, † 1361.
- Wilhelm in Herzberg 1322.
- Johann, Probst in Eimbeck, † 1367.
- Heinrich II., de Graecia in Grubenhagen und Duderstadt 1322 bis 1351, † c. 1351.
- Otto III. (II.), der Milde, Herr der Altmark, in Braunschweig 1318—1344, † 1344.
- Ernst I. in Göttingen 1318—1367, † 1367.
- Magnus I., der Fromme, in Braunschweig 1318—1369, † 1369.

- Albrecht III. (II.) in Salzderhelden und Eimbeck 1361—1384, † 1384.
- Friedrich I. in Osterode 1361 bis 1420, † 1420.
- Otto V., 1351—1376; resignirt 1376; Herzog von Tarent 1376—1381, † nach 1398.
- Otto VI. (II.), der Quade, 1367 bis 1394, † 1394.
- Otto VII. (III.), der Einäugige, 1394, resignirt 1442, † 1463. In Lüneburg 1442.
- Magnus II. torquatus, 1369—1373, † 1373.
- Ludwig von Lüneburg 1356, † 1367.
- Albrecht Erzbischof von Bremen 1359, † 1395.

Wolfenbüttel (Mittel-Braunschweig).   Mittel-Lüneburg.

- Erich I. 1384—1427, † 1427.
- Otto VIII. 1420—1452, † 1452.
- Heinrich III. (I.) in Wolfenbüttel 1373—1416, † 1416.
- Friedrich II. (I.) 1373—1400, † 1400, erobert 1388 Lüneburg.
- Otto, Bischof von Verden 1388; Erzbischof von Bremen 1395, † 1406.
- Bernhard I. in Lüneburg 1373—1434, kauft 1409 Homburg, † 1434.

- Albrecht IV. in Osterode und Herzberg 1427—1486, † 1486.
- Heinrich V. (III.) in Salzderhelden 1427—1463, † c. 1463.
- Wilhelm III (I.), der Aeltere in Calenberg 1416—1482, erhält 1442 Göttingen, † 1482.
- Heinrich IV. (II.), der Friedfertige, (Pappenkrieg) in Wolfenbüttel 1416—1473, † 1473.
- Friedrich III. (II.), der Fromme, 1434—1457 und 1471—1478, † 1478.
- Otto IX. (III.), von der Heide, 1434—1446, † 1446.

- Philipp I., der Aeltere, 1486 bis 1551, † 1551.
- Heinrich VI. (IV.) 1463—1526, † 1526.
- Wilhelm IV. (II.), der Jüngere, in Wolfenbüttel 1482—1495 resp. 1498, † 1503.
- Friedrich IV. in Calenberg 1482—1485, † 1495.
- Bernhard II. 1457—1464, † 1464.
- Otto X. (IV.), der Großmüthige, 1464—1471, † 1471.

- Ernst IV. 1551 bis 1567, † 1567.
- Johann † 1557.
- Wolfgang 1567 bis 1595, † 1595.
- Philipp II. 1595—1596, erhält 1593 Lutterberg; † 1596 4./4., als letzter seiner Linie. Die Lande fallen an Lüneburg.
- Erich II., der Aeltere, in Calenberg 1495—1540, † 1540.
- Erich III., der Jüngere, 1540—1584, † 1584.
- Heinrich VIII., der Aeltere, in Wolfenbüttel 1495 bis 1514, † 1514.
- Heinrich VII., der Mittlere, 1478—1521, † 1532.

Harburg.   Celle.

- Heinrich IX., der Jüngere, 1514 bis 1568 (verjagt 1542—1547), † 1568.
- Christof, Bischof von Verden 1502; Erzbischof von Bremen 1511, † 1558.
- Franz, Bischof von Minden 1508, † 1529.
- Georg, Bischof von Minden 1554; Bischof von Verden und Erzbischof von Bremen 1558, † 1566.
- Otto I., der Aeltere, in Harburg 1521—1549, † 1549.
- Ernst III., der Bekenner, in Celle 1521 bis 1546, † 1546.

Neu-Lüneburg-Celle.   Neu-Braunschweig-Dannenberg.

- Julius 1568—1589, bekommt 1582 die Hälfte von Hoya, † 1589.
- Otto II., der Jüngere, 1549—1603, † 1603.
- Wilhelm VI. August 1603—1642, † 1642. Die Lande fallen an die Linie Celle 1642.
- Wilhelm (V.), der Jüngere, in Lüneburg und Hannover 1559—1596, † 1596.
- Heinrich X. in Dannenberg 1559—1598, † 1588. Ahnherr der † Herzöge von Braunschweig-Wolfenbüttel, die 1884 18./10. mit Herzog Wilhelm erloschen.

- Heinrich Julius 1589—1613; Bischof von Halberstadt 1566—1613; bekommt 1593 Hohnstein, 1599 Regenstein und Blankenburg; † 1613.
- Philipp Siegmund, Bischof von Verden 1586; Bischof von Osnabrück 1591, † 1623.
- Ernst V. 1592 bis 1611, † 1611.
- Georg I. in Herzberg und Calenberg 1636 bis 1641, † 1641.
- Christian 1611 bis 1633, † 1633.
- August I. 1633 bis 1636, † 1636.
- Friedrich V. in Celle 1636—1648, † 1648.

- Friedrich Ulrich 1613 bis 1634, † 1634 11./8. als Letzter seiner Linie. Die Lande fallen an die Linie Neu-Braunschweig-Dannenberg 1634.
- Christian, Bischof von Halberstadt 1616—1625, † 1626.
- Rudolf, Bischof von Halberstadt 1615—1616.
- Heinrich Karl, Bischof von Halberstadt 1613, † 1615.
- Ernst August in Calenberg 1679—1698; Bischof von Osnabrück 1662; Kurfürst 1692, † 1698.
- Georg II. Wilhelm in Calenberg 1648—1665; in Celle 1665—1705, † 1705.
- Johann Friedrich in Calenberg 1665—1679, † 1679.
- Christian Ludwig in Calenberg 1641—1648; in Celle 1648—1665, † 1665.

Hannover.

- Georg I. Ludwig 1698—1727; in Celle 1705; König von England 1714, † 1727.
- Ernst August, Bischof von Osnabrück 1716, † 1728.

- Georg II. August 1727—1760, † 1760.
- Friedrich Ludwig, † 1751.
- Georg III. Wilhelm Friedrich 1760—1802 und 1813—1820, † 1820.

- Georg IV. Friedrich August 1820 bis 1830, † 1850.
- Wilhelm Heinrich 1830 bis 1837, † 1837.
- Friedrich, Herzog von York und Albany; Bischof von Osnabrück 1764—1803, † 1827.
- Ernst August, Herzog von Cumberland; König von Hannover 1837—1851, † 1851.
- Adolf Friedrich, Herzog von Cambridge, Vicekönig von Hannover, 1831—1837, † 1850.

- Georg V. 1851—1866.

Jülich-Cleve-Berg'sche Erbschaft.
(Uebersichtstafel.)

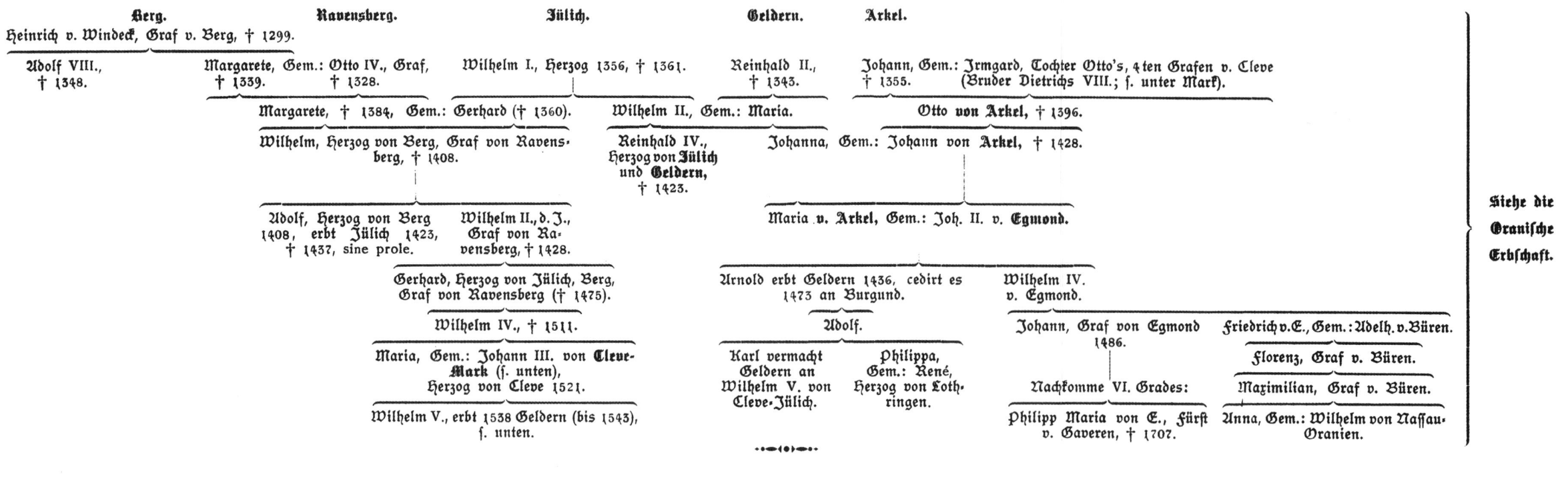

Berg.	Ravensberg.	Jülich.	Geldern.	Arkel.	
Heinrich v. Windeck, Graf v. Berg, † 1299.					
Adolf VIII., † 1348.	Margarete, † 1339. Gem.: Otto IV., Graf, † 1328.	Wilhelm I., Herzog 1356, † 1361.	Reinhald II., † 1343.	Johann, Gem.: Irmgard, Tochter Otto's, 4ten Grafen v. Cleve (Bruder Dietrichs VIII.; f. unter Mark).	
	Margarete, † 1384, Gem.: Gerhard († 1360).	Wilhelm II., Gem.: Maria.		Otto von Arkel, † 1396.	
	Wilhelm, Herzog von Berg, Graf von Ravensberg, † 1408.	Reinhald IV., Herzog von Jülich und Geldern, † 1423.		Johanna, Gem.: Johann von Arkel, † 1428.	Siehe die Oranische Erbschaft
	Adolf, Herzog von Berg 1408, erbt Jülich 1423, † 1437, sine prole.	Wilhelm II., d. J., Graf von Ravensberg, † 1428.		Maria v. Arkel, Gem.: Joh. II. v. Egmond.	
	Gerhard, Herzog von Jülich, Berg, Graf von Ravensberg († 1475).		Arnold erbt Geldern 1436, cedirt es 1473 an Burgund.	Wilhelm IV. v. Egmond.	
	Wilhelm IV., † 1511.		Adolf.	Johann, Graf von Egmond 1486.	Friedrich v. E., Gem.: Adelh. v. Büren.
	Maria, Gem.: Johann III. von Cleve-Mark (f. unten), Herzog von Cleve 1521.		Karl vermacht Geldern an Wilhelm V. von Cleve-Jülich.	Philippa, Gem.: René, Herzog von Lothringen.	Florenz, Graf v. Büren.
				Nachkomme VI. Grades:	Maximilian, Graf v. Büren.
	Wilhelm V., erbt 1538 Geldern (bis 1543), f. unten.			Philipp Maria von E., Fürst v. Gaveren, † 1707.	Anna, Gem.: Wilhelm von Nassau-Oranien.

Mark-Cleve.

Engelbert II., Graf der Mark, † 1328. Gem.: Mechtild, Erbin von Aremberg in der Eifel.

Mark in Westfalen.
Adolf II., Graf, † 1347. Gem.: Margarete, Gräfin und Erbin von Cleve, Tochter Dietrichs VIII.

Adolf III., Graf der Mark 1391 und v. Cleve 1368—94.

Adolf IV., 1394, Herzog v. Cleve 1417, † 1448, erwirbt Ravenstein.

Johann I., Herzog † 1481. Gem.: Elisabeth v. Burgund, Erbin v. Nevers.

Mark-Cleve.
Johann II., Herzog v. Cleve, † 1521.

Johann III., † 1539, Herzog v. Cleve 1521, Herzog v. Jülich und Berg 1511. Gem.: Maria, Erbin von Jülich, Berg und Ravensberg (f. oben).

Wilhelm V., † 1592, erbt 1539 Geldern (bis 1543).

Mark in der Eifel.
Eberhard I., † 1387. Gem.: Marie v. Looz, Erbin v. Lümain.

Eberhard II., † 1454. Gem.: 1. Marie v. Braquemont, Erbin von Sédan.
Gem.: 2. Agnes v. Walcourt, Erbin von Rochefort-Agimont.

Aremberg. Johann, † 1480.

Aremberg.	Sédan.	Lümain.	Rochefort.
Eberhard III, † 1496.	Robert I. † 1489.	Wilhelm, le Sanglier des Ardennes † 1485.	Ludwig I., Herr v. Montaigu-Agimont.
Robert I., † 1541.			Luise, Gem.: Philipp, Graf v. Eppstein.
Robert II., † 1536.		Nachkommen IV. Grades:	Anna. Gem.: Botho Graf von Stolberg.

Nevers.
Engelbert, Graf v. Nevers, Eu u. Arches, † 1506.

Carl, Graf v. Nevers, † 1521. Gem.: Marie d'Albret-Orval, Erbin von Réthel.

Franz I., Herzog von Nevers 1539.

1.	2.	3.	4.	5.	6.	7.	8.	9.	10.
Johann Wilhelm, † 1609.	Marie Eleon. Gem.: Albert Friedr., Herzog von Preußen, † 1618.	Anna. Gem.: Philipp, Pfalzgraf von Neuburg, † 1632.	Sibilla. Gem.: Johann Friedrich, Kurfürst von Sachsen.	Franz II. † 1562. Jakob, † 1564. Henriette, erbt Nevers, Réthel, Arches. Gem.: Ludwig Gonzaga. Carl I., Herzog von Mantua.	Margarete. Gem.: Johann v. Ligne, 1568, erster Fürst von Aremberg.	Heinrich Robert, † 1574. Charlotte, † 1594. Gem.: Heinrich de la Tour d'Auvergne.	Katharina. Gem.: Jakob von Harlay-Chanvallon.	Nachkomme VII. Grades: Ludwig Engelbert, † 1773. Luise. Gem.: Carl, Herzog von Aremberg.	Ludwig, Graf v. Stolberg-Wertheim, † 1574. Anna. Gem.: Ludwig, Graf von Löwenstein.	Heinrich X., Graf von Stolberg, † 1572.
Anna. Gem.: Johann Sigmund, Kurfürst von Brandenburg.									
Preußen.	**Pfalz. (Bayern.)**	**Sachsen.**	**Mantua.**	**Ligne-(Aremberg).**	**La Tour d'Auvergne.**	**Harlay-Chanvallon.**	**La-Mark (Aremberg).**	**Löwenstein-Wertheim.**	**Stolberg.**

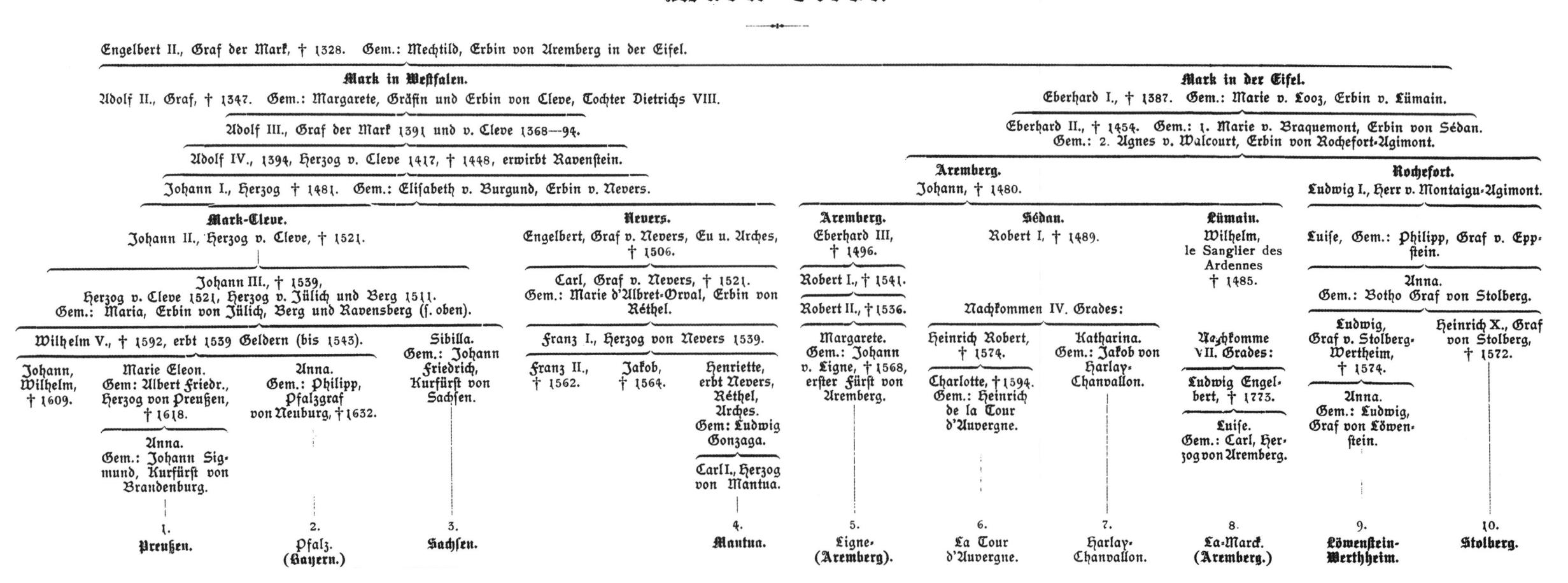